中国地方政府数据开放的政策工具选择研究

Research on the Policy Instruments Selection of Open Local Government Data in China

夏蓓丽 ／ 著

上海社会科学院出版社
SHANGHAI ACADEMY OF SOCIAL SCIENCES PRESS

致　谢

本书是在我博士论文的基础上整理修改完成。其间，时常回想起在南京大学读博期间和毕业论文阶段我的老师、同学、同事、家人和朋友所给予的诸多帮助、支持和鼓励。在此，我想一一对他们表示由衷的感谢。

衷心感谢我的导师吴建华教授，在论文选题过程中多次与我探讨，并最终将政府数据开放的调查性研究提升至理论研究的高度，在我论文撰写过程中给予悉心指导，在研究思路和论文结构上给出宝贵的改进建议。吴老师学识渊博、学术严谨，他对宏观政策和学科前沿的准确把握使我受益匪浅，他对领域内前沿问题的独到见解总能引导我从更前瞻的视角看待问题。不仅如此，吴老师平易近人、关心学生，在我论文撰写遇到困难产生畏难情绪的时候，他耐心开导我走出困境——“困难并不会因为时间的经过而变得简单……只有去做才知道如何解决”。

感谢南京大学信息管理学院孙建军教授在我硕士研读期间对我的悉心指导，培养了我对信息资源管理的研究兴趣，训练了我对信息计量方法的运用能力，促使我后来能够顺利开展博士期间的研究工作。感谢我亦师亦友的博士同学李昕宸，在我博士论文撰写过程中经常与我碰撞观点，帮助我在规范和调整研究路径过程中顺利推进论文进度。感谢同门师姐李明娟、师弟王岑曦、师妹吕文婷和邱扬凡，在我开展研究过程中给予的所有帮助；感谢我的朋友袁翀、贾小氢、周艳、吴文璇、穆晖、俞平，在生活中鼓励我、支持我，让我在疫情特殊时期和论文压力之下感受到温暖和力量。

感谢上海社会科学院信息研究所我单位的领导、同事和学生。感谢丁波涛副所长在我遇到研究瓶颈时给予方法工具上的帮助，并感谢丁老师推荐的学生綦然协助我完成政策工具分类的信度效度验证。感谢徐漪室主任对我读博期间工作和学业的极大包容和鼓励，使我在特殊时期能够专心于论文写作心无旁骛。感谢我的同事范佳佳、胡雯两位老师，分别从数据开放政策研究领域和管理科学方法研究领域给出的宝贵意见和建议，使得我有信心运用跨学科的方法研究本学科议题。感谢前同事张宏胜，在政策工具量化分析上给予技术和工具帮助，大大提高了我的政策工具统计和分析效率。感谢与我经常有课题合作的杨慷老师，他与上述老师共同对文中使用的政策工具二维分析框架提出宝贵建议，使得本书的分析框架更具解释力。

感谢本书部分案例省市政府办公厅、大数据中心、政务服务中心的领导给予本研究的支持，使我能够有幸参与多次内部座谈，搜集文献、书本以外的重要资料作为政策文本分析的有力补充，能够更为全面地展现地方政府数据开放的政策工具选择偏好，使本书的内容更具现实参考价值。

感谢我的父母。感谢他们对我给予最大程度的理解和支持，尤其是在2019—2020年的特殊一年时间里，为我提供丰衣足食的优渥生活，令我无后顾之忧全身心投入研究工作。

最后，感谢我自己。选择了大多数人认为“吃力不讨好”但本人认为最有可能探究“真相”的传统研究方法来做政策研究，并且在经历了信心满满、自我怀疑、临近崩溃、重拾信心的心路历程，坚持完成了这项研究。时隔半年，我重新审视修改和新增了相关研究内容，希望对该领域的理论和实践有所帮助。

目　录

第一章 绪 论

第一节 研究背景及意义

一、研究背景

纵观国际社会，数据开放已成为各国的共同趋势，目前已经有 78[①] 个国家制订了开放政府计划，至少 94[②] 个国家/区域实施推进数据开放政策。近年来，数据开放政策已经逐步从个别部门的公共行政规章上升至国家战略层面，进而下沉落实至地方政府的城市层面。尤其在步入城市数字化转型时期的今天，人均数据产量呈井喷式增长，地方政府成为采集和沉淀数据的基础单元，在向上汇集数据提供决策支持和向下治理提供公共服务方面起着承上启下、至关重要的作用。如今，无论是为了满足民众对于精准个性化信息的需求，或为了构建更加透明、更具回应力的民主政府，还是为了促进政府数据的合理创新利用带动经济发展等，数据开放利用已成为各地方政府努力探索和实践的方向。

在国家政策层面，我国"政府数据公开"首次在 2015 年全国两会上提出，并在同年 9 月，国务院发布的《促进大数据发展行动纲要》中明确了政府数据

① 参见 https://www.opengovpartnership.org/our-members/。
② 参见 https://index.okfn.org/place。

资源在“2017 年底前形成跨部门共享共用格局”“2018 年底前建成国家统一开放平台”和“2020 年底前逐步实现民生保障服务等相关领域政府数据集向社会开放”的具体目标。2016 年，李克强在全国推进“简政放权放管结合优化服务改革”会议上提出“加大政府信息数据开放力度”。2020 年 4 月，“数据”作为要素市场的五个要素之一被写入关于构建和完善要素市场化配置体制机制的意见中，提出要“推进政府数据开放共享”“研究建立促进企业登记、交通运输、气象等公共数据开放和数据资源有效流动的制度规范”“提升社会数据资源价值。培育数字经济新产业、新业态和新模式，支持构建农业、工业、交通、教育、安防、城市管理、公共资源交易等领域规范化数据开发利用的场景”等①。同年，党的十九届五中全会通过“‘十四五’规划和二〇三五年远景目标建议”，在“加快数字化发展”章节中提到“扩大基础公共信息数据有序开放，建设国家数据统一共享开放平台”“建立数据资源产权、交易流通、跨境传输和安全保护等基础制度和标准规范，推动数据资源开发利用”。“‘十四五’规划和二〇三五年远景目标纲要”在“提高数字政府建设水平”中再次强调“加强公共数据开放共享”“推动政务信息化共建共用”。在此背景下，政府数据开放建设已成为我国深化经济社会体制机制改革的重要抓手之一。

然而，从现状来看，我国数据开放政策从中央到地方的落实上，出现了两方面的问题：一是相关政策衔接缺乏层次性。地方政府出台了很多数据开放政策文件，但多以通知传达上级政府数据开放任务要求的形式出现，在专门性法律法规暂时缺位和配套制度规范尚未健全的情况下，各级政府数据开放呈现出规划内容高度同质与建设成效差距较大并存的现象。二是在政府数据开放实践中存在“欠充分、欠平衡、欠活跃”现象。如数据发布的量、规模和服务形式的多样选择性不足，高价值数据和低价值数据的开发利用不平衡，数据开放价值真正体现在企业利用数据产生经济效益方面，企业的参与欠缺活力等②。究其根本原因是，国家宏观政策指引了地方政府数据开放的方向，但地

---

① 中共中央国务院：《关于构建更加完善的要素市场化配置体制机制的意见》，载中华人民共和国中央人民政府网，http://www.gov.cn/zhengce/2020-04/09/content_5500622.htm，2020 年 3 月 30 日。

② 夏义堃：《企业开放数据再利用的困境与对策分析》，《电子政务》2018 年第 8 期。

方政府受限于当地数据资源基础水平和当地政府对数据开放社会价值定位，所采取的政策行为和活动不尽相同，尚不存在普遍适用的政府数据开放地方政策推广模式。然而，国家宏观政策已赋予地方政府相对稳定的政府数据开放政策工具，地方政府能够从中选择或组合政策工具以适应本地经济社会发展情况和满足实际需求。丰富的先行城市案例将成为研究地方政府落实数据开放政策的天然研究对象，研究它们的政策工具运用特点规律和选择逻辑，能够为未来设计易于嵌入且适应本地发展的政策工具提供基准，同时也为后来者的政策工具选择提供借鉴。因此，本研究以“中国地方政府数据开放的政策工具选择研究”为题，旨在为政府数据开放在地方层面的政策落地找到突破口、提供理论依据和实践参考。

二、研究意义

在理论层面，本书一方面可以扩展信息资源管理学科的知识体系，通过地方政府数据开放的政策工具研究，建立起本学科与政策科学的联系，探索和丰富相关交叉研究领域信息资源管理的研究范式。当然，政府数据开放和政策工具是不断发展的，本书无法穷尽政府数据开放的政策工具及其选择，而是对现有的政策工具类型和组合作梳理和发现其规律，为今后持续性地跟踪研究相关政策打好基础和起到抛砖引玉的作用。此外，由于国内外政府数据开放虽缘起相通但发展各异，目前关于数据开放的研究有明显西方化的特点，对于西方案例挖掘已较为丰富，对国内城市的案例做系统研究的较少。本书尝试以政策工具作为分析视角来观察我国地方政府数据开放的发展策略。同样，本书无法穷尽所有发展策略，但可作为长期跟踪和持续观察的方法，不断调整和补充。

在实践层面，本书对于地方政府数据开放政策质量与执行效率具有一定的指导意义，且提供了符合本土特征的策略方案和路径。政府数据开放虽其概念发端于欧美社会，但在中国生根和发展必然与我国信息化发展和政府行政改革历程密切相关、相互影响，并在整个改革历程和演变过程中显现出中国特色。我国的政府数据开放从信息公开奠定基础开始，至今已经历 20 年的探索期，作为政府治理现代化、大数据产业发展、城市数字化转型的重要前提，政府数据开放的政策落地情况如何、地区发展是否均衡，直接关系到我国现代公共服务体系的构建与发展。然而，由于我国各地经济社会和信息化发展不均衡，东南沿海地区和中西部、华北地区所侧重的政府数据开放政策必须服务于本地经济和社会发展策略，尽管"十三五"以来各地在政府数据开放领域有了新发展，但"央地差距"和"地地差距"依然存在，呈现出政府内外发展的不同趋势，成为我国上级政府部门在制定今后的政府数据开放政策和全面推进政府数据开放利用工作中，需要持续关注的问题。相应地，政府数据开放起步较晚的地方政府如何选择适合本地区发展的策略，推进本地经济和社会发展，适应国家数据生产要素环境乃至国际社会数据驱动的趋势，已成为现阶段地方政府数据开放发展的新挑战。

为促进政府数据开放和社会利用，政府需要根据当地社会经济和信息化发展实际情况制定政策，以符合政策目标的政策工具为手段和媒介，从中选择适当有效的政策工具。关于政策工具的研究，在西方国家盛行，工具类别划分因标准不同，由三类到六十四类不一而足，为政策工具研究奠定了丰富的理论基础。政策工具作为政策研究理论在我国图情档学科与政策科学、公共管理的交叉领域已经被使用。如在对科技政策做政策文献量化研究中，借助政策工具来分析政策制定部门对政策工具选择的偏好等。由于政策工具理论在政策研究中，展现出了实证研究的优势、工具类型的灵活适应性和解释性，使其能够直观地反映政策发展的规律、指导政策手段的选择和调整。2015 年以来，由于大数据行动计划推行的影响，国家到地方出台了大量数据政策，关于政府数据开放的政策研究也日趋兴盛。数据开放政策样本丰富，同时政策执行的效果在开放结果及其评估中能够找到对照，是对本书的极大支持。

应用方面存在差异，将影响国家在全球的影响力。回望我国政府数据开放在全球范围始终处于较弱的地位，"西学东渐"成为近年来该领域研究的重点，但这并不意味着我国必须按国外标准行事，而是让我们知己知彼。因此，从"政府数据开放"政策的变化历程和经验中总结出相互关联的政策结构和变化规律，为数据开放及今后的政策出台提供经验借鉴，也为国际社会提供政府数据开放的“中国方案”。同时，本书对后续的政府数据开放政策规划的落地能够起到预测性作用。

第二节 国内外研究综述

一、文献检索策略及基本结论

本书将“中国地方政府数据开放的政策工具选择研究”选题拆解为“地方”“政府数据开放”“政策工具”三部分，对每部分检索词进行细化，分别设定中、英文检索式，在 CNKI、万方、维普、Web of Science、EBSCO、LISA、PQDT 数据库进行检索(截至 2020 年 2 月 28 日，详见附录 1)。

表 1－1　文献检索策略

步骤	操　作	概 要 说 明	预 期 目 标
1	搜索法律数据库	在“北大法宝”数据库中，搜索“数据”“信息资源”“政务公开”“信息公开”等与政府数据开放工作相关的政策信息	搜集和存储数据信息：法律法规政策文件与“政府数据开放”相关的文件条目信息(含“地方”名称)
2	确定“地方”关键词	在步骤 1 的“地方”名称结果基础上，补充《中国地方政府数据开放报告(2019 下半年)》所提及的地方名称。该步骤基于两个前提假设：1) 出台相关政策的地方政府会按照政策推进政府数据开放工作；2) 已开通政府数据开放服务平台的地方政府即推进了政府数据开放工作	形成本研究中“地方”关键词对应的“地方名称集合”
3	确定本研究的文献数据库	中文数据库：CNKI、万方、维普。英文数据库：WoS、EBSCO、Elsevier Science Direct、Emerald、Wiley、Springer、Taylor & Francis 期刊库和电子书库、SAGE、JSTOR、PQDT	涵盖核心期刊论文、图书章节、会议论文、文件资料、博士硕士论文及文摘等文献信息

续 表

步骤	操 作	概 要 说 明	预 期 目 标
4	搜索本研究的参考文献	专业搜索框中调试检索策略,中文包含:(政府数据开放、开放政府数据、数据公开、公共数据、政府数据管理、数据监管、数据保存、数据重用),(地方、省、市,含"地方合集"),(政策、工具、推进)等关键词。英文包含:("open data" OR "Open Government Data" OR "OGD" OR "opening government data");(policy analys* OR policy Model* OR policy approach OR policy implementation OR policy process* OR policy tool* OR policy instrument);(local OR municipal OR city OR urban)	尽可能多地搜集国内外地方级或区域级的政府数据开放相关文献和资料,同时,也为确定研究对象——具体的地方名称,提供补充线索
5	筛选重复结果	不同数据库搜索的内容进行筛选、比对、去重,得出本研究的初始参考文献	得出与本研究最相关的、高质量的参考文献集合
6	分类评述	对参考文献进行分类评述,完成第一章综述评论	完成分类评述的同时,对后续章节相应的参考文献进行归类,以备用

根据表 1-1 的检索策略,去除重复的文献内容,得到与本研究相关主题的文章和书籍共 116 项,其中,中文文献 51 项、英文文献 65 项。各文献在各数据库的检索结果如表 1-2。

表 1-2　　检索式及检索结果

数据库	检 索 式	命中数	采纳数
CNKI	SU=("政府数据开放"+"开放政府数据"+"数据公开"+"公共数据"+"政府数据管理"+"数据监管"+"数据保存"+"数据重用") AND SU=("地方"+"省"+"市"+"安徽"+"福建"+"广西"+"广东"+"贵州"+"海南"+"黑龙江"+"湖北"+"湖南"+"江苏"+"江西"+"吉林"+"辽宁"+"宁夏"+"山东"+"陕西"+"山西"+"四川"+"新疆"+"浙江"+"北京"+"成都"+"佛山"+"福州"+"广州"+"贵阳"+"哈尔滨"+"海口"+"杭州"+"昆明"+"南京"+"宁波"+"青岛"+"厦门"+"上海"+"深圳"+"沈阳"+"苏州"+"天津"+"乌鲁木齐"+"无锡"+"武汉"+"西安"+"长沙"+"重庆"+"珠海") AND SU=("政策"+"工具"+"推进")	128	38

续　表

数据库	检　索　式	命中数	采纳数
万方	题名或关键词：（“政府数据开放”＋“开放政府数据”＋“数据公开”＋“公共数据”＋“政府数据管理”＋“数据监管”＋“数据保存”＋“数据重用”）AND（“地方”＋“省”＋“市”＋“安徽”＋“福建”＋“广西”＋“广东”＋“贵州”＋“海南”＋“黑龙江”＋“湖北”＋“湖南”＋“江苏”＋“江西”＋“吉林”＋“辽宁”＋“宁夏”＋“山东”＋“陕西”＋“山西”＋“四川”＋“新疆”＋“浙江”＋“北京”＋“成都”＋“佛山”＋“福州”＋“广州”＋“贵阳”＋“哈尔滨”＋“海口”＋“杭州”＋“昆明”＋“南京”＋“宁波”＋“青岛”＋“厦门”＋“上海”＋“深圳”＋“沈阳”＋“苏州”＋“天津”＋“乌鲁木齐”＋“无锡”＋“武汉”＋“西安”＋“长沙”＋“重庆”＋“珠海”）AND（“政策”＋“工具”＋“推进”）	322	41
维普	R＝（政府数据开放＋开放政府数据＋政府数据公开＋公共数据＋政府数据管理＋数据监管＋数据保存＋数据重用）&R＝（地方＋省＋市＋安徽＋福建＋广西＋广东＋贵州＋海南＋黑龙江＋湖北＋湖南＋江苏＋江西＋吉林＋辽宁＋宁夏＋山东＋陕西＋山西＋四川＋新疆＋浙江＋北京＋成都＋佛山＋福州＋广州＋贵阳＋哈尔滨＋海口＋杭州＋昆明＋南京＋宁波＋青岛＋厦门＋上海＋深圳＋沈阳＋苏州＋天津＋乌鲁木齐＋无锡＋武汉＋西安＋长沙＋重庆＋珠海）&R＝（政策＋落地＋推进）	131	35
WoS	TS＝（“open data” OR “Open Government Data” OR “OGD” OR “opening government data”） AND TS＝（policy analys* OR policy Model* OR policy approach OR policy implementation OR policy process* OR policy tool* OR policy instrument ） AND TS＝（local OR municipal OR city OR urban）	161	30
EBSCO	（open government data）AND （polic* ）	377	35
Elsevier Science Direct	（“open data” OR “Open Government Data” OR “OGD ” OR “opening government data”） AND （policy analys* OR policy Model* OR policy approach OR policy implementation OR policy process* OR policy tool* OR policy instrument ） AND （local OR municipal OR city OR urban）	80	32
Emerald	abstract：“open government data” AND （abstract：local OR municipal OR city OR urban）	199	18

续 表

数据库	检索式	命中数	采纳数
Wiley	"open data" OR "Open Government Data" OR "OGD" OR "opening government data" in Abstract and "local OR municipal OR city OR urban" in Abstract	98	9
Springer	("open government data" OR "OGD") AND ("policy analys* " OR "policy Model* " OR "policy approach" OR "policy implementation"OR "policy process* " OR "policy tool* " OR "policy instrument") AND (local OR municipal OR city OR urban)	99	5
Taylor & Francis 期刊库	[Keywords: open government data] AND [[All: local] OR [All: municipal] OR [All: city] OR [All: urban]]	47	3
Taylor & Francis 电子书	Title: (open government data) AND (polic*) AND (local OR municipal OR city OR urban)	书2本 章节 92篇	书1本 章节 3篇
SAGE	[All open data OR Open Government Data OR OGD OR opening government data] And [All local OR municipal OR city OR urban]	30	1
JSTOR	(Abstract: open data OR Open Government Data OR OGD OR opening government data) AND (All: polic*) AND (All: local OR municipal OR city OR urban)	93	8
PQDT	ti (open government data OR OGD OR opening government data) AND (ab(local OR municipal OR city OR urban) OR ab(polic*))	6	5
			去重后合计: 116 项

就"政府数据开放"而言,它并不是全新的研究领域,而是涉及公共管理、公共政策、信息学、社会学、政治学、经济学等交叉学科,与图情档学科的渊源则可从信息资源管理和电子政务分支中找到线索。信息资源的开发利用以及政府公共服务信息化等内容都与政府数据开放密切相关。就"地方政府"和"政策工具"而言,它们的基础理论并非源自图情档领域,而更多地依赖于政治学、地理学、经济学等学科理论,但随着政策计量方法和文本分析软件的发展,

“地方政府数据开放的政策工具选择”这一涉及多学科交叉领域的研究，进入图情档的视野，并开始运用本学科的系统论、信息分析、信息构建、信息可视化等理论和方法，为政策研究提供图情档智慧。

(一) 中英文献主题的学科分布

“地方政府数据开放政策”研究选题是一个多学科交叉的研究议题，在本书搜索的文献中，涉及 8 个学科，同一篇文献涉及多个学科，则重复计数。按学科分布从高到低排序如图 1－1 所示。信息科学、图情档、公共管理分别排第一、第二、第三位，占比分别为 33%、31%、29%，但如果将相关学科如信息科学与图情档学科合并计算，公共管理与公共政策、行政管理合并计算，则发现国内关于地方政府数据开放的政策研究主要集中在图情档信息领域以及公共管理与行政管理两个领域，其次是与经济社会发展密切相关的法学、政治学、经济与管理学等。

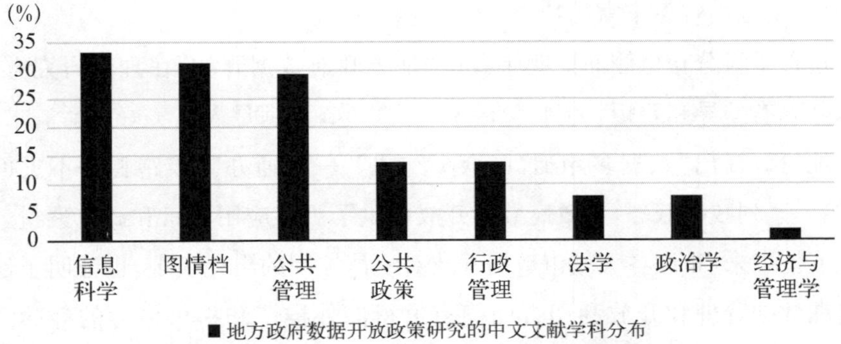

图 1－1　本书关于“地方政府数据开放政策”研究的中文文献学科分布

与国内情况有较大差异，在对本书英文文献的学科分布进行统计时发现(图 1－2)，国外研究该选题的学科方向分布更广，涉及 12 个学科，其中信息科学的占比已达 57%，其次是图情档(37%)和公共管理(32%)，并且与政治学、计算机科学、社会学、城市学、经济与管理学、法学、地理学、科技工程、公共政策等学科有交叉。这与国外政府数据开放建设和研究现状相符：数据开放已经在商业应用、城市管理、公共治理方面有了较多实践，为科研提供了不少研究案例和素材，同时，国外的政策研究偏向于微观和中观层面，研究视角往往

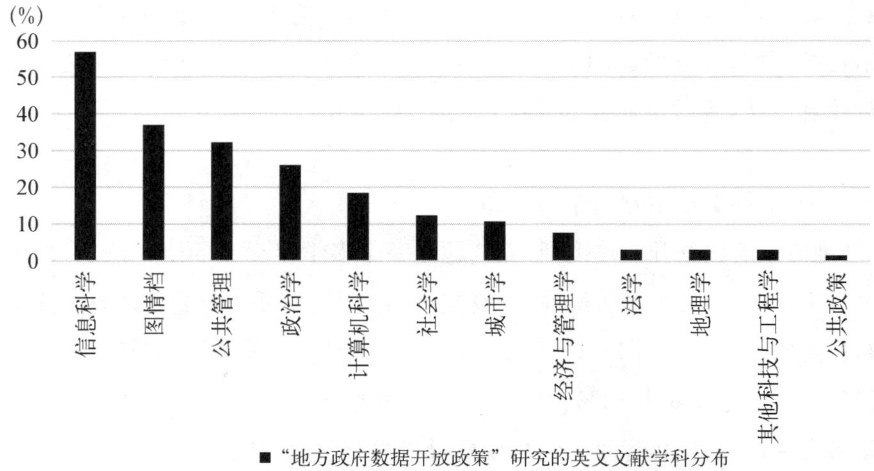

图 1-2　本书关于"地方政府数据开放政策"研究的英文文献学科分布

从某一个实践领域切入，两方面的原因使得英文文献学科分布呈现出专业跨度更广、文献内容更丰富的特点。

这种学科分布也侧面证明了我国"地方政府数据开放"在理论研究方面，与国外确有差异和差距。但自党的十八大以来，为满足人民美好生活需求，全国各地纷纷提出"数据多跑腿，民众少跑腿""一网通办""零跑腿""不见面审批"等一系列政务服务，为政府数据开放提供了更多应用场景和研究素材。尤其从疫情以来，我国各大城市数据开放对疫情控制的出色表现，也证明了地方政府在数据管理和开放利用方面确有值得向外推广和提供借鉴的经验。因此，研究"中国地方政府数据开放的政策工具选择"，将本学科与信息科学、公共政策、公共治理等领域相结合，一方面学习国外研究范式，丰富了我国地方政府数据开放的理论研究，另一方面有利于总结地方政府数据开放的中国经验，供国内外案例研究参考，具有较大的研究空间和研究价值。

（二）学位论文中相近选题的文献

在 CNKI 的中文文献中，与档案学信息资源管理专业最相关的学位论文是：2019 年武汉大学温芳芳博士的毕业论文《我国政府数据开放的政策体系构建研究》。该文以我国国家层面的政策体系构建作为研究目的，从政府数据开放的政策需求入手，通过文本计量、半结构化访谈等研究方法，总结了评估指标、国家战略、利益相关者三方面的政策需求，并针对我国政府数据开放政策发展的不足借鉴国外经验，最后从构建依据、价值取向、目标与原则、方法与过程、要素构成、内容构建等多方面提出了完整的适合我国政府数据开放的政策体系，对国家层面的政府数据开放政策的制定和推进具有理论和现实意义。该文对本书的启发较大，政府数据开放不仅涉及政策制度的执行，还涉及与大数据管理相关的新型基础设施、技术的布局和机制的创新甚至变革，它是一个复杂系统，因此在构建本研究政策工具分析框架时需尽可能全面地涵盖数据、人、财、物等多种资源要素共同作用的政策工具运用情况。

在 PQDT 的英文文献中，以“政府数据开放”为选题的博士论文有 5 篇(见表 1－3)，涉及图情档学科、信息科学、计算机科学、公共管理、政治学、信息技术等。其中，与“档案学”最为相关的博士论文是加州大学 2016 年的一篇题为“The Data-fication of Openness the Practices and Policies of Open Government Data in Los Angeles”的论文。该文将政府数据开放视为一种“信息基础设施”进行研究，以洛杉矶城市的数据记录构架为案例，结合数据分析方法和政治理论，分析政府数据开放对管理模式、公民参与以及政府与民众关系的影响，通过访谈和实际工作，围绕数据的生产、处理、存储、共享、分析和重用如何在社会系统中发挥作用进行理论探讨，重塑了以数据为中心的管理模式，并对政府透明度和数据管理提出了对策建议。由上，结合政治学理论、信息学方法与本学科方法来研究政府数据开放相关内容具有可行性。

表 1－3　PQDT 中与“地方政府数据开放政策研究”相关的博士论文选题

序号	篇　　名	年份
1	Inside Open Government Data Curation: Exploring Challenges to the Concept of a “Designated Community” through a Case Study of the City of Toronto Moles	2019
2	The Influence of Political Institutions and Power on Open Government Data (OGD): A Case Study of the Chilean OGD Initiative	2018

续 表

序号	篇 名	年份
3	A Data Science Approach to Extracting Insights About Cities and Zones Using Open Government Data	2017
4	The Data-fication of Openness the Practices and Policies of Open Government Data in Los Angeles	2016
5	Politics of Open Government Data：A Neo-gramscian Analysis of the United Kingdom's Open Government Data Initiative	2012

二、政府数据开放政策模型研究

国外的政府数据政策研究以构建分析模型、做案例研究为主，常用的政府数据分析模型包括政策生命周期理论模型、基于 ICT 的政策过程模型、技术驱动的政策模型三种。

第一，政策生命周期理论模型。该模型起步最早，由拉斯韦尔（Lasswell）在 1956 年①提出，最初模型包括 7 个环节，随后琼斯（Jones）②、布鲁尔（Brewer）和德里昂（DeLeon）③、豪利特（Howlett）④、华莱士（Wallace）⑤等人出于精炼和便于研究的考虑，对该模型都有修正，并得出目前应用较为普遍的五阶段模型，包括"议程制定、政策规划、政策决议、政策执行、政策评估"5 个环节，体现了基于政策过程的线性研究思维，能够全方位反映出某一种政策工具

① Karsten Ronit，Tony Porter and Harold D. Lasswell，"The Decision Process：Seven Categories of Functional Analysis"，In：Steven J. Balla，Martin Lodge and Edward C. Page(eds)，*The Oxford Handbook of Classics in Public Policy and Administration*，London：Oxford University Press，2015，p.645.

② Charles O. Jones，*An Introduction to the Study of Public Policy*，Pacific Grove：Brooks/Cole Pub Co，1984，p.138.

③ Garry Brewer and Peter DeLeon，*Foundations of Policy Analysis*，Pacific Grove：Brooks/Cole，1983，p.276.

④ M. Ramesh and Michael Howlett，*Studying Public Policy*，*Policy Cycles and Policy Subsystems*，Toronto：Oxford University Press，2009，p.320.

⑤ Helen Wallace，Mark A. Pollack and Alasdair R. Young，*Policy-Making in the European Union* (*New European Union Series*)，Toronto：Oxford University Press，2010，p.214.

从问题源头、政策产生到执行评估的完整生命周期。第二,基于 ICT 的政策过程模型。这是在第一个模型的基础上融入了 ICT 工具以及公众参与等因素,在麦金塔(Macintosh)[①]、经合组织(OECD)[②]和扬(Young)[③]的研究中归纳出该模型的 5 个环节包括"议程制定、数据分析、政策创新、政策执行、政策监督",为循环式螺旋上升推进的过程,体现了政策演进的二维影像,研究思维与第一种相似,不同在于把 ICT 技术作为一个重要影响因素,延伸出了分析、创新和监督的政策过程和环节。第三,技术驱动的政策模型。由米苏拉卡(Misuraca)[④]等人首次提出,鲁珀(Ruppert)[⑤]、U.锡瓦扎赫(U. Sivarajah)[⑥]等运用该模型对欧洲政府部门的信息化政策进行研究,该模型以"信息搜寻、政策决议、影响分析"为主要环节,政策决议直接对信息做出反应,并对政策影响有所反馈,形成"8"字形政策分析链,主要适用于信息化政策的案例分析研究。由此可见,政策生命周期理论模型随着信息技术的介入和影响力逐渐增强,也在向信息化对政策生命周期的影响和信息化政策本身的生命周期研究这两个层面深化研究。

除以上常用模型外,针对政府数据开放的政策实施,倡议文本、质量评估等分析模型也是近年的研究热点。2014 年,乔科(Djoko)等人[⑦]基于 35 个政

---

① A. Macintosh, "Characterizing E-participation in Policy-making", *37th Annual Hawaii International Conference on System Sciences, 2004. Proceedings of the Big Island*, Location: HI, USA, (2004.1.08—2004.1.08).

② 参见 https://doi.org/10.1787/gov_glance-2013-51-en。

③ Alasdair R. Young, "The European Policy Process in Comparative Perspective", In: Helen Wallace, Mark A. Pollack and Alasdair R. Young (eds.), *Policy-Making in the European Union. Series: New European Union series*, Oxford: Oxford University Press, 2010, p.46.

④ G. Misuraca, *Theoretical Framework and Key Principles towards the Development of a Policy Assessment Framework for ICT-enabled Governance at City Level*, Seville: European Commission JRC-IPTS, 2010, p.108.

⑤ Ruppert E, "Rethinking Empirical Social Sciences", *Dialogues in Human Geography*, Vol.3, No.3, Nov.2013.

⑥ U. Sivarajah, V. Weerakkody, P. Waller, H. Lee, Z. Irani, Y. Choi, R. Morgan and Y. Glikman, "The Role of E-Participation and Open Data in Evidence-based Policy Decision Making in Local Government", *Journal of Organizational Computing and Electronic Commerce*, Vol.26, No.1, Dec.2016.

⑦ Djoko Sigit Sayogo, Theresa A. Pardo and Meghan Cook, "A Framework for Benchmarking Open Government Data Efforts", *2014 47th Hawaii International Conference on System Sciences*, Location: Waikoloa, HI, USA, (2014.1.6—2014.1.9) 2014, p.1896.

府网站提出了开放政府数据努力的基准框架模型；安东尼奥·维托（Antonio Vetrò）等人[①] 2016 年建立了开放政府数据发展进程标准框架体系，来研究基于数据集的最优颗粒度，由“完整性、准确性、可追溯性、时效性、有效期、依从性和易懂性”7 个维度构成；同年，该团队还设计了“6-value 商业模式框架”来解决开放数据业务的价值创造与商业化的困难，以可追溯性（包括跟踪新建和更新）、时效性、完备性等多个维度及公式进行量化分析；韩国学者久金（Kyujin Jung）与韩宇（HanWoo Park）对韩国 2013—2017 年实施的开放公共数据（open public data）政策，以及 34 个政府部门的开放公共数据指令（open public data directive）进行语义网分析（TRIZ），并对 4162 个关键词进行空间定义，最终建议政策重心放在“创新”上，并为创意产业提供产品推广的经济生态环境[②]。克里斯·马丁（Chris Martin）通过多层次视角（Multi-level Perspective，MLP）方法，探讨开放政府数据的障碍。实证结果表明有 33 个关于实施和利用的障碍，主要关于“政府结构、移动感知文化以及财政资源”[③]。可见，模型研究能够从数据属性、数据价值、实施障碍等多种评估维度和影响因素出发进行构建，这为本书提供了丰富的衡量指标、要素和维度参考，在构建二维分析框架中得以体现。

我国地方政府数据开放政策研究常用理论模型是史密斯模型、创新扩散、协同理论等，分别进行政策执行、政策绩效、政策设计等方面的研究。远婧[④]、刘天骄[⑤]运用史密斯模型理论，从政策、领导、协调机构、执行部门、社会公众、开放环境等因素，分别对上海市、贵州省地方政府做数据开放的政策执行评估，并提出加强法律建设、部门协同、公众参与、行政文化等方面的优化建议。

---

① Antonio Vetrò, Lorenzo Canova, Marco Torchiano, Camilo Orozco Minotas, Raimondo Iemma and Federico Morando, “Open Data Quality Measurement Framework: Definition and Application to Open Government Data”, *Government Information Quarterly*, Vol. 33, No. 1, Feb. 2016.

② Kyujin Jung and HanWoo Park, “A Semantic (TRIZ) Network Analysis of South Korea's ‘Open Public Data’ Policy”, *Government Information Quarterly*, Vol.32, No.3, Jul.2015.

③ Chris Martin, “Barriers to the Open Government Data Agenda: Taking a Multi-Level Perspective”, *Policy & Internet*, Vol.6, No.3, Sep.2014.

④ 远婧：《基于史密斯模型的上海市开放数据政策执行研究》，《管理观察》2019 年第 3 期。

⑤ 刘天骄：《基于史密斯模型的贵州省政府数据开放政策执行研究》，华中科技大学硕士学位论文，2019 年。

吴金鹏等①、姜思佳②、汤志伟等③利用政策扩散理论，研究地方政府数据开放的政策和平台现状，从时间和空间维度揭示演变规律，提出空间维度的邻近效应、梯度效应、集聚效应、区域扩散，时间维度的缓慢扩散期、迅速扩散期以及S形扩散等规律，并指出不同层级地方政府之间的扩散路径为纵向“吸纳—辐射”、横向“竞争—学习”层级效应，最后指出制度环境、竞争压力、经济发展水平、信息产业发展水平、平台建设水平等对地方政府数据开放政策产生较大影响。王见敏等④、毛子骏等⑤利用政策协同理论对地方政府数据开放管理分别从理论构建和实践评估两方面探讨发展路径和对策，分别提出构建“供需、管理、技术”协同的联动型数据开放体系，以及协同构建总体目标、明确责任主体、统一数据标准、协同推进政策措施、多元主体合作的政策顶层设计方式。

可见，国内学者对地方政府数据开放的政策研究仍然集中在政策科学研究领域，与国外的信息技术与政策模型研究逐渐融合发展的趋势有一定的差距，但在部分学者的研究中出现了诸如政策扩散理论、协同论、系统论等图情档和信息学学科领域的方法模型运用，表明在公共政策研究的政府数据开放政策细分领域中，图情档学科更易切入和发挥文本计量、内容分析等量化研究和定性研究相结合的优势。如杨正等⑥和孟溦等⑦采用政策工具理论，结合政策文献计量方法，构建了多维度分析框架，对各级政府或区域地方政府做政策工具制定、选择和协同方面的探索，指出地方政府数据开放政策存在重供给型轻需求型、各级政府供给型政策工具结构趋同、环境型政策以省级以下政府为

① 吴金鹏、韩啸：《制度环境、府际竞争与开放政府数据政策扩散研究》，《现代情报》2019年第39卷第3期。

② 姜思佳：《开放政府数据的政策扩散路径及内在机理研究——基于我国地方政府开放数据平台的分析》，《政治研究》2019年第2期。

③ 汤志伟、郭雨晖、顾金周、龚泽鹏：《创新扩散视角下政府数据开放平台发展水平研究：基于全国18个地方政府的实证分析》，《图书馆理论与实践》2018年第6期。

④ 王见敏、赵飞：《大数据背景下地方政府数据开放路径研究——基于协同治理理论视角》，《改革与开放》2019年第19期。

⑤ 毛子骏、郑方、黄膺旭：《政策协同视阈下的政府数据开放研究》，《电子政务》2018年第9期。

⑥ 杨正、田进：《政府数据开放利用的政策文献计量研究——一个三维分析视角》，《情报杂志》2018年第37卷第12期。

⑦ 孟溦、王勰祎：《基于二维分析视角的长三角城市群政府数据开放共享政策分析》，《电子政务》2020年第3期。

主力的问题，并提出增加供给型政策工具的多样性、促进多主体互动参与的对策建议。因此，预计政策工具理论与文献计量方法相结合的研究范式将在地方政府数据开放政策研究领域成为可行而通用的范式之一。

三、政府数据开放地方个案研究和比较研究

地方政府数据开放的案例研究以城市个案和多城市比较案例研究为主流，个案研究主要以数据开放发展较快的城市为例，如多伦多、里约热内卢等，我国的研究个案则以省市级代表性城市为主，如广东省、山东省、香港特别行政区、上海市、天津市、武汉市、常州市等。采用案例分析、网站调研、政策分析、社会网络分析等方法对城市的数据开放平台、政策执行、相关主体关系、政府数据管理和利用等进行现状分析，总结出影响因素并提出改进建议。

国外的个案研究以平台评估和开放数据对智慧城市运行、政府组织的作用等较微观的视角为主。如里卡多・马休斯（Ricardo Matheus）等人采用开放数据 15 条原则和五星开放数据评价标准对巴西里约热内卢进行评估①，瑞琪玛（Ma Ruiq）等人用利益相关者和社会网络分析法分析香港在智慧城市背景下如何推动政府数据开放②，巴伯・凯瑟琳（Barber Kathryn）等以多伦多为案例研究数据开放对政府组织和结构多样化的影响。国内的个案研究以城市治理、地方数据开放路径选择策略等较宏观的研究为主③。

如卫军朝等④采用案例分析方法研究上海政府数据开放的建设路径，陈涛等⑤利用访谈法和文献分析法，对武汉市政府数据开放平台建设的政策环境、

---

① Ricardo Matheus, Manuella Maia Ribeiro and José Carlos Vaz, "Strategies and Instruments for the Dissemination and Promotion of Open Government Data Use in Brazil: Case Study of Rio de Janeiro City Hall", *RevistaTecnologia e Sociedade*, Vol.14, No.33, Jul.2018.

② Ruiq Ma and Patrick T. I. Lam, "Investigating the Barriers Faced by Stakeholders in Open Data Development: A Study on Hong Kong as a 'Smart City'", *CITIES*, Vol.92, Sep.2019.

③ Barber Kathryn, MacLellan and Duncan, "Examining Open Data at the Urban Level: An Exploration of 'Wellbeing Toronto'", *Journal of Urban Technology*, Vol.26, No.1, Jan.2019.

④ 卫军朝、蔚海燕：《上海推进政府开放数据建设的路径及对策》，《科学发展》2014 年第 11 期。

⑤ 陈涛、李明阳：《数据开放平台建设策略研究——以武汉市政府数据开放平台建设为例》，《电子政务》2015 年第 7 期。

建设内容及困境进行了调查，符嵘[①]采用利益相关者理论和博弈论分析上海政府数据开放的三大主体“政府、公民、第三方研究机构和媒体”之间的关系，李闯等[②]以广东省南海区为例，研究地方政府数据开放平台建设现状、统筹机制和社会治理、信息服务等实践成效，远婧[③]利用史密斯模型分析上海市数据开放的政策执行情况和制约因素，王翔等[④]以数据治理视角从法规政策层、管理层、数据层、利用层等探索S省A市的政府数据开放路径的障碍和难点，丛楷力[⑤]用整体性治理视角分析山东省数据开放治理碎片化的现状、成因和运作原理，陈骁[⑥]从法律法规、管理制度和开放软环境方面审视常州市地方政府数据开放的现状和不足。较微观的个案研究方面，刘畅等[⑦]运用网站调研和政策分析方法对天津政府数据开放平台发展进行现状分析。

以上国内个案研究从数据治理和数据开放利用对城市治理的作用视角研究政府数据开放政策法规的现状、不足和建议，一方面提出了目前我国政府数据开放的共性问题：地方政策执行的上位法依据不足、第三方监督未到位，政府部门的开放意愿、部门间的共享开放机制、多元合作机制等有待形成，数据标准不统一、数据质量参差、技术支撑不足等，另一方面凸显出国内政府数据开放实践的中国特色，即不以开放数据平台建设为单一特征，还包括以数据开放共享为支撑的社会治理相关公共服务的内容扩展和质量提升，对此可总结出制约因素和影响因素包括政策内容、领导支持、部门协同、社会公众参与、数据开放环境等。

地方案例比较研究，从国别来看，比较研究从早期多集中在英国、美国、韩国、澳大利亚等发达国家，逐渐扩展到数据开放发展进步较快的国家，如中国、

① 符嵘：《参与主体视角下的政府数据开放研究——以上海市为例》，《科技促进发展》2017年第13期。

② 李闯、张晓黎：《大数据时代下的地方政府数据开放建设探析——以广东南海区为例》，《公共行政》2018年第4期。

③ 远婧：《基于史密斯模型的上海市开放数据政策执行研究》，《管理观察》2019年第3期。

④ 王翔、郑磊：《面向数据开放的地方政府数据治理：问题与路径》，《电子政务》2019年第2期。

⑤ 丛楷力：《从“碎片化”到“整体性”：地方政府数据开放治理研究——以山东省为例》，山东师范大学硕士学位论文，2019年。

⑥ 陈骁：《常州市政府数据开放对策研究》，大连海事大学硕士学位论文，2017年。

⑦ 刘畅、刘璇：《天津政府数据开放：现状、问题与政策建议》，《图书馆学研究》2018年第11期。

俄罗斯、意大利、南非、西班牙、印尼、葡萄牙、巴西等国家。案例比较研究主要分以下几类主题：政策比较框架研究、平台评估、数据开放准备度评估、政策执行评估等。

第一，政策比较框架研究。由 2013 年代尔夫特理工大学的安妮克·祖德维克(Anneke Zuiderwijk)等人较早建立开放数据政策的比较框架，主要包括背景因素、政策内容、绩效指标和公共价值观，利用该比较框架对 7 份荷兰政府的开放数据文件进行比较，揭示了开放数据政策之间的相似性和差异性，同时确定了影响政策变化的因素及这些因素带来的具体影响，认为在制定政策时引入机构的群体智慧、公共价值以及数据使用与创新有助于政策的有效执行①。该研究结果有助于评判已有的开放数据政策，并据此改进和制定新政策，由此开启了利用比较框架系统研究开放数据政策的新领域。2014 年，代尔夫特理工大学的里宁塔·普特里·努格罗霍(Rininta Putri Nugroho)和复旦大学的马丁·德容(Martin de Jong)等人提供了一个全面、跨国的开放数据政策比较框架，使用文献回顾和案例研究方法，比较研究英国、美国、荷兰、中国和印尼的开放数据政策，发现政策关注的重点一是刺激数据释放，二是刺激数据使用，三是实现数据增值②。赵润娣通过提取解析政策中的核心问题，构建了基于政策内容的比较框架，详细解析美国、英国、澳大利亚的开放政府数据方面的政策文本，以此验证了该框架作为政府数据开放领域的问题探究工具和政策完备度评估工具的可行性③。从以上政策比较框架中，本书能够借鉴解析政策问题的视角和方法，以及用以指导构建本书适用于政府数据开放政策领域的政策工具分类模型和选择模型，比如数据开放共享的公共价值理念等。

第二，平台评估。该主题是国内外地方政府数据开放的研究热点，以国内城市之间的平台比较或不同国别城市之间的比较为主，针对数据管理、网站建

① Anneke Zuiderwijk and Marijn Janssen, "Open Data Policies, Their Implementation and Impact: A Framework for Comparison", *Government Information Quarterly*, Vol. 31, No. 1, Jan. 2014.

② Rininta Putri Nugroho, Anneke Zuiderwijk, Marijn Janssen and Martin de Jong, "A Comparison of National Open Data Policies: Lessons Learned", *Transforming Government: People, Process and Policy*, Vol.3, No.9, Aug.2015.

③ 赵润娣：《国外开放政府数据政策：一个先导性研究》，《情报理论与实践》2016 年第 1 期。

设、机制保障等提出建议。米格尔·德·卡斯特罗(Neto Miguel de Castro)等人以308个平台开放指数为调查标准,检测和评估葡萄牙城市开放数据水平①;查特菲尔德(Chatfield)等人对澳大利亚最大城市的20个门户网站做纵向比较和跨行业分析,测评指标包括策略强度、数据供给、格式多样性和创新数据服务(如分析工具、数据建模和黑客马拉松等竞赛),并提出数据开放策略和专用开放数据门户服务的重要性②。巴伯·凯瑟琳等人以幸福多伦多(Wellbeing Toronto)数据开放为调查对象,剖析平台工具的大数据功能,探讨数据开放对市政府组织和结构多样性变化的影响,提出从公众参与的数据生产模式向组织为基础的互动模式转变的发展策略③。西斯托·拉斐尔(Sisto Raffaele)等以西班牙的63个城市和意大利的110个城市为研究对象,对城市数据开放门户、各级公共行政战略协同、数据开放计划的成功经验等方面进行比较,强调从公民视角和用户视角评估数据集的内容、网站结构、质量、可访问性、扩展性、数据可视化等④。郑磊团队对我国13个地方政府通过平台开放的数据从技术和法律特性上进行了比较研究⑤;刘畅等以天津市主要政府部门、区级政府、市信息公开等共58个门户网站以及3个数据开放平台做调研,考察市级政府数据开放实践的发展现状⑥;王法硕运用定性比较分析方法从政府内部与外部两个层面选取6个解释变量,以47个地方政府数据开放平台为研究样本,考察我国地方政府数据开放绩效影响因素⑦;马伍翠等以国

① Miguel de Castro Neto, Joao Sousa Rego, Fatima Trindade Neves and Tiago Melo Cartaxo, "Smart & Open Cities Portuguese Municipalities Open Data Policies Evaluation", *2017 12th Iberian Conference on Information Systems and Technologies* (*CISTI*), Location: Lisbon, Portugal (2017.6.21—2017.6.24).

② Akemi Takeoka Chatfield, Christopher G Reddick, "A Longitudinal Cross-sector Analysis of Open Data Portal Service Capability: The Case of Australian Local Governments", *Government Information Quarterly*, Vol.34, No.2, Mar.2017.

③ Barber Kathryn, MacLellan and Duncan, "Examining Open Data at the Urban Level: An Exploration of 'Wellbeing Toronto'", *Journal of Urban Technology*, Vol.26, No.1, Jan.2019.

④ Sisto R., García López J., Paéz J.M. and Múgica E.M., "Open Data Assessment in Italian and Spanish Cities", In: Bisello A., Vettorato D., Laconte P. and Costa S. (eds), *Smart and Sustainable Planning for Cities and Regions 2017- Green Energy and Technology*, Springer, Cham. 2018.

⑤ 郑磊、熊久阳:《中国地方政府开放数据研究:技术与法律特性》,《公共行政评论》2017年第1期。

⑥ 刘畅、刘璇:《天津政府数据开放:现状、问题与政策建议》,《图书馆学研究》2018年第11期。

⑦ 王法硕:《我国地方政府数据开放绩效的影响因素——基于定性比较分析的研究》,《情报理论与实践》2019年第8期。

内46个城市数据开放平台为调查样本，从平台模块、数据下载、APP应用与API调用、热门数据4个方面总结了地方政府数据开放平台的发展现状①。从以上评估研究来看，地方平台研究，已经能够从政府部门及不同层级政府的门户网站上获取评估数据开放绩效的诸多要素样本，并从平台模块、数据类型、开放方式及数量等平台表现的测评和比较研究，逐渐向地方层面的政府数据开放发展策略的比较研究转变。平台评估是对地方政府数据开放实践的现状揭示，因此，本研究的意义在于为政策工具运用效果优劣判断提供佐证。

第三，数据开放准备度评估。作为平台评估的有效补充，侧重于地方政府在政策、法律法规、制度规范、体制机制建设方面为数据开放做准备的情况。研究源于郑磊团队自2017年开始的我国地方政府数据开放平台评估系列报告，其中“准备度”作为平台评估的一项重要一级指标被单独作为论文发表，其后国内有部分学者开始以“准备度”为数据开放政策相关研究的关键词出现。如蔡城城等通过梳理国内外文献和国际评估报告中的开放政府数据准备度评估指标，重点对法律法规、政策层面的准备度评估指标进行了细化，法律法规涉及的环节有数据开放、数据安全、隐私保护和数据质量，政策涉及数据管理、数据开放和数据利用②，并对中国8个地方政府在开放数据领域的法律法规和政策准备度进行评估探索。周文泓等通过文本分析与案例研究，选取国内外政府数据开放评价指标中的“政府准备度”相关指数，对我国39个地方政府的56项开放数据政策，调查和分析地方政府开放数据准备度及建设成效，由此提出制度体系、门户升级、社会化应用等方面的优化建议③。刘新萍等从法规政策、组织与执行、标准规范3个维度探讨了政府数据开放准备度研究的框架，将符合标准的82个地方政府数据开放平台作为研究对象，其中法规政策从文本效力（等级和专门性）和内容要求（开放数据治理、开放方式、推进利用、安全保护、保障机制）入手，组织与执行从部门职责（主管部门层级、相关部门职

① 马伍翠、刘文云、苏庆收、刘莉：《我国地方政府数据开放现状分析及发展对策研究》，《数字图书馆论坛》2019年第3期。

② 蔡城城、刘新萍、郑磊：《开放政府数据准备度评估：法律法规与政策》，《电子政务》2017年第9期。

③ 周文泓、夏俊英、谢玉雪：《我国地方政府开放数据的进展、问题与对策》，《图书馆论坛》2018年第7期。

责)、领导公开支持(领导层级、公开讲话内容)和公布年度工作计划,以及标准规范(制定标准规范、标准规范的专门性)等 3 个一级指标、7 个二级指标、14 个三级指标来观察。“政策准备度”作为政府数据开放政策评估研究领域的一个分支,被单独提取成为研究关键词,一方面说明政策法规在该特定领域的重要性,另一方面体现出实践层面该领域政策法规需求的紧迫性。国外与该主题类似的研究被归入政策执行评估研究中①。

第四,政策执行评估。维斯库西·吉安路易吉(Viscusi Gianluigi)等基于管理和质量的数据合规性评估框架和指标体系,对意大利地方公共行政部门数据开放政策进行评估②。尤里·卡巴诺夫(Yury Kabanov)等利用定性和定量混合研究方法,分析政治、体制、社会经济结构、机构等因素,研究如何制定和推进实施俄罗斯区域和城市的政府数据开放政策③。萨约戈·乔科·西吉特(Sayogo Djoko Sigit)等采用重点小组讨论、访谈,总结出印尼地方级政府数据开放的成功要素:政府、企业、学界、公众之间的合作;政府办公室接受批评和建议的开放性;包容的领导人;政府机构参与开放政府和公共数据的承诺④。韩国学者金俊雄(Kim Jun Houng)等基于资源的理论(resource-based theory),在体制、社会、经济和人口因素等相对可控时,分析管理因素作为开放数据成功的驱动因素和挑战⑤。格伦·范考恩贝格赫(Glenn Vancauwenberghe)等⑥从数据治理的视角分析开放数据倡议实施的六大工具,包括:战略管理

① 刘新萍、袁佳蕾、郑磊:《地方政府数据开放准备度研究:框架与发现》,《电子政务》2019 年第 9 期。

② Gianluigi Viscusi, Blerina Spahiu, Andrea Maurino and Carlo Batini, “Compliance with Open Government Data Policies: An Empirical Assessment of Italian Local Public Administrations”, *Information Polity: The International Journal of Government & Democracy in the Information Age*, Vol.19, No.3 - 4, Jul.2014.

③ Yury Kabanov, Mikhail Karyagin and Viacheslav Romanov, “Politics of Open Data in Russia: Regional and Municipal”, *E-Democracy for Smart Cities*, In: Vinod Kumar T. (eds) *E-Democracy for Smart Cities. Advances in 21st Century Human Settlements*, Singapore: Springer, 2017, p.461.

④ Djoko Sigit Sayogo and Sri Budi Cantika Yuli, “Critical Success Factors of Open Government and Open Data at Local Government Level in Indonesia”, *International Journal of Electronic Government Research*, Vol.14, No.2, Apr.2018.

⑤ Jun Houng Kim and Seok-Jin Eom, “The Managerial Dimension of Open Data Success: Focusing on the Open Data Initiatives in Korean Local Governments”, *Sustainability*, Vol.11, No.23, Nov.2019.

⑥ Glenn Vancauwenberghe and Joep Crompvoets. “Chapter 5 Governance of Open Data Initiatives”, *Open Data Exposed: Information Technology and Law Series*, Vol.30, 2020.

(Strategic Management)、集体决策(Collective Decision Making)、责任分配(Allocation of Tasks)、市场化工具(Markets)、组织文化和知识管理(Interorganizational Culture and Knowledge Management)、政策框架(Legal Framework)。

对比第三和第四国内外政策准备度/评估研究,它们的不同点在于,国内更侧重可测量、可量化的政策现状研究,从政府数据开放的"实然"情况出发,通过指数水平的高低情况比较得出更优的发展策略,而国外更侧重从理论的"应然"假设出发,通过建立相应的影响因素和评估指标,从某一特定维度(数据治理、相关利益者)出发提出相应的对策建议。两种研究范式各有优缺点。比如国内研究在地方政府遇到具体对应的问题时,更具有实践参考价值,但不同问题之间的对策兼容性和可参考性较差,又或具有兼容性的对策建议又因趋于笼统而不具有实际参考性;国外研究在地方政府遇到某一类问题时,能够根据理论预判问题的出现,提前做出相关政策的效果预测和调整,但由于理论都有严格的前提假设、条件和推理过程,实践中的问题解决仍需要通过分析后与理论进行对接,才能找到可应用于实践的具体对策建议,即实用性和可操作性有待实践验证。因此,在认识到两种研究范式的特点后,本书兼顾理论和实践、实然和应然研究的不同要求和规范,尽可能扬长避短、互为补充。

四、政府数据开放领域的政策工具及相关研究

政府数据开放领域的政策工具研究,来源于政治学的分析方法和工具。在政策工具分类体系中,根据考量指标的不同可以分为以下 5 种研究视角:

第一,功能和实现路径视角。如胡德(Hood)[①]将政策工具分为探索型和影响型两类,并借由关键政策节点、政策权威、财政杠杆和组织等实现政策目标和功能。第二,影响或作用领域视角。如由罗斯威尔(Rothwell)和泽瑞德

---

① Christopher C. Hood, *The Tools of Government*, London: Macmillian, 1983, p.187.

(Zegveld)[①]提出并被汤志伟等[②]采纳的供给型、环境型和需求型政策工具。第三，政府引导方式视角。如施耐德(Schneider)和英格拉姆(Ingram)提出的权威、诱因、象征性/劝说性、能力建设以及学习型政策工具[③]，以及麦克唐纳(McDonnell)和艾莫尔(Elmore)的命令性、激励性、能力建设、系统变革和劝诫政策工具 5 类[④]。第四，政府权力直接参与程度视角。比如豪利特(Howlett)和拉米什(Ramesh)提出的自愿性、强制性和混合性政策工具[⑤]。第五，政府干预方式或类型视角，如顾建光等提出的管制、激励和信息政策工具 3 类[⑥]，徐程提出的政治、经济、法律、管理和其他政策工具 5 类[⑦]。政策工具的丰富研究内容将为本书在分析政策工具选择策略时提供理论参考。

国内学者利用政策工具研究地方政府数据开放政策主要采用的是罗斯威尔和泽福德的供给型、环境型和需求型政策工具分类，并与政策文献计量方法结合进行研究[⑧]。如杨正等依据行政层级、政策外部结构特征、政策内部主题特征(政策工具)构建了三维分析框架[⑨]；毛子骏等结合政策目标和政策工具协同制定评估指标，研究 12 个省市政策差异和政策协同度[⑩]；苏飞等[⑪]对 8 个省级城市的政策形式、政策内容进行了分析；孟溦等[⑫]构建政策工具(强

① Roy Rothwell and Walter Zegveld, "An Assessment of Government Innovation Policies", *Review of Policy Research*, Vol.3, No.3 - 4, 1984.

② 汤志伟、龚泽鹏、郭雨晖：《基于二维分析框架的中美开放政府数据政策比较研究》，《中国行政管理》2017 年第 7 期。

③ Anne Schneider and Helen Ingram, "Behavioral Assumptions of Policy Tools", *The Journal of Politics*, Vol.52, No.2, May 1990.

④ Lorraine M. McDonnell and Richard F. Elmore, *Getting the Job Done: Alternative Policy Instruments*, Santa Monica, CA: RAND Corporation, 1987, p.21.

⑤ Michael Howlett and M. Ramesh, "Patters of Policy Instrument Choice: Policy Styles, Policy Learning and the Privatization Experience", *Policy Studies Review*, Vol.12, No.1 - 2, Mar.1993.

⑥ 顾建光、吴明华：《公共政策工具论视角述论》，《科学学研究》2007 年第 25 卷第 1 期。

⑦ 徐程：《政府工具视角：一种审视政府治理的新途径》，《天水行政学院学报(哲学社会科学版)》2005 年第 6 期。

⑧ Roy Rothwell and Walter Zegveld, "An Assessment of Government Innovation Policies", *Review of Policy Research*, Vol.3, No.3 - 4, May 1984.

⑨ 杨正、田进：《政府数据开放利用的政策文献计量研究——一个三维分析视角》，《情报杂志》2018 年第 37 卷第 12 期。

⑩ 毛子骏、郑方、黄膺旭：《政策协同视阈下的政府数据开放研究》，《电子政务》2018 年第 9 期。

⑪ 苏飞、刘红：《中国省级政府数据开放政策量化研究》，《科技促进发展》2019 年第 15 卷第 2 期。

⑫ 孟溦、王龊祎：《基于二维分析视角的长三角城市群政府数据开放共享政策分析》，《电子政务》2020 年第 3 期。

制性、混合性、自愿性）和政府数据管理（创建与汇交、组织与描述、存档与保存、发布与传播、获取与利用、数据监管）的二维分析框架，对长三角城市群政府数据开放共享政策文本进行二维分析。

此外，图情学科内与政府数据开放政策过程和政策工具研究内容相关的方法和工具研究包括：第一，可视化方法和工具。旨在为帮助理解和传达大数据所蕴含的信息、知识或理念，提供表现机制。格雷夫斯（Graves）等认为政府数据开放的可视化功能具有服务用户的现实意义①。第二，政府数据开放链接的原理、框架、技术和工具，卡坎波基斯（Kalampokis）等认为是信息计量学中链接理论研究在政府数据开放领域的扩展②。

五、其他政策科学视角研究

政府数据开放政策研究由于其本身涵盖了政治和数据/信息两方面的内容，使得国内外研究者对政策模型和政策信息学产生了兴趣，如巴雷特（Barrett）③、道斯（Dawes）④、桑塔格鲍尔（Sonntagbauer）⑤等利用信息技术模型整合政策信息资源和支持政策改进等方面的研究。除了模型和案例研究外，还促进了利益相关方、多源流理论以及跨学科的政策分析方法的参与，如黄扬基于多源流理论，提出对政策议程产生实质影响的源流包括：问题源流、

---

① Alvaro Graves and James Hendler, "Visualization Tools for Open Government Data", *ACM Press the 14th Annual International Conference*, Location: Quebec, Canada, (2013.6.17—2013.6.20) 2013, p.136.

② Evangelos Kalampokis, Efthimios Tambouris and Konstantinos Tarabanis, "Linked Open Government Data Analytics", In: Maria A. Wimmer, Marijn Janssen and Hans J. Scholl (eds) *Electronic Government-Lecture Notes in Computer Science*, Vol.8074, Berlin, Heidelberg: Springer, Sep.2013.

③ Christopher L. Barrett, Stephen Eubank, Achla Marathe, Madhav V. Marathe, Zhengzheng Pan and Samarth Swarup, "Information Integration to Support Model-based Policy Informatics", *Innov J*, Vol.16, No.1, Feb.2011.

④ Dawes SS, Helbig N and Nampoothiri S, "Workshop Report: Exploring the Integration of Data-intensive Analytical Skills in Public Affairs Education", see: https://www.ctg.albany.edu/publications/egovpolinet_workshopreport/. (2014.8.04)

⑤ Peter Sonntagbauer, Kawa Nazemi, Susanne Sonntagbauer, Giorgio Prister, Dirk Burkhardt (eds), *Handbook of Research on Advanced ICT Integration for Governance and Policy Modeling*, IGI Global, 2014, p.508.

政策源流、政治源流，智库通过“政策研讨会、内参报告、研究报告、学术论文、研究项目、学术会议、媒体发生”等路径参与地方政府数据开放政策制定，并对三类源流产生直接和间接影响，共同作用于政策之窗和政策议程的设置①。

这些政策研究强调：在解决复杂的社会问题时，要通过一种更具参与性的方式，运用开放性政府数据来提高透明度、创新性和部门协作程度②。此外，社会媒体领域的技术发展也为人们参与整个政策过程提供了机会③。

至此，就政府数据开放政策研究而言，开放性数据和开放性政府的逐渐完善，也为该研究提供了丰富的经验基础和研究素材。

综上，学界已对数据开放领域的政策工具研究做初步尝试，研究对象和范围从城市个例、城市比较、产业领域、地方特定层级等视角展开了探索。前人的研究成果具有一定的国际接轨作用，并且其中的一些可行性建议对政策制定者具有参考借鉴价值。同时，前期的研究展现出政策工具研究在政府数据开放政策领域应用的可能性，但与教育、能源、科技等领域的政策工具研究相比，仍有待进一步挖掘。

一是政策工具理论在政府数据开放领域的运用契合度有待加强。目前在政府数据开放领域运用较侧重经济学视角的政策工具研究(如R－Z模型)，将开放数据和政务大数据视为生产要素置于产业发展的政策环境中进行讨论，能够较好地探讨由政府、企业、公众、市场环境等要素组成的产业生态环境发展情况和工具运用偏好。但从地方实践看，我国的政府数据开放更倾向于“自上而下”制度设计的政策推进模式，表现为该领域政策内容多现于政务改革、公共服务、社会治理等方面的综合性政策；而以产业发展为推进目标的政府数据开放政策执行则对地方的经济、文化、信息化基础建设等资源禀赋有较高的

① 黄扬：《智库在地方政府数据开放政策制定中的作用机制研究——基于多源流理论的跨案例分析》，《图书馆》2019年第6期。

② John C. Bertot, Paul T. Jaeger and Justin M. Grimes, “Using ICTs to Create a Culture of Transparency: E-government and Social Media as Openness and Anti-corruption Tools for Societies”, Government Information Quarterly, Vol.27, No.3, Jul.2010.

③ Cliff Lampe, Robert LaRose, Charles Steinfield and Kurt DeMaagd, “Inherent Barriers to the Use of Social Media for Public Policy Informatics”, The Innovation Journal: The Public Sector Innovation Journal, Vol.16, No.1, Oct.2011.

要求，目前仅部分发达地区和掌握后发优势的地区以产业发展为主导进行推进；大部分地方政府则表现出“自上而下”行政任务推进为主，将政府数据开放政策嵌入地方经济社会文化发展等各地具有独特优势或需求的政策中。可见，政府数据开放领域的政策工具运用具有其独特性，且在我国不同层级不同地域的地方政府采取的策略布局和先后推进均有所差异，现有研究尚未形成针对地方级政府数据开放领域或开放数据具体环节的政策工具理论构建，仅沿用既有的、以经济学视角为主的政策工具理论，这在政策工具理论与我国政府数据开放地方实践的契合度、解释力、指导力方面有所不足。

二是研究内容有待系统化。与政府数据开放实践涉及整个开放数据生态系统的内外环境纷繁复杂的现实相比，目前政府数据开放的政策工具研究尚未达到规模，对各类政策工具在政府数据开放生态系统的不同环节所发挥的作用揭示不足。且限于篇幅，已有的研究论文亦无法在展现政策工具运用整体结构的同时，系统讨论各个局部仍较庞杂的政策工具运用情况。因此，以本研究为载体在地方层面进行我国政府数据开放政策工具及其内容结构的系统研究，在研究体量上较其他研究更为合适。与此同时，随着“数据”要素被纳入生产要素并在国家政策中出现，预示着未来与政府数据开放相关的政策和实践将会更加丰富，并为政策工具的研究提供更多素材。以此为契机，本研究能够在这个时间节点开展政策工具研究，具有一定的前瞻性。

第三节　概念界定及研究问题

一、概念界定

（一）地方政府相关概念界定

地方政府是中央政府为治理国家一部分地域或部分地域某些社会事务而设置的政府单位①，《中华人民共和国宪法》第 95 条规定“省、直辖市、县、市、市

① 徐勇、高秉雄：《地方政府学》，高等教育出版社 2005 年版，第 32 页。

辖区、乡、民族乡、镇设立人民代表大会和人民政府”。

本书依据地方政府数据开放实践，参考复旦大学 DMG 自 2017 年起连续出版的年度《中国地方政府数据开放报告》，确定作为本书研究对象的“地方政府”为我国在政府数据开放方面制定了政策或建立了平台的省、直辖市、市所设立的人民政府，对应行政级别为省级、副省级、地级市。本书“地方政府”实例城市名称见表 1－4。

表 1－4　本书“地方政府”实例城市名称列表

北京市	福建省	广东省	贵州省	海南省	河南省	湖北省
江苏省	江西省	宁夏回族自治区	山东省	陕西省	四川省	上海市
天津市	新疆维吾尔自治区	浙江省	厦门市	广州市	深圳市	哈尔滨市
武汉市	南京市	济南市	青岛市	成都市	宁波市	蚌埠市
阜阳市	黄山市	六安市	马鞍山市	宣城市	福州市	潮州市
东莞市	佛山市	河源市	惠州市	江门市	揭阳市	茂名市
梅州市	清远市	汕头市	汕尾市	韶关市	阳江市	云浮市
湛江市	肇庆市	中山市	珠海市	南宁市	贵阳市	六盘水市
黔东南苗族侗族自治州	黔南布依族苗族自治州	铜仁市	遵义市	三亚市	佳木斯市	黄冈市
荆门市	常德市	永州市	长沙市	常州市	淮安市	连云港市
南通市	苏州市	泰州市	无锡市	宿迁市	徐州市	扬州市
抚州市	乌海市	石嘴山市	银川市	中卫市	滨州市	德州市
东营市	菏泽市	济宁市	聊城市	临沂市	日照市	泰安市
威海市	潍坊市	烟台市	枣庄市	淄博市	广元市	泸州市
绵阳市	内江市	雅安市	遂宁市	湖州市	盘锦市	绍兴市
芜湖市	鄂尔多斯市	淮北市	铜陵市	信阳市		

（二）政府数据开放及相关概念界定

政府数据开放概念，国内外主要从“开放数据”和“开放的原则标准”两方面来界定，具代表性的观点（如表 1－5）侧重点各有不同，可归纳为以下几种：（1）数据形式视角：对政府数据开放的定义侧重点放在“数据开放”形式的原则标准上，它的前提假设是认为“政府数据”是“数据”的一种。“数据”被定义为“一切以电子形式存储的记录”，而“政府数据”作为可开放的数据时，指其中“不涉及隐私、安全和其他特有权利限制的数据”。基于这样的前提，开放数据倡导者（2007）和《开放数据宪章（2015）》分别提出 8 项和 6 项基本原则。与此不同的是，我国虽然分别在《政务信息系统整合共享实施方案（2017）》《公共信息资源开放试点工作方案（2018）》中也提及“提升数据的完整性、准确性、有效性、时效性”“明确开放数据的完整性、机器可读性、格式通用性”等数据内容质量和开放格式的要求，但发生场景是在政府进行内部数据资源的共享以服务于对外提供公共数据或信息服务时，它更倾向于第（2）种以“行为”界定的政府数据开放概念。（2）数据行为视角：侧重于数据行为及其结果，通常表现为国际组织引导或自上而下的行政命令对政府数据开放行为的描述。比如联合国定义政府开放数据为“主动在网上公开政府信息，使任何人都能不受限制地获取、再利用和再分配”。比如国务院办公厅、上海市政府下达的实施方案和暂行办法中描述的政府数据开放，是向社会开放“政府部门和公共企事业单位的原始性、可机器读取、可供社会化再利用的数据集”，以及“面向社会提供具备原始性、可机器读取、可供社会化再利用的数据集的公共服务”。其前提是政府天然具有对公共数据的管理权。（3）数据价值视角：侧重于数据本身具有的价值以及所能赋予的价值两方面来界定。前者又可称为数据价值的“资源观”，后者称为“权利观”。数据作为资源来界定政府数据开放的，在我国地方层面始见于 2016 年贵州省关于政府数据开放资源管理的暂行办法中，该暂行办法指出“政府数据资源，是政务部门在依法履行职能过程中生成、采集的，以一定形式记录、保存的各类数据资源”。数据开放体现公民权利的是世界银行和开放知识基金会的定义，强调“任何人”可以“任何目的”“不受限制地”自由利用、再利用和再分配。三种视角并不相互排斥，仅在定义描述以及指导实践时侧重点有所不同,并可能两两结合出现。比如世界银行、上海市政府办公厅的定义,对数据行为和数据价值均有详细阐述。

表 1-5　　政府数据开放相关概念界定

组织/部门	概念界定	资料来源
开放数据倡导者(1)	8 项基本原则:完整的、一手的、及时的、可获取的、可机读的、非歧视的、非专属的、免授权的	2007 年,开放数据第一次正式会议,由 30 位倡导者在美国加利福尼亚州召开
世界银行(2)(3)	"能被任何人出于任何目的不受限制地进行自由利用、再利用和分发,并最大程度保持其原始出处和开放性的数据"。应符合"技术性开放"和"法律性开放"两个特征①	《如何认识通过开放政府数据增强政府责任感》(2012)
开放知识基金会(3)	"政府数据"的定义是"由政府或政府控制的实体生成或委托的数据和信息"②,且这些数据可以"被任何人利用、再利用和再分配"。公共部门产生的任何介质的数据,包括印刷、数字、电子等载体形式的数据,例如财务、气象、科研、企业、地理等数据都属于政府数据的范畴	网站(2012):http://opendatahandbook.org/
《开放数据宪章》(1)	"具备必要的技术和法律特性,可供任何人、在任何时间和地点进行自由利用、再利用和再分配的电子数据"。6 原则:默认开放,及时全面,可获取利用,可比较和互操作,服务宗旨是改善治理和公民参与,促进包容性发展和创新③	《开放数据宪章》(2015)
联合国(2)	"主动网上公开""使任何人""不受限制地""获取、再利用和再分配"	《2016 联合国电子政务调查报告》
贵州省人民政府办公厅(3)	政府数据是一种资源,指政务部门依法履职过程中生成和采集,并以一定形式记录和保存的各类数据资源。采集主体既包括政务部门也包括依法授权采集和授权管理的第三方	《贵州省政务数据资源管理暂行办法》黔府办发〔2016〕42 号

① 参见 https://www.opendta.org/Documents/How%20To%20-%20Open%20Government%20DRAFT.pdf。

② 参见 http://opendatahandbook.org/。

③ 参见 https://opendatacharter.net/principles/。

续 表

组织/部门	概念界定	资料来源
国务院办公厅（2）	提出要向社会开放“政府部门和公共企事业单位的原始性、可机器读取、可供社会化再利用的数据集”①。8原则为“完整性、准确性、原始性、机器可读性、非歧视性、及时性，方便公众在线检索、获取和利用”	《政务信息系统整合共享实施方案》(2017)
中央网信办、发展改革委以及工业和信息化部（1）	要求试点地区按国务院办公厅提出的8原则建设开放数据，并强调明确“完整性、机器可读性、格式通用性等”的具体要求	《公共信息资源开放试点工作方案》(2018)
上海市人民政府（2）（3）	公共数据开放是指公共管理和服务机构在公共数据范围内，面向社会提供具备原始性、可机器读取、可供社会化再利用的数据集的公共服务	上海市人民政府令《上海市公共数据开放暂行办法》(2019)

注：表中(1)(2)(3)代表该组织/部门定义“政府数据开放”概念分别对应从数据形式、数据行为、数据价值三种不同视角出发。

为进一步阐述本研究关于地方政府数据开放定义的理解，还必须从国内外政府数据开放的历史源流中找到符合我国国情的政府数据开放定义的视角（见表1-6）。

表1-6　政府数据开放的历史渊源

国别/区域	领　域	事　件	内　涵
国际	科学界	科学数据的开放存取(1958)	释放科学数据的经济价值
欧盟	公共服务	欧盟PSI指令(2003)	公共数据的公开和再利用
美国	开放政府	美国《开放政府指令》(2009)	透明政府、开放数据的经济价值，解决就业

① 国务院办公厅：《国务院办公厅关于印发政务信息系统整合共享实施方案的通知》，载中华人民共和国中央人民政府网 http://www.gov.cn/zhengce/content/2017-05/18/content_5194971.htm，2017年5月18日。

学者认为政府数据开放有两大源流，一是自 1958 年由国际科学联合会建设的世界数据中心首次提出“科学数据的开放存取”，在互联网出现之前影响力仅限于科学界范畴，进入 21 世纪互联网时代，开放科学数据的环境发生变化，随之影响到整个经济社会生活。背后的支撑理念是在科学共同体、企业和公众的共同参与下，促进科学数据的经济、社会、文化价值释放。二是源自政府部门的数据开放，主要始于欧盟公共部门的信息再利用 PSI 指令的推广，以及美国的开放政府运动。欧盟的初衷是建立一个“共同立法框架”，消除欧盟国家之间信息联通和利用的障碍，美国的初衷是建立一个“透明政府”，通过数据开放来行使公民对公权力的监督，同时通过数据开放利用促进经济价值提升和解决社会就业问题。可见，政府数据开放基于两个出发点产生：一是数据价值，通过开放利用促进经济社会发展；二是权力监督，通过向公众开放赋予公民知情权、监督权，打造透明、回应型、服务型政府。

我国的政府数据开放，从中央到地方的实践同样受到这两方面理念的影响。一方面，基于政府公信力和权力监督，延续政府部门信息公开的做法，自上而下以行政任务的形式要求地方政府公开公共数据；另一方面，国家大数据战略提出之后，全国各地建设数据开放平台初见规模，以一种更接近于国际语境的“开放数据”形式搭建政府数据开放平台，提供开放和社会利用。关于我国政府数据开放实践，开放知识基金会中国大使高丰曾指出，我国的数据开放是“可在一定技术和法律授权限定下流通获取使用的数据资源”，不完全等同于欧美国家的“开放数据＝公共数据＋可重用格式＋开放协议”①。

另外，大数据发展战略中我国对政府数据开放有了中国特色发展，即提出“政府数据开放共享”概念。针对我国发展实践，国内学者黄如花、李白杨等给出了开放共享视角的政府数据开放的定义：“是指政府机构在法律法规范围内开放、共享其生产或拥有的按照一定标准规范组织过的数据集，这部分数据可供企业、公民、研究者等自由使用，为社会创造价值。同时，确保开放共享在数据安全保障范围内进行，要严防泄露危害国家安全的数据和侵

① 高丰：《AI时代“开放”数据的三大范式变化》，载开放数据中国微信公众号 https://mp.weixin.qq.com/s/NApthEo59CWbtKQVhV7JVA，2020 年 7 月 10 日。

犯个人隐私的数据"[①]，并认为广义的政府数据开放共享还包括为改善政务服务，以便公众自由获取和开发利用政府数据资源的一系列公共服务[②]，如"互联网＋政务服务""政务大数据"等。

综合以上政府数据开放发展源流和几种主流概念，结合我国对政府数据开放概念的独特发展和延伸，本书关于政府数据开放概念的界定基于以下观点：政府数据开放概念被引入中国后，通过中央到地方的政策引导和平台实践，已经形成了中国特色的政府数据开放概念并扩充了外延，它更多体现的是自上而下行政体制下具有一定地方标准和受政府统一管理的公共服务，表现形式以平台开放为主，但不限于平台，还包括政务数据的共享、公共数据开放，以及高价值数据有条件或有限制的开放利用[③]。

另外，政府数据开放与相关概念的关系：（1）与政府信息公开的关系。大多数国内学者如吕红、马海群[④]、赵需要[⑤]、范丽莉等[⑥]、赵润娣[⑦]认为政府数据开放是政府信息公开的深化和新发展趋势，是递进和发展的关系，但在开放对象、存储形式、服务对象、实施目的和价值取向等方面存在差异。归纳为，政府信息公开是政府单方面的信息供给，为了保障公民知情权、形式监督权，诞生和发展于互联网时期，强调政治和行政价值的实现；而政府数据开放则以需求为导向，强调政府数据的经济和社会价值的实现，体现了政府和社会主体之间的互动[⑧]，是一种双向价值实现。（2）与政务公开的关系。肖卫兵和杨孟辉都认为政府数据开放是政务公开的一个子集或新领域。肖卫兵从两者的共同点

① 黄如花、李白杨、周力虹：《2005—2015年国内外政府数据开放共享研究述评》，《情报学报》2016年第12期。

② 李白杨：《我国政府数据开放的用户需求及其保障策略研究》，武汉大学硕士学位论文，2017年。

③ 夏义堃：《企业开放数据再利用的困境与对策分析》，《电子政务》2018年第8期。

④ 吕红、马海群：《国内政府信息公开研究现状与展望——迈向政府数据开放》，《现代情报》2016年第36卷第5期。

⑤ 赵需要：《政府信息公开到政府数据开放的嬗变》，《情报理论与实践》2017年第4期。

⑥ 范丽莉、唐珂：《基于政策工具的我国政府数据开放政策内容分析》，《情报杂志》2019年第1期。

⑦ 赵润娣：《政府信息公开领域新发展：开放政府数据》，《情报理论与实践》2015年第38卷第10期。

⑧ 赵需要：《政府信息公开到政府数据开放的嬗变》，《情报理论与实践》2017年第4期。

出发,认为政府数据开放是政务公开的升级版模式[①],都为了保障公民的知情权和数据利用权,但两者的权利规范要求不同。杨孟辉则从两者的差异性出发,认为"政务公开实质上是政府全流程行为的公开"[②],同时关注过程和结果,但对数据价值实现没有明确要求,而政府数据开放"不完全是一个依法或依申请简单公开的过程",它更多涉及数据的清洗、分析、加工、利用、解读等底层问题和信息到达问题。(3) 与公共数据开放的关系。郑磊[③]认为广义的"政府数据"又称"公共数据",除了政府部门的信息和数据外,还应包括其他公共事业部门的信息和数据。此外,受政府委托、获得公共财政支持,由国有和私有企业创建或掌握的与政府相关、具有重大公共利益的数据也属于公共数据。而狭义的"政府数据"仅指各级政府部门、履职、记录保存的数据。

本书的政府数据开放概念界定,服务于中国地方政府数据开放的政策工具选择研究,因此需符合我国实际情况,同时需要数据开放相关理论的指导和支撑。综上概念内涵、历史源流和发展、相关概念关系的讨论,本书认为:我国政府数据开放是政府部门在依法履职过程中产生、采集和存储的数据,是以一定技术和法律授权流通获取使用的数据资源。广义的政府数据开放包括为了改善政务服务、以便公众自由使用和企业开发利用的一系列公共服务,存在政府信息公开、政务公开、政府数据共享开放、政府数据产品(利用政府数据开发的统计、可视化、查询、应用)等表现形式;狭义的政府数据开放仅指按一定标准规范组织过,用于开放共享的数据集,多以数据平台、依法或依申请等形式开放公众利用,它有别于国际社会的开放数据概念,是边界不断扩展和与公共服务、社会治理、城市智能化建设等开放数据应用场景不断融合发展的概念。

本书中政府数据开放所涉及的"数据"范围,以开放数据研究院制作的数据光谱[④]来界定(如图 1-3 所示),则是跨度在共享和开放之间的区域。这个

① 肖卫兵:《论我国政府数据开放的立法模式》,《当代法学》2017 年第 3 期。

② 杨孟辉:《开放政府数据:概念实践和评价》,清华大学出版社 2017 年版,第 7 页。

③ DMG 开放数林:《推进政府数据开放被写入中央文件 DMG 为您解读》,载复旦大学数字与移动治理实验室官网 http://www.dmg.fudan.edu.cn/? p=7725,2020 年 4 月 22 日。

④ 参见 https://theodi.org/about-the-odi/the-data-spectrum。

光谱将数据从封闭、共享，到开放排布在一个渐变的过程上，按授权程度大小分为内部、定向、群体、公开和所有人5个开放程度。本书认为的政府数据开放范畴跨度为“群体获取—公共获取—所有人”，即通过认证（共享交换机制）在特定群体内部（政府部门内部）进行共享；通过授权协议（依申请公开/开放）对数据使用设定公共获取的限制条件；通过开放授权（普遍开放），向所有人实现数据开放。

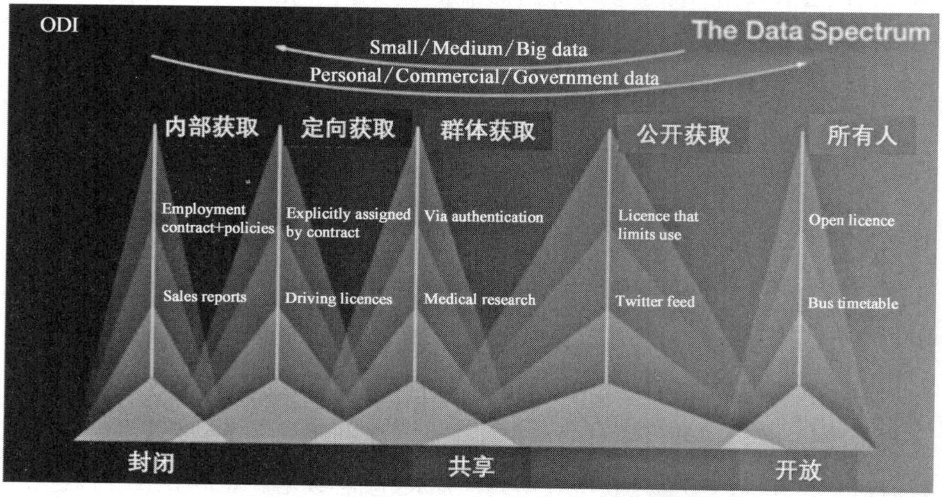

图1-3　开放数据研究院的数据光谱

（三）政策工具相关概念

政策工具是为了达到某种政策目标或解决某些社会问题，在政策执行的过程中所采用的方法、技术、路径、机制等具体手段和方式。关于政策工具的定义，国内外学者的理解角度不同，可大致分为，目的—手段视角、政策执行视角、政府行为视角等：

一是目的—手段角度，林德（Linder）和彼德斯（Peters）定义为实现政策目标的手段，分为间接工具（如劝诫、激励）和直接工具（如政府直接提供）①，施

① Stephen H. Linder and B. Guy Peters, “Instrument of Government: Perceptions and Contexts”, *Journal of Public Policy*, Vol.9, No.1, Apr.1989.

耐德和英格拉姆定义为激励目标群体遵守政策或利用政策机会的政策手段①。萨拉蒙(Salamon)定义为影响政策过程达到既定目标的任何事物,或行为者能够使用或潜在使用,以便达到目的的任何事物②。

陈庆云③、张成福④、陈振明⑤,以及赵筱媛、苏竣⑥等中国学者对政策工具的定义相似,认为是由政府掌控的、可以用以达成政策目标的手段和措施。

二是政策执行视角,胡德定义为政策执行的机制,可以通过组合来达到不同的政策目标⑦。莱斯特(Lester)和斯图尔特(Stewart)定义为政策执行的技术途径,概括为命令控制与市场化两种技术途径⑧。

三是政府行为视角,休斯(Hughes)定义为政府的行为方式以及通过某种途径调节政府行为的机制⑨。豪利特和拉米什定义为政府的治理途径⑩。彼得斯、冯尼斯潘定义为法律和政府的行为⑪。

以上三种界定视角并不相互排斥,相互间有融合和交叉,仅就不同问题的侧面进行阐述。因此,本研究认为适用于我国地方政府数据开放的政策工具,是地方政府为实现政府数据开放共享并释放其经济社会价值所采取的制度、行为和手段。

---

① Anne Schneider and Helen Ingram, "Social Construction of Target Populations: Implications for Politics and Policy", *The American Political Science Revies*, Vol.87, No.2, Jun.1993.

② Lester M. Salamon, *The Tools of Government: A Guide to the New Governance*, New York: Oxford University Press, 2002, p.669.

③ 陈庆云:《公共政策分析》,中国经济出版社 2000 年版,第 286、290 页。

④ 张成福:《论政府治理工具及其选择》,《公共行政》2003 年第 4 期。

⑤ 陈振明:《政策科学——公共政策分析导论》(第 2 版),中国人民大学出版社 2004 年版,第 177、192 页。

⑥ 赵筱媛、苏竣:《基于政策工具的公共科技政策分析框架研究》,《科学学研究》2007 年第 25 卷第 1 期。

⑦ Christopher C. Hood, *The Tools of Government*, London: Macmillian, 1983, p.187.

⑧ James P. Lester and Jr. Joseph Stewart, *Public Policy: An Evolutionary Approach*, Beijing: China Renmin University Press, 2004, p.304.

⑨ Owen E. Hughes, *Public Management and Administration: An Introduction*, Beijing: China Renmin University Press, 2001, p.288.

⑩ Michael Howlett and M. Ramesh, "Patters of Policy Instrument Choice: Policy Styles, Policy Learning and the Privatization Experience", *Policy Studies Review*, Vol.12, No.1-2, Mar.1993.

⑪ [美]盖伊·彼得斯、[美]弗兰斯·冯尼斯潘:《公共政策工具——对公共管理工具的评价》,顾建光译,中国人民大学出版社 2007 年版,第 25、40 页。

二、研究问题

从国内外研究来看，关于政府数据开放的政策模型分析、案例及比较研究已经展开，研究者们已提出一些适应于地方层面的政府数据开放发展对策建议。但仍有值得继续探讨的问题。

第一，政府数据开放领域的政策工具研究存在不足。R－Z 模型是最常用的分析模型，如汤志伟、龚泽鹏、郭雨晖的中美政府数据开放政策比较①，范丽莉、唐珂对我国政府数据开放的政策内容分析②，谭春辉、谢荣、刘倩对政府信息公开的政策工具分析，并提出平衡供给型和环境型工具数量，以及增加需求型工具的提供等建议③。但由于 R－Z 模型对产业政策有较强的解释力，而对于我国政府数据开放主要涉及政务改革、公共服务、社会治理等方面的综合性政策，该模型的理论框架略显单薄，且解释较为笼统。同时，由于篇幅限制，在给出政策工具选择的建议时内容未能详细展开。

第二，地方政府数据开放的多案例研究较少。目前的多案例研究，主要以省级地方政府数据开放比较以及城市级政府数据开放平台评估为主，如郑磊团队自 2017 年至今的《中国地方政府数据开放报告》系列报告④、中国电子信息行业联合会新出版的《中国政务数据治理发展报告(2020)》⑤、联合国 2020 年新增的《联合国电子政务调查报告 2020》⑥城市级案例板块以及上海社会科学院的《全球重要城市开放数据指数》⑦等。关于城市级政府数据开放的政策工具研究，孟溦、王勰祎认识到政府数据开放政策具有一定的强制性特点，以

① 汤志伟、龚泽鹏、郭雨晖：《基于二维分析框架的中美开放政府数据政策比较研究》，《中国行政管理》2017 年第 7 期。

② 范丽莉、唐珂：《基于政策工具的我国政府数据开放政策内容分析》，《情报杂志》2019 年第 1 期。

③ 谭春辉、谢荣、刘倩：《政策工具视角下的我国政府信息公开政策文本量化研究》，《电子政务》2020 年第 2 期。

④ 参见 http://ifopendata.fudan.edu.cn/report。

⑤ 参见 https://t.cj.sina.com.cn/articles/view/6375433705/17c0165e901900s110? from=tech。

⑥ 参见 http://www.echinagov.com/report/285242.htm。

⑦ 参见 http://www.cbdio.com/BigData/2020-07/13/content_6158277.htm。

长三角城市群为例，分为A类省级/副省级城市和B类地级城市两类，采用分类标准为强制性程度的H－R模型，提出了“基于政府数据开放共享管理的二维政策分析框架”①，做到了理论和实践的有效衔接。但对城市类型的划分仅以行政级区分为两类对其政策工具选择做分析，在解释同级行政级别的不同城市选择的政策工具组合方面仍有探索空间。

第三，目前关于我国地方政府数据开放的研究仍以现状问题研究和经验学习为主，相较于西方国家将政策工具选择深入个案的研究有待挖掘，比如格拉齐亚(Grazia)等人通过黑客马拉松赛事促进城市创新的5个城市案例比较来阐明马拉松赛事的政策执行效果②。我国从2012年开始上海上线第一个政府数据开放服务平台，到2020年142个地方级平台上线，为地方政府数据开放的研究提供了丰富素材。同时，在最新的联合国电子政务报告中，上海、贵州、浙江等地区还成为向国际提供经验的优秀案例被收录在报告中。地方政府数据开放为研究提供了丰富案例，但由于政府信息公开政策基础较弱和开放数据政策级别较低，政策发展落后于开放实践。因此，需要相关理论研究来明确如何做好地方政府数据开放的政策落实和监督执行，为地方采取政策措施提供备选方案及组合参考。

为弥补以上研究的不足，本书提出的研究问题是：我国地方政府如何选择合适的政策工具来推进地方政府数据开放政策的实施？该问题进一步分为以下子问题。

RQ1：如何构建适应于解释地方政府数据开放政策工具的分类模型和选择模型？

RQ2：我国地方政府数据开放的政策工具基础和现状如何？

RQ3：国内外地方政府数据开放有哪些政策工具值得借鉴？

RQ4：我国地方政府数据开放应该如何选择合适的政策工具？

---

① 孟溦、王馥祎：《基于二维分析视角的长三角城市群政府数据开放共享政策分析》，《电子政务》2020年第3期。

② Grazia Concilio, Francesco Molinari and Nicola Morelli, “Empowering Citizens with Open Data by Urban Hackathons”, *7th International Conference for E-Democracy and Open Government (CeDEM)*, Location: Krems, Austria (2017.5.17—2017.5.19) 2017, p.125.

第四节　研究内容与方法

本书通过采集我国各级地方政府数据开放的相关政策文件，分析各级政府数据开放的政策工具运用现状，并指出各地区时空维度的分布特点以及存在的不足，通过分析《全球重要城市开放数据指数》中典型城市的地方政府数据开放政策，为我国地方政府选择政府数据开放政策工具提供借鉴。最后，用政策工具选择模型，结合本书的分析结果，提出适应于我国地方政府数据开放的政策工具选择逻辑和对策建议。

一、研究内容

本书将从以下四个范围展开：

一是研究适用于政府数据开放的政策工具理论，通过梳理理论的发展脉络，分析其内涵和特征，对比前人研究政府数据开放及相关政策所使用的政策工具分类模型，构建本研究的政策工具分类模型和选择模型。

二是从时间维度梳理我国从国家信息化建设时期提出"推进信息资源开发利用"开始，分析我国国家及地方政府数据开放由准备阶段逐渐进入快速发展阶段的政策工具运用特点。不同于其他关于政府数据开放阶段以《政府信息公开条例(2007)》和《促进大数据发展行动纲要(2015)》的颁布年份为分界点划分，本研究将政府数据开放政策置于我国信息化发展战略、电子政务和政府服务转型改革、信息产业和新技术产业发展等大环境之下，观察政府数据开放政策在地方层面从政策中的支撑保障措施逐渐发展成为相对独立成熟的政策方案的全过程。在分析各个阶段政府数据开放发展基本情况的基础上，按照命令型、能力建设型、激励型、劝导型、学习型五大类别梳理各个阶段政府数据开放工具的运用情况，按照政府数据开放生态系统的四个环节介绍政府数据开放政策工具的选择特点，最后通过旁证对比阐述政府数据开放政策工具使用产生的成效和出现的问题。

三是从地域角度运用政府工具分析框架，对我国三个阶段中影响力较大的信息公开、数据共享、政务服务、数据开放等国家、省级、地级的政策文本进行研究，按省级（A类）、副省级地级（B类）做城市聚类，在分析每一类组的政策工具组合的基础上，归纳出地方政府数据开放的政策工具选择策略类型及其工具组合特点。

四是按选择策略类型挑选案例城市进行案例分析，了解各种策略中重点解决的关键问题及其核心工具。在此基础上，依据政策工具选择模型提出我国地方政府数据开放的政策工具选择逻辑及相关对策建议。

二、研究思路

本书总体按照“提出问题—理论框架—实证分析—提升策略”的科学逻辑进行布局，总体技术路线见图1-4所示。全书按照从我国地方政府数据开放的政策工具选择模型的构建，到政策工具现状分析、时空变化规律特点、国际国内经验借鉴和政策工具选择策略优劣比较和对策建议进行逐步展开。第一阶段：归纳当前我国地方政府数据开放所处的国际国内背景和在实践中的问题。第二阶段：围绕实际问题，在信息资源管理和公共政策研究领域找理论和方法，提出我国政府数据开放的生态系统模型、政策工具分类和选择模型。第三阶段：在理论研究的基础上，通过征求专家意见和LAD模型分析政策文本主题聚类，检验了生态系统模型和政策工具分类的信度和效度，形成政府数据开放生态环节—政策工具二维分析框架。第四阶段：对我国地方政府数据开放政策展开实证分析。分为三个部分，第一部分按时间进行政策工具演进分析，得出特点和规律；第二部分按地区类组进行政策工具组合分析，得出组合特点和策略选择类型；第三部分按选择策略类型分析国内外地方成功案例，得出针对关键问题的核心工具组合。第五阶段：根据政府数据开放政策工具选择模型对我国地方政府数据开放的政策工具选择提出对策建议。

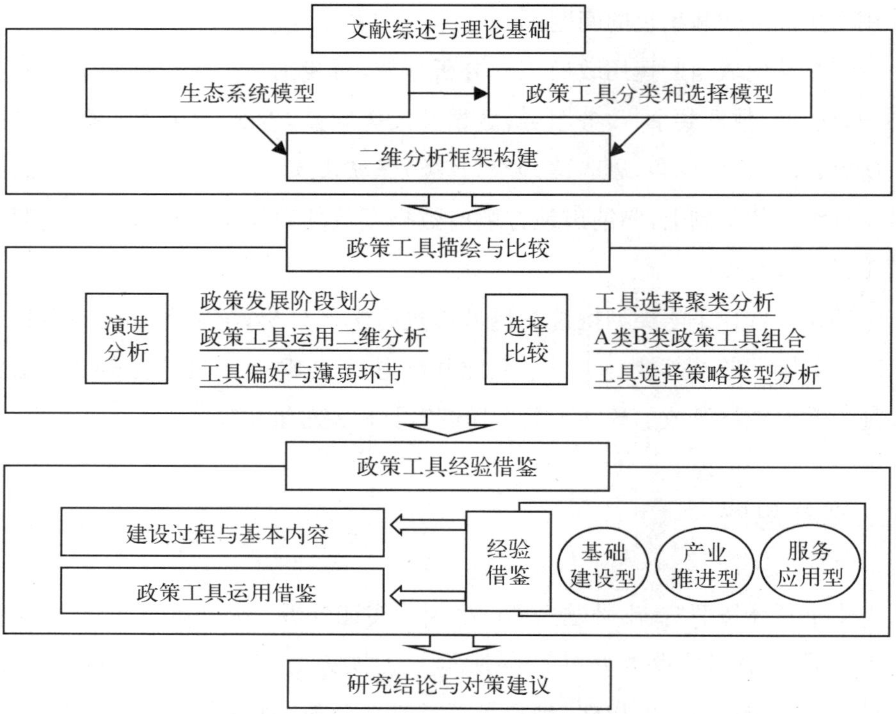

图1-4 本书的技术路线

三、研究方法

本书综合运用了政策文献计量、内容分析法、深度访谈法、案例分析法、循证政策法、可视化方法等研究方法，具体如下：

(1) 政策文献计量。文献计量是图情学科的传统研究方法之一，将文献资料进行量化处理并分析，能够更加直观地展现文献之间的关联性，与主题的契合性，并且能够避免主观判断的偏差，将文献分析做到更加科学和可视。本书对政策文献进行主题分析以及引文分析，分别研究近年来地方政府数据开放的政策变化情况和地方政策工具选择受到上层政策影响的强度，以及政策扩散的规律。

(2) 内容分析法。基于定性研究的量化分析，利用统计分析方法和工具对研究对象进行处理，最终从统计数据中得出定性结论。本书搜集了政府数据开放的政策文献，对其中的政策内容进行编码和分类，利用内容分析法，对政策文本做主题分析，确定地方政府数据开放的政策随时空变化的情况；对访谈资料转录文字后，对政策工具做内容分析，便于对政策工具的分类进行检验和佐证。分析全球重要代表城市如纽约、首尔、上海、广东、贵州、贵阳、亳州等地的政策内容，有利于总结出典型城市的政策工具特点，为我国地方政府数据开放的政策工具选择提供借鉴。

(3) 深度访谈法。为了解我国地方政府数据开放在政策执行方面的现状问题以及采取的关键政策措施，本书选取省级、副省级、地级市等不同层级地方政府分别在公共数据服务、数据开放、大数据管理等方面比较突出的城市案例，识别并确认了省级、副省级、地级市典型城市的大数据管理部门、数据公共服务部门等作为访谈对象。笔者通过对省级代表（省/直辖市）广东、上海、贵州，对副省级代表城市广州、深圳、南京，以及地级代表城市贵阳、亳州等城市的大数据管理部门、数据公共服务部门进行实地走访，了解地方政府数据开放的瓶颈和障碍，以及政策推进的关键性措施，为政策工具的现状问题分析和工具特点总结提供一手资料和对比循证。

(4) 案例分析法。根据 2020 年《全球重要城市数据开放指数》所涉及的 27 个当今世界最具发展规模和建有城市级开放数据平台的城市，其中，综合排名前 4 位的城市首尔、纽约、贵阳、上海，以及前期调研和访谈中走访和了解到的在政府数据开放的社会经济价值释放方面具有突出表现的省市，比如广东、贵州、亳州作为典型代表进行案例分析。笔者通过相关政策文本分析支持，归纳出各地区地方政府数据开放政策的工具特点和选择策略，作为我国地方政府数据开放政策选择的参考借鉴。

(5) 循证政策法。循证政策法是通过将最有效的证据作为政策制定的依据来帮助人们做出政策决策的政策分析方法。本书着重为地方政府数据开放提供可供参考的政策工具选择方案，因此采用循证政策法，收集大量严谨可靠的证据，如大量的政策文本、官方网站公开信息、会议直播资料、访谈资料等作为地方政府数据开放政策工具研究的资料来源，并对政策工具选择策略进行分类，以供地方政府参考。

(6) 可视化方法。可视化方法是将原始数据以可视化元素作为结果输出的一种表现形式，利用点、线、图形、文字等帮助研究者深入理解数据分析结果。在本书中，可视化工具主要用以辅助内容分析和结果展示，运用在政策工具量化分析和结构分析中。如政策工具运用种类和数量的时序分布图，帮助本研究划分我国政府数据开放政策工具演进变化的发展阶段；国家—地方政策工具类型和环节的饼图，有助于展现我国政策工具运用偏好的央地差异和地地差异；按政策工具运用特性聚类的 A 类 B 类城市类组聚类树状图，直观展现采取相似政策工具组合的不同地区和行政层级的地方政府分组类别；分析 8 个类组政策工具组合的共现图，有利于挖掘不同类组地方政府运用政策工具组合的选择逻辑和核心策略等。

第二章　理论基础与理论框架构建

第一节　数据生态系统理论

一、数据生态系统理论及其要素构成

生态系统理论是强调个体发展嵌套于相互影响的一系列环境之中的个体发展模型，在研究地方政府的政策行为和政策工具选择策略时，以生态系统理论作为政策工具分析环节维度的基本依据，能够较好地将地方政府的政策手段、机制、方法归纳入理论模型中进行分析和发现其规律。并且，生态系统理论在开放数据领域的研究也在不断发展中。

"开放数据生态系统"于 2011 年，由英国开放知识基金会创始人波洛克(Pollock)首先提出，他从数据处理基本模型出发，认为单方向的数据处理系统应该向数据循环的动态系统转换，提出了"中介者"的作用，是通过清洗和集成数据集，以数据重用(reuse)的方式提供数据开放服务①。2012 年哈里森(Harrison)和帕尔多(Pardo)等借鉴利益相关者理论，对开放政府数据生态系统中各主体的相互关系、价值实现等展开讨论，指出以政府与民众互动的意识

① Pollock R.，"Building the (Open) Data Ecosystem"，https://blog.okfn.org/2011/03/31/building-the-open-data-ecosystem/.

为培养重点，实现开放政府的价值①。2014 年，维基年会提出基于对象的数据生态系统，将数据发布者、分析者和使用者作为生态系统的构成要素，并讨论开放数据在其中的影响②。自此，基于构成要素的数据生态系统理论研究在国内外兴起。按时间顺序可归纳为表 2-1。

表 2-1　　数据生态系统理论的代表观点及出处

数据生态系统理论	出　处
基于数据生命周期划分的数据生态系统 6 要素构成③	Deirdre Lee(2014)
基于数据资源的 4 个参与主体的数据生态系统要素划分④	Diego Ponte(2015)
开放政府数据生态系统由政府、数据利用者、公众和外部环境组成⑤	郑磊(2015)
以"透明"政府将促进创新、公众参与和责任政府联系起来的政府数据开放生态系统⑥	Luigi Reggi，Sharon Dawes(2016)
从数据管理角度认为，开放数据生态系统由相互依赖的各个部分组成。⑦	周众(2017)
提出政府数据开放的行为逻辑是构建一个"开放合作"的数据生态体系。⑧	夏义堃(2018)

学者们主要以生态系统构成要素的形式提出数据开放生态系统理论：

(1) 依据数据生命周期阶段划分要素：迪尔德雷·李(Deirdre Lee)依据

① Teresa M. Harrison, Theresa A. Pardo and Meghan Cook, "Creating Open Government Ecosystems: A Research and Development Agenda", *Future Internet*, Vol.4, No.4, Oct.2012.

② 周众：《数据生态理论研究综述》，《吕梁学院学报》2017 年第 7 卷第 5 期。

③ Deirdre Lee, "Building an Open Data Ecosystem: An Irish Experience", *ICEGOV 14: Proceedings of the 8th International Conference on Theory and Practice of Electronic Governance*, Location: Guimaraes, Portugal, Oct.2014.

④ Diego Ponte, "Enabling an Open Data Ecosystem. 2015", http://aisel.aisnet.org/ecis2015_rip/55.

⑤ 郑磊：《开放政府数据的价值创造机理：生态系统的视角》，《电子政务》2015 年第 7 期。

⑥ Luigi Reggi and Sharon Dawes, "Open Government Data Ecosystems: Linking Transparency for Innovation with Transparency for Participation and Accountability", In: Hans Jochen Scholl, Olivier Glassey, Marijn Janssen, Bram Klievink, Ida Lindgren, Peter Parycek, Efthimios Tambouris, Maria A. Wimmer, Tomasz Janowski and Delfina Sá Soares (eds) *Electronic Government: Lecture Notes in Computer Science*, Vol.9820, Cham: Springer, 2016, pp.74-86.

⑦ 周众：《数据生态理论研究综述》，《吕梁学院学报》2017 年第 7 卷第 5 期。

⑧ 夏义堃：《企业开放数据再利用的困境与对策分析》，《电子政务》2018 年第 8 期。

数据生命周期的收集、处理、发布、利用四个核心阶段，提出数据审核、数据选取、数据发布、数据获取及发现、用户参与、评估等要素构成的数据生态系统。

（2）依据数据治理主体类型划分要素：迪戈·庞特（Diego Ponte）认为政府原始数据是核心资源，数据提供者（Suppliers）、数据中介者（Intermediaries）、数据赋能者（Enablers）和数据消费者（Consumers）是数据价值产生过程中的各个主体。政府及其下属机构是数据提供者，提供数据聚合、开发、加工等服务促进数据获取和利用的机构是数据中介者，提供基础设施服务的机构是数据赋能者。周众从数据管理角度认为，开放数据生态系统由相互依赖的各部分组成，涉及人、所有权、技术、制度等多方面的问题，同时，信息具有双向流动性，基于数据管理的政府数据开放还应当重视用户信息反馈流对提升数据质量的意义，由此发挥和提升数据价值①。夏义堃（2018）以企业开放数据再利用为视角，指出开放数据生态涉及 6 个主体类型，包括数据提供者、数据代理者、服务提供者、应用程序开发者、基础设施与工具提供者以及用户。同年 9 月，夏义堃还在“智能时代的政府数据共享与开放”高端智库研讨会上，提出政府数据开放的行为逻辑是构建一个“开放合作”的数据生态体系，认为在这个生态体系中，政府处于主导地位需得到保障，同时应改变原有的数据管理以及服务方式，强调政企合作、政社合作以及公众参与。其中数据治理相关问题不容忽视，包括数据的资产价值保护、数据安全保障、数据开放的成本问题以及数据企业规范和利益保障等。她主张政府数据开放要区分对待公众用户和企业用户，对公众延续信息公开的做法，可获得免费开放的数据，企业用户的利益保障在数据开放端可能非常有限，但可在数据产品市场端有一定的利益保障。

（3）依据数据价值创造过程划分要素：郑磊认为政府数据开放是数据价值创造的过程，从开放、利用到价值创造又是一个动态循环的过程。在此过程中，政策法规、组织管理、数据质量管理和平台开发是数据开放的基础；开放以后，数据利用者的利用方式和能力是影响价值实现和开放效果的主要因素；政府和利用者之间的互动决定着开放数据的价值创造过程。认为政府提供的数据量越

---

① 周众：《数据生态理论研究综述》，《吕梁学院学报》2017 年第 7 卷第 5 期。

多、价值越高、质量越好，数据利用者的能力越强，则数据利用效果越好，创造的公共价值越高，如此形成良性循环。路易吉·雷吉(Luigi Reggi)和莎朗·道斯(Sharon Dawes)等人认为政府数据开放是政府以“创新(innovation)、协作(collaboration)、责任(accountability)”为目标向公众提出的承诺，在实施过程中则以数据开放“促进创新利用”和“促进公民参与从而监督责任政府建设”为两大行动目标。因此，基于两大目标路易吉·雷吉和莎朗·道斯融合了数据开放促进创新的过程流以及公民参与责任政府监督的工作流，形成了兼顾“创新、协作、责任”目标的政府数据开放生态系统。关于该生态系统，路易吉·雷吉和莎朗·道斯提出关于政府在政策设计和工具选择上的问题，包括：数据供给方面，政府数据开放项目目前门槛较高，主要面向技术专家和数据服务的中介机构而设计；数据需求方面，用户缺乏激励工具和解释工具，由于缺乏知识背景和技能，阻碍了数据的使用和价值的发挥。

关于数据生态系统理论，无论是数据生命周期视角、参与主体视角、数据治理视角，都围绕数据特性、参与者、作用关系和内外影响因素等展开。因此，本书在以上数据开放生态系统理论中都能发现数据治理、数据生命周期、利益相关者、影响因素等理论和方法的结合。从本质而言，数据生态系统理论是一个较好的诠释和分析工具，能够帮助学者理清政府数据开放的各个环节和关键因素。更直观的则是各种数据开放生态系统模型及其分析，目前研究能够分为数据生命周期、价值链及主体、组成结构等3类系统模型。

二、数据开放生态系统理论的几种模型

郑磊(2015)的数据开放生态系统模型由政府、开发者和社会围绕开放数据、利用数据、实现公共价值，以及与外部环境的循环互动组成。为说明其中的关系，郑磊还运用系统动力学模型来解释参与者和利益相关者组成的动态复杂的“生态系统”如何运行，从生产、开放、利用、产生效果、反馈，形成动态循环，政府、利用者、社会等利益相关方和影响因素。他指出，在数据开放者方面，数据管理机制和能力以及平台建设决定了开放的程度和质量；在数据利用

方面，利用者的利用方式和能力影响数据的收益和风险，从而影响实际效果，数据开放和利用的全过程又受到社会经济、政治、政策、组织、技术等内外因素的影响，因素之间相互作用形成反馈；而在创造价值的过程中，政府、利用者、公众和环境缺一不可，构成了这个“生态系统”。

庞特·迪戈以数据资源的增值链为基础，对数据处理所涉及的四个主体：数据提供者(Suppliers)、数据中介者(Intermediaries)、数据赋能者(Enablers)、数据消费者(Consumers)进行功能描述，从数据处理主体划分生态系统要素[①]。数据提供者是收集、发布数据的机构，负责数据的更新维护；数据中介者是数据提供者和数据消费者之间的桥梁，通过数据加工为数据增值，形成新的知识、应用程序、基础设施服务等数据衍生品，他们还可以细分为聚合者(Aggregators)、开发者(Developers)和增值者(Enrichers)，分别对应聚合数据生成知识、利用数据开发和出售应用程序以及利用开放数据提供更高质量的服务和产品。数据赋能者是促进开放数据的使用，提供基础设施保障的机构。数据消费者通过浏览数据、利用和反馈数据使用情况，督促数据更新和维护。该模型重视数据价值的释放，强调每个角色对于促进生态系统良性循环的作用，对应关系可概括为：数据提供者—数据质量，数据中介者—数据提供和增值服务，数据赋能者—数据获取和基础设施保障，数据消费者—数据再利用和反馈。

数据开放生态系统理论分别由数据开放和生态系统两部分组成：把系统模型构建重点放在数据开放上进行设计，从传统生态系统的角度进行模型诠释。达尔波特(Davenport)借鉴生态系统理论提出信息生态系统，强调组成结构中各个构成部分的类型和数量组合关系，认为信息生态系统由社会、文化、政治子系统构成[②]。与此相承的是乌巴尔迪(Ubaldi)[③]、祖德维克和詹森(Janssen)等[④]关

① Diego Ponte，“Enabling an Open Data Ecosystem. 2015”，http://aisel.aisnet.org/ecis2015_rip/55.

② Thomas H. Davenport，*Information Ecology: Mastering the Information and Knowledge Environment*，New York：Oxford University Press，1997，p.106.

③ Barbara Ubaldi，“Open Government Data：Towards Empirical Analysis of Open Government Data Initiatives”，*OECD Working Papers on Public Governance*，Vol.27，No.3，May 2013.

④ Anneke Zuiderwijk，Marijn Janssen and Chris Davis，“Innovation with Open Data：Essential Elements of Open Data Ecosystems”，*Information Polity*，Vol.19，Oct.2014.

于开放政府生态系统的研究者们，他们认为政府数据开放生态系统由数据提供者、数据使用者、政府以及政策法规、文化、技术、组织机构、资源等环境构成。

不同的模型用来解释特定情况下的数据开放效果，每个分析模型各有侧重，相互补充，不存在最好的数据生态系统模型。但大多数系统模型涵盖的主体、环节是相似的。概括起来，数据生态系统涵盖了数据管理、利用、服务、反馈等环节，涉及的主体包括政府、开发者、用户。每个环节是后续环节的基础，后续环节对之前环节是一种反馈。在本书中，研究主题之一关于政府数据开放，其本身包含了数据开放的采集、存储、开放、利用、增值服务等环节，由政府、中介机构、企业、用户等相关利益者构成，受到内外环境因素的影响，是具有生态特性的复杂系统。用政府开放数据生态系统理论能够较好地将所有的构成要素集中起来，全面观察和总结各个环节的特点和作用关系。同时，本书的另一个主题是关于政策工具，政策工具的实施对象始终是政府数据开放生态系统中的各个主体，作用于各个环节。因此，数据开放生态系统理论为政府数据开放的政策工具选择研究提供了理论内核，政府数据开放的生态系统模型为本研究提供了主线，也为进一步分析地方政府数据开放的政策工具选择策略提供了环节维度的依据。

三、政府数据开放生态系统构成要素及模型

本书在国内学者郑磊发表的《开放政府数据的价值创造机理：生态系统的视角》一文中提出的政府数据开放基于价值释放的生态系统模型基础上①，进行细化和完善，构建本书政府数据开放生态系统及其要素（见图 2－1）。从政府数据开放的政策实施主体视角出发，将政府数据开放分为四个核心环节要素：开放数据、利用数据、公共价值和外部环境。开放数据环节由政府数据开放全生命周期管理的各个细节和软硬件资源组成，具体包括数据资源管理、基础设施建设、数据质量、数据描述、数据采集、数据共享、数据安全、信息发布。利用数据环节包括产业孵化、市场培育和社会化利用，分别面向企业、市

① 郑磊：《开放政府数据的价值创造机理：生态系统的视角》，《电子政务》2015 年第 7 期。

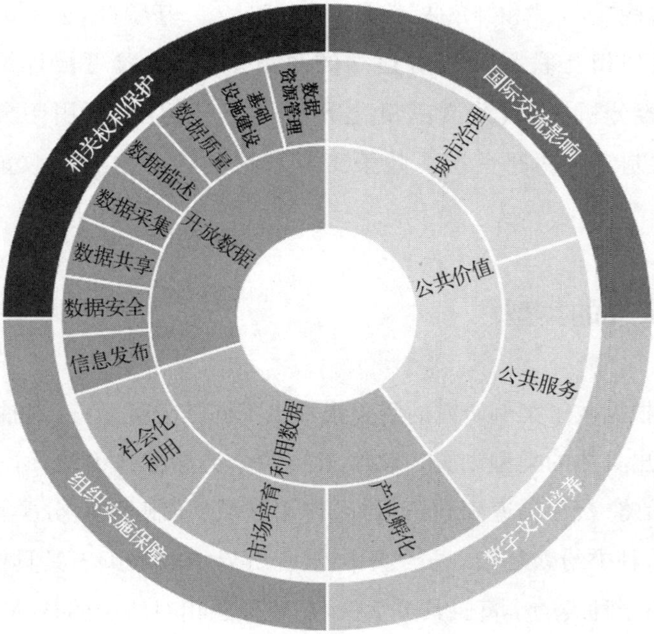

图 2-1 本书政府数据开放生态系统构成要素结构

注：图中最外圈表示"外部环境"由"组织实施保障""数字文化培养""国际交流影响"和"相关权利保护"组成。

场和公众用户对象，通过开放数据利用攫取经济价值。公共价值环节包括公共服务和城市治理，是通过政府数据内部共享和合作开发数据应用，提高公共服务和城市治理能力。外部环境环节，保障前三个环节顺利运行的组织环境、文化氛围、权利保护、国际环境等要素，具体表述为组织实施保障、数字文化培养、相关权利保护、国际交流影响。并以此政府数据开放生态系统模型为本书研究地方政府数据开放政策工具的环节维度要素，关于该维度的信度效度分析详见第二章第四节。

第二节 政策工具理论

政策工具的"结构论"认为，公共政策是"结构性"的，由"要素"或"模块”构成，这些“要素”和“模块”就是政策工具[①]。基于此，公共政策能够被解构成一系列相互联系又相对独立的政策工具，形成可被计量的内容单元，并与内容分析法、政策文献量化方法等结合运用，可用于分析和评估公共政策的制定和执行情况。政策工具理论的核心内容是政策工具的类型和选择。

一、政策工具的类型

学者们根据政策案例研究的经验提炼出不同的分类标准，对抽象、综合的政策工具做出具体的类型划分。政策工具的分类标准并不统一，从基于政策主体、行动策略、行为渠道到政策目标、作用领域、强制程度，分类种类从三类到六十四类，种类纷繁复杂。虽然不同学者所界定的政策工具具体分类千差万别，但也由于种类的丰富且具灵活性，在选择了相对适应的某一经典分类模型之后，仍可以根据实际情况进行调整，使其对具体政策案例具有更强的解释力。表 2－2 所介绍的政策工具类型是理论成熟度较高、应用领域和影响力较大的分类模型。

表 2－2　　政策工具的几种常用分类理论

分类	研 究 者	分类标准	分　类
三类	罗斯韦尔和泽福德[②]（1981）	工具影响和作用领域	供给面、环境面、需求面
	豪利特和拉米什[③]（1993）	工具的强制性程度	强制性、混合性、自愿性

① 黄萃：《政策文献量化研究》，科学出版社 2016 年版，第 80、81 页。

② Roy Rothwell and Walter Zegveld, *Industrial Innovation and Public Policy: Preparing for the 1980s and the 1990s*, London: Frances Printer, 1981.

③ Michael Howlett and M. Ramesh, “Patterns of Policy Instrument Choice: Policy Styles, Policy Learning and the Privatization Experience”, *Policy Studies Review*, Vol.12, No.1－2, 1993.

续　表

分类	研究者	分类标准	分　类
三类	狄龙(Doelen)①(1989)	工具特性	监管类、财务类、信息转移类
	韦唐(Vedung E.)②(1998)	政策手段	管制型、经济型、信息型
	顾建光、吴明华③(2007)	政策手段	管制类、激励类、信息传递类
	王满船④(2004)	政策手段	规制手段、经济手段和信息手段
	陈振明⑤(2004)	工具影响和作用领域	市场化工具、工商管理技术和社会化手段
四类	胡德等⑥(2007)	工具所使用的资源	信息型、权威型、财富型、组织型
	麦克唐纳尔和艾莫尔⑦(1987)	政策目标	命令型、激励型、能力建设型、权威重组型
五类	施耐德和英格拉姆⑧(1990)	政策目标人群行为动机的假设	命令型、激励型、能力建设型、劝说型、学习型
	徐程⑨(2005)	政策手段	政治、经济、法律、管理和其他

① Doelen, Frans C.J. van der, *Policy Instruments and Energy Onservation: The Implementation and Effectiveness of Information Programs and Subsidies Directed at Dutch Industrial Energy Conservation from 1977 to 1987*, Enschede: Twente University, 1989.

② Vedung E., "Policy Instruments: Typologies and Theories", In: Marie-Louise Bemelmans-Videc, Ray C. Rist and Evert Vedung(eds.) *Carrots, Sticks and Sermons: Policy Instruments & Their Evaluation*, New Brunswick: Transaction Publishers, 1998, p.280.

③ 顾建光、吴明华:《公共政策工具论视角述论》,《科学学研究》2007 年第 25 卷第 1 期。

④ 王满船:《公共政策制定:择优过程与机制》,中国经济出版社 2004 年版,第 35、55 页。

⑤ 陈振明:《政策科学——公共政策分析导论》(第 2 版),中国人民大学出版社 2004 年版,第 177、192 页。

⑥ Christopher C. Hood and Helen Z. Margetts, *The Tools of Government in the Digital Age*, New York: Palgrave Macmillan, 2007, p.236.

⑦ Lorraine M. McDonnell and Richard F. Elmore, *Getting the Job Done: Alternative Policy Instruments*, Santa Monica, CA: RAND Corporation, 1987, p.21.

⑧ Anne Schneider and Helen Ingram, "Behavioral Assumptions of Policy Tools", *The Journal of Politics*, Vol.52, No.2, May 1990.

⑨ 徐程:《政府工具视角:一种审视政府治理的新途径》,《天水行政学院学报(哲学社会科学版)》2005 年第 6 期。

其中，最具有代表性的有：

（1）罗斯韦尔和泽福德根据工具影响和作用领域划分的“供给面、环境面、需求面”分类模型，也称R－Z模型，在谭春辉等[①]，范丽莉、唐珂[②]，章文光、闫蓉[③]，谢青、田志龙[④]，李健等[⑤]，黄萃等[⑥]，赵筱媛、苏竣[⑦]，张雅娴、苏竣[⑧]等国内学者研究政府信息公开、政府数据开放、创新、汽车、低碳、风能、科技、软件等各个领域的公共政策时被广泛采用，该模型对产业宏观政策的分析效果较为突出。

（2）豪利特和拉米什根据工具的强制性程度划分的“强制性、混合性、自愿性”分类模型能够较好地解释政府所实施政策的强度和影响力，曾在曲洁[⑨] 2015年出版的《义务教育改革与发展：政策工具选择与优化》专著中被采用，在关于政策随着时间和地域改变所表现出的政策扩散和传播影响具有较好的解释力。

（3）胡德的政策工具被称为NATO框架，根据资源的类型分为“信息型、权威型、财富型、组织型”四种，在国内也有一定的影响力，李樵在2018年构建大数据政策工具三维分析模型时，采用该模型作为基础资源维度的分类模型[⑩]。

（4）麦克唐纳和艾莫尔、施耐德和英格拉姆的模型是基于政策目标或目

---

① 谭春辉、谢荣、刘倩：《政策工具视角下的我国政府信息公开政策文本量化研究》，《电子政务》2020年第2期。

② 范丽莉、唐珂：《基于政策工具的我国政府数据开放政策内容分析》，《情报杂志》2019年第1期。

③ 章文光、闫蓉：《基于三维量化视角的中国创新政策计量分析》，《上海行政学院学报》2019年第9卷第5期。

④ 谢青、田志龙：《创新政策如何推动我国新能源汽车产业的发展——基于政策工具与创新价值链的政策文本分析》，《科学学与科学技术管理》2015年第6期。

⑤ 李健、高杨、李祥飞：《政策工具视域下中国低碳政策分析框架研究》，《科技进步与对策》2013年第30卷第21期。

⑥ 黄萃、苏竣、施丽萍、程啸天：《政策工具视角的中国风能政策文本量化研究》，《科学学研究》2011年第29卷第6期。

⑦ 赵筱媛、苏竣：《基于政策工具的公共科技政策分析框架研究》，《科学学研究》2007年第25卷第1期。

⑧ 张雅娴、苏竣：《技术创新政策工具及其在我国软件产业中的应用》，《科研管理》2001年第22卷第4期。

⑨ 曲洁：《义务教育改革与发展：政策工具选择与优化》，上海人民出版社2015年版，第15、28页。

⑩ 李樵：《我国促进大数据发展政策工具选择体系结构及其优化策略研究》，《图书情报工作》2018年第62卷第11期。

标行为人群进行分类，都包括了命令型、激励型、能力建设型政策工具，而M-E的模型强调政治的影响、政府职能的转变，因此分出权威重组型政策工具。S-I的模型则侧重政策所作用的行为对象是否因政策实施而采取行动，分出劝说型、学习型的政策工具类型。

(5) 狄龙和韦唐的政策工具类型根据工具特性和政策手段，分为“监管类、财务类、信息转移类”和“管制型、经济型、信息型”政策工具，在一定程度上对国内公共政策研究的学者影响较大。顾建光、吴明华、王满船、陈振明、徐程等国内学者从政策手段角度归纳出了相似的工具类型。政策手段的分析模型也在国内较为流行，比如孙建军等采用了顾建光的“管制类、激励类和信息传递类”工具类型构建我国智慧城市政策工具的分析框架①。

可见，政策工具的分类模型在各个领域的公共政策研究中都有一定的积累，并且近年在信息公开、数据开放领域的研究也逐渐兴起。在我国政策工具通常与政策文献计量结合使用，采用最多的政策工具理论仍是R-Z模型。如国内学者汤志伟等利用该分类模型构建二维分析框架研究中美开放政府数据政策②，范丽莉、唐珂研究我国国家层面的政府数据开放政策③，周京艳等研究我国大数据政策④，范梓腾、谭海波构建政策“目标—工具”匹配模型研究我国地方大数据发展政策⑤。R-Z模型认为供给面政策工具作用于生产要素一端，对产业起到推动作用，需求面政策工具则作用于市场一端，具有拉动作用，环境面政策工具是综合作用于生产和市场两端。

另外，每个政策工具的分类模型都有它的独特视角和适用领域，通过组合使用能够增加观察维度，因此学者也尝试同时使用多种政策工具分类模型，进行多维度的政策分析。比如李樵在研究我国大数据发展战略时，运用R-Z模

① 孙建军、裴雷、周兆韬：《中国智慧城市建设政策工具的选择结构分析》，《图书与情报》2016年第6期。

② 汤志伟、龚泽鹏、郭雨晖：《基于二维分析框架的中美开放政府数据政策比较研究》，《中国行政管理》2017年第7期。

③ 范丽莉、唐珂：《基于政策工具的我国政府数据开放政策内容分析》，《情报杂志》2019年第1期。

④ 周京艳、张惠娜、黄裕荣：《政策工具视角下我国大数据政策的文本量化分析》，《情报探索》2016年第12期。

⑤ 范梓腾、谭海波：《地方政府大数据发展政策的文献量化研究——基于政策“目标—工具”匹配的视角》，《中国行政管理》2017年第12期。

型、NATO 模型以及 S－I 模型，分别对基础资源、技术、领域三个维度进行政策文本的聚类分析，提出政策工具选择结构失衡、关键政策和政策工具定位不明等问题，并提出构建需求驱动和问题导向的政策工具选择体系结构①。

本书在借鉴前人研究的基础上，根据地方政府数据开放的研究领域与相关理论，选择麦克唐纳和艾莫尔、施耐德和英格拉姆以及李樵在《我国促进大数据发展政策工具选择体系结构及其优化策略研究》一文中的分类方法进行提取和综合，并提出政府数据开放的政策工具分类研究。

二、政策工具的分类模型

（一）麦克唐纳尔和艾莫尔的政策工具分类模型②

M-E 政策工具分类模型由 1987 年“命令、激励、能力建设和权威重组”四种，于 7 年后增加第五种“劝告”工具（见表 2－3），并沿用至今。

表 2－3　麦克唐纳尔和艾莫尔的政策工具模型

政策工具类型	组成部分	案例
命令	规则	监管、禁止歧视
激励	金钱（采购）	对政府的援助、对个人的补贴
能力建设	金钱（投资）	基础研究、培训
权威重组	权威（公共服务体系重构）	新服务提供系统获得权威
劝告	宣传、信息	讲座、公民提升认知、政府获得认同

命令是支配个人和机构行为的规则，具有政府强制执行力，通常以命令条款和执行机构的形式出现。命令的成本是“服从成本”和“规避成本”，分别对应个人和组织与命令要求“保持一致”和“通过谈判、诉讼、借助政治影响力等

① 李樵：《我国促进大数据发展政策工具选择体系结构及其优化策略研究》，《图书情报工作》2018 年第 62 卷第 11 期。

② Lorraine M. McDonnell and Richard F. Elmore, *Getting the Job Done: Alternative Policy Instruments*, Santa Monica, CA: RAND Corporation, 1987, p.21.

规避命令”所产生的成本。命令的受益对象可以是特定的个人和组织，也可以是更广泛的社会整体，比如信息公开条例要求政府部门和公共机构必须向公众公开政务信息，受益者是社会全体。

激励是对商品生产者或服务提供者的回报，以金钱给付的形式作用于个人或组织。其成本是用于交换产品价值和服务价值所需支付的金钱，激励属于一种有条件的补助，通常以经费使用规定和特定程序以确保金钱被用于达成政策制定者意图的方面。激励的受益者包括直接受益者如提供产品和服务的执行机构，以及获得增值服务的公众和用户，间接受益者是政府部门，通过服务外包或采购降低了直接提供产品或服务所要承受的开发、维护、运行以及相应人、财、物的成本。

能力建设是通过投资个人或组织以期获得未来的收益，这种投资后的产出具有不确定性，通常是对人力资源的投资。能力建设的成本是政府的投资，可能通过金钱给付或提供渠道等方式来体现。受益者可以是特定的个人或机构，比如为政府机构工作人员提供培训资源，也可以是社会成员，比如政府投资的社区免费知识科普服务等。能力建设的最终受益者是全体社会，但在当下不能明确界定收益情况。

权威重组是正式权威在个人和组织间的转移，通常是指由于社会体制机制的转变而引起的公共产品和服务方式的变化，比如民营化。其成本是新旧体系之间的替代，收益可能是效率提高和权力分布改变，以及伴随着的信任度、美誉度的提升等。比如我国公共服务领域，政府部门的服务型政府、数字化转型机制的转变。

劝告是指通过政策信息传递价值规范，鼓励民众表现出政策制定者所期望的行为。其成本是信息内容的发布和传播，最理想的情况是目标群体根据劝告提倡的行为模式行事。但与以上几种政策工具相比，强制性最低，较依赖民众的自愿程度，因此执行效果的不确定性也较强。比如我国对信息安全、个人隐私保护方面的宣传日、宣传周之类的活动。

在麦克唐纳和艾莫尔的模型中，涵盖了政府部门最主要的政策工具类型：制定命令、政府采购/外包服务、投资能力建设、体制机制改革和呼吁公众参与等，同时，在强制性方面也有所体现，从命令到劝告，强制力逐渐减弱，效果的不确定性逐渐增强。每一类工具的实施对象并不局限于个人和内部，能够灵活适用于机构组织和外部环境。

(二) 施耐德和英格拉姆的政策工具模型[①]

施耐德和英格拉姆的政策工具模型是基于理性人行为动机而产生，认为政策工具是用于引导政策目标对象产生特定行为的一系列工具(见表 2-4)。与麦克唐纳尔和艾莫尔的分类模型存在异同之处。不同点：

表 2-4　施耐德和英格拉姆的政策工具模型

政策工具类型	组成部分	案例
命令	内部规则为主	授权、禁止
激励	规则/金钱	收费、处罚、诱导、强制
能力建设	资源	教育、培训、信息、资源
劝说	信仰和价值观	宣扬平等和责任等
学习	理解和认知	讲座、公民提升认知

(1) 命令工具与权威工具相似，主要作用于政府内部，以引导和规范组织和官员行为目的，如授权、禁止或要求特定情况下采取特定行动。

(2) 激励工具除了金钱给付之外，还包括收费、处罚、诱导、强制等惩罚的表现形式，并认为不采取这些政策手段，目标群体就不会采取政策要求的行动。

(3) 能力建设工具通过提供足够的资源，如教育、培训、信息等，目标群体就会受到激励从而改变他们的行为。

(4) 劝说工具涉及价值观，认为当民众在是非、对错、平等、责任等方面达成共识，激励作用上升至信仰和价值观层面，更容易遵循政策规则。

(5) 学习工具适用于无法确定目标群体或不确定目标群体是否会采取所期望解决问题的行为的情况。在此情况下，可以通过对目标群体提供学习工

① Anne Schneider and Helen Ingram, "Behavioral Assumptions of Policy Tools", *The Journal of Politics*, Vol.52, No.2, May 1990.

具来提高认知，通常会与能力建设配合使用。

施耐德和英格拉姆的行为人动机视角能够反映政策对象与政策主体之间的互动，激励工具增加了金钱以外的具有“给付”性质的政策工具，能力建设工具从资源角度归纳也更加丰富，劝说工具涉及了精神层面的行为表现是其他模型不具备的，学习工具则能够涵盖对目标群体行为不确定的情况，尤其适合新生事物产生时期的政策工具分析。

（三）李樵在《我国促进大数据发展政策工具选择体系结构及其优化策略研究》一文中的政策工具模型

李樵在S－I模型的基础上，结合大数据政策的特点和要求提出大数据发展的政策工具模型（见表2－5）。命令型是由政府授权许可、禁止或要求采取行动，在特定情形下赋予对象的法定权力。激励型是假设个人、组织或实体在采取与政策相关的行为时，会受到税收减免、费用给付等形式的正向驱动，以及民事或刑事处罚等形式的负面行为约束。能力建设型为个人、团体或机构提供教育、培训、信息和资源以支撑其在特定领域的决策和活动开展。劝导型通过宣传是非观、公平正义、道德义务等手段影响目标人群的理念和价值观。学习型适用于政策目标不确定的情况，通过促进政策目标人群和政府机构间的沟通，增强双方对政策行为的认同，经过长期磨合形成较为明确的政策目标，并作为辅助工具与其他类型的政策工具共同产生作用。

表2－5　李樵的大数据发展政策工具分类模型之技术框架维度①

类　型	工具名称
命令型	法规标准、顶层规划、工作制度（权威）、市场发展策略、产业发展策略、创新创业策略、贸易管制
激励型	处罚、资金投入、财政金融、税收优惠、政府采购、外包

① 李樵：《我国促进大数据发展政策工具选择体系结构及其优化策略研究》，《图书情报工作》2018年第62卷第11期。

续 表

类 型	工 具 名 称
能力建设型	信息支持(信息)、国有企业、公共服务、人才支持、信息支持(组织)、科技支持、工作制度(组织)
劝导型	宣传推广、指导思想
学习型	公民参与

三、本书的政策工具分类模型

在实际政策领域的研究中,明确使用何种政策工具分类模型是进行分析的前提基础,模型选择需与政策对象领域的特性、工具自身的特性和解释力,以及政策对象领域发展现状与政策工具理论的契合度等密切相关。

当前,已有的数据政策研究采用 R－Z 模型、NATO 模型、S－I 模型的文章较多,以 R-Z 模型最多。但本研究发现在"供给面—需求面—环境面"政策工具模型中,供给面和环境面的分类较易产生分歧,比如对于二级编码的"数据管理、数据质量"有从管理规定、数据保护制度角度出发归于环境型工具,也有从数据生命周期管理的数据生产角度出发,归于供给型工具。又如"规划计划"有学者将其归为环境面工具,也有学者将其归为供给面工具。此外,"理念培养"是从培训角度被归于供给型政策工具,还可从考核角度被归于环境型政策工具,学者之间有不同的归类原则。

本书考虑到地方政府数据开放的政策执行,从行政体制的自上而下推进来看,存在中央对地方的战略引导、制度权威、法律法规、顶层设计等强制性、自愿性程度不同的推进办法,从政府数据开放的实施效果涉及社会治理、公共服务、产业发展等社会经济价值来看,存在内部制度完善、公共服务机制、产业促进激励等方面的具体要求。因而,综合比较自愿程度维度和涉及内外面向维度。本研究借鉴麦克唐纳等的四类工具"命令型、激励型、能力建设型、权威重组型",施耐德和英格拉姆的五类工具"命令型、激励型、能力建设型、劝说型、学习型",建立五类工具类型：命令型、激励型、能力建设型、劝导型、学习型。每类工具的内涵分别是：

命令型：以政府权威为基础，通过对政策对象采取强制要求或者禁止采取某种行为，达到政策目的，如以行政命令要求下级政府部门必须开展某种活动，以及用法律法规文件约束对象的行为等。

激励型：依赖正面或者负面的实际支付，诱导顺服或者鼓励政策对象采取某种行为，比如正面给付包括财政补贴、政府付费等，负面给付如处罚处分整改等。

能力建设型：提供教育、培训、信息和资源给政策对象（包括个人、团体），使其具有能力参与政策活动，如培训、信息服务等。

劝导型：影响行为者的价值判断，促使其采取与政策目的相关的行为，如政策宣讲、鼓励引导等。

学习型：运用政策执行机关与政策对象（个人或团体）之间的互动学习，促成政策目标的达成，比如举办听证会、开通互动窗口等。

工具子类则参考李樵对大数据政策工具的细分种类，并通过后续的政策文本编码检验和征求专家建议等，进行调整、补充和完善，最终确定为表 2－6 所示政策工具分类模型。

表 2－6　　本书政策工具的分类模型

政策工具类型	工具名称
命令型	法规标准、计划规划、指导指示、体系建设、工作制度（权威）、部门设置调整、权力下放、市场策略、产业策略、贸易管制、管理办法
激励型	处罚处分整改、财政预算、专项资金、政策试点、示范评选、政府采购与外包、许可、融资合作、财税优惠、资金投入、优先项目
能力建设型	信息支持（信息）、公共服务、人才支持、工作制度（组织）、考核监督、研究探讨、科技支持
劝导型	宣传推广、鼓励号召
学习型	公众参与、多元化参与、会议赛事、专家制度

此政策工具分类模型由五大类、若干小类组成，工具大类有助于从宏观上把握我国政府数据开放的政策工具运用整体分布状况，工具小类又在解释具体工具运用时，在特定案例的微观上进行调整，从而提高了政策工具分类模型的解释力和可操作性。

政策工具的结构分析是基于公共政策的“结构论”理论发展起来的，该理论认为公共政策是“结构性”的，可以由“要素”或“模块”构成，这些“要素”和“模块”被称为“政策工具”①。因此，政策就是由一系列“工具”构成，并且能够按照一定的方法和程序合理地组合，最终形成解决社会实际问题或达到具体政策目标的完整政策系统。其中，如何挑选和组合政策工具，判断是否适用的标准，是否存在替代工具，各种工具组合各有何利弊，适用于哪种实施背景和应用环境等，就成为政策选择所需关注的问题。

第三节 政策工具的选择模型

政策有效执行的关键性因素是选择适当的政策工具②。政策执行无论是地方政府贯彻执行上级政府或部门下达的政策任务，或地方政府在法律法规赋予的一定自主范围内有所政策创新，都涉及政府从政策工具箱中挑选合适工具的选择过程③。政策工具选择至少受到政策问题和政策工具两大方面因素的影响，前者表现为政策问题及其问题本质的复杂性，后者包含政策工具本身的特性及其对具体政策问题的适用性等具体因素。因此，已有的政策工具选择研究，主要围绕影响政策工具选择的因素构成展开，结合工具特性与政策延续性、目标人群、社会结构、制度安排等不同视角进行研究，可总结为三类政策工具的选择模型，即经济学模型、政治学模型和综合模型。

---

① 黄萃：《政策文献量化研究》，科学出版社 2016 年版，第 80、81 页。

② 李国正：《公共政策分析》，首都师范大学出版社 2019 年版，第 120 页。

③ Steven Linder and B. Guy Peters, “The Logic of Public Policy Design: Linking Policy Actors and Plausible Instruments”, *Knowledge and Policy*, Vol.4, No.1－2, Jan.1990.

一、三类政策工具的选择模型

（一）经济学模型

经济学模型认为，政策工具的选择是一种技术上的操作，可以从福利经济学和新古典经济学中得到支持。福利经济学认为政策工具选择可以由：评估工具特性，与不同程度的市场失灵匹配，估算相对成本，选择克服市场失灵的最佳工具等步骤构成①。新古典经济学用公共选择理论解释政策工具的选择模型，把工具和方法的选择扩大应用于决策过程，直接导致对规则、立宪、立宪选择和规则选择的强调，认为通过观察政府的既定规则以及经济、政治活动领域的规则，提出相适应的完整体系的规则和程序，可使工具选择更合理②。对市场失灵提出的政策工具，韦默和维宁③提出表 2－7 的选择模型。

表 2－7　　韦默和维宁的政策工具选择模型

	市场	激励	规则	非市场	保险与缓冲
公共物品	S	S	S	P	
外部性	S	P	P	S	
自然垄断	S	S	P	P	
信息不对称			P	S	S

注：政策工具选择的来源：P－主要，S－辅助。

经济学模型的基本原理，基于“应然”理论假设，提出政府应当采取的政策行为，而欠缺对政府“实然”行为的调查。因而演绎色彩更强，但缺乏实际决策的基础支撑和实践论证。

① ［英］C.庇谷：《福利经济学》上卷，朱泱、张胜纪、吴良健译，商务印书馆 2006 年版，第 23 页。

② ［美］詹姆斯・布坎南：《自由、市场与国家：80 年代的政治经济学》，平新乔、莫扶民译，上海三联书店 1989 年版，第 105 页。

③ ［美］戴维・L.韦默、［加］艾丹・R.维宁：《政策分析——理论与实践》，戴星翼、董骁、张宏艳译，上海译文出版社 2003 年版，第 289 页。

(二) 政治学模型

政治学模型认为，政策工具的选择受到工具特性、问题性质、政府经验、决策者偏好以及受众对该选择的可能反应等因素影响，不同的学者对选择模型的影响因素各有侧重(见表 2－8)。如多尔恩等(Doern & Phidd)提出的单一连续体模型，认为政府习惯于根据政策问题的强制性程度选择相应的政策工具，“政府开始时采取最低限度的行动，比如劝告，如无效会逐渐转向直接提供”①。胡德则认为政策工具选择并非简单的技术操作，而与政治和信仰密切相关，它取决于资源禀赋、政治压力、法律制约以及过往选择的失败教训②。林德和彼得斯则将经济学和政治学文献中提到的政策工具选择的各种概念整合到一起，把政策工具的特征、政策风格和政治文化、组织文化以及问题所处的环境看作是工具选择中起决定性作用的因素③。

表 2－8　　　　三个政治学模型的对比④

	P-D 模型	Hood 模型	L－P 模型
工具特性			√
问题特性			√
政府过往经验	√	√	
决策者偏好	√	√	√
受众反应	√	√	

注：“√”表示各模型侧重的影响因素。

政治学模型相比经济学模型，考虑到政府做了什么的实践基础部分，共同的不足在于每个模型在考虑影响因素时不能充分将行为主体偏好的作用过程概念化。

① G. Bruce Doern and Richard W. Phidd, *Canadian Public Policy: Ideas, Structure, Process*, Toronto: Nelson Canada, 1983, p.624.

② Christopher C. Hood, *The Tools of Government*, London: Macmillian, 1983, p.187.

③ Stephen H. Linder and B. Guy Peters, “Instrument of Government: Perceptions and Contexts”, *Journal of Public Policy*, Vol.9, No. 1, Apr.1989.

④ 曲洁：《义务教育改革与发展：政策工具选择与优化》，上海人民出版社 2015 年版，第 15、28 页。

（三）综合模型

综合模型是对政治学和经济学模型的整合，根据国家能力和政策子系统的复杂程度两方面因素考虑政策工具的选择。如豪利特和拉米什（如表 2－9）认为国家能力是政府影响社会行动者的能力，政策子系统复杂性是政府执行政策时面对的对象的复杂性，从数量和类型来判断该复杂性①。

表 2－9　　豪利特和拉米什的政策工具综合选择模型

		政策子系统复杂性	
		高	低
国家能力	高	市场调节	国家管制的公共企业，或政府直接提供
	低	自调节，基于社区或家庭的工具	混合工具

根据综合模型，能够在国家和政策部门中辨认出政策执行的总体框架，并对国家及其政策部门在阶段性条件下采取的政策行动有个大体预期。但对于每一种类别中的具体倾向和决策环境并没有深入细化，因此留有探索空间。

二、本书政策工具选择模型

政策工具选择是影响政策实施效果的首要影响因素，研究政策工具选择也是连接政策工具理论与政策实践的关键。根据上文对三类主流政策工具选择模型的分析，认识到每一类模型有其适用的领域和某一视角的独特解释力。鉴于政府数据开放政策领域的特殊性，本研究在已有的政策工具分类模型的基础上，引入新制度主义视角，即认为任何一种政策工具都不是单一抽象的，在实践过程中，受到制度环境和制度主体的双重影响，称之为政策工具的“制度嵌入性”，由此决定了政策工具的实施效果由“政策主体—工具特性—制度

① ［加］迈克尔·豪利特、［加］M. 拉米什：《公共政策研究：政策循环与政策子系统》，庞诗等译，生活·读书·新知三联书店 2006 年版，第 275 页。

环境”三个要素共同决定，因此，综合已有模型和新制度主义视角，尝试提出我国地方政府数据开放的政策工具选择模型（见表 2－10）。

表 2－10　　本书政策工具选择模型

政策主体：利益取向和资源禀赋	政策工具：特性与功能	制度环境：现行体制、制度习惯	政府数据开放领域：特性和问题
（地方政府）行政能力、经济水平 政府数据开放生态各环节相关资源水平	强制性、直接性、自主性、可见性、组合性及其他政府数据开放领域表现出的特有属性	自上而下的行政体制影响及其路径依赖	政府数据开放领域特性、目标问题

本书的地方政府数据开放政策工具的选择模型中，认为影响地方政府政策工具选择的主要因素包括：政策主体的利益取向和资源禀赋、政策工具的特性与功能、制度环境的现行体制和制度习惯，以及政府数据开放领域的特性和问题。

政策主体的影响因素包括政府数据开放政策关联主体的利益取向和资源禀赋，利益取向涉及目标选择的倾向，资源禀赋决定了主体实施的能力。地方政府的行政能力、地方经济水平以及既有的数据信息资源、基础设施条件等相关资源水平，为政策工具选择提供支持与资源的同时，也在一定程度上制约政策工具的选择，通常情况下政策工具的选择难以超越政策主体所能提供的资源。

政策工具并不是单一孤立的选项，在实现政策目标时通常需要组合运用，而根据萨拉蒙的观点，政策工具本身在强制性、直接性、自主性、可见性强度表现的不同，使得政策工具的组合性成为可能。“强制性衡量政策工具施加奖惩手段对个人和群体行为的限制性程度，直接性测量实体为执行集体行动任务而运用权威、投入资产或采取行动的程度，自主性测量政策工具在何种程度上利用现有行政结构来运作，可见性考察政策工具是否被人们所注意，公开性如何，受监督的难易程度如何。”①通常情况下，当一种政策工具的某一种特性强

① 杨代福：《政策工具选择研究：基于理性与政策网络的视角》，中国社会科学出版社 2016 年版，第 89 页。

弱影响了政策目标的实现,能够通过替换或补充该特性强弱互补的政策工具加以优化调整。

制度环境主要是指影响政府数据开放政策工具实施效果的由党和国家制定的高层级制度和规范,以及现行体制下已经形成的路径依赖和行政习惯,一方面认为当政策工具选择符合既有行政习惯的条件时,更容易被现行体制所接受;另一方面认为新的政策工具选择需要现行体制做出调整甚至改革时,政策主体在选择该政策工具时需要承担更多的行政能力、社会经济资源以及时间成本。

政府数据开放领域的特性问题是指区别于其他领域所需解决的问题,比如政府数据开放将面临的数据资源共享、数据质量、基础设施建设等历史遗留问题,政府数据开放所倡导的知情权、数据利用权在社会和民众之中的数字文化普及问题,以及政府数据开放将要面临的国家网络安全、信息安全、个人隐私保护、企业商业秘密保护等法律问题等一系列政府数据开放领域的问题,对政策工具的有效性、公平性、合法性、可操作性等提出了较高的要求。

该政府数据开放政策工具选择模型将在第三至第五章分析现状和案例时有所体现,且在对策建议中集中体现。

第四节 本书基于政府数据开放生态系统理论的政策工具二维分析框架

综上政策工具的分类模型和选择模型研究,依据政策内容量化分析的基本步骤来确定本研究的基础数据分析框架,作为实现政策工具分类和模型选择研究的前置程序。

一、研究问题的确定和样本选择

政策内容量化分析能够全面了解我国地方政府数据开放的政策工具运用

随时间演进的变化规律和现状分布，试图发现隐藏在政策文献背后的逻辑，提出有关地方政府数据开放政策执行的恰当问题，引导该领域研究的深入。

本研究的样本涵盖国家、省、市、自治区、地级市的政府数据开放相关政策，包括法律、规章、指导意见、产业规划等专项性政策文本，也包括信息化建设的综合性政策文本中与政府数据开放密切相关的政策条款，如信息公开、政府网站管理、电子政务、“互联网＋政务服务”、数字惠民、大数据政策等主题的政策文本中涉及信息数据资源开放利用的条款。具体方法和途径见表 2－11。

表 2－11　本书的政府数据开放政策文献检索策略

步骤	检索词	筛 选	预 期	来 源
1	数据	包含“政务/政府数据”“数据开放”“数字政府”“数字政务”“互联网＋政务”等的政策文献信息	得到政府数据开放直接相关的政策文本信息	北大法宝
2	政务信息资源共享与开放 OR 大数据 OR 信息消费	政策文本中提及“政府数据开放”“数据共享”“数据利用”“资源开放利用”等政策文本信息	根据我国数据开放应用的特点，在间接相关的政策文本中找政府数据开放政策文本信息	北大法宝
3	城市名称	逐一访问“开放数林”中 100 多家城市政府数据开放平台，在“政务”“政策法规”“政策文件”“政声传递”“保障服务”中找各城市政府数据开放的政策文件	作为“地方”政府数据开放政策内容的有效补充	100 多个城市政府数据开放平台官方网站
4	城市名称 AND（信息化规划 OR 大数据行动）	逐一搜索“开放数林”中 100 多家城市的信息化规划、大数据行动计划，时间跨度涉及“十一五”“十二五”“十三五”	作为地方政府数据开放政策的“兜底”，尽可能了解全国地方政府数据开放发展全貌	北大法宝及搜索引擎

首先，通过对地方政府数据开放发展报告等文献的阅读确定检索方向和检索词。主要由两条主线展开：一是北大法宝的法律法规检索，二是地方政

府官网的数据开放频道或地方政府数据开放平台等网站进行查漏补缺。需要注意的是，虽然政府数据开放的专项政策较少，但在很多政府信息公开、政务公开、"互联网+政务服务"、信息资源开放利用、政府数据开放共享、大数据产业发展等政策中多会涉及政府数据开放，所以检索词不仅包括数据开放，还包括信息资源开放利用、信息公开、政务公开、政务服务、大数据等。

其次，对确保政策数据选取的准确性和代表性，按照四大原则筛选和整理：一是从中央层级到地方层级的政策文本，发文单位为全国人大、国务院、经信委、地方人大、地方政府市委及办公厅，以及地方经信部门和大数据管理局，对政府数据开放具有代表性和权威性的部门，其他部委或地方局发布诸如信息公开类工作指导文件，专注于条线管理，是数据开放在某一专门行政领域的应用和管理，不在本研究主要讨论的范围内，且条线之间的差别较大，因此不予采用。二是与数据开放密切相关，要求文本中明确提及数据开放共享或信息资源开放利用，若仅仅是笼统的政务服务未提及数据开放的政策文本不予采用。三是能够直接体现政府对政府数据开放采取行动的政策，比如法律法规、规划、决定、意见、管理办法、通知公告、行动方案等，以及地方政府随之配套的标准和技术规范等予以采用。四是不选取仅涉及某一专门行业领域的数据开放政策，如林业、农业、交通业、银行业等。

通过以上方法，截至 2020 年 2 月 28 日，最终采集和梳理出有效政策样本 1 364 篇，具体如表 2－12 和表 2－13 示例。共采集 1 364 篇 4 486 条、约 95 万字的政策文本，作为本研究政策工具分析的样本库。

表 2－12　中央政府出台的信息数据开放共享相关文件的部分示例

编号	政 策 名 称	政策文号	发布单位
1	《中共中央办公厅、国务院办公厅关于加强信息资源开发利用工作的若干意见》	中办发〔2004〕34 号	中共中央办公厅、国务院办公厅
2	《国务院办公厅关于加强政府网站建设和管理工作的意见》	国办发〔2006〕104 号	国务院办公厅

续 表

编号	政 策 名 称	政策文号	发布单位
3	《中华人民共和国政府信息公开条例》	中华人民共和国国务院令第 492 号	国务院
4	《国务院办公厅关于施行〈中华人民共和国政府信息公开条例〉若干问题的意见》	国办发〔2008〕36 号	国务院办公厅
5	全国人民代表大会常务委员会关于加强网络信息保护的决定	2012 年 12 月 28 日第十一届第三十次常务委员会会议通过	全国人大常委会
6	国家发展改革委、中编办、工业和信息化部等关于进一步加强政务部门信息共享建设管理的指导意见	发改高技〔2013〕733 号	国家发展和改革委员会、中央机构编制委员会办公室、工业和信息化部
7	国务院关于促进信息消费扩大内需的若干意见	国发〔2013〕32 号	国务院
……	……	……	……

表 2-13　地方政府关于政府信息数据开放共享的相关政策示例

编号	政 策 名 称	政策文号	发布单位
1	《上海市政府信息公开规定(2008)》	上海市人民政府令第 2 号	上海市政府
2	《上海市人民政府办公厅印发关于推进政府信息资源向社会开放利用工作实施意见的通知》	沪府办〔2014〕37 号	上海市政府
3	《上海市人民政府关于印发〈上海市政务数据资源共享管理办法〉的通知》	沪府发〔2016〕14 号	上海市政府
4	《上海市公共数据和一网通办管理办法》	上海市人民政府令第 9 号	上海市政府
5	《上海市公共数据开放暂行办法》	上海市人民政府令第 21 号	上海市政府

续 表

编号	政 策 名 称	政策文号	发布单位
6	《贵州省大数据发展领导小组办公室关于印发贵州省〈政府数据数据分类分级指南(试行)〉等4个规范文件的通知》	黔数据领办〔2016〕26号	贵州省大数据产业发展领导小组办公室
7	《贵州省大数据发展管理局关于印发〈贵州省政务信息数据采集应用暂行办法〉的通知》	黔数〔2017〕22号	贵州省大数据发展管理局
……	……	……	……

二、确定分析框架和维度

公共政策理论认为，政策之间存在客观关系，当它们有机结合形成合力和功能上的互补时，方能最大可能地达成政策目标。因此，合理的政策结构需要政策主体兼顾自身所处的行政位置以及上下、左右、前后的关系，如包括空间层面的平行和上下层级的政策传递关系，时间层面的前后政策继承关系等，这些关系是公共政策研究的重点，也是图情档学科运用相关计量方法做具体领域应用研究所关注的内容。同时，政策工具的结构性分析能够将政策视为一系列基本单元工具的组合，政策内容量化方法则可将政策工具的结构性特点进行量化和可视化，两者结合即通过科学和规范的研究路径，从政策文本中挖掘政策制定和执行背后的价值和理念，为进一步分析问题和解决问题提供线索。

本研究的二维分析理论框架，从政策工具和政府数据开放生态系统环节两个维度进行构建。

(一) X维度：政策工具维度

基于政策工具理论，结合施耐德和英格拉姆的政策工具类型，将基本政策工具分为：命令型、激励型、能力建设型、劝导型、学习型，并以此建立X维度。

命令型政策工具的作用主要表现为政策对政府数据开放的行政命令强制性作用，多为上级政府部门对下级政府部门的工作要求、指导指示等，具体政策工具如表 2-14 所示。

表 2-14　本书命令型政策工具类型及其子类工具名称和含义

工具类型	工具名称	工 具 含 义
命令型	法规标准	通过发布法律法规、部门规章、标准规范的形式，规范相关对象的行为规范和标准，通常该政策工具本身具有规范性、完整性、体系性。如信息公开条例、信息共享规范标准等
	计划规划	按政策目标制订某领域的计划或方案，比如国务院要求政务部门统筹规划本部门内外、中央地方相互共享的信息资源，以此支撑部门业务和跨部门共享
	管理办法	通过制定政策措施和领域管理办法，促进政策目的的达成。比如通过管理办法完成政务信息资源的一般授权使用，用以规范政务数据资源的使用行为和社会化增值利用行为
	体系建设	通过建立体系使原本分散的各个部分有机联系在一起，使局部之间相互协调、补充、促进、强化，从而达到一体化管理的政策目标。通常在建立了局部环节的制度后，采用体系建设工具实现一体化管理，比如建立数据开放利用的安全体系、服务体系等
	工作制度（权威）	保障政府部门、机构组织实施的一系列工作制度，通常由上级下达要求，并具有一定的约束性，区别于组织内部的一般性工作管理和建议。比如要求建立健全政府信息公开制度，编制信息公开、数据共享、数据开放等目录，并通常与绩效考核、资源分配等奖惩机制挂钩
	部门设置	调整或新增政府机构部门，确保新老政策活动的衔接和更替，比如地方政府成立大数据管理局、大数据中心等机构部门具体管理政务数据开放共享以及大数据产业相关事宜
	权力下放	中央及上级政府部门横向或纵向向下分出部分权力，在权力过分集中不易达成政策目的时运用，比如国务院要求中央部委和地方政府部门自行制定信息公开工作的考核办法
	市场策略	借由市场激发公共资源的社会价值，所采取的战略性指导行动。比如促进信息资源公益性开放利用，要确定公益性机构的认定标准以及合理的定价机制

续　表

工具类型	工具名称	工　具　含　义
命令型	产业策略	为产业发展提供所需的资源、服务和环境。比如促进大数据云计算等产业发展,提供孵化器、园区、人才等一系列政策支持
	贸易管制	数据跨境流动时,政府通过有关进出口贸易的各项管制或鼓励措施,实现政府数据开放推动大数据产业的发展,吸引更多的投资主体
	指导指示	泛指以上具体措施以外的上级对下级政府部门的其他指导性建议

激励型政策工具的主要作用表现为政策通过金钱或惩罚等“给付”措施,促使数据提供者/服务者——政府部门、企业,以及数据利用者——用户(含企业)、社会参与到政府数据开放行动中。对政府内部具有一定的强制性,对第三方一般限于合同责任。具体政策工具如表 2－15 所示。

表 2－15　本书激励型政策工具类型及其子类工具名称和含义

工具类型	工具名称	工　具　含　义
激励型	处罚 处分整改	在做出政策活动相违背的行为时,责令其改正甚至对其做出处罚措施,以此规范政策对象的行为。比如在信息发布和数据公开时,要求发布部门启动保密审查机制,若未按规定实施或者情节严重的,要责令整改甚至给予处分
	财政金融	通常在鼓励第三方做数据开放增值利用时采取,比如中小企业的金融优惠等
	专项资金	通常是上级政府或本级财政拨款专门用于内部数据基础设施管理和更新使用的经费,具有一定的流程和程序规范确保经费的专款专用
	政策试点	在大规模推进之前进行的工作制度、服务项目等方面的小范围试验,通常以中央或上级政府部门评估指定或者下级政府部门推荐申报评选的方式获得试点资格。试点项目通常能享受相应的政策措施和经费支持,并具有示范推广作用。比如公共信息资源开放试点城市等

续 表

工具类型	工具名称	工具含义
激励型	示范评选	与“政策试点”工具相互补充，通常在地方政府层面征集本地区的优秀案例，由业务主管单位或行业主管部门针对领域内的优秀案例进行推荐申报，由政府部门组织专家团队进行筛选评定，通常示范单位能够获得某种会员资格，享受一定的政策指导、行业交流的资源
	政府采购与外包	政府在公共管理和服务领域自身无法满足其运行需求时，向第三方购买产品或服务的行为，并通过该行为鼓励第三方参与到政策活动中，达成政策目标。比如鼓励数据开放的社会价值开发，政府鼓励第三方利用公共数据开发数据应用产品，由政府购买其产品或服务。通常外包服务鼓励第三方参与实现政策目标的行为。比如：数据基础设施建设中平台建设、系统网络等通常外包给第三方机构进行建设和运维
	许可	政府部门授权个人或企业具有某种公共部门职能的权力，比如公共数据开放许可
	融资合作	通过金融市场筹措贷款，用以弥补资金不足的问题，比如大数据基础设施、数据中心的建设引入融资合作机制
	财税优惠	税收优惠，与“财政金融”属于一对工具，财政金融是给予、税收优惠是减免，同样多见于鼓励和培育数据开放利用市场
	资金投入	为鼓励特定活动或者项目的开展，给予经费投入。比如信息公开及增值利用、数据开放及社会化利用和激活市场价值，政府部门拨出财政预算用以维护日常工作或者吸引第三方参与
	表彰奖励	为鼓励政府部门参与到政府数据开放、信息资源开发利用中，给予相关管理人员以经费、培训等表彰、奖励
	优先项目	同等条件下，在国家或地方资助项目中，优先考虑政务数据开放、大数据产业等项目，给予经费、技术、人员等方面的配套支持

能力建设型政策工具的主要作用是为实现政府数据开放提供人才培养、工作人员培训、公众和企业获取和利用数据的能力提升等所需的信息、技术、服务方面的支持。面向的对象较广泛，执行效果具有不确定性，取决于对象的自愿程度和基础能力水平。具体政策工具如表 2-16 所示。

表 2-16　本书能力建设型政策工具类型及其子类工具名称和含义

工具类型	工具名称	工具含义
能力建设型	信息支持（信息）	通过提供信息内容、数据资源，激发个人或团体采取行动的潜力，培养其使用信息达成政策目标的能力。比如提供信息公开和数据开放的平台渠道，培养他们的使用习惯和能力
	公共服务	通过公共服务提高公众对数据开放的认知和激发数据需求，比如全国各地区推行的"一门一网一次"行政审批服务，体现了数据开放共享的社会价值
	人才支持	通过相关业务培训或鼓励社会重视特定领域人才的培养等，通常未上升到政策措施的层面推广，但又比务虚的鼓励号召呼吁具有实质操作性。比如政府部门为信息数据分级分类管理的工作人员提供培训等
	科技支持	政府收集整理国内政府数据开放发展信息，通过建立数据共享库、云平台、资源池，为政府数据开放和服务应用场景提供科技支持
	工作制度（组织）	与命令型工具中"工作制度（权威）"有所区别，强制性相对较低，具有约束组织内部具体工作的效果，但未达到法律法规强制实施的程度，通常是上级对下级建议性的政策下达或者是组织内部自行制定的工作制度。比如政府各部门根据要求完善内部信息资源管理制度等
	考核监督	对政府数据开放共享、开放数据平台网站运行、安全管理等环节实施的与工作人员绩效相关的评估考核和监督机制
	研究探讨	政府部门在具备政府数据开放意识但未具备相应技术、能力、人才等配套措施时，对实施政府数据开放政策展开相应的研究探讨

劝导型政策工具的主要作用是宣传和推广政府数据开放的理念，以及鼓励公众和第三方参与到政府数据开放的获取和增值性利用等活动中。一般不具有强制性，也不针对特定的群体。具体政策工具如表 2-17 所示。

表 2 - 17　本书劝导型政策工具类型及其子类工具名称和含义

工具类型	工具名称	工具含义
劝导型	宣传推广	较“政策试点”“示范评选”等激励型工具偏弱的政策工具，通常不具有特定受众的指向性，也不具备实际支付性质，是通过传导积极影响去促使行为人做出政策目标的行为。比如地方政府推出的信息安全宣传周、数据开放周等
	鼓励号召	是“宣传推广”“指导思想”等工具的补充，通常在政策文本中以“鼓励”“允许”的字样出现。比如鼓励数据信息开放增值利用

学习型政策工具的主要作用是搭建政府部门与外界的沟通学习桥梁，强调互动性和自愿性，以及具有政府数据开放的兴趣和一定的专业基础。不同于其他政策工具提供人力、物力、资金等实质性支持，该政策工具以提供平台和渠道为主要表现形式。具体政策工具如表 2 - 18 所示。

表 2 - 18　本书学习型政策工具类型及其子类工具名称和含义

工具类型	工具名称	工具含义
学习型	公众参与	体现政策主体与相关利益者的互动关系，通过互动来促进政策目标的达成，通常是自愿原则。比如公共数据管理办法的听证会
	多元化参与	同时面向企业和个人，鼓励国内外各方参与的项目和活动
	会议赛事	由政府部门与利益相关方共同参与的推动数据开放的交流活动或开发利用活动，同样具有互动反馈性质，帮助政策主体了解利益相关方的需求，及时调整政策活动。比如地方举办的数据开放创新大赛
	专家制度	在开展政策活动中为了获得专业建议，调整政策行为的重要参考。比如地方政府制定出台公共数据管理条例等政策法规，在酝酿、草拟、征求意见、正式发布等各个环节都可能启动专家咨询

（二）Y 维度：政府数据开放生态系统环节维度

政府数据开放的生态系统活动规律可以表现为数据开放、数据利用和社会价值发挥 3 个主要部分，如上文所述，每个环节都有着不同的政策需求、不同的参与者，以及政策作用对象的侧重点，并且受外部环境影响。本书将生态系统分为 4 个大环节，以及 18 个细节环节（见表 2－19）：

表 2－19　　本书政府数据开放生态系统具体环节和细节描述

主要方面	具体环节	备　　注
开放数据	数据资源管理	狭义的数据资源管理，包括数据采集、描述、存储、共享、发布和重用等环节，多项措施全程管理
	数据采集	政府信息记录和数据的采集、汇集
	数据描述	对政府信息资源及所涉及的元数据进行描述
	数据存储	确保政府信息资源和数据在安全的环境下保存和备用，防止数据丢失或遗漏
	数据共享	确保政府信息资源和数据能够在部门之间进行交换和共享
	数据质量管理	确保政府各部门提供数据的准确性、及时性和一致性
	数据安全管理	与数据本身的安全，以及其背后的信息、隐私安全等，包括数据内容安全、网络安全、网站安全、信息基础设施安全
	数据基础设施	政务数据开放利用相关的服务平台、信息系统、政府网站，以及确保服务正常运行的政府部门之间共享协同的平台、系统、网络及其他关键信息基础设施等
	信息发布	确保政府信息和数据对公众的公开和开放
利用数据	社会化利用	自政务数据在公共领域开放时起，公民、非公民用户对公共数据的利用
	市场培育	将数据/信息作为资源要素看待，培育数据资源/信息资源市场，促进政府之外的第三方加入资源的开发利用
	产业/企业孵化	数据相关产业的发展及企业孵化，领域如大数据、云计算、物联网、人工智能等

续 表

主要方面	具体环节	备　注
公共价值	公共服务（合作）	面向公民或企业与数据信息相关的公共服务，通过公共数据的部门协同共享，改善公民/企业办事体验，如“一网一门一次”的“互联网＋政务服务”
	城市治理	与第三方企业合作利用大数据，改善城市交通运行、食品安全、社区治安等
外部环境	组织实施保障	对提供政务数据开放的机构、人及其责权的具体管理，包括工作制度、经费管理、项目管理、监督考核等
	相关权利保护	个人隐私、知识产权、著作权等涉及“人”的权利保护
	数字文化培养	培养大众的数据使用习惯，如鼓励大数据教育，如与媒体合作促进数据新闻的发展，培养人们对数据使用的习惯等
	国际交流影响	鼓励参加国际经验交流，参与制定国际标准等

综合两个维度特征，最终形成了政府数据开放政策二维分析框架。之所以用开放数据生态系统理论模型和麦克唐纳、施耐德的五类政策工具分类模型作为二维分析框架两个维度的测量指标：一是因为数据开放政策如今已经深入政府数据开放关于数据资源管理的各个环节，并且涉及生产者、管理者、加工者、服务者、开发利用者和消费者等各个利益相关方，在生态系统理论中能够将以上要素都涵盖在内；二是因为政策工具五类分类模型在揭示政策强度方面有天然优势，对揭示政策工具运用的央地差异和地区差异有效，同时它与政策文本种类所揭示的政策强度可形成印证关系；三是因为政策工具中的劝导型、学习型工具能够较好地揭示政民互动、公众参与政策工具的运用情况，且政府数据开放政策自始以来都强调互动关系，所以为了更好地揭示地方政府数据开放的政策工具选择现状和问题，采用了开放数据生态系统模型和“命令型—激励型—能力建设型—劝导型—学习型”五类分类模型构建本书的二维分析框架（如图 2 - 2）。

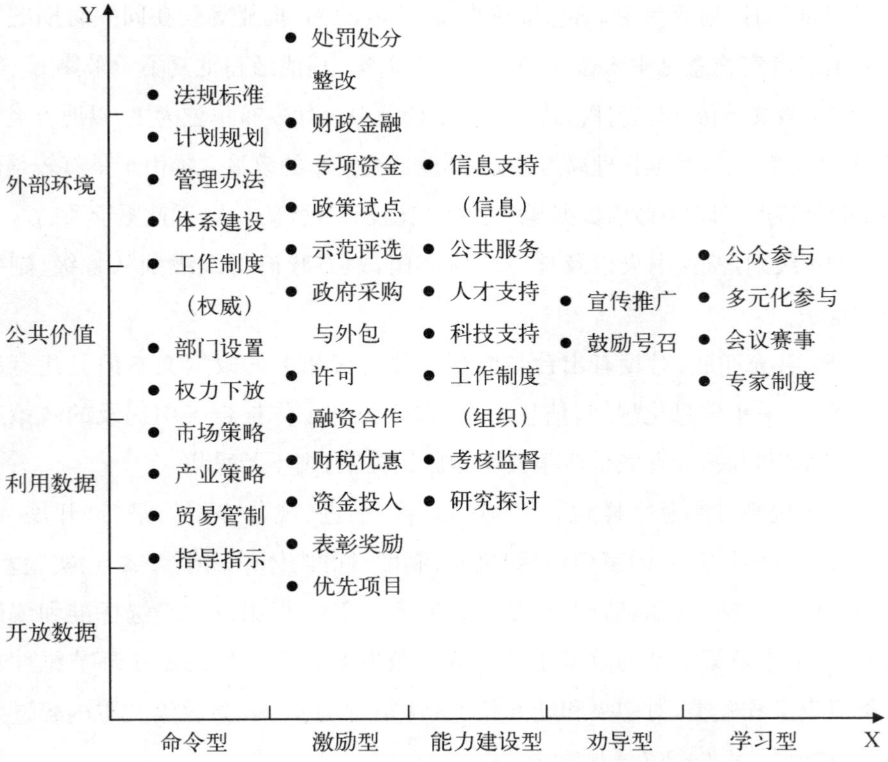

图 2-2　政府数据开放政策二维分析框架

三、定义分析单元、类目与编码

本书研究的内容分析单元定义为单份政策文本的有关条款，据此对已遴选出的 1 364 份政策文本，根据条款单元内容抽取政策工具，并按照政策编号—条款编号—章节编号进行编码。分析单元的筛选标准如下：

（1）发文时间，尽量确保每个年份有所覆盖，如果同一年发布的数量较多，尽量选取差别较大、同质性较低的政策文件作为编码对象。确保政策工具在时间分布上具有一定的连续性。

（2）文种，以实质性政策文本为主，地方性法规、部门规章、地方性政策文件和地方性工作文件为主，政策文本名称以实施方案、实施意见、工作方案、实施规划、行动计划等为主，信息量较小、较分散的函、批复等仅在同一时期的工作方案或者实施意见中未覆盖的内容予以采集，其他函和批复不予采集。

（3）发文单位，以国务院、地方政府部门及办公厅发布单位为主，以地方经信委、发展改革委、大数据管理局为补充，其他部委发布的政策文本由于具有较强的条线管理特点，对地方政府数据开放之间的比较参考意义不大，因此不予采集。

（4）级别，覆盖中央以及地方政府部门，地方政府行政级别从省级、副省级到地级。

（5）补充兜底，对没有出台与数据开放直接相关的政策文本但已建有平台的城市，采集信息化规划、信息公开、政务公开工作报告等中提及的政策工具内容作为兜底，如在其他政策文本中已经提及，则不予采集。

编码规则：参考字样包括“建立、完善、推进、规范、改革、坚持、开展、制止、制定、开展”等，名词字样包括“机制、制度、标准、体系、资金、试点、实验室、培训、办法、方法、活动、监测、评估、考核”等展开。根据以上筛选标准和编码规则，依据本章第三节的政策工具维度和政府数据开放生态系统环节维度进行类目定义和归类，对中央和地方共 1 364 篇中的 4 486 条政策文本内容进行编码，样例如表 2－20（详见附录 3）。

表 2－20　　编码样例

序号	年份	政策名称	政府数据开放政策内容分析单元	编码	政策工具	环节
1	2004	《中共中央办公厅、国务院办公厅关于加强信息资源开发利用工作的若干意见》	（六）建立、制定和编制：政府信息公开制度、条例和目录	1-3-6	命令型—指导指示	开放数据—信息发布
			（七）加强政务信息共享。依法明确部门、地区信息共享的内容、方式、责任，制定标准、完善共享制度	1-3-7	命令型—指导指示	开放数据—数据共享
			（八）允许加工利用具有经济、社会价值的政务信息资源，鼓励社会力量增值利用	1-3-8	劝导型—鼓励号召	利用数据—社会化利用

续　表

序号	年份	政策名称	政府数据开放政策内容分析单元	编码	政策工具	环　节
1	2004	《中共中央办公厅、国务院办公厅关于加强信息资源开发利用工作的若干意见》	（八）制定政策措施和管理办法，授权申请者使用相关政务信息资源	1-3-8*	命令型—指导指示	开放数据—数据资源管理
			（十）合理规划政务信息的采集工作。确保所采集信息的真实、准确、完整和及时	1-3-10	命令型—指导指示	开放数据—数据采集
			（十一）加强政务信息资源管理。制定政务信息资源分级分类管理办法，建立健全采集、登记、备案、保管、共享、发布、安全、保密等方面的规章制度	1-3-11	命令型—指导指示	外部环境—组织实施保障
			（十二）支持和鼓励公益性开发利用。政务部门要结合工作特点和社会需求，主动为企业和公众提供公益性信息服务，积极向公益性机构提供必要的信息资源	1-4-12	能力建设型—信息支持（信息）	公共价值—公共服务（合作）
			（十四）促进信息资源公益性开发利用的有序发展。明晰信息服务的公益性和商业性界限，确定认定标准，形成合理定价机制	1-4-14	命令型—市场策略	利用数据—社会化利用
			（十五）加快信息资源开发利用市场化进程。发挥市场对信息资源配置的基础性作用。打破行业垄断、行政壁垒和地方保护，营造公平的市场竞争环境，促进信息商品流通，鼓励信息消费，扩大有效需求	1-5-15	劝导型—鼓励号召	利用数据—市场培育

续 表

序号	年份	政策名称	政府数据开放政策内容分析单元	编码	政策工具	环 节
1	2004	《中共中央办公厅、国务院办公厅关于加强信息资源开发利用工作的若干意见》	(十五) 政务部门要积极采用外包、政府采购等方式从市场获取高质量、低成本的信息商品和服务	1-5-15*	激励型—政府采购与外包	公共价值—公共服务(合作)
			(十六) 促进信息资源产业健康快速发展。研究制定相关政策和规划	1-5-16	劝导型—鼓励号召	利用数据—产业孵化
			(十八) 依法保护信息资源产品的知识产权。加大执法力度,健全著作权管理制度,建立其管理组织。完善网络环境下的著作权和数据库保护等法律法规	1-5-18	命令型—指导指示	外部环境—相关权利保护
			(二十) 加强各级党委和政府的领导,理顺信息资源管理体制,强化开发利用组织协调,统筹规划、监督和管理	1-6-20	命令型—工作制度(权威)	外部环境—组织实施保障
			(二十) 制定信息资源开发利用计划规划,并纳入国民规划	1-6-20*	命令型—计划规划	开放数据—数据资源管理
			(二十一) 增加资金投入并提高其使用效益。保障政务信息资源的建设管理、采集更新、运行维护、长期保存和有效利用,相应经费要纳入预算管理。加强资金使用管理,提高效益,降低风险	1-6-21	激励型—资金投入	开放数据—数据基础设施
			(二十一) 信息资源开发利用领域,鼓励企业和公众投资。多渠道筹集资金,支持政策研究、标准制定、科技研发、试点示范以及重点信息资源开发	1-6-21*	劝导型—鼓励号召	利用数据—社会化利用

续 表

序号	年份	政策名称	政府数据开放政策内容分析单元	编码	政策工具	环　节
1	2004	《中共中央办公厅、国务院办公厅关于加强信息资源开发利用工作的若干意见》	(二十三) 加强标准化工作。建立和制定：信息资源开发利用的统一协调机制、资源标准、服务和技术标准	1-6-23	命令型—法规标准	外部环境—组织实施保障
			(二十六) 加强信息安全保障工作。加快修订《中华人民共和国保守国家秘密法》，推进信息安全、个人信息、未成年人在线行为等权益保护的研究	1-6-26	命令型—法规标准	外部环境—相关权利保护

注："*"号表示该政策编码对应的政策条文，涵盖了 2 种及以上政策工具。

四、信度与效度检验

(一) 信度评估

信度(reliability)又称为再重复性，内容分析法的信度主要表征包括类目信度和判断者间的信度①。类目信度确保建立的类目详尽互斥，判断者间信度确保编目者具有该领域编码的胜任力。

为了评估类目信度，本书利用 LDA 模型②对政策文本进行主题聚类，观察样本内容与二维分析框架的匹配情况。具体步骤见附录 2。通过对约 95 万字的政策文本做主题聚类和内涵分析发现，当聚类类别定为 5 类，关键词为 8 个时，后续关键词权重明显下降，因此认为按 5 类 8 个关键词对政策样本的解释性较强(见表 2－21)。

① Harold H. Kassarjian, "Content Analysis in Consumer Research", *Journal of Consumer Research*, Vol.4, No.1, Jun.1977.

② 綦然：《基于 LDA 模型的国内人工智能政策对比研究》，上海社会科学院硕士学位论文，2020 年。

表 2－21　　政策样本的关键词聚类结果

序号	原始数据	关键词	内涵解读
1	[(0, '0.012 * "平台" + 0.010 * "社会" + 0.009 * "政务" + 0.009 * "采集" + 0.007 * "行政" + 0.006 * "数据采集" + 0.006 * "机制" + 0.006 * "责任"')	平台、社会、政务、采集、行政、数据采集、机制、责任	环节：数据采集、社会利用、平台建设、政务服务 工具：工作机制、责任分工
2	(1, '0.018 * "政务" + 0.011 * "平台" + 0.010 * "目录" + 0.009 * "社会" + 0.009 * "政务信息" + 0.007 * "安全" + 0.006 * "项目" + 0.006 * "责任"')	政务、平台、目录、社会、政务信息、安全、项目、责任	环节：政务信息公开、政务服务、平台建设、信息安全 工具：项目支持、责任分工、信息支持、目录管理
3	(2, '0.024 * "政务信息" + 0.015 * "资源共享" + 0.012 * "政务" + 0.009 * "政务服务" + 0.008 * "平台" + 0.008 * "目录" + 0.008 * "安全" + 0.007 * "交换"')	政务信息、资源共享、政务、政务服务、平台、目录、安全、交换	环节：政务信息公开、信息资源共享、政务服务、平台建设、数据安全 工具：目录管理、交换制度
4	(3, '0.010 * "网站" + 0.009 * "目录" + 0.007 * "社会" + 0.007 * "办法" + 0.007 * "政务信息" + 0.006 * "平台" + 0.006 * "技术" + 0.006 * "实现"')	网站、目录、社会、办法、政务信息、平台、技术、实现	环节：网站建设、社会化利用、平台建设、 工具：管理办法、技术支持、目录管理
5	(4, '0.012 * "平台" + 0.010 * "政务" + 0.007 * "云" + 0.007 * "安全" + 0.007 * "考核" + 0.006 * "机制" + 0.005 * "电子政务" + 0.005 * "人才"')]	平台、政务、云、安全、考核、机制、电子政务、人才	环节：平台建设、数据安全、政务服务、 工具：人才培养、工作机制、技术支持

用环节和工具对5个聚类的主题进行内涵解读：

主题一，以数据采集、平台建设、政务服务以及信息资源的社会化利用为主要环节，采用制定工作机制和责任分工的手段推进执行。该主题聚类的表征能够在二维分析框架：环节——数据开放、数据利用，工具——命令型、能力建设型中得到解释，符合我国地方政府数据开放起步阶段，重视数据采集、平台建设，强调政务服务水平提升，以及呼吁社会化利用的特征。

主题二，以政府信息公开、政务服务、平台建设、信息安全为主要环节，采用项目支持、责任分工、信息支持、目录管理的手段保障执行。该主题聚类的表征在二维分析框架：环节——数据开放、数据利用，工具——激励型、能力建设型、学习型中得到解释，符合我国政府数据开放平台的建设特点，强调安全性，并且随着平台建设的深入，项目、责任、工作制度等实质性的政策支持逐渐丰富。

主题三，以政务信息资源共享、政务服务、平台建设、数据安全、数据交换为主要环节，采用目录管理和制度建设的保障。该主题聚类的表征在二维分析框架：环节——数据开放、公共价值，工具——命令型、能力建设型中得到解释，对应我国地方政府数据开放的对内共享、对外开放利用两个导向，对内以交换机制保障实施，对外以政务服务的方式实现数据开放的公共价值。

主题四，以网站建设、目录建设维护更新、社会利用、政务信息公开为主要环节，采用指定管理办法、提供平台和技术支撑来实现。该主题聚类的表征在二维分析框架：环节——数据开放、公共价值、外部环境，工具——命令型、能力建设型、劝导型中得到解释，体现在现阶段各地方政府平台建设和制度建设并重、信息公开和数据社会化利用共存的特点，平台建设、管理办法的出台是该阶段的重要措施。

主题五，以平台建设、数据安全、政务服务为主要环节，以人才培养、工作机制、技术支持为配套措施推进实现地方政府数据开放共享。该主题聚类的表征在二维分析框架：环节——数据开放、公共价值，工具——命令型、能力建设型、学习型中得到解释。反映出地方政府数据开放的可持续发展中平台、安全、技术、人才的重要性。

综上，在政策文本主题聚类后，尝试用二维分析框架的环节和工具加以解释，均能够对主题内容的内涵得出合乎我国地方政府数据开放发展的基本情况，类目信度可信。

笔者所在团队长期研究政府信息服务、政府数据开放、一网通办等理论和实践问题，以往的研究调研积累了较丰富的政府部门数据开放工作的实践案例，有助于判断政府数据开放哪些是重要环节，政府做了哪些重要举措来推进数据开放。

（二）效度评估

效度（Validity）即有效性，是指测量工具或手段能够准确测出所需测量事物的程度①，以内容效度检验为主。首先，本书所有的政策文本采集于北大法宝数据库、地方政府官方网站、地方政府数据开放平台等权威渠道，内容来源可靠。其次，本书研究的内容分析单元为政策文本的相关条款，条款用以指导政策实施和方案执行，最终表现为若干政策工具的组合。因此，从政策文本中抽取政策工具作为政策分析对象，能较大程度反映政策的真实含义。且本书对二维分析框架中的生态环节和政策工具类型，向3位政府数据开放方面的专家征求意见（见附录4），得到了大致肯定。并根据专家提出的异议，从5类31种更改为5类36种，最终形成图2－2的二维分析框架。

① 范柏乃、蓝志勇：《公共管理研究与定量分析方法》，科学出版社2008年版，第25、38页。

第三章　中国地方政府数据开放的政策工具动态演进

第一节　中国地方政府数据开放的政策发展阶段划分

对中国而言，政府数据开放是舶来品，其政策发展根植于已有的信息政策，并遵循政府数据开放发展的一般规律。研究发现：中国的政府数据开放理念根植于“政府信息公开”的公民知情权，21 世纪初随着信息技术和互联网的发展，信息资源的增值利用受到各界关注，政策内容中开始强调“信息获取”和“信息开发利用”。至 2015 年大数据行动计划提出，政府部门作为经济社会民生等数据的生产者、管理者、发布者，多重角色所带来的责任和能力要求大幅提升，急需形成多方参与的数据开放生态体系，由此“政府数据开放”从以往涵盖于电子政务、国家地区信息化、信息产业等政策中逐渐脱颖而出，并由于期望通过数据开放促进大数据云计算产业发展来倒逼政府服务改革，从而形成了我国特有的“政府数据开放共享”政策群。

本章采用时间维度纵向分析我国中央到地方政府数据开放的政策工具的历史进程与动态演进。首先，以地方政府对国家政策文件的引文情况作为依据，划分地方政府政府数据开放发展的阶段。其次，在每一个阶段政府数据开放发展基本情况的分析基础上，运用命令型、激励型、能力建设型、劝导型、学习型的X维政策工具分类模型，对政府数据开放政策进行分析。总结出从中央与地方的政策工具运用特点，以及每一阶段在政策工具上的继承性和发展性。在政策工具选择分析上，本章以开放数据、利用数据、公共价值、外部环境为主要环节（Y维度），以命令型、激励型、能力建设型、劝导型、学习型为政策属性，结合政府数据开放发展不同阶段问题本身的特性来综合阐述、分析政策工具的选择情况。每一阶段政府数据开放政策执行后，缓解前一阶段的部分问题和矛盾，但同时将出现新的问题。因此，本章还将探讨政府数据开放政策工具实施后的薄弱环节，作为当前阶段政策执行的分析结果，也作为下一阶段政策执行的政策工具背景。

一、阶段划分的数据来源和研究方法

关于中国政府数据开放政策发展阶段的划分，学者们以2007年《政府信息公开条例》和2015年《促进大数据发展行动纲要》为分水岭划分为萌芽、起步和快速发展3个阶段[①]。本书认为，该阶段划分能够较好地解释国家层面的政策发展过程，但并未下沉至地方层面，且没有体现每个阶段的政策重点作用于政府数据开放生态的什么环节。因此，本书从地方对国家政策的引用情况来划分发展阶段，试图发现不同阶段的国家和地方政策工具偏好和组合特点。

数据来源：与本书政策工具分析的数据来源保持一致，即国家层面的56个政策文件、28个省级政府的650个政策文件，以及61个地级市（含副省级）政府的658个政策文件。

研究方法：第一是阶段划分的方法：（1）确定各阶段的政策主题，对每个政策文本给予至少一个与政府数据开放相关的政策主题词，用以判断政策文本属于哪一类政策群，从而判断同一时期的政策主题；（2）确定各阶段国家层面的主政策，根据地方政府在政策文本中引用国家政策名的频次和国家政策发布时间进行综合排序，初步确定时间段划分；（3）以国家层面的政策阶段划

① 温芳芳：《我国政府数据开放的政策体系构建研究》，武汉大学博士学位论文，2019年。

分为参考，回到地方政策文本中，根据(1)(2)提示的政策主题和高频词引用的主政策，对地方政策的发展进行时间微调，确保每阶段中地方政府数据开放所运用的政策工具具有阶段代表性。第二是三个阶段国家和地方政府运用政策工具的二维分析，根据第二章第四节的分析框架，制作国家层面的基于政府数据开放生态系统的政策工具分析表，以及地方层面（省级、副省级/地级市，以下简称为A类、B类城市）的政策工具对比统计表，分析三个阶段国家和地方政府的政策工具运用偏好和组合特点以及相对薄弱环节，并观察该阶段对上一阶段的薄弱环节是否运用政策工具进行调整和改善。

二、政策引用视角的阶段划分

根据上述方法，进行地方对国家政策引用情况的数据统计，得出图3-1，可见：

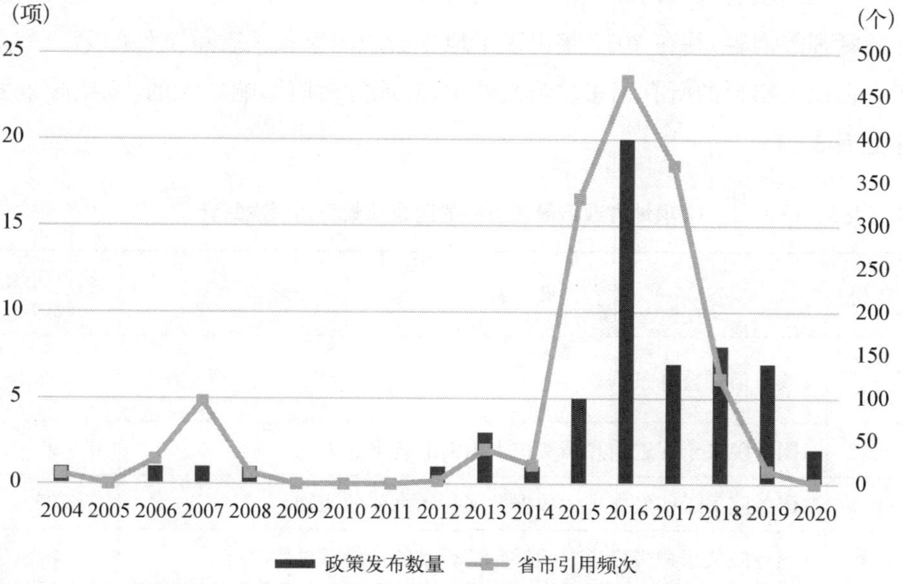

图3-1　2004—2019年中央关于政府数据开放政策文本量及地方政府引用频次的分布

(1) 从国家政策发布情况看，2004—2012年，与政府数据开放相关的政策数量非常少，平均两年出台一项，2013—2016年集中出台了10余项政策文件，在2013年、2015年、2016年三个年份出现高峰，2016年之后，政策发布数量稳定在每年7—8项。

(2) 从地方政府对国家政策的引用情况看，地方的政策引用趋势与国家发布的政策数量发展趋势基本一致。2004—2012年，虽然政策数量很少且并非数据开放的专项政策，但已提及政府信息资源公开、开发利用和部门间共享等与政府数据开放内涵相通的内容，并在专项政策出台之前，被用作数据开放的重要依据，比如《政府信息公开条例》在2007年第一个引用高峰期贡献了97个引用频次。2013—2016年，出台了关于信息消费、“互联网+”行动、大数据产业、云计算、人工智能、网络安全、政务服务等一系列政策，其中以产业发展类和国家战略类政策对地方政府影响最大，使得2015—2016年出现了地方引用国家相关政策文件的第二个高峰。2016年之后，在我国政务信息资源共享管理办法的基础上，集中在政务改革和政务服务领域出台了一批政策，内容逐步深入支撑政府数据内部共享和外部开放的政务系统整合、网站建设和数据资源管理等内容，并在2017年出现了地方引用国家相关政策文件的第三个高峰。在以上出台的所有国家政策文件中，对地方政府影响较大的12项政策文件见表3-1。

表3-1　12项地方政府最常引用的国家政策引用频次统计

年份	政策名称	地方引用（次）
2007/2019	《政府信息公开条例》	198
2013	《国务院关于促进信息消费扩大内需的若干意见》	36
2015	《国务院关于印发促进大数据发展行动纲要的通知》	105
2015	《国务院关于积极推进“互联网+”行动的指导意见》	43
2015	《国务院关于促进云计算创新发展培育信息产业新业态的意见》	18
2016	《国务院关于加快推进“互联网+政务服务”工作的指导意见》	84
2016	《国务院关于印发政务信息资源共享管理暂行办法的通知》	91

续　表

年份	政　策　名　称	地方引用（次）
2017	《国务院关于印发新一代人工智能发展规划的通知》	16
2017	《中华人民共和国网络安全法》	53
2017	《国务院办公厅关于印发政府网站发展指引的通知》	160
2017	《政务信息资源目录编制指南(试行)》	65
2017	《国务院办公厅关于印发政务信息系统整合共享实施方案的通知》	60
合计	12 项	929

(3) 从以上与政府数据开放相关的国家政策主题和内容来看，2004—2012 年是以信息公开和信息资源开发利用为主题的政策发展阶段，政府数据开放还未正名，但政府信息资源开发和社会化利用在政策中屡次提出，可视为我国政府数据开放的前身和基础，在此期间，信息化环境下的政府行政规范和政策工具的选择习惯正在形成；2013 年起，信息消费、"大云智联"等信息产业发展计划陆续发布，政府信息资源和政务数据的开放共享相关内容集中出现在政策文件的保障措施中；2016 年起，与政府数据开放密切相关的政务信息资源共享管理及其目录编制、系统整合等管理办法和工作方案陆续出台，标志着我国政府数据开放政策逐渐从被动走向主动、从幕后走向前台、从信息时代走向数据时代。

综上，将我国政府数据开放政策发展阶段大致划分为：2004—2012 年、2013—2015 年、2016 年至今，但在观察地方政府数据开放政策时，发现国家政策自上而下的传递过程存在半年到一年的时间差，为了阶段划分更符合地方政府数据开放的政策发展现状，也为之后的政策工具时序分析提供更准确的时间参考点，因此将发展阶段划分为：

信息公开为主导的政府数据开放准备阶段(2004 年至 2013 年初)；

国家战略引导下的政府数据开放探索阶段(2013 年上半年至 2016 年初)；

政务改革为驱动的政府数据开放共享快速发展阶段(2016 年上半年至今)。

第二节 信息公开为主导的政府数据开放准备阶段(2004年至2013年初)

一、准备阶段国家层面的政策工具运用二维分析

中国政府数据开放准备阶段可追溯至信息化促进新型工业化发展阶段，对应于党的十六大及“科学发展观”建设时期，信息资源被视为劳动力、土地、资本以外的第四大生产要素，政府的角色定位是掌握了社会80%信息资源的信息提供者和生产者。该阶段国家政府出台了6项政策文件(见表3-2)与政府信息资源开放共享相关，以国务院办公厅出台的意见为主，效力等级较高，平均达到3以上(5为最高等级)，政策数量较少但级别较高。其中，关于网络信息保护的是全国人大通过的决定，信息公开条例为国务院颁布的法律条例，信息资源开发利用和信息共享建设管理两项政策属于党内法规，其余政策均为国务院规范性文件。

表3-2 2004年至2013年初政府数据开放领域相关的国家政策列表

发布/实施日期	标题	政策力度
2004年12月13日	《关于加强信息资源开发利用工作的若干意见》(中办发〔2004〕34号)	3
2006年12月29日	《关于加强政府网站建设和管理工作的意见》(国办发〔2006〕104号)	3
2007年4月5日/2008年5月1日	《中华人民共和国政府信息公开条例》(中华人民共和国国务院令第492号)	4
2008年4月29日	《关于施行政府信息公开条例若干问题的意见》(国办发〔2008〕36号)	3
2012年12月28日	《全国人民代表大会常务委员会关于加强网络信息保护的决定》	5

续　表

发布/实施日期	标　　题	政策力度
2013年4月12日	《国家发展改革委、中编办、工业和信息化部等关于进一步加强政务部门信息共享建设管理的指导意见》	3
合　计	6项	平均3.5

准备阶段的国家政策主题包括：信息资源开发利用、政府信息公开、政府网站建设、网络信息保护、政务部门信息共享等，将以上政策对应的32个政策工具单元归入政策工具分析列表中（见表3-3），利用Python编码转换政策工具统计结果的输出（见附录5，下文同）分析情况如下：

表3-3　准备阶段国家层面基于政府数据开放生态系统的政策工具运用情况分析

主要方面	命令型工具（50%）	激励型工具（12.5%）	能力建设型工具（21.9%）	劝导型工具（12.5%）	学习型工具（3.1%）
开放数据（37.50%）	【资源管理】制定分类分级管理办法 【采集】合理规划政府信息采集 【共享】制定共享标准规范，建立健全技术标准；加强“一把手”对信息共享的领导，确定责任单位，形成长效机制 【发布】建立健全政府信息公开制度；县级以上地方政府主管部门负责推进	【共享】围绕跨部门跨地区政务信息共享创建国家示范省市，实施信息共享及其基础设施服务专项，开展试点示范 【基建】增加资金投入，保障管理、更新、运维、保存和利用	【资源管理】编制公开目录、分类分级管理办法等规章制度 【共享】在部门间共享工程项目中落实相关技术条件，包括管理、查询、访问等 【发布】完善公开目录和查询功能，为公众提供优质服务	N/A	N/A

续 表

主要方面	命令型工具（50%）	激励型工具（12.5%）	能力建设型工具（21.9%）	劝导型工具（12.5%）	学习型工具（3.1%）
利用数据（18.75%）	【社会化利用】制定信息资源开发利用的政策措施和管理办法，授权申请社会化利用；促进公益性开发，合理定价	N/A	N/A	【社会化利用】应鼓励社会力量进入增值开发利用，鼓励投资 【市场】积极发展信息资源市场，发挥市场基础性作用 【产业】促进信息资源产业快速发展	N/A
公共价值（6.25%）	N/A	【公共服务】从市场获取高质量、低成本的信息产品和服务	【公共服务】向企业、公众、公益机构主动积极提供公益性信息服务	N/A	N/A
外部环境（37.50%）	【组织实施】围绕信息资源管理，强调加强领导，理顺管理体制；统一协调机制；健全资源、服务、技术相关标准；信息公开制度、考核制度、社会评议制度、追责制度 【相关权利保护】依法保护信息资源产品的知识产权；加强个人隐私的电子信息保护	【组织实施】对政府信息发布保密审查机制进行规范，由检察机关和上级行政机关负责监督和责令改正；情节严重的，依法予以处分	【组织实施】抓紧制定完善政府公开工作的考核办法	N/A	【组织实施】要建立社会评议制度，纳入政风行风考评范围

(1) 基本分布：政策工具的数量分布以命令型占绝对优势(50%)，其次是能力建设型，占21.9%，激励型和劝导型工具位居第三(各占12.5%)，学习型工具最低，仅占3.1%。政策工具作用于政府数据开放生态的具体环节，分布为“开放数据”和“外部环境”，比重各占37.5%，其次是“利用数据”，为18.75%，“公共价值”方面政策工具使用最少，仅占6.25%。其中，命令型、激励型、能力建设型作用的重点环节是开放数据和外部环境，体现了该阶段国家层面的信息公开和信息资源开发利用在内部制度建设、基础设施建设、组织实施保障和相关权利保护方面的重视程度，而对于社会化利用仅使用了命令型和劝导型工具，表现出开放利用的较强意愿，但与之相匹配的实质性政策措施尚未出台。

(2) 命令型工具(50%)是国家在准备阶段最常使用的政策工具(详见附录6)，运用数量多但类型单一，主要是指导指示和工作制度(权威)工具。指导指示工具用以传达国家对信息资源开发利用和信息公开的重视程度和迫切需求，政策中以“要求”“加强”“促进”“制定”的字眼引出，重点作用于政府数据开放生态系统中的开放、利用、外部环境3个环节，如在政务信息资源管理中，要求“制定分类分级管理办法”，对信息采集“作出合理规划”，信息共享要“完善信息共享制度、制定共享标准规范和技术标准”，信息发布的前提是“建立政府信息公开制度”，此外，为促进社会化利用要求“制定措施和管理办法授权申请者按规范开发利用信息资源”。工作制度(权威)工具用以赋予权威和规制领导层行为促使其达成政策目标，如“各级党委和政府要加强领导，理顺信息资源管理体制”，明确信息共享工作由“一把手”领导和负责。此外，“权力下放”工具在信息公开条例中有所体现，明确将信息公开工作分配至“县级以上地方政府办公厅(室)或其确定的其他主管部门”，赋予地方政府一定的自主权，也为今后的数据开放工作提供了重要参考。

(3) 能力建设型工具(21.9%)是准备阶段国家政府较为重视的政策工具，通过信息支持、科技支持、工作制度(组织)、公共服务、考核监督等作用于信息服务提供方和信息资源使用方，即政府部门工作人员、公益机构以及公众和企业，增强其信息资源服务能力和使用能力。如对政府部门，要求主动向公益机构、企业、公众提供公益性信息资源和信息服务，完善公开目录和查询功能，通过制定政府公开工作考核办法监督和完善服务工作。

(4) 激励型工具(12.5%)以政府采购与外包、资金投入、处罚处分整改、政策试点等一一对应作用于公共服务、基础设施建设、组织实施保障和数据共享等具体环节。准备阶段适逢各领域信息化建设阶段,政府部门在政务信息资源建设、采集更新、运维、保存和利用方面增加"资金投入",同时引入企业、第三方机构以及其他社会力量的支持,通过"采购与外包"从市场上购买高质量、低成本的信息产品和服务。

(5) 劝导型工具(12.5%)在准备阶段以鼓励号召"利用数据"为主,作用于企业、公众和市场,表现为鼓励社会力量进行信息资源的增值开发利用,鼓励企业、公众的投资,发挥市场调节信息资源配置的作用、促进信息资源产业发展等。可见,准备阶段国家层面已经意识到信息资源具备潜在的经济和社会价值,但以何种制度模式、合作关系、规范标准来促进信息资源的社会化利用,仍在审慎探讨中。

(6) 准备阶段的政府数据开放生态环节中,国家层面的建设重点是信息资源管理、信息资源共享、信息基础建设以及组织实施保障,表现为近80%的政策工具集中运用在开放数据和外部环境两大环节。命令型、激励型、能力建设型在这两个环节的分布保持平衡,主要服务于数据资源管理和工作人员能力培养。此外,学习型工具数量和种类最少,仅"公众参与"作用于组织实施保障环节,通过将信息公开的公众评议纳入政府部门政风行风考评发挥作用。

二、准备阶段地方层面的政策工具运用二维分析

准备阶段,地方政府(省级、副省级/地级,以下简称A类、B类)与政府数据开放相关的政策文件,主要分布在政府网站建设、信息公开、"十一五"和"十二五"信息化、信息资源共享、数字城市等主题的政策文件中,其中,政策引用最多的国家政策是《政府信息公开条例》(以下简称《条例》)。该阶段,我国绝大多数地方政府以信息公开平台的"数据"频道或"数据开放"栏目为载体,以统计数据、信息或图表形式,向公众提供查询和下载,仅上海、北京、湛江等极

少数城市上线了政府数据开放平台。这证明了我国地方政府数据开放确实存在从信息公开向数据开放过渡的阶段。

从本研究采集准备阶段的A类25个政府共78项政策看，地方层面的政策颁布主体以政府办公厅、经信委、发改委为主，平均效力等级2.7，以办法、管理办法、发展规划居多，其次是实施意见、工作计划和通知，标准差为0.97，等级差异性较国家政策明显；相比同期采集的B类城市35个，共75项政策，平均效力等级2.9，以规定、发展规划居多，其次是管理办法、实施意见和通知，标准差为1.08。可见，准备阶段政府数据开放相关政策内容出现在管理办法、实施意见和计划规划为主要形式的政策文件中，B类城市在政府信息资源开放利用方面的政策力度略高于A类城市，如珠海、青岛、南京、成都、杭州、大连、宁波、贵阳、广州等城市分别出台了信息化建设管理、政府信息公开、政府信息共享管理等方面的规定，先行于大多数A类城市，而其他城市则以效力等级较低的通知类政策传达国家政策指示。

从政策工具的分布比例来看（见图3-2），地方政府（A类、B类）呈现以下特点：

(1) 与国家层面的"命令型＞能力建设型＞激励型＝劝导型＞学习型"政策工具类型排序接近，命令型工具占比均超过1/3，激励型工具超过12%，劝导型和学习型工具，地方政府层面与国家相比占比更少，合计不超过10%和5%。工具结构分布的相似性原因为：该阶段，信息化发展刚刚起步，作为信息的主要甚至唯一提供者，处于单一制行政结构体系下，地方政府最可行和最受权威认可的做法是按照国家政策的要求，完成自上而下的工作任务，命令型工具符合以上条件并适用于各级政府，因此在准备阶段占比较大。

(2) 能力建设型工具运用比例高于国家层面，与命令型相当。分析原因为：信息公开和信息资源开发利用已通过国家"权力下放"工具确定由县级以上政府部门负责，开展相应工作需要信息、人才、科技等方面的支持，并且配套的工作制度、考核监督也待建立。相比命令型工具需要效力等级较高的规定、规划、意见、办法等来颁布实施，能力建设型工具的"效力等级可适当放宽、灵活性更强，以工作方案、行动计划等形式推进亦可"等特点使其更适合地方政

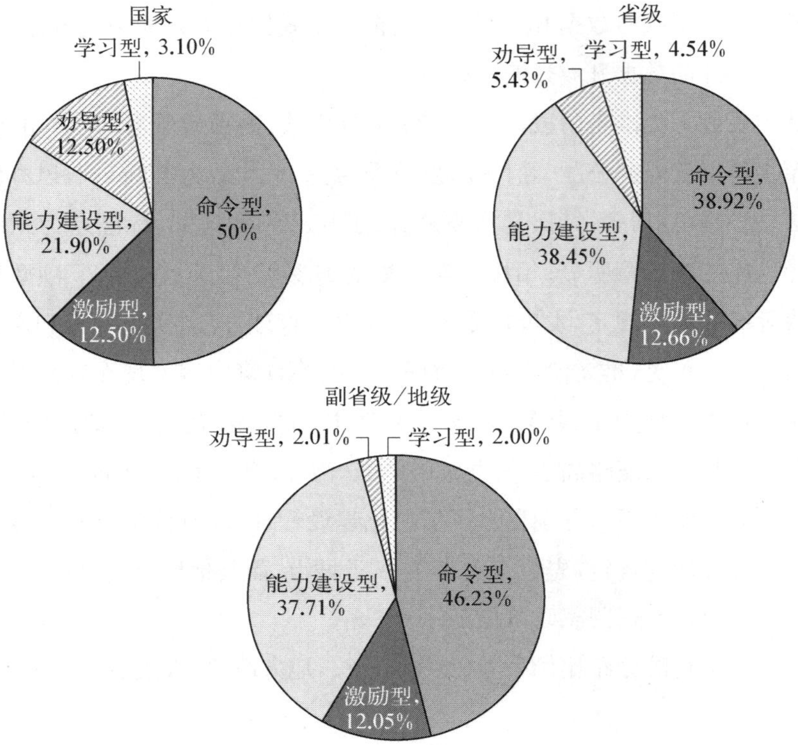

图 3-2　准备阶段国家与地方政策工具类型分布的比较

府在准备阶段运用。

（3）激励型工具运用比例，国家和地方保持高度一致，表现为国家提出“创建政务信息共享国家示范省市”以及“增加资金投入保障信息资源全生命周期管理”政策内容，地方政府予以落实执行。

（4）劝导型和学习型工具的运用比例，地方明显少于国家，B类少于A类，呈现出随行政级别的降低而递减的特点。劝导型工具分别运用在鼓励信息公开和信息资源向事业单位、公益机构推广，以及政务信息资源的社会化利用，前两者集中由信息化发展较晚的地区提出，如新疆、云南等地区，后者由浙江、江苏、福建、青岛、宁波等信息化发展较快地区提出。劝导型和学习型工具相比其他三类政策工具，是更接近数据文化和意识培养的工具，执行效果短期不易察觉，但一般作用于非特定对象，长期影响力较大。

三、准备阶段国家和地方政府政策工具运用的差异

从准备阶段政策工具作用的政府数据开放生态系统环节看(见图 3－3),国家、地方政府(A 类、B 类)之间存在差异:

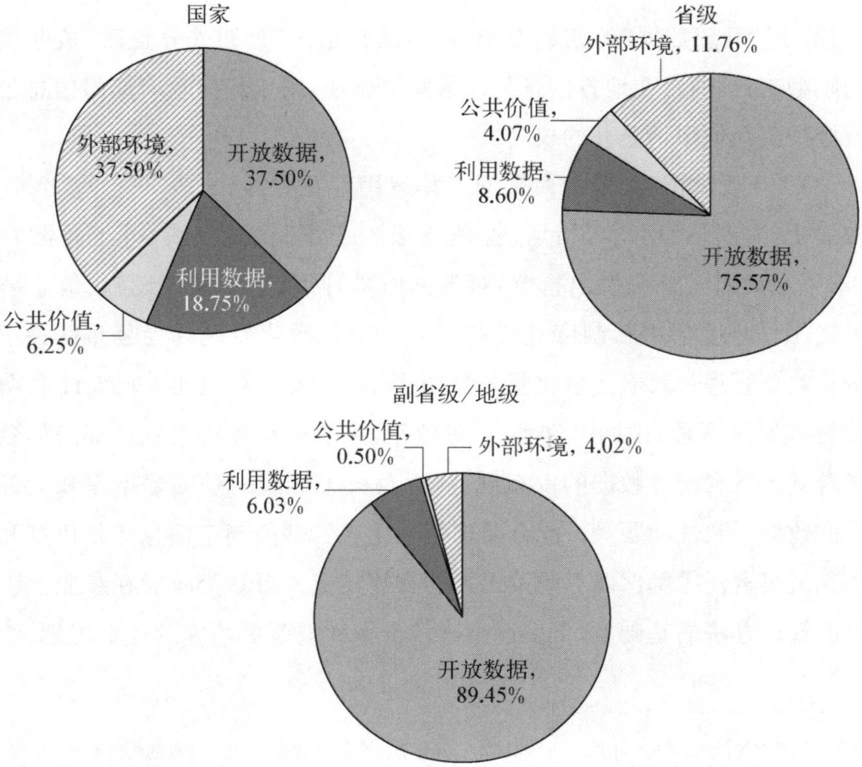

图 3－3　准备阶段国家与地方政策工具作用环节分布的比较

(1) 随着行政等级的递减,作用于"开放数据"这一基础环节的政策工具数量增多。该规律可解释为:第一,政府数据开放与当地电子政务发展水平、政务服务信息基础设施等密切相关,行政等级越高的政府部门越具有基础条件上的优势,相反,基层政府需要运用更多的政策工具作用于基础建设环节;第二,地方政府具有一定的自主权,小范围的政策工具运用灵活度高、试错成

本低，可供选择的政策工具类型更丰富（但不等同于政策效力水平越高，政策执行效果越好）；第三，上级政府部门的政策工具传递也成为本级政府政策工具运用的增量，比如国家对地方的试点、省级对辖区地级市和部门的试点等，本级政府出台配套政策予以支持。综上，准备阶段国家政府在“开放数据”和“外部环境”两方面运用了数量相当的政策工具，但到地方政府层面，政策工具优先运用于“开放数据”环节，集中了75%—90%的政策工具。

（2）对“开放数据”的信息发布环节，最常运用“处罚处分整改”负向给付的激励型工具，通常在地方信息公开条例中显现，用以督促政府部门信息公开以及维护公众依申请公开的权利。

（3）“开放数据”环节的命令型工具运用存在差异（见表3-4）：第一，A类政府更倾向于运用指导指示、管理办法和工作制度（权威）等工具配合使用，对下级政府及部门发出指令，对数据质量管理、数据基础设施、信息公开等做出工作规范要求和制度建设指示。如省级政府及统计局公布的关于政务信息共享管理和政府信息化服务管理（北京①、福建②、江苏③）、统计数据资源整合和质量管理（山西④、浙江⑤）等政策，主要针对和解决统计部门的数据质量及其评估和统计数据的发布规范，以及机关部门的基础数据库和业务数据库的数据一致性问题等。配合要求信息化主管部门制定信息更新机制和明确信息采集责任等确保以上政策工具的有效实施。而B类政府在参照上级A类政府管理办法的基础上，更多运用操作步骤和规范更明确的计划规划、法规

---

① 北京市统计局：《北京市统计局印发〈关于整合统计数据资源加强信息共享的实施意见〉等三个配套文件的通知》，转引自北大法宝数据库官网 https://pkulaw. com/lar/a11e464b652ec7cd605b8595af3fd3f3bdfb.html，2007年7月24日。

② 福建省统计局办公室：《福建省统计局办公室关于印发政务信息资源目录管理制度和目录系统管理人员名单的通知单位目录管理制度建设与确定管理员的通知》，转引自北大法宝数据库官网 https://pkulaw.com/lar/bba269509a9ac0f0183b8cddb89555e0bdfb.html，2012年11月12日。

③ 江苏省政府：《江苏省政府信息化服务管理办法》，转引自北大法宝数据库官网 https://pkulaw.com/lar/fefcdf93a2b757eee006f574b7c11730bdfb.html，2012年12月1日。

④ 山西省政府：《山西省人民政府办公厅关于转发省统计局〈山西省统计数据质量控制办法〉（试行）的通知》，转引自北大法宝数据库官网 https://pkulaw.com/lar/53a534576f44dcaad05db88ba9be6df3bdfb.html，2007年1月1日。

⑤ 浙江省政府：《浙江省地理空间数据交换和共享管理办法》，转引自北大法宝数据库官网 https://pkulaw.com/lar/fa89d7f7759299fa02d2379615932a2bbdfb.html，2010年5月4日。

标准等政策工具来指导实际工作，对政务信息报送的质量①（如佳木斯）和统计数据质量②（如杭州）进行规范。第二，数据共享和数据安全方面，A类政府倾向于体系建设和管理办法工具运用，服务于建成全省统一规划的政府信息共享交换体系和网站信息安全体系的目标，B类政府则倾向于管理办法和工作制度（权威）工具的运用，如要求“信息化主管部门负责组织、指导和协调全市政府信息资源共享办法，制定共享目录和共享交换体系”、“信息中心负责为信息共享提供技术支撑和日常工作维护”，并且“由信息化行政主管部门会同质量技术监督部门定期对共享工作进行检查评估”。表明，相对于“开放数据”其他环节，数据共享和数据安全是各级部门最为重视的环节，并且注重工具的权威性和系统性。

表3-4　　　　A类B类政府命令型工具环节分布比较

	指导指示		体系建设		计划规划		管理办法		工作制度（权威）		法规标准		部门设置	
级　别	A	B	A	B	A	B	A	B	A	B	A	B	A	B
数据质量管理	●						○	○	●			●		
数据基础设施	●	○			○	●	○	●	○			●		
信息发布	●	○			●		○	○	●	○	○	●	○	
数据共享	○	●	●	○		○	●	○		●		●		
数据安全		●	●	○		○			●	○				

注：●代表同种政策工具，运用数量较多的一方，通常超过5个（含5个），○代表同种政策工具，运用数量较少的一方，通常不足5个。

（4）能力建设型工具，A类（38.45%）与B类（37.71%）整体分布相似，A类政府更倾向于在开放、利用、外部环境环节运用人才支持、科技支持和公共

① 佳木斯市政府：《佳木斯市人民政府办公室关于印发佳木斯市政务信息报送质量管理办法的通知》，转引自北大法宝数据库官网 https://pkulaw.com/lar/bee2e0aba5b7a3c28e4b42eb33e2fa8fbdfb.html，2009年2月11日。

② 杭州市政府：《杭州市关于进一步加强统计基础建设提高统计数据质量的意见》，转引自北大法宝数据库官网 https://pkulaw.com/lar/578ddfcc003f2b2f9b20b47537719221bdfb.html，2003年4月4日。

服务工具，前两者作用对象为政府部门工作人员，公共服务对象为普通民众；B类城市则偏向于运用考核监督工具，督促信息公开和信息内部共享。表现为：A类政府在信息发布工作人员培训、电子政务和信息人才培育方面，强调通过“从大专院校引进高素质信息人才”“加强对现有信息人员的培训”“发挥信息化培训机构作用”等人才支持工具增强业务能力水平；在数据共享方面运用科技支持工具，要求“信息发布单位应对共享信息提供必要的技术支持，不得设置技术障碍或获取额外收益”以及“建设集中的政务信息资源数据中心”为门户网站和政府应用系统提供共享服务；在社会化利用方面，A类政府更早在政府网站建设和管理工作中提及“开发利用教育、科技、文化、卫生、社会保障、公共事业等公益性信息资源，提供便民服务”的工作任务[①]（福建，2007），该阶段由于数据用户还在成长中，政府部门的服务内容也起到一定的数据资源开放利用教育普及作用。B类部分城市同样运用了以上政策工具，但整体更偏向运用考核监督工具保障“公开”和“共享”环节，如信息开放的考核监督工具主要以“定期不定期”的工作考核和配合上级部门的检查和查处整改为主，并且引入社会化监督机制，设立信息公开投诉信箱或意见箱，对“信息资源共享”除了量化指标考核外，还利用电子监察系统对共享全过程实施监督。

（5）劝导型工具和学习型工具运用均单一而匮乏（见表3-5）。主要运用宣传推广、鼓励号召，以及公众参与、多元化参与工具。劝导型工具A类城市一方面强调信息公开工作的宣传，通过宣传典型经验、工作成效，利用媒体报道以及公共场所的咨询台、宣传栏、公告牌、电子大屏幕等基础设施，“向公民、法人和其他机构宣传政府信息公开的成效”，另一方面将文化企事业单位纳入信息共享和信息服务的行列，运用鼓励号召工具提出“政务部门、企业和各种社会团体加强公益性信息资源的开发……促进利用和共享”的要求[②]（河北，

① 福建省政府：《福建省人民政府办公厅关于加强政府网站建设和管理工作的若干意见》，转引自北大法宝数据库官网 https://pkulaw.com/lar/9a8d475fc45d61db2e9bea0e8d868c5abdfb.html，2007年2月1日。

② 河北省政府：《河北省人民政府关于印发〈河北省国民经济和社会发展信息化“十一五”规划〉的通知》，转引自北大法宝数据库官网 https://pkulaw.com/lar/a74559a780a16f2fedb28276a73c2f75bdfb.html，2006年6月5日。

表 3-5　　准备阶段省级和副省级/地级政府的政策工具运用在政府数据开放生态各环节的分布情况

工具类型	命令型		激励型		能力建设型		劝导型		学习型		总计(%)	
级　别	A	B	A	B	A	B	A	B	A	B	A	B
类型比例	38.92%	46.23%	12.66%	12.05%	38.45%	37.71%	5.43%	2.01%	4.54%	2.00%	100	100
开放数据	69 79.30%	86 93.49%	16 59.26%	18 75.00%	67 78.82%	71 94.67%	6 50.00%		9 90.00%	3 75.00%	75.57	89.45
利用数据	4 4.60%	5 5.43%	2 7.41%	1 4.17%	10 11.76%	1 1.33%	3 25.00%	4 100.00%		1 25.00%	8.60	6.03
公共价值	7 8.05%	1 1.08%	1 3.70%		1 1.18%						4.07	0.50
外部环境	7 8.05%		8 29.63%	5 20.83%	7 8.24%	3 4.00%	3 25.00%		1 10.00%		11.76	4.02

注：从“开放数据”开始的最后四行，每个百分比之上的数据表示该类型政策工具的运用数量；A级为省级政府，B级为副省级和地级政府。详见附录6。

2006)。B类政府运用鼓励号召工具则集中运用在“数据利用”的社会化利用环节,鼓励“社会力量开发信息资源”“参与公共信息资源库的增值开发”“参与探索信息资源产业发展模式”等。学习型工具重点运用在“数据开放”环节,表现为在信息发布、质量管理环节引入公众参与机制,如信息公开工作的投诉建议和反馈机制、信息公开促进公众参与决策和民主监督的渠道、公众反映的数据不一致情况下的纠错程序、重大投诉举报事项处理结果的社会公示等,是各级政府在准备阶段最常使用的政策工具,但更多体现了以政府部门工作职能为中心,而非用户需求为中心的信息服务理念。

四、准备阶段政府数据开放的政策工具偏好和薄弱环节

政府数据开放的准备阶段也是电子政务和社会各领域信息化建设的重要阶段,该阶段我国从中央到地方在基础设施建设、数据共享、信息发布、数据质量、数据安全方面奠定了基础,形成了一系列政策工具运用偏好。

(1) 基础设施建设的“硬件”准备。围绕电子政务建设和政府网站建设展开,为促进内部信息资源共享提高决策水平和服务质量、鼓励社会力量利用信息资源挖掘社会经济价值提供资源平台。国家层面综合利用“指导指示、工作制度(权威)”的命令型工具和“资金投入”的激励型工具保障信息资源在“各级政府部门的管理、更新、维护、保存和利用”。地方层面以运用计划规划、管理办法、法规标准等命令型工具为主落实基础建设工作,从“办公自动化(OA)、业务系统信息化、政府服务网站、基础信息数据库、政务公共信息数据资源中心”等方面入手,覆盖面“从市级向辖市(区)、街道(乡镇)和社区延伸”。有学者调查表明,该阶段为了最大限度共享政府信息资源、挖掘其社会经济价值,各级政府掌握了3 000多个政府信息数据库①,为“开放”和“利用”储备了丰富的资源。

(2) 信息共享的意识形成和制度准备。加强“一把手”对信息共享的领导,共享标准规范和技术规范、信息资源目录体系、共享交换体系、安全责任体

① 查先进:《信息政策与法规》,科学出版社2004年版,第233页。

系等规范体系有待建立，国家运用指导指示的命令型工具，要求各级政务部门“加强领导、确定责任单位、形成长效机制”，同时配合运用“创建政务信息共享国家示范省市”的政策试点工具和“在信息共享工程项目中落实管理、查询、访问等技术支持条件”的能力建设型工具，确保各级政府部门按中央指示完成信息共享工作。地方层面则出台信息资源共享的管理办法，除了同样运用指导指示命令工具传达上级精神外，重点运用工作制度（权威和组织）工具，对信息共享工作涉及的领导部门组织和协调、信息化主管部门制定办法和标准、信息中心支撑维护、监督部门检查评估等工作进行制度规范。

（3）信息发布的工作制度和考评机制基本形成。政府部门的信息发布主要由政府信息公开条例和政府网站管理办法加以规范，从国家到地方普遍运用指导指示、工作制度（权威）、法规标准的命令型工具，以及考核监督的能力建设型工具。“谁主管、谁公开、谁负责”的原则、“明确专门工作机构和人员”“建立监督保障机制”“政府信息公开联席会议制度”和“建立健全政府信息公开工作考核”等，是省级及以上政府部门提出的对本级政务部门信息公开工作的具体要求和对下级政务部门工作的指导意见，同时赋予下级政府部门一定的自主权，提出“县级以上人民政府办公厅（室）负责推进、指导、协调、监督本行政区域的政府信息公开工作”。学习型工具运用单一匮乏，但公众参与工具几乎均与能力建设型工具配合运用，如在信息公开的工作考评机制中引入公众参与元素，将回复信息的时效性、及时性、完整性、满意度等融入考评体系，并纳入本级政府的政风行风考核体系中。B类政府主要运用法规标准的命令型工具。表现为以地方法规或政府规章的形式推进信息公开工作的实施，如宁波①、南京②、杭州③、贵阳④、大连⑤、

① 宁波市人大（含常委会）：《宁波市信息化条例》，转引自北大法宝数据库官网 https://pkulaw.com/lar/5b6cf61f91bb529f7a52e9867737c6a6bdfb.html，2007 年 4 月 17 日。

② 南京市政府：《南京市政府信息公开规定》，转引自北大法宝数据库官网 https://pkulaw.com/lar/b230e97a1af749e5cbd59ce2415124fabdfb.html，2007 年 11 月 22 日。

③ 杭州市政府：《杭州市政府信息公开规定（2008 修订）》，转引自北大法宝数据库官网 https://pkulaw.com/lar/b4f7219739dadd6b020467e2fb828a1abdfb.html，2008 年 8 月 7 日。

④ 贵阳市政府：《贵阳市政府信息公开规定》，转引自北大法宝数据库官网 https://pkulaw.com/lar/a4ea45838560818f0192b7eabe6919b1bdfb.html，2011 年 4 月 23 日。

⑤ 大连市政府：《大连市关于政府信息依申请公开的规定》，转引自北大法宝数据库官网 https://pkulaw.com/lar/6eaff1014c05dfde8bc42f147307ce49bdfb.html，2008 年 10 月 19 日。

成都[①]等城市出台了政府信息公开规定，在公开范围、申请流程和权利救济等方面进行规范；此外，部分城市对依申请公开单独出台办法和规定，如潍坊[②]、徐州[③]、兰州[④]、大连[⑤]等，体现了“分类分级”管理的意识，也为今后各个城市在数据开放分级分类管理方面进行制度创新埋下伏笔。

（4）信息资源对外提供“开发利用”的意愿强烈。从2004年中央提出信息资源开发利用的指导意见开始，各级政府在“社会化利用”环节多数运用了鼓励号召的劝导型工具，鼓励个人、企业、社会力量投资和进入信息资源“增值开发和利用”领域，尤其是对“公益性信息资源的开发”，鼓励“授权申请社会化利用”“引入市场机制”“合理定价”，进而“推进信息资源产业发展”。

以上可见，准备阶段已经在基础设施建设、信息共享、信息公开、开发利用方面较多运用了命令型、能力建设型工具，以及针对性的激励型工具和少量劝导型、学习型政策工具。但结合政策工具分析和同期文献研究的结果，发现准备阶段的薄弱环节：

（1）数据基础设施建设始于各级政府自建的电子政务系统，资金投入的激励型工具和技术支持的能力建设型工具在此阶段运用取得成效，政府信息化建设和三金工程阶段性成果[⑥]，一方面为未来数据开放奠定丰富的信息资源基础，另一方面由于缺乏统一规划、没有“数据采集、加工、存储、分析、共享和开放等的统一标准”、互联网技术尚未成熟，信息资源并未“激活”，各级政府和部门之间“孤岛”林立。虽然已有提供“信息资源开发利用”的意愿，但服务于

---

① 成都市政府：《成都市政府信息公开规定（2008）》，转引自北大法宝数据库官网 https://pkulaw.com/lar/7f1a57b4270c188e23e693e40f671b37bdfb.html，2008年6月25日。

② 潍坊市政府：《潍坊市人民政府办公室关于印发潍坊市政府信息公开发布前审查实施暂行办法、潍坊市依申请公开政府信息实施暂行办法、潍坊市违反政府信息公开规定责任追究实施暂行办法、潍坊市政府信息公开工作考核暂行办法等四个暂行办法的通知》，转引自北大法宝数据库官网 https://pkulaw.com/lar/f8b3c84937815245a8c7c318c764bfbebdfb.html，2009年12月9日。

③ 徐州市政府：《徐州市依申请公开政府信息工作办法（试行）》，转引自北大法宝数据库官网 https://pkulaw.com/lar/06d3dbc1d69ed654aee55f8f82957ce5bdfb.html，2008年11月3日。

④ 兰州市政府：《兰州市人民政府办公厅关于贯彻落实国办和省政府办公厅关于做好政府信息依申请公开有关工作的实施意见》，转引自北大法宝数据库官网 https://pkulaw. com/lar/c15be1f4b77a3230c7b019869639ff9bbdfb.html，2010年3月9日。

⑤ 大连市政府：《大连市关于政府信息依申请公开的规定》，转引自北大法宝数据库官网 https://pkulaw.com/lar/6eaff1014c05dfde8bc42f147307ce49bdfb.html，2008年10月19日。

⑥ 吴昊：《大数据时代中国政府信息共享机制研究》，吉林大学硕士学位论文，2017年。

开发利用的硬件条件尚未成熟，部门间的信息资源共享存在阻碍。

（2）信息公开并不完全等同于数据开放：信息开放平台由上级政府统一风格，合力打造透明政府形象，满足公众知情权和单向信息需求，成为数据开放平台建设的参考；同时设立政府信息公开和资源管理机构[①]、确立首席信息官制度、定期汇报和考核的评估机制、公众参与的监督机制等工作制度（权威）/（组织）工具运用较多，也为数据开放提供参考。但信息公开专栏式的信息数据公开由于缺乏对数据质量、数据格式、获取方式等的技术支持和统一标准规范，与可机读的开放数据还有较大差距。

（3）相关权利保护的法律法规滞后。2004 年信息资源开放利用提出“加大政务信息资源等开发利用”、2008 年《中华人民共和国政府信息公开条例》实施对“信息公开的范围、方式和程序”做了规定、2013 年的信息公开重点工作安排明确了“9 个重点领域的信息公开”，这些文件成为地方政府数据开放实践的政策依据，但非政府数据开放专门性政策。而地方政府数据开放平台在 2012 年已经开始陆续上线运行，通过地方性工作文件建立工作制度和规范，但仍需参考上位法如信息公开条例等相关政策对开放原则、范围等进行规范，尤其关于数据权属、数据隐私、数据安全、数据流通、隐私保护等概念和范围亟待明确和规范。

（4）公众参与和多元化合作的数字文化尚未形成。虽然中国早在 2004 年就提出了在信息资源增值开发利用方面鼓励社会力量的参与，也从 2008 年实施信息公开条例后，各地陆续开展信息公开服务的宣传推广和在公共场所提供信息获取渠道，但民间机构、公众开放参与的意识仍然薄弱，大多数还是行政机关担任开放主体[②]。这与（2）和（3）有一定关系，如符合开放利用标准的信息资源和开放数据供给不足和专门立法尚未出台，地方政府缺乏动力开展实质性的促进数据开放利用推广活动。

以上问题为地方政府数据开放的进一步发展埋下了隐患，也成为下一阶段政府数据开放的背景和基础。

---

① 魏吉华、王新才：《我国政府信息资源开发利用策略探讨》，《电子政务》2007 年增刊第 1 期。

② 马丽杰、马海群：《基于 PEST 分析的发达国家开放政府数据政策特点及启示》，《图书馆理论与实践》2018 年第 5 期。

第三节 国家战略引导下的政府数据开放探索阶段(2013 年上半年至 2016 年初)

一、探索阶段国家层面的政策工具运用二维分析

中国政府数据开放探索阶段始于信息技术推动信息服务产业发展，人们消费需求和消费结构转变的重要时期，2013 年，国务院首先出台《关于促进信息消费扩大内需的若干意见》，明确“市场导向、改革发展。加快政府职能转变和管理创新……促进信息资源开放共享和企业公平竞争……在社会管理和公共服务领域积极引入市场机制”等原则，释放政府信息资源市场化开放利用和服务产业发展的信号，而后相继出台云计算、大数据、“互联网＋”等产业发展政策，并将大数据发展上升为国家战略，正式开启政府信息资源(政府开放数据的前身)促进和服务产业发展的探索阶段。该阶段，国家政府或联合部委先后出台了 10 项政策文件(见表 3-6)与政府数据开放共享相关，以国务院出台的指导意见和行动规划，以及工信部、发改委出台的通知为主，效力等级较第一阶段平均力度低为 2.4，标准差 0.92，政策力度的差异性较大。7 项政策文件为国务院规范性文件，3 项为部门规范性文件和工作文件。

表 3-6 2013 年上半年至 2016 年初政府数据开放领域相关的国家政策列表

发布日期	标　　题	政策力度
2013 年 8 月 8 日	《国务院关于促进信息消费扩大内需的若干意见》(国发〔2013〕32 号)	3
2013 年 10 月 9 日	《工业和信息化部办公厅关于征选信息消费试点市(县、区)的通知》(工信厅信函〔2013〕701 号)	1
2014 年 11 月 26 日	《国务院办公厅关于促进电子政务协调发展的指导意见》(国办发〔2014〕66 号)	3

续　表

发布日期	标　　题	政策力度
2015年1月6日	《国务院关于促进云计算创新发展培育信息产业新业态的意见》(国发〔2015〕5号)	3
2015年6月24日	《国务院办公厅关于运用大数据加强对市场主体服务和监管的若干意见》(国办发〔2015〕51号)	3
2015年7月1日	《国务院关于积极推进"互联网+"行动的指导意见》(国发〔2015〕40号)	3
2015年8月31日	《国务院关于印发促进大数据发展行动纲要的通知》(国发〔2015〕50号)	3
2015年12月17日	《国务院办公厅关于印发国家标准化体系建设发展规划(2016—2020年)的通知》(国办发〔2015〕89号)	3
2016年1月7日	《国家发展改革委办公厅关于组织实施促进大数据发展重大工程的通知》(发改办高技〔2016〕42号)	1
2016年1月25日	《工业和信息化部规划司关于征集促进大数据发展重大工程项目的通知》	1
合　　计	10项	平均2.4

探索阶段的国家政策主题包括：信息消费、电子政务、大数据应用与工程，大数据、云计算、"互联网+"国家战略规划、国家标准化体系建设等，将该阶段的10项政策、25个政策工具单元，归入本书政府数据开放生态系统的政策工具分析列表中(见表3-7)，政策工具运用情况如下：

(1) 基本分布：相比第一阶段，国家层面的政策工具数量分布由命令型工具(50%)占绝对优势，转变为命令型工具(36%，↓14%)、激励型工具(24%，↑12%)、能力建设型工具(20%，持平)、劝导型工具(12%，持平)、学习型工具(8%，↑5%)，工具类型的分布比第一阶段更趋均衡，与新增了关于市场、产业发展的政策工具有关；政策工具作用于政府数据开放生态的具体环节分布为："开放数据"和"利用数据"比重各占48%和40%，较第一阶段各占37.5%略有增加，与第二阶段新增网络信息安全、数据安全环节相关的政策工具有关；"外部环境"的比重仅占4%，相比第一阶段37.5%有明显下降，与组织实施保障的工作制度以及相关权利保护的法律法规建设周期长、稳定性和依赖性强有关，因此，第二阶段新增政策工具种类较为有限，数量明显下降；“公共价值”占比8%，较第一阶段的6.25%略有上升，与大数据在社会治理和城市管理方面的应用得到政策支持有关。

(2) 命令型工具(36%)仍是国家最常使用的政策工具，与第一阶段相比，在指导指示、工作制度(权威)工具的基础上，新增加了体系建设工具。工具作用于政府数据开放生态系统的环节略有不同，第一阶段较为平均地分布在开放、利用和环境方面，第二阶段则集中作用于“开放”环节，“共享”和“安全”尤为重视，对数据共享提出“促进可开放的信息资源分别在政务内网、外网平台普遍共享”“信息系统实现互联互通和交换共享”，要求“制定政府数据资源共享管理办法”，促进公共数据资源的整合和共享。另外，对信息资源管理提出“建立公共机构数据资源清单、制定共享标准和开放计划”的要求。在网络安全方面，分别运用了工作制度(权威)和体系建设工具，要求“建立网络安全信息共享机制”和“完善国家保密标准体系”。其次，对“利用”环节的产业孵化和市场培育做出了“指导指示”和“计划规划”，“支持公众和小微企业挖掘信息资源商业价值”，要求“建立市场化的数据应用机制，支持社会资本参与公共服务建设”。命令型工具在数据开放探索阶段的作用是对政府数据开放理念做出符合我国国情的诠释和明确阶段建设重点：探索阶段，我国的政府数据开放主体仍然是政府部门，实现数据开放的前提是对政府数据资源的梳理、分类、整合和内部共享，第一阶段遗留下的“数据共享开放缺乏统一标准”“相关权利保护的法律法规滞后”问题，在第二阶段予以改善。同时，相比第一阶段以劝导型工具“鼓励”发展数据产业和培育市场，第二阶段以命令型工具在“互联网+”和大数据行动计划的国家战略中提出，作用对象从政府部门转向全社会，作用范围更广、权威性更高。

(3) 激励型工具(24%)以政策试点为主，辅以示范评选和融资合作的政策工具，分别作用于公共服务、社会化利用、产业孵化等具体环节。政策试点包括“公共数据开放利用改革试点”，作用对象为政府部门，目的是通过开放利用试点“提升社会管理和公共服务能力”，开发利用大数据的政策试点和示范评选，作用对象是大数据企业和大数据工程项目，探索“政府与社会合作”，挖掘政府数据开放的公共价值，以及在大数据产业发展中引入社会投资，“鼓励多种融资组合”。探索阶段的激励型工具运用相比第一阶段的最大不同是：作用对象更加多元，从政府内部扩展至外部社会，从激励和维护内部工作运行转向促进企业、社会参与投资，建设数据开放资源和促进开放利用。

(4) 能力建设型工具(20%)相对集中于工作制度(组织)和研究探讨的运用，作用于数据共享、组织实施保障、数据资源管理和基础设施建设环节，尤其重视数据共享环节。工作制度(组织)工具对共享开放的政府部门做制度规范，提出“建立共享监督检查、考核通报、安全和保密审查”以及“完善公共数据共享开放制度，建立目录体系和开放清单计划”等要求。相比准备阶段新增的研究探讨工具，主要围绕“服务平台建设的政企合作模式”以及“数据开放共享标准化和数据生命周期各环节管理涉及的问题”进行探索和交流，作用对象包括政府部门、企事业单位、专家团体等。探索阶段的能力建设型工具与命令型工具形成呼应，重点突出“内部共享”和“外部多元化合作”的理念，与第一阶段相比，从通过考核监督来促进数据开放共享，向借助大数据专业人士和专家的力量来提升政府数据开放共享能力转变。这在同期的学习型工具中也有体现。

(5) 劝导型工具(12%)虽然仍以“鼓励号召”为主，但比第一阶段较为笼统地提及促进信息资源的增值利用开发、鼓励投资和促进产业发展不同，明确了“信用信息”垂直领域的开发利用和市场培育，提出“支持征信机构依法采集市场交易和社会交往中的信用信息”，同时为运用大数据加强市场监管提供了依据。

(6) 学习型工具(8%)较准备阶段新增了多元化参与和专家制度，并且主要作用于市场培育和产业孵化环节，强调“通过政府信息公开和数据开放，提高市场主体生产经营活动的透明度”，并将媒体、行业组织、消费者等利益相关主体纳入市场主体的监管行列，另外，“设立大数据专家咨询委员会”为大数据发展提供决策建议。与第一阶段的最大不同是：公众参与不再仅仅作为行政部门考核的反馈意见为提高服务能力和数据质量提供参考，而是更加直接的监督和参与到大数据应用领域，以及具有大数据专业能力的公众能够利用自身的专业参与到政府决策中。

(7) 探索阶段的政府数据开放生态环节中(见表3-7),国家层面的建设重点仍是“开放数据”环节,尤其重视数据共享和数据安全环节,同时增加了对“利用数据”环节的政策扶持,尤其是“信用信息开放利用”“大数据开放利用”和“信息资源商业价值开发促进互联网应用创新”方面的产业支持和市场环境培育,综合运用了指导指示、计划规划的命令型工具和融资合作的激励型工具,鼓励号召的劝导型工具以及多元化参与和专家制度的学习型工具,工具运用比例达到40%。另外,在公共价值环节运用了政策试点的激励型工具,对内进行“公共数据开放利用改革试点”,对外激励“提升社会治理和城市管理能力的大数据应用”。相比准备阶段,国家层面的政策工具作用对象由政府内部向外部社会延伸,类型由行政成本较高的命令型工具向资金成本较高的激励型工具倾斜。

表3-7 探索阶段国家层面基于政府数据开放生态系统的政策工具运用情况分析

主要方面	命令型工具(36%)	激励型工具(24%)	能力建设型工具(20%)	劝导型工具(12%)	学习型工具(8%)
开放数据(48%)	【共享】促进各地区各部门在国家政务内网、外网平台普遍共享;推进内部交换共享机制建设和系统互联互通;制定共享管理办法 【资源管理】资源清单、共享标准、开放计划 【安全】网络安全信息共享机制;国家保密标准体系建设 【基础设施】建立统一公共数据共享开放平台体系	N/A	【基础设施】整合政府公共服务云平台,开展公共服务需求分析,探索政企合作模式 【共享】建立信息共享监督检查、考核通报、安全和保密审查等制度 【资源管理】开展数据采集、分类、交换、访问、质量、开放、共享等标准的研究、制定、验证、推广	N/A	N/A

续　表

主要方面	命令型工具（36%）	激励型工具（24%）	能力建设型工具（20%）	劝导型工具（12%）	学习型工具（8%）
利用数据（40%）	【产业】支持小微企业挖掘信息资源商业价值，促进互联网应用创新	【社会化利用】政府和社会合作开发利用大数据试点；重点支持大数据示范应用，优先推进民生相关数据集向社会开放 【市场】健全市场发展机制，支持社会资本参与公共服务建设 【产业】鼓励多种融资组合推动大数据发展的社会投资	N/A	【市场】在社会信用信息利用方面，支持征信机构依法采集和利用；引导社会机构参与整合和开放数据	【市场】通过开放共享，提高市场主体生产经营活动的透明度 【产业】设立大数据专家委员会，提供决策咨询
公共价值（8%）	N/A	【公共服务】公共数据开放利用改革试点 【城市治理】征集大数据发展重大项目，包括提升社会治理和城市管理能力的大数据应用	N/A	N/A	N/A
外部环境（4%）	N/A		【组织实施】完善公共数据共享开放制度，建立评估、考核、安全审查制度，建立数据资源目录体系、开放清单和计划	N/A	N/A

二、探索阶段地方层面的政策工具运用二维分析

探索阶段，地方政府（A类和B类）与政府数据开放相关的政策文件，主要分布在促进信息消费、推进信息资源开放利用、政务数据资源共享开放、大数据应用及产业规划、“互联网＋”行动计划、云计算产业规划、城市信息化规划、政府信息公开等主题的政策文件中。其中，政策引用最多的国家政策是由国务院出台的一系列指导意见、规划纲要，包括《促进信息消费扩大内需的若干意见》（2013）、《促进大数据发展行动纲要》（2015）、《积极推进“互联网＋”行动的指导意见》（2015）、《促进云计算创新发展培育信息产业新业态的意见》（2015）、《加快推进“互联网＋政务服务”工作的指导意见》（2016），“互联网＋”、大数据、云计算等新兴信息技术在社会各领域蓬勃发展，一方面为政府信息公开、政府信息资源开放利用、数据开放等公共服务提供了新技术应用条件，另一方面高科技产业发展也向政府部门提出了数据开放的需求和挑战。

从本研究采集探索阶段的A类政府26个、119项政策看，地方层面的政策颁布主体以政府办公厅、经信委、发展改革委为主，食药监局、机关事务管理局也有少量相关文件，平均效力等级2.75，与第一阶段A类政府政策平均力度基本持平，以实施意见、方案、行动计划、规划纲要居多，其次是暂行办法和通知，标准差为0.79，等级差异性比本阶段国家政策差异性小；相比同期采集的B类城市42个、共128项政策看，平均效力等级2.7，以实施意见、实施方案、行动计划、通知居多，其次是发展规划、工作指南，标准差为0.98，等级差异性仍然比同期的A类城市差异性大，但比准备阶段的同级城市（1.08）差异性小。可见，探索阶段地方政府数据开放的政策类型以实施意见、实施方案、行动计划为主要形式，具有指导操作性的政策陆续出台，尤其地方政府开始运用公开“数据开放计划和清单”工具，以提高政府部门的开放能力并行使公众监督权。

政策工具的分布比例来看（见图3-4），地方政府与国家层面的“命令型＞激励型＞能力建设型＞劝导型＞学习型”政策工具类型排序略有不同，A类和B类地方政府政策工具类型排序及占比表现出高度相似性：一是命令型和能

力建设型工具占比相当，二是激励型工具，三是学习型工具、劝导型工具占比最少。相比第一阶段地方政府的政策工具类型分布，激励型工具和学习型工具均有所增加，分析原因为：(1) 与大数据开放利用相关的“专项资金”激励工具出现，用以保障大数据项目和数据共享开放项目的专款专用；(2) 促进产业发展和社会力量进入“大云智联”产业的政府采购外包、融资合作、资金投入等工具数量增多，并且新增运用了财税优惠、表彰奖励和优先项目等激励型工具种类；(3) 学习型工具的增加主要因为地方政府探索多元化参与、会议赛事、专家制度工具的新增运用，在数据开放和利用领域出现。

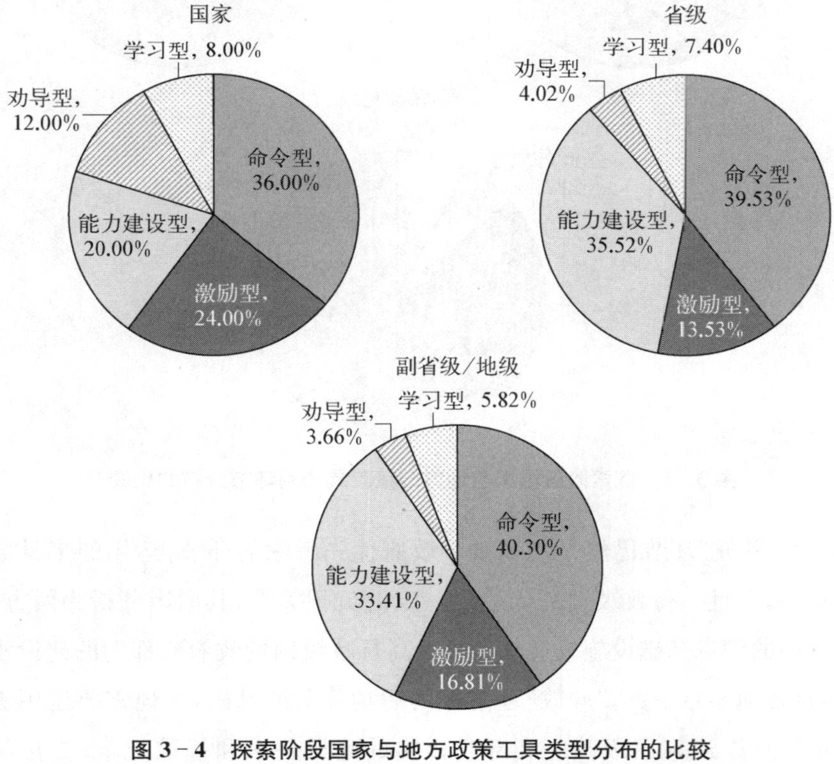

图 3-4　探索阶段国家与地方政策工具类型分布的比较

三、探索阶段国家和地方政府政策工具运用的差异

1. 从探索阶段政策工具作用的政府数据开放生态系统环节看(见图

3-5)，国家和地方之间的结构分布相比第一阶段更为趋同，其分布规律和原因分析为：

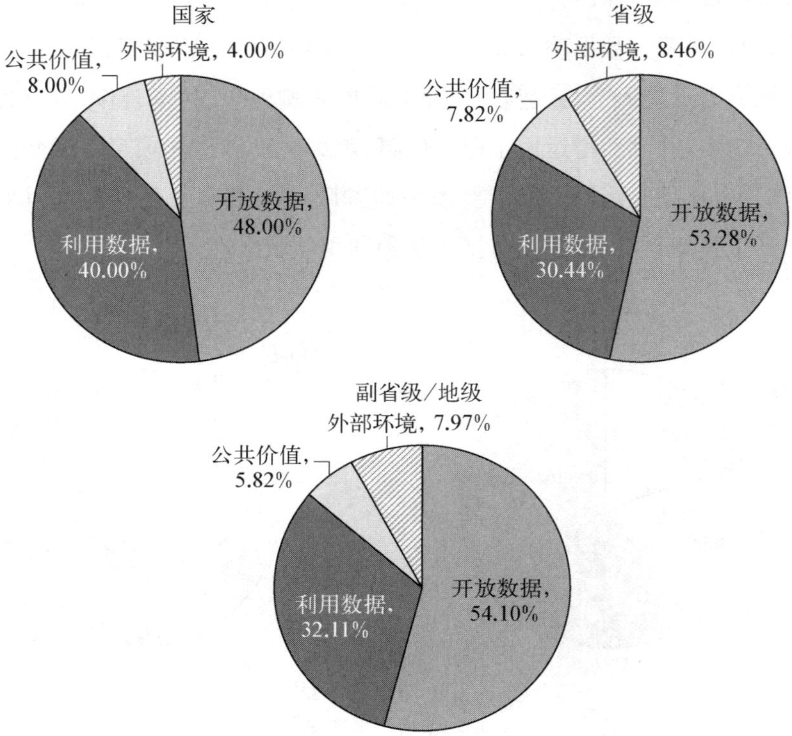

图3-5　探索阶段国家与地方政策工具作用环节分布的比较

(1)“开放”环节仍然是最基础和政府优先考虑的环节，运用的工具数量占比最高，并且与行政级别高低呈现一定的负相关性，其原因分析为两方面：一是基层的信息基础设施发展水平相对高行政级别的政府和部门的建设水平落后，且各地参差不齐，“开放”环节作为后续环节的基础，各地需要运用更多的政策工具以达到上级政府和部门提出的建设要求和标准规范；二是虽然2015年国家大数据行动纲要中提出在3年内建成国家级政府数据开放统一平台，但由于第一阶段的存量数据尚未梳理完毕，且分散于尚未互联互通的部门信息资源库中，而第二阶段随着互联网的发展政务数据日均增量成TB级增长，从国家层面建成数据开放平台难度较大、成本较高，因此，从地方政府数据的“开放”入手是更为基础且成本较低的实现方案。

(2)“利用数据”环节的工具运用各级政府均比第一阶段(18.75%、8.06%、6.03%)有明显增加,与国家大量出台大数据云计算互联网等战略性政策相关,同时期,大数据云计算产业集群和企业发展又对政府数据开放提出需求,产业和市场战略工具的运用大幅增加。

(3)“公共价值”环节的工具运用比第一阶段(6.25%、4.07%、0.50%)有所增加,与大数据云计算企业需要政府部门的配套服务,以及大数据行动计划要求政务大数据在民生领域、社会治理、公共服务领域的开放利用有关。

(4)“外部环境”环节,A类政府运用政策工具数量占比与第一阶段(37.5%、11.76%)相比减少,B类政府运用数量占比与第一阶段(4.02%)相比略有增加,因为该环节主要涉及保障组织实施的制度机制建设以及相关权利保护的法律法规建设,在较长时间内保持稳定,并且自上而下的传递具有时滞性,第一阶段国家和A类地方政府已经运用较多政策工具在外部环境保障环节,而B类地方政府较少,在第二阶段新增的政策工具国家层面就明显少于地方层面。这也从另一个角度证明,制度和法律规范建设存在滞后性的问题。

2. 政府数据开放政策工具运用,从国家到地方呈现出政策工具种类分布和环节分布的高度相似,A类和B类政府的政策工具运用差异性主要体现在作用于政府数据开放生态系统的环节等不同方面:

(1) 命令型工具中,地方政府(A类和B类)在“利用数据”环节新增加市场策略和产业策略工具种类,配合部门设置工具共同作用于政府部门、企业、园区等;A类城市的指导指示型工具新增作用于“社会化利用”环节,从第一阶段的劝导型工具上升为命令型工具;B类城市计划规划、管理办法、工作制度(权威)工具,新增作用于数据采集环节。

A类和B类地方政府均新增运用了市场策略和产业策略工具,分别作用于市场培育和产业孵化环节,表现为各级地方政府提出信息产业、云计算、“互联网+”、大数据等高新IT技术应用与发展的行动计划以及配套政策,与数据开放直接相关的内容如“推动数据中心向云计算产业园集聚,培育壮大云服务市场”(重庆)、“运用互联网加快产业集群……发展开源社区、社会实验室、创新工场等互联网创新平台”(广东)、“培育大数据生态链产业集群”(厦门)、“支持企业和园区建立云计算产业基地”(芜湖)、“培育互联网金融、数据服务、数据材料、数据制药等新业态”(郑州)等。同时,运用部门设置工具将政府数据开放共享纳入大数据管理职能范畴,与大数据开放利用促进大数据产业发展划归同一部门。表现为大数据行动纲要出台前后,第一批大数据管理局、数据管理中心和部门的设立,如 2014—2015 年,广东率先在经信委(已改为“厅”)下设省大数据管理局,贵州省成立了大数据发展管理局(首个省政府直属部门),随后,浙江、内蒙古、重庆、江西、陕西、上海和天津等成立了数据管理中心或部门①。

A 类政府指导指示型工具重点作用于基础设施建设、数据共享、数据安全的“开放数据”环节,并新增作用于社会化利用环节,“社会化利用”从第一阶段的劝导型上升到命令型工具中,标志着促进利用的实质性政策工具即将出现。其中,前 3 个环节主要解决第一阶段的遗留问题——数据共享的“孤岛”问题,从理清信息资源和业务边界、构建省级共享平台、部门信息系统向政务云平台迁移、网上办事大厅集成公共服务等方面提出要求。如“各地、各部门理清业务专网边界、实现与省级电子政务网络对接和业务融合”“构建全省政务数据中心,提升省级信息资源共享平台”“完善基础信息资源库,强化整合共享”“建立全省统一互联的集信息公开、网上办理、便民服务等于一体的网上办事大厅”等。社会化利用环节,在电子政务、信息消费和产业行动计划中给出了具体指导,如要求“制定大数据发展规划纲要和开放利用管理办法、完善技术支撑体系、标准体系和安全体系”“制定数据开放计划和目录清单”等,以此“鼓励和引导社会力量参与公共信息资源平台建设和运营”。

B 类政府的计划规划、管理办法、工作制度(权威)传统工具组合运用深入细节环节,包括数据资源的基建、共享、采集和安全,并新增数据采集和社会化利用环节。如基础设施建设方面,运用计划规划工具,提出“政府部门电子政务系统优化升级”“公共服务平台接入管理统一平台”,重点建设“政务云和政

① 徐拥军、张臻、任琼辉:《国家大数据战略背景下档案部门与数据管理部门的职能关系》,《图书情报工作》2019 年第 18 期。

府门户网站”，启动“大数据基础建设和开放共享工程”，“建立和整合公共机构数据资源库”，加快建设“云计算大数据服务中心、数据存储中心和灾备中心”等建设要求，其中，尤其强调“信息系统的互联互通和信息数据的交换共享功能”，共享交换被作为部门信息系统审批和验收的重要依据。数据共享方面出台大量政务信息资源共享管理办法，对数据格式、元数据标准、可共享开放的数据分类、共享模式、应用管理、安全监督、责任追究等做出规范；数据采集方面，专门针对“个人公共信用信息”垂直领域单独运用计划规划和管理办法工具，进行数据归集的规范探索，通过向部门发布归集数据项的工作计划通知，以及出台个人信用信息征集使用管理办法来规范。数据安全方面，运用工作制度（权威）工具，是通过建立安全工作领导责任制明确权责，如由“大数据产业发展领导小组”“市数字办”等政府专业部门统筹或主导，负责数据安全体系和制度建设，明确政府数据在采集、开放和利用等各个环节的信息安全范围、权责，确保国家、社会、企业、个人等各利益相关主体的信息权利。社会化利用方面，综合运用指导指示和计划规划工具，对信息公开和数据开放的数据类型和服务方式有了明确指导，比如“行政许可、行政处罚等信息在做出行政决定之日起 7 个工作日内上网公开”“整合政府、教育、医疗、文化、科研、物价等信息资源和基础数据库”“建设公共信息服务平台”，按照“增量先行”原则，优先民生保障服务等领域的数据资源向社会开放。

（2）激励型工具中，地方政府运用政府采购与外包、示范评选、专项资金、处罚处分整改、融资合作、财税优惠等工具，主要作用于基础设施建设、数据共享、公共服务、产业孵化以及信息公开中的相关权利保护等环节。其中，A 类政府更倾向于专项资金、示范评选、政府采购与外包等政府主导的资金支持性质的激励型工具，而 B 类政府则更灵活运用融资合作、财税优惠等引入外部资金支持和减免资金成本的激励型工具，这与城市经济运行环境和基础调节密切相关。

基础设施建设方面，A 类运用政府采购与外包工具，在共享平台建设、电子政务云数据中心建设以及为市场主体服务和监管提供大数据服务方面，提出“发挥市场机构在信息基础设施、信息技术和资源整合服务方面的优势”，通过“政府购买服务、协议约定、依法提供”等方式加强政企合作。B类则运用融资合作辅以财税优惠工具，以大数据产业发展为契机提出“创新大数据建设与发展投融资机制”，将专项基金重点用于公共基础和公益性大数据建设项目中。

数据共享和信息公开方面继续沿用第一阶段的政策工具，地方政府采用了财政预算和处罚处分整改工具，明确将政务信息资源共享及其采集、共享、维护经费纳入部门信息化工作预算中，信息共享则作为电子政务项目立项和验收的重要内容，未实现共享的信息化项目通常要求限期整改；信息公开方面的处罚处分整改则用于监督保密审查制度的执行情况，以及对国家、社会、个人的安全和隐私权利造成侵害时能够采取的救济手段。

公共服务方面，A类政府工具运用数量多于B类政府，主要运用示范评选工具，表现为大数据应用在民生类和市场主体服务监管类项目的示范评选，比如“城市运行大数据与云计算示范工程”，“城市供水、电、热、一卡通、各类交通、市政道路等数据汇聚分析挖掘为城市规划治理和公共服务提供数据支撑”的大数据示范应用，又如建设“信用信息、工商登记、统计调查、质量监督、知识产权、消费维权、健康医疗、环境保护、教育文化、社会治安等大数据服务示范平台”。示范评选实际隐含了引入企业投资、建设运营和政府购买服务等后续政策工具的运用。在B类的特大城市中也有少量运用，如杭州①、武汉②。

产业孵化方面，A类运用专项资金工具，如设立“云计算大数据产业发展专项资金”，或“鼓励引导企业申报科技计划中央专项项目”，或以“投资补助、贷款贴息、购买服务”等方式对云计算、大数据、信息产业等新业态予以资金支持。B类则在上级A类政府的政策基础上，落实国家和地方财税优惠政策，如在大数据高层次人才个税、企业所得税、大数据云计算园区内企业新建改造项

① 杭州市政府：《杭州市人民政府办公厅关于印发杭州市国家下一代互联网示范城市建设工作方案的通知》，转引自北大法宝数据库官网 https://pkulaw.com/lar/e4781b8335d9c6ebccd767f9d45cdcd8bdfb.html，2014年8月25日。

② 武汉市政府：《武汉市人民政府关于加快大数据推广应用促进大数据产业发展的意见》，转引自北大法宝数据库官网 https://pkulaw.com/lar/5ae7c9404be23b8efea196a0172c5afcbdfb.html，2014年7月11日。

目中，给予超额纳税奖励、1—2 年或 3—5 年的税收减免期、贷款利率补贴等财税优惠。

(3) 能力建设型工具在 A 类和 B 类之间存在较大差异(见表 3－8)，总体看来，地方政府与第一阶段能力建设型工具占比相似，保持在 33%左右，作用环节重点仍然在“开放数据”环节(均超 55%)，其次是“利用数据”环节(38 个)。不同在于，第二阶段作用于细节环节的能力建设型工具数量和种类增加，尤其 A 类政府在公共价值和外部环境方面运用能力建设型工具占 20%，超过 B 类政府一倍多。具体表现为：

表 3－8　　A 类和 B 类政府能力建设型工具运用分布比较

	信息支持(信息)		公共服务		人才支持		工作制度(组织)		考核监督		研究探讨		科技支持	
级　别	A	B	A	B	A	B	A	B	A	B	A	B	A	B
数据资源管理		5			1		3				9	4		1
数据采集	1	1					7	9					1	
数据描述	3	2						1						
数据共享	3	8			1		6	1	2	12	1		5	8
数据安全					2		4	17		2	1		5	
信息发布	7	2	4	1	1	1	2	3	6	5				1
社会化利用	3	2					5			1	7		4	4
市场培育		1	2		1	1	1	1				3		
产业孵化			3	1	10	17				1	1	1	1	5
公共服务(合作)	5						4		2	2	2	1	9	4
组织实施保障	1				4	2	5	1	2	1	2	2		

新增研究探讨和信息支持(信息)工具在数据资源管理环节的运用，A 类政府开始围绕“政府信息资源管理体系和标准规范”展开研究，要求研究制定

“政府信息资源目录”以及“数据信息的采集、共享、利用等各环节管理制度和规范”。B类政府则运用信息支持(信息)工具,以建立政务数据资源目录倒逼政府部门内部梳理信息资源,同时通过向外部公开政务数据资源开放年度工作计划内容,培养公众对数据开放利用的认知和理解。

数据采集和描述是第二阶段地方政府开始重视的环节,首先运用工作制度(组织)工具,针对应用于市场主体服务和监管领域,要求“规范采集制度”“明确部门责任”,确保“依法及时、准确、规范、完整地记录和采集信息”,针对政府内部数据信息共享,要求“一数一源”“谁采集、谁更新”,根据《数据目录》采集数据信息。

数据共享方面,A类政府落实第一阶段命令型工具的管理办法,注重组织层面的工作制度建设,要求“建立跨地区、跨部门的政务信息资源共建共享机制”。B类政府综合运用信息支持(信息)、考核监督、科技支持工具促进数据共享,要求各部门梳理信息资源需求,并定期编制和发布《政务信息资源(共享)目录》,对数据共享的考核监督,分为对共享工作和共享交换平台建设两方面的考核监督,前者包括对数据数量、质量、更新和使用情况的定期考核,后者是将共享交换作为后续新建项目和运维经费的验收依据。科技支持工具主要是指为全市政务信息资源的互联互通和数据共享,建设电子政务网和统一共享交换平台,其中涉及统一身份认证、电子证照互认共享、统一信息编码规则等,为释放数据开放的公共服务价值做准备。

数据安全方面,A类政府的科技支持工具运用较多,要求建设“政府信息安全监管平台和安全接入防护系统”,形成本地云中心、云灾备中心和异地云灾备中心的“两地三中心”云灾备模式,体现数据安全秉承一贯的自上而下统筹监管的理念。B类政府的工作制度(组织)工具运用颇多,主要是对数据共享利用过程中采取“公共数据共享开放风险评估制度”,启动“安全监测机制”和“信息安全等级保护措施”,建立“身份认证机制、存取访问控制机制和数据审计跟踪机制”,确保数据的安全性、可靠性和完整性。

信息发布方面,能力建设型工具种类分布较为均衡,除了研究探讨工具未有运用外,其他六种常用工具均有涉及。与第一阶段不同在于,运用公共服务和信息支持(信息)工具拓展了公众获取信息资源的渠道和内容,如新增要求政府网站开设信息公开栏目。

社会化利用方面,A类政府配合命令型工具研究探讨工具,要求研究探讨“公共信息资源开放平台建设”“公共信息资源开放共享管理办法”和“数据开放及社会化利用机制”等。

产业孵化方面,A类和B类政府运用最多的是人才支持工具,主要针对大数据、云计算人才的成熟人才引进和人才队伍建设。如“引进云计算、大数据处理领域的高级人才”,优先推荐符合条件的人才纳入国家及省级各类专项人才支持计划,同时鼓励高校、科研单位与企业联合培养相关专业人才,支持具备条件的高校建立信息化、大数据、云计算等人才培训基地。

公共服务(合作)方面,A类政府领先于B类政府,在信息支持、工作制度、科技支持工具运用方面体现优势。信息支持工具主要表现为将人口、法人、交通、社保、旅游等涉及民生的主题政务数据集进行整合后提供信息服务和公众查询。工作制度工具主要针对“一门一网式”政府服务,提出领导协调机制、各部门并联审批和联动办事工作机制,推进优化服务。科技支持工具,主要针对一站式服务、一窗受理、一网办理建设和提供“统一的电子政务平台”和“通用的信息基础设施服务”。

组织实施保障方面,地方政府较为集中运用人才支持、工作制度(组织)、考核监督和研究探讨工具能力性工具,主要是配合数据共享工作、信息化项目实施、公共信息服务提供等给予员工培训、制定配套制度、纳入绩效考核、研究拟订计划时运用。

(4) 劝导型和学习型工具:A类和B类政府的运用数量比第一阶段有所增加,并且均衡分布在开放数据、利用数据、公共价值和外部环境各个环节。其中,劝导型工具不同于第一阶段多运用宣传推广工具作用于公众和外部社会,本阶段“鼓励号召”工具运用较多,并作用转向政府部门,“鼓励号召各地政务公共数据中心部署”等,同时提出可采取“应用创新开发竞赛、服务外包、社会众包、助推计划、补助奖励、应用培训等”方式,促进企业和个人对开放数据资源的开发利用,也为学习型工具提供了参考。

表 3－9　探索阶段省级和副省级/地级政府的政策工具运用在政府数据开放生态各环节的分布情况

工具类型	命令型		激励型		能力建设型		劝导型		学习型		总计(%)	
级　别	A	B	A	B	A	B	A	B	A	B	A	B
类型分布	39.53%	40.30%	13.53%	16.81%	35.52%	33.41%	4.02%	3.66%	7.40%	5.82%	100	100
开放数据	105 56.15%	114 60.96%	34 53.12%	27 34.62%	93 55.36%	101 65.16%	5 26.32%	2 11.77%	15 42.85%	2 25.93%	53.28	54.10
利用数据	60 32.09%	50 26.74%	22 34.38%	34 43.59%	38 22.62%	38 24.52%	13 68.42%	10 58.82%	11 31.43%	10 62.96%	30.44	32.11
公共价值	7 3.74%	10 5.35%	5 7.81%	5 6.41%	20 11.90%	9 5.81%	0	1 5.88%	5 14.29%	1 7.41%	7.82	5.82
外部环境	15 8.02%	13 6.95%	3 4.69%	12 15.38%	17 10.12%	7 4.51%	1 5.26%	4 23.53%	4 11.43%	4 3.70%	8.46	7.97

注：从“开放数据”开始的最后四行，每个百分比之上的数据表示该类型政策工具的运用数量；A级为省级政府，B级为副省级和地级政府。详见附录6。

四、探索阶段政府数据开放的政策工具偏好和薄弱环节

1. 政府数据开放的探索阶段是大数据、云计算、互联网等新兴IT技术进入社会各个领域的重要阶段，该阶段与政府数据共享开放相关的政策内容大量出现在促进“大云智联”的产业发展战略及其政策文本中，从中央到地方在基础设施建设、数据资源管理、社会化利用、产业孵化和市场培育、公共服务和社会治理方面，涌现出一系列政策工具，从第一阶段的专注“开放数据”环节的内部基础建设，逐渐向促进“利用数据”环节的外部价值延伸。

(1) 开放数据环节体现“数据治理”思维。与第一阶段政策工具重点作用于基础设施建设的“硬件”准备不同，探索阶段深入数据资源管理的数据采集、描述、共享、安全、发布等细节环节展开。国家层面运用指导指示、工作制度(权威)和体系建设工具，如对数据共享环节提出相关网络平台建设、系统互联互通改造、管理办法和运行机制的建立，对数据资源管理环节的相关资源清单、标准规范的制定，数据安全环节的标准化体系建设等提出要求；运用工作制度(组织)工具要求内部实现信息资源共享和外部实现公共数据开放，通过监督检查、考核通报、安全保密审查等制度督促政府工作人员提高数据开放共享能力。地方政府在国家的“命令型—能力建设型”基础上，增加了能力建设型具体类型和激励型工具的运用，并尝试扩展细节环节。如在信息公开环节增加运用公共服务和信息支持(信息)工具，旨在为公众提供更丰富的信息资源和信息获取渠道。数据采集环节，B类城市要求制定采集规划，并出台管理办法规范信息采集制度，综合运用了计划规划、管理办法和工作制度(组织)工具。基础设施建设环节，B类政府新增融资合作和财税优惠的激励型工具，旨在鼓励社会力量参与信息基础设施建设。数据共享环节，B类政府在管理办法工具基础上，投入更多的能力建设型工具运用，如信息支持、考核监督和科技支持。A类政府则更偏向于运用资源特性更强的工具，如部门设置、科技支持、信息支持、政府采购与外包等工具，其中部门设置工具表现为建立数据资源管理局/中心/部门或大数据(发展)管理局/中心等，将政府数据开放作为大

数据管理和推动地方经济发展所需数据生产要素的一部分，负责指导协调数据共享开放工作、制定大数据相关规章制度以及负责监督检查考核等工作。由此可见，不同层级的政策工具选择开始呈现出工具特性偏好的不同，层级越低越偏好内部资源消耗少、灵活性强的政策工具。

(2) 促进数据利用，新增产业孵化和市场培育环节，从运用“命令和劝导”工具走向“激励和学习”工具，作用对象也从政府部门机构及其工作人员、非特定公众和企业，扩展和转向大数据企业、第三方数据服务企业以及具有专业数据能力的专家及人员。与第一阶段的信息资源开放利用政策中要求制定政策措施和管理办法、授权社会化利用和公益性开发的政策工具不同，促进数据利用因大数据、云计算、“互联网＋”等国家行动计划的出台，随之出现的更多实质性政策支持，表现为资金支持类激励型工具的大量运用。如大数据建设项目的专项资金支持，允许政府采购与外包大数据产品和服务用于提供公共服务和提升社会治理水平(A 类)；为吸引更多的大数据云计算企业入驻和形成产业集群，融资合作和财税优惠工具也有较多运用(B 类)；并且，在国家和地方资助类、奖励类的项目评选中，将促进政务大数据共享开放和城市治理应用的大数据项目作为优先项目。另外，学习型工具在市场培育和产业孵化环节中，多元化参与工具已经普及，表现为政务数据开放共享用以促进市场主体经营活动透明度，共同监督市场主体经营和服务的情况。第二阶段还新增了专家制度和会议赛事工具，与公众参与和多元化参与不同，作用对象是具有数据能力和素养的人群，通过建立大数据专家委员会、开展数据开放创新应用竞赛等方式推动政府开放数据的利用。

(3) 公共服务方面，A 类政府和 B 类政府中的特大型城市开始探索政府数据开放利用在公共服务领域的应用，运用示范评选工具，对民生类和市场监管类大数据与云计算示范工程和平台服务予以支持。其他则普遍运用能力建设型工具，如信息支持、工作制度、科技支持等工具支持地方“一站式服务”“一网通办”等公共服务中需要政府数据共享开放予以支撑的政务数据集内部整合和共享、领导协调机制和联动办事工作机制的制定、统一平台建设和通用基础设施服务的技术支持等。

(4) 地方层面能力建设型工具运用日渐丰富：几乎运用于政府数据开放生态系统每个环节，尤其重视开放和利用两个环节。工作制度（组织）和科技支持显得尤为重要，工作制度（组织）涉及数据采集、描述、共享、安全、发布、社会化利用等具体环节，出现了“一数一源”“谁采集、谁更新”“谁作出、谁公开、谁负责”等数据采集、数据更新、数据信息公开的原则，相应制定了“共享交换技术规范”“数据资源目录和数据开放年度工作计划”等数据共享、数据开放相关的工作制度。科技支持工具主要作用于数据共享、数据安全方面，涵盖了电子政务网络和共享交换平台建设（包含统一身份认证、电子证照、统一信息编码规则等建设内容）、政府信息安全监管平台和防护系统建设等软硬件支撑。

2. 探索阶段的政府数据开放迎来了实质性的进展，部分解决了如数据信息互联互通和数据共享方面等第一阶段遗留的问题，但结合同期文献研究和本研究调查研究发现，仍然存在薄弱环节。

(1) 政府数据开放和信息开放、信息资源开放利用的衔接问题：政府数据开放在实践中表现出明显的“实践先行、地方指导随后、国家专门立法滞后”特点。早在 2012 年上海、北京就已开通地方的政府数据服务网，发布各部门民生相关的信息数据和服务应用。随后，2014 年上海出台《关于推进政府信息资源向社会开放利用工作的实施意见》，要求“政府部门通过政府数据服务网向公众提供数据浏览、查询和下载服务”。国家则在《2015 年政府信息公开工作要点》中，要求“积极稳妥推进政府数据公开”，随后在《关于运用大数据加强对市场主体服务和监管的若干意见》中提出要“提高数据开放意识”和“有序开放政府数据”的要求。由此，“政府数据开放”与“信息公开”“政府信息资源”“数据开放平台”“数据集开放服务”等产生了联系，但由于始终未在国家政策中明确区分，使得未出台专门地方规定的地区继续将数据开放工作混同于信息公开、统计数据公开。在探索阶段能够看到各级政府公开的数据信息主要是部门或者行业的统计数据①，虽然也具有较高的利用价值和一定的结构

① 张勇进：《我国地方政府数据开放现状研究》，《中国行政管理》2016 年第 11 期。

化水平，但与可机读的、海量的、实时的、可供利用的政府开放数据（大数据）还有差距。

（2）学习型工具的社会参与影响力面较窄：探索阶段相比第一阶段参与度较低的公众参与相比，专家制度和会议赛事工具运用使得具有数据专业技能和素养的专家、学者能够深入参与到数据开放相关政策制定的决策过程中，参与的深度和广度有所提升。但由于这类工具对作用对象的专业背景和知识技能有较高的要求，普通公众和企业并不能参与其中，而仍只能作为产品和服务的用户群体通过反馈评估方式参与互动。因此，在如何将普通公众和企业用户纳入开放数据的政策制定参与决策过程和参与产品和服务开发过程，是未来政府数据开放政策工具运用需要考虑的又一问题。

第四节　政务改革为驱动的政府数据开放共享快速发展阶段（2016 年上半年至今）

一、快速发展阶段国家层面的政策工具运用二维分析

我国政府数据开放的快速发展阶段以进入“十三五”规划阶段为主要标志，国家信息化、大数据、“互联网＋政务服务”等一系列政策呈井喷式涌现。政务信息资源概念在国家层面给出定义，与政府数据开放共享相关的政策文件共出台了 40 项（见表 3－10），以国务院的规划、指导意见、实施方案等规范性文件，以及国家发展改革委、网信办、国家市场监督管理总局、交通运输部、工信部、国家知识产权局等发布的行动计划、工作通知等部门工作文件为主，效力等级平均力度为 2.3，标准差 0.94，政策力度的差异性较大。效力等级和政策力度分布情况与第二阶段（平均力度为 2.3，标准差 0.92）极为相似，政府数据开放相关政策发布趋于稳定。

表 3－10　　2016 年下半年至 2019 年底政府数据开放领域相关的国家政策列表

发布日期	标　　题	政策力度
2016 年 3 月 16 日	《中华人民共和国国民经济和社会发展第十三个五年规划纲要》	3
2016 年 4 月 14 日	《国务院办公厅关于转发国家发展改革委等部门推进“互联网＋政务服务”开展信息惠民试点实施方案的通知》	3
2016 年 5 月 13 日	《工业和信息化部办公厅关于组织开展大数据优秀产品、服务和应用解决方案征集活动的通知》	1
2016 年 5 月 23 日	《国务院关于印发 2016 年推进简政放权放管结合优化服务改革工作要点的通知》	3
2016 年 6 月 1 日	《国家发展改革委关于进一步加强大数据发展重大工程项目统筹整合的通知》	1
2016 年 6 月 21 日	《国务院办公厅关于促进和规范健康医疗大数据应用发展的指导意见》	3
2016 年 7 月	《国家信息化发展战略纲要》	3
2016 年 7 月 28 日	《国务院关于印发“十三五”国家科技创新规划的通知》	2
2016 年 8 月 25 日	《交通运输部办公厅关于推进交通运输行业数据资源开放共享的实施意见》	2
2016 年 8 月 26 日	《国家发展改革委办公厅关于请组织申报大数据领域创新能力建设专项的通知》	1
2016 年 9 月 5 日	《国务院关于印发政务信息资源共享管理暂行办法的通知》	3
2016 年 9 月 25 日	《国务院关于加快推进“互联网＋政务服务”工作的指导意见》	3
2016 年 11 月 7 日	《中华人民共和国网络安全法》	5
2016 年 11 月 10 日	《国务院办公厅〈关于全面推进政务公开工作的意见〉实施细则的通知》	2
2016 年 11 月 29 日	《国务院关于印发“十三五”国家战略性新兴产业发展规划的通知》	2

续 表

发布日期	标　　题	政策力度
2016年12月15日	《国务院关于印发"十三五"国家信息化规划的通知》	2
2016年12月18日	《工业和信息化部关于印发大数据产业发展规划(2016—2020年)的通知》	1
2016年12月20日	《国办厅关于印发"互联网+政务服务"技术体系建设指南的通知》	3
2017年1月12日	《国务院关于印发"十三五"市场监管规划的通知》	2
2017年5月3日	《国务院办公厅关于印发政务信息系统整合共享实施方案的通知》	3
2017年5月15日	《国务院办公厅关于印发政府网站发展指引的通知》	3
2017年6月30日	《国家发展改革委、网信办关于印发〈政务信息资源目录编制指南(试行)〉的通知》	1
2017年7月8日	《国务院关于印发新一代人工智能发展规划的通知》	2
2017年12月19日	《国务院办公厅关于推进公共资源配置领域政府信息公开的意见》	3
2017年12月26日	《财政部关于印发〈政务信息系统政府采购管理暂行办法〉的通知》	2
2018年1月5日	《公共信息资源开放试点工作方案》	2
2018年4月8日	《国务院办公厅关于印发2018年政务公开工作要点的通知》	3
2018年6月10日	《国务院办公厅关于印发进一步深化"互联网+政务服务"推进政务服务"一网、一门、一次"改革实施方案的通知》	3
2018年7月4日	《国家发展改革委办公厅、国家市场监管总局办公厅关于更新调整行政许可和行政处罚等信用信息数据归集公示标准的通知》	1
2018年7月25日	《国务院关于加快推进全国一体化在线政务服务平台建设的指导意见》	3

续　表

发布日期	标　　题	政策力度
2018 年 8 月 5 日	《国务院办公厅关于印发全国深化"放管服"改革转变政府职能电视电话会议重点任务分工方案的通知》	3
2018 年 9 月 18 日	《国务院关于推动创新创业高质量发展打造"双创"升级版的意见》	3
2018 年 10 月 29 日	《国务院办公厅关于聚焦企业关切进一步推动优化营商环境政策落实的通知》	1
2019 年 4 月 3 日	《政府信息公开条例(2019 修订)》	4
2019 年 4 月 17 日	《国务院办公厅关于印发 2019 年政务公开工作要点的通知》	3
2019 年 8 月 9 日	《交通运输部办公厅关于印发部省水运政务数据共享工作方案的通知》	2
2019 年 11 月 6 日	《工业和信息化部办公厅关于组织开展 2020 年大数据产业发展试点示范项目申报工作的通知》	1
2019 年 11 月 18 日	《国家知识产权局关于进一步扩大专利数据开放范围并优化服务的通知》	1
2019 年 12 月 9 日	《交通运输部关于印发〈推进综合交通运输大数据发展行动纲要(2020—2025 年)〉的通知》	2
2019 年 12 月 26 日	《国务院办公厅关于全面推进基层政务公开标准化规范化工作的指导意见》	3
合　　计	40 项	平均 2.3

快速发展阶段的国家政策主题包括：国家信息化战略、"互联网＋政务服务"、政府信息资源共享和政务信息系统建设、政务公开、放管服改革、战略性新兴产业发展、大数据应用改善营商环境和促进创新创业、特定领域的信息公开、网络安全等，将该阶段 40 项政策、88 个政策工具单元纳入本研究政府数据开放生态系统的政策工具分析列表中(见表 3－11)，政策工具运用情况如下：

(1) 基本分布：与第一、第二阶段相比，更接近第一阶段的分布情况，命令型工具占绝对优势(47.73%,第一阶段50%,基本持平),其次是能力建设型工具(30.68%,第一阶段21.9%,↑8.78%)、激励型工具第三(15.91%,第一阶段12.5%,↑3.41%),学习型工具(3.41%,第一阶段3.1%,基本持平),和劝导型工具(2.27%,第一阶段12.5%,↓10.23%)较少,尤其劝导型工具在第三阶段大幅下降。这与劝导型工具在国家层面的运用常以“宣传推广”和“鼓励号召”工具鼓励公众社会化利用与社会力量进入信息资源开发利用和大数据应用开发等领域为主,随着第二、第三阶段激励型工具在资金、项目、技术方面的专项投入部分替代了劝导型工具的功能有关。

(2) 命令型工具(47.73%)从第一、第二阶段的指导指示和工作制度(权威)工具为主,转变为指导指示、计划规划、工作制度(权威)、体系建设工具运用并重的趋势。指导指示工具逐渐细化运用到“开放数据”环节中数据的描述、质量、安全、共享、信息发布等细节环节,将第二阶段开始显露的“数据治理”理念进一步融入,并从国家层面提出明确要求,如数据描述方面,推出“政务信息资源目录编制指南(试行)”和要求“制定政府数据共享开放目录”,用于对内理清数据资源现状和对外明确开放数据内容;数据质量方面要求“按照‘谁主管、谁提供、谁负责’原则,保障数据的完整性、可用性、时效性等”;数据安全方面,要求“落实系统对接的网络安全防护措施”保障共享平台安全;数据共享方面,要求各部门“加快构建政务信息共享标准体系”;信息发布方面,给出政府网站发展指引,给尚未上线政府数据开放专门平台的政府部门发布相关数据信息以指引。计划规划工具则重点运用在数据基础设施和社会化利用细节环节方面,要求加快建设政府数据的国家统一开放平台、“大数据平台、数据中心”“数据共享大平台”,社会化利用方面则出台了垂直领域数据信息开放和共享的规划,如交通运输、市场监管、国家知识产权专利等的共享开放。工作制度(权威)主要针对政府信息资源的跨地区、跨部门共享进行组织实施保障,如要求“各地市级以上地方政府”明确主管部门,要建立“联席会议负责共享协调”,各部门需于“每年2月底向联席会议报告共享情况”,为实现“跨地区、跨层级、跨部门的互认共享”,国务院要向各省(区、市)网上政务服务平台按需开放业务系统实时数据接口。体系建设工具运用于“互联网+政务服务”、数据安全、数据资源管理环节，包括政务服务的业务支撑体系、平台体系、关键技术保障体系、考评体系等建设，网络安全标准体系构建（包括网络安全管理、产品、服务和运行安全的国家和行业标准），以及政务数据资源体系建设，确保“一数一源、多源校核、动态更新”。

(3) 能力建设型工具（30.68%）比第一阶段（21.9%）、第二阶段（20%）运用数量占比更大，尤其重视“数据安全”的工作制度（组织）和人才支持工具的运用。数据资源的分类分级管理制度、网络安全保障机制、用户信息保护制度等在大数据平台建设和政务信息资源共享利用中提出，并且重视研究探讨“政务信息资源分类分级制度”和“数据安全管理办法”等。网络信息和数据安全方面的人才培养，国家表示“支持企业、高校、职业学校开展网络安全相关教育和培训”。

(4) 激励型工具（15.91%）比第二阶段（24%）明显占比减少，比第一阶段（12.5%）略多，部分延续了第二阶段的公共数据开放利用改革试点、大数据发展重大项目示范评选、不按规定共享政务信息资源则处罚处分整改等工具运用，并且拓宽了优先项目、政策试点的范围。比如对数据共享开放提供基础支撑的平台类项目、提供公共服务效率的公益性项目、建立数据要素市场流通机制模式的政策性支持保障类项目等在大数据重大工程项目中予以“优先”，另外，新增政务公开试点、基层政务公开标准化规范化试点（100 个县市）、公共信息资源开放试点等。相比第二阶段集中于“利用数据”环节的试点项目，第三阶段回到“开放数据”环节，对政府内部的政务服务和信息资源共享利用试点全面推进。

(5) 劝导型工具（2.27%）和学习型工具（3.41%）运用比例进一步压缩，作用领域集中在数据安全和社会化利用方面，作用对象回到政府工作人员和非特定公众，与第一阶段相似。数据安全方面，鼓励社会各界“开发网络信息安全保护和利用技术”，对网络安全意识培养，提出“各级政府组织开展经常性网络安全宣传教育”。公众参与工具集中运用在市场监管、经济社会发展和惠民措施落实、网络信息安全投诉等需要社会大众参与和监督的领域，要求加强参与力度、及时处理反馈。

(6) 快速发展阶段的政府数据开放生态环节中（见表 3 - 11），国家层面的

表 3－11　快速发展阶段国家层面基于政府数据开放生态系统的政策工具运用情况分析

主要方面	命令型工具（47.73%）	激励型工具（15.91%）	能力建设型工具（30.68%）	劝导型工具（2.27%）	学习型工具（3.41%）
开放数据（56.81%）	【基建】统一开放平台、数据中心建设；各地级市及以上地方政府明确主管部门，负责本级共享平台建设；业务支撑、基础平台、关键技术等体系保障；国家政务信息化工程，建设“大平台、大数据、大系统” 【资源管理】完善政务数据资源体系，遵循“一数一源、多源校核、动态更新”原则 【共享】资源目录建设，政务信息资源共享管理办法，国务院各部门尽快向各省（区、市）提供网上政务服务平台按需开放业务系统实时数据接口，构建共享标准体系 【质量】“谁主管、谁提供、谁负责”原则 【安全】建立和完善网络安全标准体系，由国务院标准化行政主管部门和其他相关部门负责 【发布】政府网站发展指引	【发布】基层政务公开标准化规范化，100 个试点单位 【基础设施】优先支持为数据共享开放提供基础支撑的平台类项目；大数据专项申报中，支持开展政企数据资源共享交换、公共数据开放流通的技术研发和工程化建设	【资源管理】研究制定数据开放、保护等法律法规，政务信息资源管理办法；加强采集管理和标准制定，研究跨境流动管理办法 【安全】在大数据安全方面，建立分类分级管理制度，实行网络安全等级保护制度，加强数据共享交换平台的安全防护，保障共享交换中的政务数据安全；支持企业、高校、职业学校等开展网络安全教育和培训 【基建】构建统一共享交换平台和政务服务信息系统 【发布】完善政务公开工作机制，效果评估和考核问责机制；对新修订的公开条例向政府工作人员展开培训 【共享】国家政务服务平台统一受理各省和各部门的数据共享需求，并在国家数据共享交换平台统一进行	【安全】鼓励开发网络信息安全保护和利用技术；开展经常性网络安全宣传教育	【安全】及时受理并处理有关信息安全的投诉和举报

续　表

主要方面	命令型工具（47.73%）	激励型工具（15.91%）	能力建设型工具（30.68%）	劝导型工具（2.27%）	学习型工具（3.41%）
利用数据（20.45%）	【社会化利用】交通运输、专利数据等行业数据资源开放共享；市场监管数据向公众开放 【市场】建立健全数据资源交易机制和定价机制 【产业】大数据产业发展规划	【产业】优先支持构建大数据产业生态的创新创业类项目 【市场】优先支持建立数据要素市场流通机制模式等的政策性支持保障类项目 【社会化利用】公共数据开放利用试点，公共信息资源开放试点	【社会化利用】完善人才激励机制，建立适应网信特点的人事、薪酬、人才评估等机制 【产业】为保障大数据产业发展，突破关键共性技术问题，建成全国范围的数据开放共享标准体系和交换平台，形成大数据产业集群	N/A	【社会化利用】重点在市场监管和惠民政策落地等方面，加强社会公众参与
公共价值（9.10%）	【公共服务】医疗大数据共享开放	【公共服务】优先支持提高公共服务供给效率的公益性综合类项目；大数据产业发展示范项目申报，鼓励大数据产业平台提供数据开放等公共服务	【公共服务】电子证照目录、电子证照库；电子证照互认共享机制	N/A	N/A
外部环境（13.64%）	【组织实施保障】联席会议负责共享协调，并向国务院提交共享年度报告；调整全国政务公开领导小组，建立健全协调机制；政务服务考评体系建设；实行政府信息公开工作的垂直领导负责制	【组织实施保障】未编制更新资源目录、未即时共享、信息不一致、不规范、不可用等由发改委通知整改，限期整改上报；对不落实、违反《政务信息资源共享管理暂行办法》规定的，通报并责令整改	【相关权利保护】建立健全政府网站用户信息保护制度	N/A	N/A

建设重点是信息资源管理、数据共享和安全、政务信息资源共享利用的组织实施保障，以及延续第二阶段大数据应用项目在公共服务和社会治理方面的支持，表现为75%以上的政策工具运用在开放数据和利用数据两大环节。命令型和能力建设型工具在两个环节的分布保持平衡，分别作用于基础设施建设、数据资源管理、数据安全和共享、信息发布以及社会化利用、产业和市场培育方面。劝导型和学习型工具，作用对象由政府内部工作人员向社会非特定公众转变，强调网络安全和民生相关决策的公众参与和监督。

二、快速发展阶段地方层面的政策工具运用二维分析

快速发展阶段，地方政府（A类和B类）与政府数据开放相关的政策文件，主要分布在政务公开与政务服务平台建设、政务信息系统整合共享、电子政务和数字政府建设、公共信息/数据资源管理与共享开放、大数据应用与产业发展、行业大数据管理与利用、特定领域信息公开（重大工程项目、公共资源配置、社会公益事业）、信用信息采集与利用等主体的政策文件中。其中，政策引用数量较多的国家政策是：《国务院关于印发政务信息资源共享管理暂行办法的通知》(2016)、《中华人民共和国网络安全法》(2017)、《国务院办公厅关于印发政府网站发展指引的通知》(2017)、《政务信息资源目录编制指南（试行）》(2017)、《国务院办公厅关于印发政务信息系统整合共享实施方案的通知》(2017)。表明第三阶段在经历了从信息公开和信息资源开放利用向政府数据开放过渡、从鼓励社会化利用到切实激励大数据云计算产业发展的需求拉动政府数据开放发展两个阶段后，地方政府将建设重点回归政府部门的基础设施、制度建设、工作机制等内在因素和环境条件方面。

从本研究采集快速发展阶段的A类政府28个地区453项政策看，地方层面的政策颁布主体以省/直辖市政府居多，其次是地方的发展改革委、经信委、信息化/大数据工作领导/推进小组、大数据发展管理局/产业发展领导小组，此外，少部分政策由农业、交通运输、市场监督、审计、公安等部门发布。平均效力等级2.3，比第一、第二阶段省级城市政策平均力度（2.7左右）有所下降，

以实施意见、实施计划、工作方案、工作通知和通报居多，其次是管理办法和发展规划，标准差为0.93，等级差异性与本阶段国家政策差异性(0.92)持平；相比同期采集的B类城市61个共455项政策看，平均效力等级2.36，以效力等级较低的工作通知和通报居多，其次较多的是实施方案、工作要点、行动计划，少部分出台等级效力较高的法规规定，标准差为0.90，等级差异性与同期的A类政府(0.93)和第二阶段同级政府(0.98)差异性基本持平。可见，快速发展阶段地方政府数据开放政策在国家战略和国务院部署要求下，将政府数据开放共享的平台建设、系统整合、资源建设等作为重要工作任务进一步落实，一方面以实施意见、实施方案、工作计划的形式出台可供操作参考的政策文件，另一方面在国家上位法未出台政府数据开放专门和独立的政策法规之前，地方率先探索公共数据、政务信息资源领域专门政策。2017—2019年，浙江、上海、北京、四川、吉林等A类政府和成都、福州、宁波、四平等B类政府先后出台《××省/市公共数据/政务数据资源和一网通办/电子政务管理办法》《××省/市政务数据资源共享管理/共享开放管理办法》等地方规范性文件，成为地方政府数据开放的重要依据。

从政策工具的分布比例来看(见图3-6)，地方政府与国家层面的“命令型＞能力建设型＞激励型＞学习型＞劝导型”政策工具类型排序略有不同，A类和B类地方政府的政策工具类型排序及占比表现出高度的相似性，与第二阶段不同的是：能力建设型＞命令型工具的运用，能力建设型工具运用第一次超过命令型工具成为地方政府重点运用的工具类型。分析原因为：政务公开、政务服务、政府信息资源共享的系统整合和资源建设等政务改革行动从中央向地方下达，国家层面对开放数据环节的命令型工具和能力建设型工具达到工具运用的70%之多，对基础设施建设、数据资源管理、数据共享、数据质量、数据安全和信息发布等提出了原则规范、制度和工作机制的明确指示，以及在平台建设和安全防护方面的体系建设、技术和人才支持方面有了规划方案或指导意见，都需要地方政府在具体工作中落实。而政府数据开放共享到第三阶段才逐渐明确公共数据、开放数据、政务信息资源等重要概念和主体责任，在此情况下，政策执行的效果多依赖于政府内部的改革成效，能力建设型

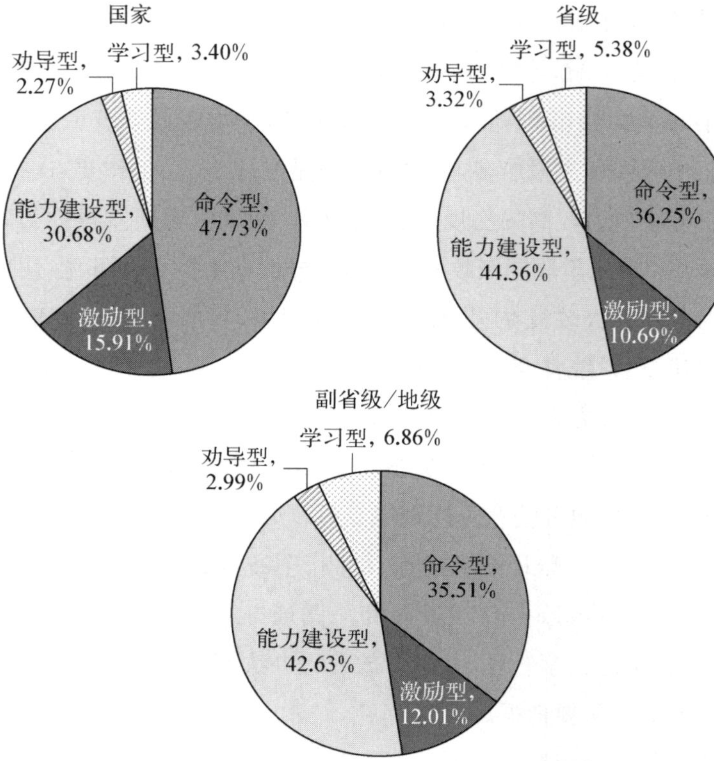

图 3-6　快速发展阶段国家与地方政策工具类型分布的比较

工具的作用就在于将命令型工具对政府部门和工作人员的要求，转化为政府数据开放共享及支撑提升公共服务的实践能力。

三、快速发展阶段国家和地方政府政策工具运用的差异

从快速发展阶段国家与地方政策工具作用的政府数据开放生态系统环节看（见图 3-7），国家和地方之间的结构分布整体趋势趋同，不同处在于地方层面公共价值＞外部环境，分布规律和原因分析为：(1) 专门的管理办法出台和大量政府数据开放平台上线，为公共价值实现提供政策和平台支持。“开放数据”环节由于在快速发展阶段的建设重点回到政府内部，与政府数据开放相关的数据资源管理和数据基础设施建设等得到进一步提升，主要体现在实现政府

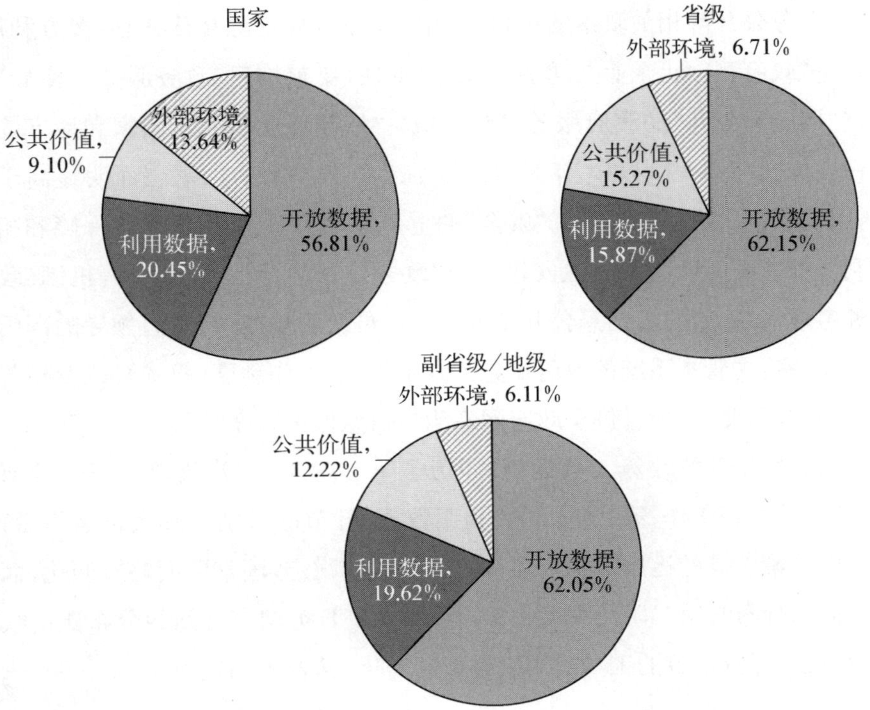

图3－7　快速发展阶段国家与地方政策工具作用环节分布的比较

信息资源整合共享和系统改造的目标，以及建立与之匹配的组织构架、工作机制、资源体系、标准体系、安全体系等方面；并且，国家通过改革试点和发展指引等激励型和命令型工具，对地方的“开放数据”环节建设给予项目资金支持和技术指导。实践中可见，地方政府数据开放平台建设于2018年和2019年呈倍速增长，至2020年下半年总数已达142之多。（2）“利用数据”环节（20.45％、15.87％、19.62％）相比第二阶段（40.00％、30.44％、32.11％）有明显下降，是因为第二阶段出台大量大数据、云计算、“互联网＋”方面的国家战略规划和地方行动计划，到第三阶段，国家层面多以出台项目建设、领域内应用方面的配套政策为主，发布数量和频率都有所下降，而地方层面则更多是“大云智联”产业战略和行动计划的“参照制定者”，其政策工具运用的丰富程度还有待提升。（3）公共价值方面，国家到地方（9.10％、15.27％、12.22％）都比第二阶段（8.00％、7.82％、5.82％）占比有所增长，主要原因是“互联网＋政务服务”和政务公开等相关政策的出台，重申“政务信息资源互认共享，多方利用”和促进“政府、公众、企业共同参与”的重要性，要求构建“政务服务新格局”和打造“回应和公开”的政府服务平台。(4)“外部环境”环节，国家和地方的环节占比情况与第一阶段(37.5%、11.76%、4.02%)相似，国家层面明显高于地方，因国家再次强调“共享”和“安全”的重要性，尤其是在组织实施保障和相关权利保护方面有新的制度性安排。如“政务公开领导小组”和协调机制、政务服务考评体系的建立，信息公开条例修订后再次明确“实行垂直领导的部门的办公厅(室)主管本系统的政府信息公开工作”的工作制度(权威)，以及相关权利保护方面，要求“建立健全政府网站用户信息保护制度”等。

政府数据开放政策工具运用，经历了第一阶段的“开放数据”和“外部环境”环节的准备工作，第二阶段的“利用数据”环节的激励工具大量运用后，第三阶段政策工具的运用在各个环节的分布达到稳定，国家层面略有变化，而地方层面的分布与第二阶段高度相似，且A类和B类城市之间的分布比也极为相似，仅在部分环节的工具运用中有新的变化(见表3-12)。

(一) 命令型工具中的重点政策工具运用偏好

A类和B类政府在第三阶段重点运用法规标准、管理办法、体系建设工具，实现第二阶段指导指示工具所要求的理清信息资源和业务边界、构建共享平台、实现系统整合、提升公共服务平台功能等“开放数据”和“公共价值”环节的重要内容。(1)法规标准工具，作用于政府数据的采集、描述、共享、安全、开放和利用等数据资源管理环节，优先数据交换共享和开放安全方面的标准制定，用以保障政务信息资源共享开放和政务公开及服务的安全运行。由此，各省/市制定政务信息采集规范和标准、公共信息资源开放数据集目录标准规范、政务信息/数据共享标准，以及涵盖“政务信息资源数据采集、数据质量、目录分类与管理、共享交换接口、共享交换服务、多级共享平台对接、平台运行管理、网络安全保障等”全方面的技术标准和业务标准。以上标准规范，大多数城市散见于政府信息资源共享、政务公开标准化规范化等工作文件中，贵阳市则专门出台《贵阳市大数据标准建设实施方案》(2017)与其大数据产业发展的

表 3-12 快速发展阶段省级和副省级/地级政府的政策工具运用在政府数据开放生态各环节的分布情况

工具类型	命令型		激励型		能力建设型		劝导型		学习型		总计(%)	
级　别	A	B	A	B	A	B	A	B	A	B	A	B
类型比例	36.25%	35.51%	10.69%	12.01%	44.36%	42.63%	3.32%	2.99%	5.38%	6.86%	100	100
开放数据	372 68.13%	356 68.07%	92 57.14%	78 44.07%	432 64.67%	433 68.95%	7 14.00%	6 13.63%	33 40.74%	41 40.60%	62.15	62.05
利用数据	81 14.84%	94 17.97%	32 19.88%	54 30.51%	77 11.53%	82 13.06%	23 46.00%	21 47.73%	26 32.10%	38 37.62%	15.87	19.62
公共价值	50 9.16%	46 8.8%	31 19.25%	24 13.56%	121 18.11%	89 14.17%	15 30.00%	10 22.73%	13 16.05%	11 10.89%	15.27	12.22
外部环境	43 7.87%	27 5.16%	6 3.73%	21 11.86%	38 5.69%	24 3.82%	5 10.00%	7 15.91%	9 11.11%	11 10.89%	6.71	6.11

注：从“开放数据”开始的最后四行，每个百分比之上的数据表示该类型政策工具的运用数量；A级为省级政府，B级为副省级和地级政府。详见附录6。

城市战略相匹配，将涉及“政府数据分类、开放、共享、安全管理”等公共数据关键共性标准，影响大数据产业和市场发展的“企业间数据共享、数据确权、数据定价、数据流通、产品交易接口规范”等“利用数据”环节的团体标准和企业标准，以及“大数据技术标准”等均纳入其大数据标准建设范畴。(2) 管理办法工具运用于政务数据资源管理和特定数据类型开放利用的规范制定，前者作用于政府部门，后者作用于政府部门以及采集和提供相关数据服务的机构和企事业单位。A 类和 B 类政府普遍出台的管理办法包括政务信息资源共享交换、政府网站和门户建设、政务信息化系统和项目建设、政务数据资源与安全管理等涉及数据“开放”的共性基础设施和资源建设方面，以及地理信息数据、交通出行数据、健康医疗数据、信用信息归集应用等垂直领域、特定行业的数据开放管理。此外，A 类政府还出台了公共数据和一网通办、电子政务和政务数据管理、公共数据和电子政务管理等方面的管理办法，为发挥数据开放共享对提升社会治理和公共服务能力方面做准备，B 类政府则深入网约车信息安全、互联网医院数据安全保密、城市更新基础数据等进一步规范行业应用大数据参与城市治理等方面。(3) 体系建设工具主要作用于政府部门内部，环节涉及公共服务和数据安全，即政务服务的数据共享交换平台支撑体系和技术体系，以及数据资源管理、数据共享、信息系统的安全保障体系等建设方面，该工具的运用与法规标准工具有一定的交叉关联，如安全支撑体系，需要依据政务数据分类定级标准确定数据的安全等级属性，政务数据资源管理和政务服务需要制定政务信息资源目录体系标准和共享标准。另外，B 类政府还提出政务服务的效能评估体系建设，这与 B 类政府较多运用考核监督工具产生关联。

(二) 激励型工具中，A 类和 B 类政府在运用种类和作用环节方面逐渐趋同

表现为处罚处分整改工具普遍运用于政府数据开放生态系统各个环节，公共服务方面运用工具大幅增加，A 类和 B 类政府工具运用差异主要体现在政策试点、示范评选、许可、表彰奖励等方面。具体表现为：

(1) 处罚处分整改工具运用面最广、数量最多，A 类和 B 类政府运用差异

最小，用于保障政务信息资源共享管理办法、公共数据开放管理办法、数据安全管理办法等的落实，对数据共享、数据资源管理、数据基础设施和数据安全等环节，涉及未按规定建设和运维平台信息系统、相关制度建设不完善、工作协调领导责任未履行、存在安全事故责任问题等情况，按“上级责令整改—逾期未改通报批评—责任人依法受处分/犯罪依法追究刑责”基本流程处理。

(2) 示范评选、政策试点、政府采购与外包工具，地方政府新增运用于公共服务环节。示范评选工具运用于城市治理和公共服务(合作)方面，向社会征集大数据产品和应用解决方案并给予奖励，主要涉及政府数据共享开放、数据交易流通，以及宏观经济、财税、公共安全、环保、食品、医疗、教育、旅游等领域的大数据应用和服务创新。政策试点工具更重视数据开放共享在公共领域的价值挖掘，表现为包括信息惠民试点、“一号一窗一网”政务服务模式创新试点、公共信息资源开放试点(包括国家指定和地方开展)、政务公开标准化规范化试点，强调以政府数据共享开放为基础提高服务效率、简化办事流程、畅通服务渠道、创新服务方式、加强政府回应等。政府采购与外包工具运用于数据基础设施建设和公共服务环节，如为保障政务大数据共享和安全利用建设数据中心、为提高电子政务效率和公共服务质量购买政务云平台等，通过购买服务、协议约定方式由企业提供。

(3) 财政预算和融资合作工具运用于数据资源管理、数据共享相关基础设施建设、大数据产业孵化方面，表现为将推进政务信息系统整合共享项目建设资金纳入政府固定资产投资，政务信息资源共享目录编制和平台运维等相关工作经费纳入部门预算，对公共性基础性平台给予充分的资金保障建设和运维，对“信息孤岛”系统和利用程度低的专网逐步减少甚至取消运维经费，从而解决第二阶段所提及的孤岛问题。融资合作工具通过政府部分出资、吸引社会资本、建立大数据产业发展引导基金、拓宽大数据企业融资渠道等方式促进大数据产业发展。

(4) 部分B类政府在表彰奖励和许可工具运用中有所创新，表现为公共服务(合作)、数据共享和管理、大数据产业孵化等环节的工具运用，如佳木斯、银川、商丘、福州、黔南州等地方政府在运用处罚处分整改的激励型工具的同时，对在政务服务工作中提前完成工作任务、综合评价高实际效果好、共享管理工作中成绩突出的单位或个人予以表彰奖励，福州市、贵阳市、厦门市还对“在政务数据进行研究、分析、挖掘，促进大数据产业发展和创新应用方面表现突出的公民、法人或其他组织”予以表彰或者奖励。许可工具运用方面，B类政府略多于A类政府，贵阳、淮北、福州、西安等以签订协议或管理办法的形式，明确了政务数据能够授权第三方公司开发或负责服务运营，如贵阳的块数据城市建设有限公司、淮北的建投商业大数据信息有限公司等。许可工具，海南通过政府数据开放和授权经营等方式，引进和培育数据龙头企业。

（三）能力建设型工具地方政府普遍重视

能力建设型工具地方政府普遍非常重视，并且与命令型工具在开放数据、利用数据、公共价值、外部环境四大环节分布情况保持基本一致。最常运用工作制度（组织）和考核监督工具，其次人才支持工具；A类政府运用于公共价值和外部环境环节略超B类政府，并且在技术支持工具运用方面更具优势。具体情况如下：

（1）工作制度（组织）工具在第一、第二阶段已经在数据共享和数据安全方面形成部分巩固机制和制度规范，第三阶段是对已有制度内容的完善以及在数据质量、数据描述、组织实施保障等环节的创新探索。如数据共享方面，在共享交换平台建设完成的基础上，各地建立“统一受理、平台授权”的数据共享授权机制、共享应用机制，以及限期反馈机制，强调共享安全和效率；在共享清单制度方面，在已有资源清单、目录清单、责任清单、权利清单的基础上有所创新，如负面清单制度及其审核机制（海南），由省信息化主管部门会同法制部门和编制部门论证和审核，公示后，负面清单之外的政务信息资源无条件提供共享。数据安全方面，在普遍建立分类分级管理、保密审查制度、风险评估和安全防护、灾备机制的基础上，重视安全管理岗位人员管理制度和安全培训工作机制的完善。数据质量方面，A类城市率先探索，在“谁主管、谁提供、谁负责”的基础上，提出“同步归集、实时更新”原则，确保数据准确、完整、时效、可用，由公共信息资源提供机构承担责任（海南、湖北、江西），或提出“谁采集、谁负责”“谁校核、谁负责”的原则，由公共管理和服务机构、市级负责部门担任质量责任，市大数据中心负责质量监管和实时监测评估(上海)。组织实施保障方面,A 类城市建立公共信息资源管理、共享工作的岗位责任制,要求各单位确定工作负责部门和具体职责,在同类制度设计方面也出现了创新,如"云长制""数据专员"制度探索建立,负责组织数字城市建设和数据资源管理和共享开放(贵州)。

(2) 考核监督工具在地方层面普遍运用,重点运用于公共服务环节,是对"互联网+政务服务"、政务公开、政府网站数据信息发布、公共数据开放的考核,结合群众投诉、差评、媒体监督、专家评议、第三方评估等方法评估政务服务改革效果。考核监督工具是在形成一系列完备工作制度之前最常运用的工具,多以工作任务量化评估的手段实现内部绩效管理目标。

(3) 科技支持工具持续运用于数据安全、数据共享、数据基础设施建设,新增运用于公共服务环节。科技支持工具在公共服务环节尤为重要,是实现政务数据共享、平台互联互通和融合应用的保障,具体表现为一体化政务服务网站和平台建设方面得到支持,部分 A 类试点城市对接国家政务服务平台,多数 A 类政府实现电脑端、手机移动端的一站式政务服务,在网上办事大厅、政务通类 APP、政府门户网站、12345 便民服务平台等方面开展平台融合应用,满足公众查询数据、使用数据和办理行政服务的需求。数据安全方面,建设政务数据汇聚共享安全管控平台、政务外网安全接入平台和政务 APP 安全检测平台,完善监测和防控系统,实现对威胁网络安全新方法、新技术的识别和防护。数据共享方面,A 类政府进一步要求实现"跨部门、跨区域、跨层级"的政务信息资源共享目标,通过政务系统的改造对接,由第三方信息技术公司与地方及部门进行对接,完成数据迁移和平台转换,是解决"存量"数据共享问题、消除"孤岛"的做法之一。基础设施建设方面,大数据中心、大数据基地、大数据资源中心等数据中心项目成为技术支持的主要载体,在第三阶段全面铺开,作为数据存储和灾备基地,汇聚公众、企业、政府三类数据,集中提供基础环境和计算、网络、存储、软件等资源和服务。B 类政府发展稍慢,仍在抓紧建设数据共享平台、政务系统和政务云迁移、基础数据共享库建设、政务服务的移动端平台建设等。

(4) 人才支持工具运用数量增加,从第二阶段重点作用于产业孵化环节

（支持大数据人才培养），调整为数据共享、信息发布、公共服务、产业孵化环节并重。前三者作用对象为政府部门工作人员，将数据开放共享和公共服务的工作业务培训纳入干部培训课程，增加专业素养培训内容。产业孵化的人才支持则以人才培养和引进的方式，如将大数据云计算人才纳入各省市“千人计划”“百人计划”，鼓励企业联合培训机构开展专业培训和职业教育，鼓励当地高校通过建立重点实验室、研究院（所）吸引和培养一批专业人才等。

（四）劝导型工具

A类城市更重视公共价值环节的运用，B类城市更重视外部环境环节的运用，表现为A类城市在公共服务方面更多运用宣传推广工具，强调“一号一窗一网”政务服务加大宣传力度，利用传统媒体、互联网新媒体等实时传播特点，提升社会认知度和认可度。B类城市则更多运用于数字文化培养方面，综合开展学术会议、发展论坛、沙龙讲坛等宣传培训活动，策划创建信息化、大数据体验中心和成果展示窗口等，推广市民对信息化、大数据建设的感知。

（五）学习型工具

A类政府更多强调公共价值开发的多元化参与，B类政府更多强调公众参与和专家制度在开放和利用环节的运用，表现为A类政府鼓励数据利用主体与政府部门的信息化、大数据、数据开放主体开展合作，共同利用和开放公共数据价值形成各类成果应用于社会服务、市场监管、行政监督等领域。B类政府的公众参与更多体现在信息发布、政务公开的政府回应和反馈情况的参与上，通过留言评论、在线访谈、征集调查、咨询投诉、即时通信等功能实现互动，政府部门通过进度透明、数图解读、及时发布等做好回应和舆论引导工作。另外，专家制度工具逐渐深入政府数据开放生态系统各个环节，如数据共享的合法性、安全性问题，涉及专业性较强的应当召开专家论证会；数字政府建设的建言献策需要建立专家组出谋献策；公共数据管理相关的政策措施、标准规范、项目评审、申请采集、系统建设等应当经过专家委员会评审；政府数据开放涉及技术、法律、安全、知识产权等专业问题，应当由大数据专家咨询委员会给出专业意见；地方出台政府数据开放共享相关法律法规草案之前，需要数据开放共享专家组出席立法听证等。

四、快速发展阶段政府数据开放的政策工具偏好和薄弱环节

政府数据开放的快速发展阶段也是我国“十三五”规划建设时期，政务服务改革成为该阶段最主要的背景之一，以政务信息资源共享和开放试点、“互联网＋政务服务”、政务公开等为主题的政策文件在国家和地方层面出台和推进实施，数据资源管理、数据采集/汇集、数据质量、数据安全、社会化利用、公共服务方面，政策工具运用种类愈加丰富，由第一阶段的专注“开放数据”环节的内部基础建设，到第二阶段的促进“利用数据”环节的外部价值延伸，转向第三阶段的专注“开放数据”环节的内部管理与能力建设，为更好地促进“利用数据”和提升“公共价值”夯实基础。

(1) “开放数据”环节政策工具增加运用更具针对性、操作性的管理办法、法规标准工具，新增关注数据质量细节环节。国家层面出台政府信息资源共享、政务服务、政务公开等一系列管理办法、指导意见、实施细则、工作方案等，将“数据治理”理念具体化和细节化，使得政府数据开放的数据描述、数据采集、数据质量、数据共享、数据安全、信息数据发布等能够找到国家层面的政策依据。在落实国家以指导指示工具要求制定“政务信息资源目录”“政府数据共享开放目录”，保障数据“完整性、可用性、时效性”，保障共享平台安全，加快“构建政务信息共享标准体系”和完成政府部门数据信息按网站发展指引进行公开等工作任务的前提下，地方政府着重运用法规标准、管理办法和体系建设工具，出台了关于政务信息资源数据采集、质量管理、目录分类、共享交换、平台对接和运行、网络安全等一系列标准规范，尤其优先制定数据采集/汇集和数据质量管理方面的标准规范。并且，重视运用能力建设型工具对信息发布、数据共享、数据安全环节的把关并在工作机制工具上有所创新，如政务公开的绩效评估引入回应机制，政府信息资源共享和数据开放在原有分类管理和清

单制度的基础上探索制度创新，如共享信息分类有按基础和业务区分[①]（广州），有共享负面清单制度和负面清单审核机制[②]（海南）等。可见，地方政府数据开放的标准体系建设和制度创新在第三阶段有所体现。

（2）“利用数据”环节运用激励型和学习型工具体现地方政府的外部合作意愿：在产业孵化环节运用融资合作、许可工具，鼓励大数据云计算产业在地方投产建设数据中心，授权许可第三方企业开发利用政府数据并提供政务服务网站运维服务等；另一方面配合运用学习型工具中多元化参与和专家制度工具，鼓励数据利用主体与政府部门的信息化、大数据、数据开放主体开展合作，鼓励数据类专家学者参与政府数据开放生态环节中涉及的合法性、合规性、安全性等相关政策措施建议、立法标准研究和项目评审。

（3）“公共价值”的公共服务方面，国家层面强调体系建设，地方层面大量配合运用激励型、能力建设型工具。如示范评选、政策试点、政府采购与外包、表彰奖励等，分别对应于“一号一窗一网”政务服务改革试点和示范评选，公共服务应用相关大数据产品的政府采购和外包，对在促进政府数据开放共享和提高公共服务质量方面有突出贡献的个人和单位给予表彰奖励等举措。另外，能力建设型工具中考核监督和科技支持工具双管齐下，前者结合公众反馈、媒体监督、专家评议、第三方评估对政务服务、政务公开、数据开放共享等进行工作评估；后者支持一体化政务服务网站和平台建设，以及网上大厅、政务APP、门户网站、便民平台等多平台融合应用。另外，地方政府还运用劝导型工具，如A类城市利用传统媒体、新媒体等宣传推广“一号一窗一网”政务服务，B类城市通过讲座沙龙宣传培训活动、大数据体验中心和成果展示窗口等对数字文化形成起到促进作用。

由上可见，快速发展阶段的政府数据开放除了落实国家关于政务服务改革各项任务外，“数据治理”理念深入政府数据开放生态系统各环节，专业化、

① 广州市政府：《广州市人民政府关于印发广州市政府信息共享管理规定实施细则的通知》，转引自北大法宝数据库官网 https://pkulaw.com/lar/31d7bdef4f7bad7ef5907fa991c30cf2bdfb.html，2016年5月17日。

② 海南省政府：《中共海南省委办公厅、海南省人民政府办公厅印发〈关于全面推进全省政务公开工作的实施意见〉的通知》，转引自北大法宝数据库官网 https://pkulaw.com/lar/fdcf4094d60d55dac2593ddbf2089e90bdfb.html，2016年12月19日。

精细化和地方特色正在形成，第三阶段政府数据开放共享的政策工具内容部分回应和缓解了第一、第二阶段提到的信息孤岛、数据质量较低、数字文化缺失方面的问题，并且地方的政府数据开放对政府数据开放生态各环节的建设也初见雏形，但地方政府数据开放的实现路径和思路还需条理化，在未来可能面临以下未解决的问题以及潜在的挑战：

(1) 待解决的阶段遗留问题，新增与政务公开的概念区分和工作衔接问题。目前政府信息资源开发利用的提法已经逐渐被政府/政务/公共数据开放利用所替代，信息公开、政府数据开放则在部分地区被纳入政务公开范畴，由此可推断在实践层面的政府数据开放与信息公开、政务公开还将长期混同。而从政府数据开放实践发展较快的城市看，专门法规政策的出台成为必然，但由于国家层面关于政府/公共数据开放上位立法还未出台，地方层面尝试制定出台政府数据开放与城市发展策略和具体服务应用相结合的政策，比如《上海市公共数据和一网通办管理办法(2018)》《浙江省数字经济促进条例(2020)》和《杭州城市大脑赋能城市治理促进条例(2020)》等。

(2) 劝导型和学习型工具的深度运用有待开发，从目前的三个发展阶段来看，这两类工具通常作为命令型工具和能力建设型工具的辅助配合运用，作用环节和种类数量较为有限。但对地方政府而言，劝导型和学习型是强制性较小、灵活性较大的两类工具，也是地方具有较多自主权和可创新性的工具类型，仍有较大的探索空间。虽然目前专家制度和会议赛事工具已经被越来越多的城市运用，且专家制度逐渐融入政府数据开放生态的各个环节，但在数字文化培养和公众参与上还有创新空间。

第五节　本章小结

一、中国政府数据开放政策工具运用的阶段特点

中国政府数据开放经历了信息公开为主导(2004 年至 2013 年初)、国家战

略引导(2013上年半年至2016年初)、政务改革驱动(2016年上半年至今)为重要标志的三个发展阶段,对应于国家及中央政府阶段性目标为"社会信息化发展""促进产业发展和经济生活提质增效""打造责任型、服务型、数据能力型政府",与政府数据开放密切相关的政策工具内容分布在以"信息资源开发利用、信息公开、信息保护、信息共享、信息消费、'大云物联'、网络安全、政务信息资源共享、政务公开、政务服务"等为主题的法规政策中(见图3-8)。三个阶段的政策工具运用整体情况呈现出国家以命令型工具为主,辅以激励型工

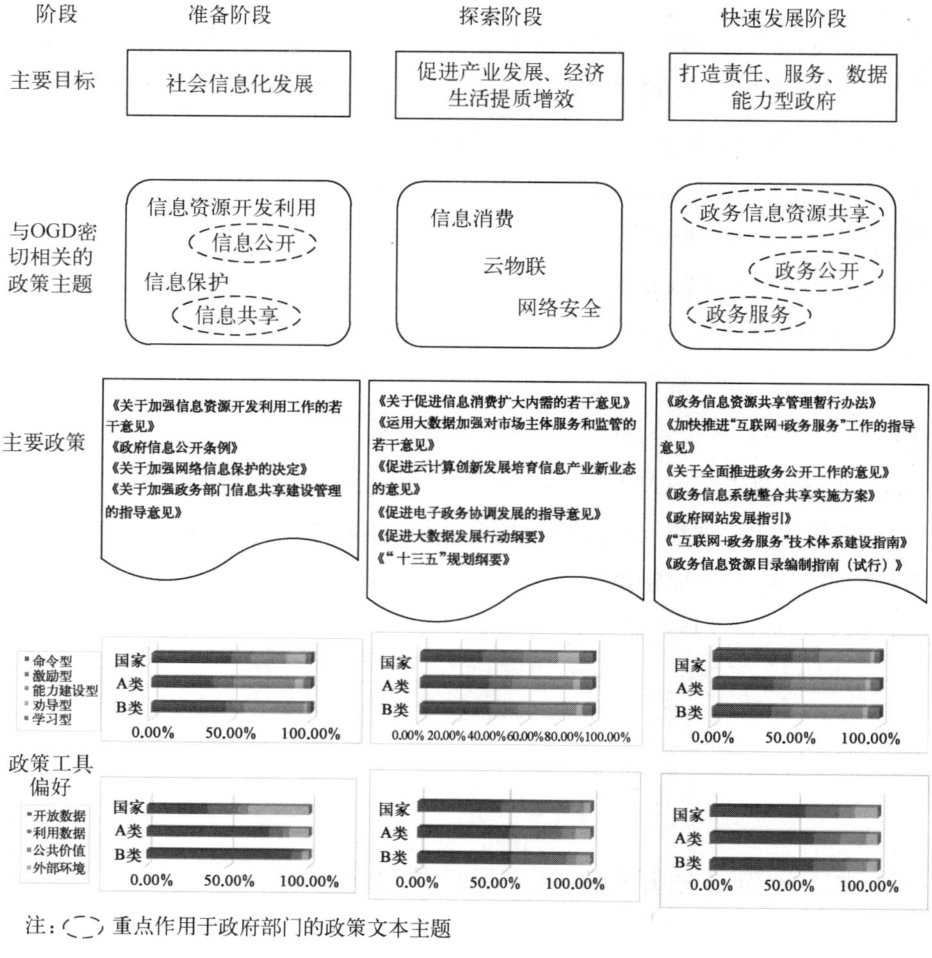

图3-8 中国政府数据开放三阶段发展的目标、政策主题、政策工具分布情况一览

具运用，地方以能力建设型和命令型工具并重，国家和地方层面的工具运用差异性较大，地方层面工具类型和环节运用比例分布趋于一致，地方之间差异体现在具体环节的工具运用上等特点。

（一）第一阶段：以基础设施建设的"硬件"准备、信息共享意识和制度准备、信息发布的工作制度和考评机制形成、对外提供"开放利用"的意识形成等为主要特征

国家和地方运用了5类政策工具、共21种具体工具。包括指导指示、工作制度（权威）、权力下放、管理办法、体系建设、计划规划、法规标准，政府采购外包、资金投入、政策试点、处罚处分整改，信息支持、科技支持、人才支持、工作制度（组织）、公共服务、考核监督，宣传推广、鼓励号召，以及公众参与、多元化参与工具。重点环节集中在"开放数据"如基础设施建设、信息共享、信息发布，以及"利用数据"的社会化利用环节，前三者工具运用较为丰富，社会化利用环节仅运用鼓励号召工具，数量居多表明对外提供利用服务的意识形成，尚未有实质性配套政策出台。国家层面在组织实施保障环节也较为重视，围绕信息公开工作要求下级政府和部门完善制度保障。国家和地方差异性表现为：

基础建设环节，国家是"指导指示＋工作制度（权威）＋资金投入"为主的"命令型—激励型"工具运用，保障信息资源在"各级政府部门的管理、更新、维护、保存和利用"。地方通过"计划规划＋管理办法＋法规标准"的命令型组合落实系统、网站、数据库、资源中心等建设，并向基层延伸。

共享方面，国家运用"指导指示＋政策试点＋科技支持"工具，要求加强领导责任长效机制建设、开展省市试点和推动信息共享工程建设，地方层面则在参考国家政策工具运用的基础上，增加运用"管理办法＋工作制度（权威）＋体系建设＋工作制度（组织）"工具，对信息共享工作涉及的领导部门组织和协调、信息化主管部门制定办法和标准、信息中心支撑维护、监督部门检查评估等工作进行制度规范和共享平台系统一体化建设。

信息发布方面，国家和地方的工具运用相对成熟，重点运用了"指导指示＋工作制度（权威）＋权力下放＋法规标准”的命令型工具，地方层面落实时，增加运用“监督考核＋公众参与”的能力建设型和学习型工具。

（二）第二阶段，以“数据治理”理念显现、激励型政策促进产业发展和公共服务、地方政府更专注于相关制度完善等为主要特征

国家和地方运用了5种政策工具类型、共30种政策工具，其中国家层面工具运用变化甚微，地方层面变化较大，在第一阶段的基础上，新增部门设置、产业策略、市场策略、研究探讨、融资合作、财税优惠、优先项目、专家制度、会议赛事工具，分别属于命令型、激励型和学习型工具类型。重点环节增加数据资源管理、数据采集、数据安全，产业孵化、市场培育，以及公共服务分别对应“开放数据”“利用数据”和“公共价值”三大环节。新增工具体现出政策工具作用对象正从政府部门内部向外部社会延伸，资金成本为主的激励型工具正配合市场策略和产业策略大量运用于“利用数据”环节。阶段特点和央地差异性表现为：

1. “开放数据”环节，工具运用深入细节

信息公开方面，国家和地方增加“公共服务＋信息支持”的能力建设型工具，强调为公众提供更多民生相关的信息内容和获取信息资源的平台渠道。

数据共享和数据安全方面，国家在“指导指示＋工作制度（权威）”传统搭配的基础上，增加“体系建设”工具运用，强调网络信息安全共享机制和保密标准体系建设，在此基础上国家强调数据共享的工作制度的科学性和规范性，增加“工作制度（组织）＋研究探讨”，试图在国家层面巩固数据共享的制度内容。地方层面，A类政府延续第一阶段的作法，以“指导指示＋工作制度（组织）”为核心的命令型—能力建设型工具组合为主推进数据共享，而B类政府则增加运用“信息支持＋科技支持＋考核监督”的能力建设型工具，表现为《资源目录》编制、新建政府信息化项目及其管理、政府共享工作纳入考核等更具操作性的政策工具大量运用。

基础设施建设方面，地方层面增加运用激励型工具，A类政府倾向运用政府采购与外包工具，B类政府则侧重“融资合作＋财税优惠”工具，体现出地方

财政和经济发展水平对基础设施建设的影响，A类政府为省级和直辖市城市以金钱直接给付形式购买第三方提供的数据基础设施服务和应用，B类政府则以引入外部资本和减免税收的间接方式鼓励社会力量参与建设数据基础设施。

此外，在数据资源管理和数据采集方面地方率先国家进行探索，如A类政府运用"部门设置＋信息支持＋研究探讨"工具，其中部门设置工具表现为建立数据资源管理局/中心/部门或大数据(发展)管理局/中心等，将政府数据开放作为大数据管理的一部分，负责指导协调数据共享开放工作、制定大数据相关规章制度以及负责监督检查考核等工作。数据采集环节，B类城市要求制定采集规划，并出台管理办法规范信息采集制度，综合运用了计划规划、管理办法和工作制度(组织)工具。

2. 促进数据利用，在"社会化利用"的基础上，新增产业孵化和市场培育环节

从运用"命令型—劝导型"工具走向"激励型—学习型"工具，作用对象也从政府部门机构及其工作人员、非特定公众和企业，扩展和转向大数据企业、第三方数据服务企业以及具有专业数据能力的专家及人员。表现为资金支持类激励型工具的大量运用如融资合作、财税优惠、政府采购与外包等对大数据建设项目及其促进政务大数据开放共享的项目给予支持，以及学习型工具如专家制度和会议赛事工具的加入，通过建立大数据专家委员会、开展数据开放创新应用竞赛等方式推动政府开放数据的利用。

3. 公共服务方面，国家层面开展公共数据开放利用改革试点

A类和B类政府中的特大型城市开始探索政府数据开放利用在公共服务领域的应用，运用"示范评选＋信息支持＋工作制度(组织)＋科技支持"的"激励型—能力建设型"工具推进，如对民生类和市场监管类大数据与云计算示范工程和平台服务予以示范应用支持，对地方"一站式服务""一网通办"等公共服务中需要政府数据共享开放予以支撑的政务数据集进行内部整合和共享，制定领导协调机制和联动办事工作机制，对统一平台建设和通用基础设施服务等提供技术支持。

(三) 第三阶段,国家到地方将建设重点回归政府部门的基础设施、制度建设、工作机制等内在因素和环境条件的阶段,以"数据治理"细节化法制化趋势、外部合作意愿增强、经济和公共价值进一步挖掘、地方工具运用差异性加大等为主要特征

国家和地方运用了5种政策工具类型、共32种政策工具,新增工具为激励型工具中的表彰奖励和许可,在地方层面展开运用。重点环节新增数据描述、数据质量、城市治理、组织实施保障和数据文化培养,具体工具类型数量趋于稳定:

1. "开放数据"环节,工具运用体现法制化趋势

"开放数据"环节政策工具运用更具针对性、操作性的管理办法、法规标准工具运用增加,新增关注数据质量细节环节。国家层面继承第一阶段在制度准备方面的做法,运用"指导指示+工作制度(权威)"工具,通过出台政府信息资源共享、政务服务、政务公开等一系列暂行办法、指导意见、实施细则、工作方案等,为地方政府提供具操作性、指南性质的操作规范。在落实国家要求制定"政务信息资源目录""政府数据共享开放目录",保障数据"完整性、可用性、时效性",保障共享平台安全,加快"构建政务信息共享标准体系"和完成政府部门数据信息按网站发展指引进行公开等工作任务的前提下,地方政府着重运用法规标准、管理办法和体系建设工具,出台了关于政务信息资源数据采集、质量管理、目录分类、共享交换、平台对接和运行、网络安全等一系列标准规范,尤其优先制定数据采集/汇集和数据质量管理方面的标准规范。同时,大量运用能力建设型工具对信息发布、数据共享、数据安全环节严格把关并在工作机制上有所创新,如将政务公开的绩效评估引入回应机制,政府信息资源共享和数据开放在原有分类管理和清单制度的基础上探索制度创新,如共享信息分类有按基础和业务区分(广州),有共享负面清单制度和负面清单审核机制(海南)等。

2. "利用数据"环节,运用激励型和学习型工具体现地方政府的外部合作意愿

一方面,在产业孵化环节运用融资合作、许可工具,鼓励大数据云计算产

业在地方投产建设数据中心，授权许可第三方企业开发利用政府数据并提供政务服务网站运维服务等；另一方面，配合运用学习型中多元化参与和专家制度工具，鼓励数据利用主体与政府部门的信息化、大数据、数据开放主体开展合作，鼓励数据类专家学者参与政府数据开放生态环节中涉及的合法性、合规性、安全性等相关政策措施建议、立法标准研究和项目评审。

3. “公共价值”的公共服务方面，国家层面强调体系建设，地方层面大量配合运用激励型、能力建设型工具

如示范评选、政策试点、政府采购与外包、表彰奖励等，分别对应于“一号一窗一网”政务服务改革试点和示范评选，公共服务应用相关大数据产品的政府采购和外包，对在促进政府数据开放共享和提高公共服务质量方面有突出贡献的个人和单位给予表彰奖励等举措。能力建设型工具中考核监督和科技支持工具双管齐下，前者结合公众反馈、媒体监督、专家评议、第三方评估对政务服务、政务公开、数据开放共享等进行工作评估；后者支持一体化政务服务网站和平台建设，以及网上大厅、政务 APP、门户网站、便民平台等多平台融合应用。

4. 地方层面的政策工具运用偏好差异性加大

如 A 类政府在数据质量、组织实施保障方面，比 B 类政府更早运用工作制度（组织）工具探索相关管理制度的创新。比如建立公共信息资源管理、共享工作的岗位责任制，“云长制”“数据专员”制度探索。又如劝导型工具的运用中，A 类政府更重视公共价值环节，运用宣传推广工具，强调“一号一窗一网”政务服务加大宣传力度，B 类政府更重视外部环境环节，运用于数字文化培养方面，综合开展学术会议、发展论坛、沙龙讲坛等宣传培训活动。学习型工具，A 类政府更多强调公共价值开发的多元化参与，B 类政府更多强调公众参与和专家制度在开放和利用环节的运用。

二、中国政府数据开放的政策工具运用特点和规律

在前文的分析中发现，中国政府数据开放政策工具的 5 种类型运用具有

一定的特点和变化规律。

1. 命令型工具运用具有传导性和转化性

(1) 命令型工具的指导指示和工作制度(权威)工具,从中央到地方具有较强的传导性,如第一阶段和第三阶段,国家在对信息公开、政府信息资源开发利用、政府信息资源共享管理、政务服务改革提出指导意见和鼓励社会化利用的情况下,地方政府同样以指导指示和工作制度(权威)工具要求制定与公开、开放利用、共享管理、公共服务相适应的管理办法、规范制度。同样具有传导性的工具还有劝导型的鼓励号召工具,表现为国家和地方鼓励个人、企业、社会力量进入信息资源开发和大数据应用开发领域。工具的传导性更多体现中央精神的自上而下传递和地方政府研究实现的路径,较少体现地方政策的自主性。

(2) 中央以命令型工具对信息资源管理、数据共享、信息发布和组织实施保障提出要求时,地方政府通常将其转化为信息支持、人才支持、科技支持、工作制度、考核监督等能力建设型工具配合命令型工具共同运用,且各地的反应时间和侧重点有所不同,表现为第一阶段中央提出的指导指示内容,在第一、第二阶段均有地方政府陆续配合运用能力建设型工具以实现指示目标,A 类政府更多作用于公共服务和外部环境环节,B 类政府集中作用于“开放数据”环节。

2. 激励型工具运用中体现继承性、便利性、创新性

(1) 激励型工具中最常使用的处罚处分整改工具,从信息公开发展时期便经常运用,并延续到信息资源开放共享管理、政务公开和政务服务方面,主要作用于政府部门内部,与能力建设型的工作制度(组织)和考核监督工具配合使用。由于行政文化和制度习惯已经养成,所以也一定程度上体现了“权”的便利性。另一方面是“钱”的便利性,体现在金钱类激励工具的运用。

(2) 激励型的金钱类工具运用较多的是政府采购与外包、专项资金、资金投入、财税优惠、融资合作,重点作用于“利用数据”环节,与产业策略和市场策略组合运用。在 A 类和 B 类城市略有不同的是,与地方财政能力和经济基础实力相关,在实力允许的情况下更倾向于运用类似直接提供的给付类工具,表

现为A类政府在政府采购与外包、专项资金、资金投入等运用比例更高，B类政府更愿意运用财税优惠和融资合作方式促进产业发展。

(3) 激励型工具的创新性体现在对已有工具的变化使用以及尝试更专业的工具，比如在处罚处分整改工具的运用基础上，提出对个人、集体在促进数据共享开放和推动大数据应用产生公共价值方面有突出贡献的，给予表彰奖励。又如，运用许可工具，由于政府数据开放利用方面的许可，尚未出台用以规制各相关利益方责权的可操作的法律文本参考，同时，以往信息公开、信息资源开发利用的制度设计中也未突出许可工具的运用，因此，围绕数据请求权、收益权、付费(或免费)、数据安全与避免滥用、数据说明、豁免免责等内容制定的政府数据开放许可协议就成为少部分地方政府尝试创新的政策工具。

3. 能力建设型工具是转换器

(1) 从命令型工具中指导指示、工作制度(权威)转换为能力建设型工具的工作制度(组织)和考核监督，表现为中央和上级政府部门发布规定、规划、指导意见、管理办法，对政府数据开放相关工作提出基础建设和制度安排的要求和指引，地方和下级政府部门同期制订工作方案、行动计划等效力等级低、但操作性更强的政策文件，通过工作制度(组织)和考核监督工具来实现。该规律按时序变化观察同样适用，如第一阶段提出“加强‘一把手’对信息共享的领导，形成长效机制”，第二阶段即有“建立信息共享监督检查、考核通报、安全和保密审查”等制度。

(2) 劝导型工具的效用扩大有时需要能力建设型工具的配合，即宣传推广和鼓励号召工具有时需要信息支持(信息)、公共服务、人才支持、科技支持等工具的配合运用，如鼓励号召公共数据、政府信息资源的“社会化利用”，往往需要政府提供宣传和发布此类信息的场所(公共图书馆、档案馆)，发布相关资源的内容介绍，通过官方网站、媒体平台等让更多公众获知信息，并且为提高利用者数据信息素养提供一定的科普培训和工具资源。

4. 劝导型工具是信号灯也是试探器

劝导型工具的宣传推广和鼓励号召一方面向公众宣导了政府部门对政府数据开放和信息资源利用的意愿和态度，另一方面通过网络媒体、公共服务评分等反馈信息获知公众需求和服务建议。但劝导型工具的强制性和约束力较低，更体现价值观取向的影响力，其效用在短期内不易察觉。并且在对政府部门内部和对不特定公众运用该工具时效果存在差异，对政府部门内部由于行政体制本身形成的权威感，宣传和鼓励的作用对象相对集中和明确，效果可预期，对不特定公众由于政策意图的解读、服务的配套、公众的素养等影响因素较多，效果比较难以预期。因此，从运用的背景和数量来看，通常是中央政府或上级部门在准备推出某种行动战略或服务改革后，希望公众和社会力量共同参与，但未出台具体配套措施时运用的工具。

5. 学习型工具是催化剂也是实用工具

(1) 学习型工具具有多元化参与的特性，原则上作用于不特定对象，但由于政府数据开放利用对数据能力和文化素养有一定的要求和门槛，因此目前该工具真正发挥作用的对象群体往往是对政府数据开放利用有浓厚兴趣和具备一定知识背景的个人或企业。会议赛事和专家制度就是这类典型的工具，它们通过群体活动进一步提升兴趣和技能，从而更愿意参与到政府数据开放共享的活动中。同时学习型工具又是很好的催化剂，比如会议赛事的“以赛促用”对公共服务、信息支持(信息)、科技支持、产业策略工具的专业性和质量提升有很大帮助，又如专家制度在法规标准、工作制度(权威/组织)、公共服务工具的运用中能够较好地融入和配合运用。

(2) 学习型工具运用能够体现地方政府的自主性和创新性，通常在地方层面以会议通知、活动通知等等级效力较低的工作性文件发布即可，行政成本较低，但组织成本、平台对接要求较高，在考验地方政府的组织能力和号召力的同时，也留有较大的自主创新的空间，如目前学习型工具在触动非专业型公众参与方面还有较大的探索空间。

综上，中国政府数据开放进入快速发展阶段，整体而言国家和地方政策工具的运用种类趋于饱和(共 32 种工具)，运用环节也有所增加。第一，第一、第二阶段遗留的信息资源“死”库、信息孤岛问题得以缓解；第二，数据管理规范和相关概念区分等问题在先行地区也以出台标准化工作方案和管理办法的形式予以应对；第三，始终存在社会参与度不高、影响力面较窄的问题仍有进步空间;第四,劝导型和学习型工具的运用还有待挖掘;第五,随着地方层面的政策工具逐渐丰富,A 类和 B 类政府的政策工具运用差异性逐渐凸显。

另外,在本章的政策工具梳理过程中还发现,由于国家层面尚未明确区分政府信息资源、公共数据、政务数据等概念,使得政府数据开放的界定边界比较宽泛,地方政府具有一定的自主权和解释权。并且从实践层面看,地方政府除了探索数据开放的平台建设外,还有很大部分体现在政府信息化、公共服务的数据支撑方面,地方政府数据开放的实现路径和发展策略存在差异性。

因此,在给出地方政府数据开放政策工具选择的对策建议之前,还需进一步了解地方层面的政策工具选择策略类型及其工具组合偏好。

第四章　中国地方政府数据开放的政策工具选择策略比较

2004年，中共中央、国务院发布34号文提出关于加强信息资源开发利用工作的若干意见，发出政府信息资源鼓励社会化利用的信号；2007年，国务院颁布第492号令宣布政府信息公开条例于2008年开始实施。它们在很长一段时间成为政府数据开放领域的权威性政策文件。直到2015年国务院第50号发布《促进大数据发展行动纲要》以及2016年国务院发布《政务信息资源共享管理暂行办法》等纲领、指导性文件，对政府数据开放提出"加快政府数据开放共享，推动资源整合，提升治理能力"等主要任务，为我国地方政府数据开放在快速发展阶段指明了重点领域与前进方向。

地方政府为了与国家层面配套和增强政策合力，全国除香港、澳门特别行政区和台湾地区外，各个省/市、自治区、直辖市积极在地方层面出台了相应的实施意见、规划纲要、管理办法，形成了指导当地执行政府数据开放共享政策的重要依据。同时，各地政府肩负行政任务执行和服务当地经济社会发展的双重责任，省级（A类）、副省级/地级政府（B类）在选择政府数据开放的政策工具时形成了基础建设型、产业推进型、服务应用型等若干策略。本章运用分层聚类方法和共现分析方法，首先找出8组类组，而后根据政策工具组合特点归纳出基础建设型、产业推进型、服务应用型3个选择策略。对不同类型的城市运用政策工具的组合进行分析和归类，以期从中找出不同类组地方政府选择工具组合策略的特点。

第一节 基于地方政府数据开放政策工具选择的聚类分析

一、数据来源和聚类结果

将本研究选定的28个省级政府和61个副省级/地级政府，分为A类和B类两组，以政策数量、政策力度平均值、力度标准差、政策工具总量、“命令型、激励型、能力建设型、劝导型、学习型”政策工具的分布比例，以及政策工具作用于“开放数据、利用数据、公共价值、外部环境”的比例分布，共13个指标（如表4－1）作为样本数据，利用SPSS22软件做Q型聚类，得出分组结果（树状图见附录7）：

表4－1　A类政府政策工具分布数据样本

	政策数量	力度平均值	力度标准差	工具总量	命令型	激励型	能力建设型	劝导型	学习型	开放数据	利用数据	公共价值	外部环境
上海	30	2.27	0.91	104	0.28	0.16	0.37	0.06	0.13	0.5	0.21	0.08	0.21
贵州	18	2.29	0.85	68	0.38	0.16	0.31	0.07	0.07	0.51	0.19	0.09	0.21
北京	19	2.42	1.07	61	0.43	0.18	0.3	0.05	0.05	0.57	0.21	0.11	0.1
福建	40	2.15	0.89	149	0.32	0.11	0.48	0.03	0.05	0.56	0.17	0.13	0.13
海南	26	2.3	0.99	113	0.31	0.08	0.47	0.05	0.09	0.58	0.17	0.16	0.1
天津	23	2.74	0.81	90	0.26	0.17	0.5	0.04	0.03	0.57	0.17	0.17	0.1
浙江	24	2.56	0.77	73	0.4	0.14	0.34	0.04	0.08	0.64	0.11	0.14	0.11
山东	31	2.23	1.06	106	0.41	0.13	0.33	0.02	0.11	0.58	0.23	0.09	0.1
河南	24	2.67	0.87	83	0.39	0.08	0.41	0.04	0.08	0.58	0.27	0.12	0.04
广东	37	2.43	0.99	168	0.43	0.11	0.4	0.02	0.04	0.63	0.15	0.16	0.07

续 表

	政策数量	力度平均值	力度标准差	工具总量	命令型	激励型	能力建设型	劝导型	学习型	开放数据	利用数据	公共价值	外部环境
陕西	22	2.45	0.89	72	0.46	0.18	0.31	0.01	0.04	0.68	0.14	0.14	0.04
四川	16	2.25	0.93	53	0.42	0.11	0.4	0.04	0.04	0.58	0.15	0.17	0.09
新疆	13	2.31	1.03	54	0.26	0.11	0.52	0.06	0.05	0.83	0.09	0.04	0.04
宁夏	23	2.73	0.77	64	0.36	0.11	0.45	0.02	0.05	0.69	0.08	0.13	0.11
江西	21	2.43	0.98	61	0.44	0.08	0.36	0.03	0.08	0.7	0.18	0.08	0.03
江苏	22	2.68	0.72	66	0.45	0.09	0.38	0.03	0.05	0.58	0.23	0.15	0.05
安徽	40	2.45	1.04	106	37	0.1	0.43	0.03	0.07	0.6	0.19	0.16	0.05
河北	19	2.79	0.79	78	0.41	0.12	0.36	0.06	0.05	0.63	0.29	0.03	0.05
湖北	28	2.25	1.11	90	0.32	0.1	0.48	0.03	0.07	0.64	0.2	0.09	0.07
湖南	31	2.05	1.09	72	0.31	0.11	0.51	0.01	0.06	0.63	0.13	0.18	0.07
吉林	18	2.5	0.79	48	0.48	0.04	0.46	0	0.02	0.79	0.04	0.15	0.02
辽宁	15	2.87	0.74	60	0.37	0.1	0.48	0.05	0	0.67	0.13	0.15	0.05
山西	20	2.9	0.85	64	0.44	0.11	0.36	0.05	0.03	0.59	0.31	0.06	0.03
甘肃	18	2.44	0.85	56	0.36	0.13	0.52	0	0	0.61	0.21	0.16	0.02
黑龙江	11	3	0.63	23	0.39	0.04	0.52	0	0.04	0.57	0.13	0.3	0
内蒙古	19	2.68	0.82	60	0.37	0.13	0.37	0.1	0.03	0.67	0.22	0.1	0.02
云南	23	2.22	1	68	0.35	0.06	0.53	0.04	0.01	0.71	0.16	0.13	0
重庆	20	2.85	0.88	92	0.4	0.09	0.43	0.01	0.07	0.61	0.24	0.11	0.04

A 类组：A1 组(广东、福建)，A2 组(黑龙江)，A3 组(天津、重庆、湖北、河南、上海、山东、海南、安徽)，A4 组(北京、内蒙古、江西、辽宁、宁夏、江苏、山西、云南、贵州、浙江、陕西、河北、湖南、四川、新疆、甘肃、吉林)。

B 类组：B1 组(贵阳)，B2 组(成都、福州)，B3 组(厦门、深圳、长沙、沈阳、宁波、青岛），B4 组（扬州、银川、郑州、南昌、铜陵、泰安、盘锦、武汉、滁州、淮北、常州、淮南、哈尔滨、蚌埠、佳木斯、济南等共 52 个城市）。

二、X 工具维度的特征分析和基本结论

根据上文聚类结果分组，并对每一组城市的政策工具运用比例按区间进行标识，得出表 4－2：

表 4－2 国家和 8 个类组地方政府数据开放政策工具运用比例分布标识

类型	工具名称	国家	A1	A2	A3	A4	B1	B2	B3	B4
命令型	指导指示	▲	▲	▲	△	△	△	●	△	△
	法规标准	●	○		●	○	△	●	●	●
	计划规划	△	●	△	●	●	●	●	●	△
	管理办法	○	●		●	●	●	△	●	△
	体系建设	●	△		●	●	○	●	●	●
	工作制度（权威）	△	△	●	△	△	△	△	△	△
	部门设置		○		○	○	○	○	○	○
	权力下放	○	○		○	○				
	市场策略	○			○	○	○	○	○	○
	产业策略		○		○	○	○	●	○	○
	贸易管制									
激励型	处罚处分整改	○	○		●	●	●	△	●	●
	财政金融		○		○	○	○	○	○	○
	专项资金	○	●		○	○	●	○	○	○
	政策试点	△	●	●	○	●	○	●	●	○

续 表

类型	工具名称	国家	A1	A2	A3	A4	B1	B2	B3	B4
激励型	示范评选	○	○		○	○	○	○	○	○
	政府采购与外包	○	○		○	○	○	○	○	○
	许可		○		○		○	○		○
	融资合作	○	○		○	○	○	○	○	○
	财税优惠				○	○	○	○	○	○
	资金投入	○	○		○	○	○	○	○	○
	表彰奖励		○		○	○	○	○	○	○
	优先项目	●			○	○			○	○
能力建设型	信息支持（信息）	●	△	●	△	△	●	△	△	△
	公共服务	○	●		●	●	●	●	●	○
	人才支持	○	●	●	●	●	●	△	●	●
	工作制度（组织）	△	△	●	△	△	△	△	△	△
	考核监督	●	△	●	△	△	△	△	△	△
	研究探讨	●	○	△	●	●		○	●	○
	科技支持	●	△	▲	△	△	△	●	△	△
劝导型	宣传推广	○	●		○	○	●	○	○	○
	鼓励号召	△	○		●	●	●	●	●	○
学习型	公众参与	●	○		○	○	○	○	○	●
	多元化参与	○	●	●	●	●	○	●	●	○
	会议赛事	○	○		○	○	○	○	○	○
	专家制度	○	○		○	○	○	○	○	○

注：○ 0.01%—1.99%，● 2.00%—4.99%，△5.00%—14.99%，▲ 15.00%—30%，空格 0.00%。

1. 从政策工具类型的整体分布看，国家和地方的工具运用具有较高的相似性

（1）命令型和能力建设型工具种类较丰富且运用比例相当，体现了我国目前政府数据开放共享以行政推动为主导、政府部门为主要作用对象的工具运用特点。对政府数据开放相关的资源建设、数据共享、开放利用等内容提出要求、制定规划，并以国家和地方的管理办法等规范性文件将主体责任和组织保障以制度的形式巩固和确立。同时，政府部门和相关工作人员的能力培养方面，予以较大的支持且表现出与行政级别的相关性，政级别越低，政策工具越倾向运用能力建设型工具。

（2）命令型工具更多运用具有强制性和建立调整规则的工具，比如指导指示、法规标准、专项规划、管理办法、体系建设、工作制度（权威），而对于需要更多人、财、物条件支持以及社会力量参与的市场策略、产业策略、贸易管制等工具则运用较少，并且国家层面比地方运用更少。

（3）激励型工具中传统的金钱类工具运用国家和地方较为类似，比如政府采购与外包、融资合作、资金投入，从信息资源开发利用的准备时期、服务“大云智联”等产业发展的探索时期到政务改革的快速发展时期，均涉及政府信息/数据资源以及相关服务平台和产品的建设和开发，政府部门运用以上传统工具鼓励社会力量参与资源的前期建设和后期运营维护。

（4）劝导型和学习型工具欠丰富，以具备一定的数据能力和素养的团队、企业、专家等多元化参与工具为主，而普通大众的文化普及和决策参与的公众参与工具运用较少，仍以公共服务的评议反馈等单向互动方式为主。

2. 单项工具的运用差异性体现

（1）国家层面，激励型工具的运用以政策试点、项目优先为主，对推动地方政府数据开放的发展予以间接和直接的支持。政策试点通过案例征选、试点申报、先行先试，促进地方政府重视信息资源的开放利用、政务数据的共享交换和开放，从而推动政府部门公共服务惠及民生、服务产业、提升治理能力等公共价值实现。如将“各类公共信息服务平台作用突出”作为征选条件的信

息消费试点①(工信部,2013),以"数据共享交换平台和政务服务系统整合"为基础的"互联网+政务服务"的信息惠民试点②(十部委,2016),以20多个领域公共信息资源开放为试点内容、"北京、上海、浙江、福建、贵州"五大城市先行的公共信息资源开放试点③(三部委,2017),以"专门鼓励数据开放、知识产权等公共服务带动产业生态高质量发展"的大数据产业发展试点④(工信部,2019)。项目优先体现大数据基础设施建设的重点内容,涉及开放、利用、公共价值等政府数据开放生态系统的多个环节,如强调支持"为数据共享开放提供基础支撑、解决行业共性问题的基础性公共平台类项目""提高公共服务供给的公益性综合类项目""利用数据资源培育新业态、构建大数据产业生态体系的创新创业类项目""建立数据要素流通交易机制模式、数据共享开放标准规范、数据安全隐私制度等的政策性支持保障类项目"的优先项目⑤(发展改革委,2016)。

(2) A1命令型工具中体系建设运用数量仅次于指导指示,是省级城市中较注重通过体系建设实现全省统一,在数据共享交换、公共服务、数据安全保障、大数据产业发展等方面实现省市(区、县)多级联动和形成政策合力的城市。广东省早在2006年城市信息化"十一五"规划中就提出"建立省、市电子政务数据中心和信息资源目录体系与交换体系"为各级政府和部门之间实现信息资源的交换、共享和开放提供支撑,2008年出台政务信息资源管理试行办法,明确由信息化主管部门统筹和建立,2013年提出法治政府建设指标体系,对政府信息公开机制和配套制度、依法主动公开和依申请公开等进行量化评

① 工业和信息化部:《工业和信息化部办公厅关于征选信息消费试点市(县、区)的通知》,转引自北大法宝数据库官网 https://pkulaw.com/chl/c32e334c1fa66185bdfb.html,2013年10月9日。

② 国务院办公厅:《国务院办公厅关于转发国家发展改革委等部门推进"互联网+政务服务"开展信息惠民试点实施方案的通知》,转引自北大法宝数据库官网 https://pkulaw.com/chl/86beac1b824ab8afbdfb.html,2016年4月14日。

③ 中央网信办、发展改革委、工业和信息化部:《公共信息资源开放试点工作方案》,转引自北大法宝数据库官网 https://pkulaw.com/chl/ab1911b97e3a24abbdfb.html,2017年。

④ 工业和信息化部:《工业和信息化部办公厅关于组织开展2020年大数据产业发展试点示范项目申报工作的通知》,转引自北大法宝数据库官网 https://pkulaw.com/chl/13c6fbac6bc84302bdfb.html,2019年11月6日。

⑤ 国家发展改革委办公厅:《国家发展改革委办公厅关于请组织申报大数据领域创新能力建设专项的通知》,转引自北大法宝数据库官网 https://pkulaw.com/chl/7da938bdfef751d6bdfb.html,2016年8月26日。

估;2015—2016 年政务服务体系和电子交换共享体系建设,为实现一门一网政府服务模式夯实基础;从 2016 年开始正式围绕数据的内部共享交换、外部开放利用与促进大数据应用和平台服务等,提出了完善政府数据采集体系、健全政府信息资源管理体系、加强网络和信息安全体系、政府信息共享标准体系、完善网上政府服务平台体系、数据目录标准体系等。福建省则更强调网络信息安全,2007 年在加强政府网站建设管理的意见中指出,要建立"多层次的完备的安全责任体系";2010 年"数字福建"要构建省市县三级联网的保密监控管理体系,提高信息安全保障水平;2015 年为运用大数据加强市场监管,提出健全信息资源管理体系,要在 2016 年底前实现政务数据资产常态化登记更新维护,规范政务数据全生命周期开发利用的精细化管理;2016 年"十三五"数字福建计划规划中,提出数据多元采集体系,政府数据采集汇聚,鼓励社会采集开发数据,拓展数据采集的渠道,以及"全方位、立体式的网络空间安全防护体系";大数据行动实施方案中,推动数据交易市场建设,建立"数据交易运营体系",通过建立大数据交易中心促进数据产权及衍生品交易,促进数据资源流通和汇聚,以及大数据标准规范体系,对涉及大数据采集,数据开放、分类、交换,数据质量、交易、安全保密等基础性、关键技术标准进行规范。在数据开放平台的现状中也可看出,广东和福建在 2019 年和 2020 年上半年"开放数林"指数排名中,"平台层"排名始终保持在 2—4 名,尤其是广东省在 2020 年下半年已实现全省及辖区地级市均已完成开放数据的平台上线。

(3) B1 命令型工具中法规标准的运用较多,激励型工具中相比政策试点更倾向于运用专项资金的工具,学习型工具的运用比较均衡,更多运用宣传推广、鼓励号召的劝导型工具。分析原因为产业发展战略上升为城市发展的重大战略后,对政策工具运用产生重要影响。表现为作用对象不仅仅是政府部门和工作人员,还需规制行业和市场环境,提供必要的外部环境保障,因此,除了传统的能力建设型工具外,用以建立规则和标准的命令型法规标准工具显得尤为重要,如贵阳市为响应国家和贵州省"大数据战略行动建设国家大数据综合实验区"以及中共贵阳市委"加快打造创新性中心城市"的要求,于 2017 年出台的《贵阳市政府数据共享开放条例》成为我国首部政府数据共享开放地方性法规，同年大数据标准建设实施方案出台，将关于公共数据的分类、开放、共享、安全管理、交换共享等关键共性标准建设纳入 2020 年需完成的主要目标中。激励型工具的专项资金运用于大数据产业发展所需的重大招商引资活动签约项目、科技园区大数据产业发展、创业项目孵化、应用技术研发等，并纳入财政预算，确保专款专用。劝导型工具的运用也主要围绕大数字文化的公众普及、数据共享开放和开发利用的理念传播、大数据产业招商引资、大数据公共价值挖掘鼓励第三方参与等内容展开。B1 类城市相对于其他国内城市是更接近于西方城市数据开放在法律法规规制下以市场需求为导向的数据开放推进策略。

（4）B2 命令型工具中管理办法的运用体现在“开放数据”和“利用数据”的特定环节和应用领域做了更细致的规制。如数据采集方面，成都 2003 年、2008 年、2014 年相继出台《企业信用信息管理办法》《企业信用信息的征集和使用管理办法》，为促进专门领域信息的公开和共享，营造诚信经营的市场环境，对信息的征集、发布、使用和使用等做出详细的管理安排，并及时废止和更新管理办法，保持内容的与时俱进。2016 年的《政务信息资源共享管理办法》对政务信息资源的政府部门内部共享做出了无条件、条件和不予共享三类的政务信息资源共享方式，并对基础设施、采集、共享、安全、监督检查做出了规定。2018 年出台《公共数据资源应用规定》则根据国务院《关于印发政务信息资源共享管理暂行办法的通知（国发〔2016〕51 号）》对推动数据资源整合和共享开放提升民生、经济、城市治理的公共数据应用水平而出台。对基础设施，资源目录，数据的采集、共享、开放和应用，相关权利保护等做出明确规定。福州则在门户网站群管理①（2010）、健康医疗大数据资源②（2017）、公共信用信息③

① 福州市政府：《“中国福州”门户网站群管理暂行办法》，转引自北大法宝数据库官网 https://pkulaw.com/lar/67c0a1ac48b145ebb187d75dffa92782bdfb.html，2010 年 4 月 28 日。

② 福州市政府：《福州市人民政府关于印发〈福州市健康医疗大数据资源管理暂行办法〉的通知》，转引自北大法宝数据库官网 https://pkulaw.com/lar/befcd9464996c3c89cc72379e3a07e95bdfb.html，2017 年 4 月 21 日。

③ 福州市政府：《福州市公共信用信息管理暂行办法》，转引自北大法宝数据库官网 https://pkulaw.com/lar/d6c179092fc1d9a1daca1a2d08ea7b0bbdfb.html，2017 年 11 月 17 日。

(2017)、政务网站管理[①](2018)、时空数据资源管理[②](2018)等专门领域出台管理(暂行)办法,并积累经验,在2019年集中出台一系列专门针对政务数据资源管理、公共数据开放管理、政务数据资源共享开放考核等管理办法和暂行办法,强调了专业性和系统性。由此,成都和福州在2019年和2020年上半年"开放数林"综合排名保持在第6名和第7名,政策准备度则稳定在地级市排名的第10名左右。

(5) A2是政府数据开放起步较晚的城市,自2015年起,黑龙江省开始运用指导指示、计划规划命令型工具,辅以能力建设型工具和政策试点工具,在信息资源整合利用、数据共享促进电子政务协调发展,数据共享推动"互联网+政务服务"信息惠民试点,政府公共数据共享开放平台和交换体系建设保障"互联网+政务服务"服务质量,强化考核监督和提高培训水平增强政务服务人员水平,强化数据资源整合共享、资源目录体系建设、共享交换平台建设等以适应大数据环境下"数字龙江"发展需求等方面进行探索。

(6) A3、A4和B3的工具分布情况表现出较高的相似性,从具体城市看,它们有信息化发展起步较早的城市,如A类省级代表的浙江、江苏、天津、陕西、河北、河南、内蒙古,B类城市的青岛、宁波;在电子政务、政府网站建设等基础较好的城市,如A类省级代表的上海、北京、山东、湖北;或在大数据国家战略时期抓住了发展机遇的城市,如A类省级代表的贵州、安徽,B类的沈阳、厦门;以及在政务改革时期加大政策支持力度的城市,如A类省级代表的江西、辽宁、湖南、四川、山西等,它们共同特点是能力建设型工具运用占比较高,在工作制度(组织)、考核监督,以及信息、科技和人才支持方面的政策工具运用较为平衡。

由上可见,从X-工具维度的特征情况看,各类组之间的差别不大,较为明显的差别体现在个别命令型工具的运用偏好上。

---

① 福州市政府:《福州市人民政府办公厅关于印发〈福州市政府网站管理暂行办法〉的通知》,转引自北大法宝数据库官网 https://pkulaw.com/lar/7d5fbe2b45e6f374591cfe50866a1544bdfb.html,2018年1月15日。

② 福州市政府:《福州市人民政府关于印发〈福州市时空数据资源管理暂行办法〉的通知》,转引自北大法宝数据库官网 https://pkulaw.com/lar/b216fcdc2d8ffc1b2b01863fd7a13edbbdfb.html,2018年2月22日。

三、Y 环节维度的特征分析和基本结论

根据本章第一节 A 类和 B 类政府聚类结果，按照政府数据开放生态环节维度进行工具数量统计，按每个类组的城市数量取平均值，得出图 4－1。

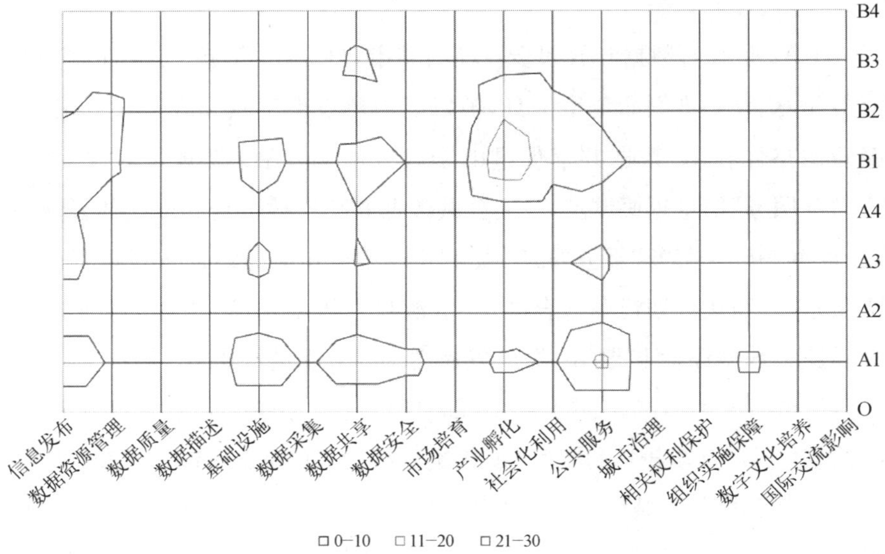

图 4－1 Y－政府数据开放生态环节维度的政策工具数量分布图

可见：

(1) 整体情况看，从“信息发布”到“数据安全”的“开放数据”环节的工具运用数量较多，普遍重视发布、共享、安全和基础设施等环节建设，这与政府信息公开阶段的工具积累、政府信息资源系统共享整合的政务工作上下贯彻执行、国家《网络安全法》的颁布为数据信息安全和权利保护提供法律依据等相关，但对数据质量、数据描述、数据采集等环节专门运用工具的情况较少。“利用数据”环节中社会化利用和产业孵化较为活跃，与国家到地方鼓励政府信息资源和大数据资源开放社会化利用、国家大数据战略实施和“大云智联”等支撑相关产业发展的实施方案、计划规划等的出台有较大关系，但市场培育环节工具运用较少。“公共价值”环节以政务数据内部开放共享、系统互联互通为

保障的“公共服务”环节发展较快，城市治理环节工具运用较少。“外部环境”环节，除了国家和少数省份在组织实施保障方面运用较多政策工具外，其他环节如“相关权利保护、数字文化培养、国际交流影响”等还有较大的探索空间。

(2) 与国家层面的环节分布相比，A类政府与国家情况更为接近（如A1和A3类组），B类城市则更具有灵活性和创新性（如B1和B2类组），分析原因为A类政府是省级，B类政府为副省级/地级城市，在行政层级上A类更接近中央，在政策精神的领会和传达方面有优势，尤其政府数据开放在我国仍是行政任务为主导的政府行为，因而离中央层级越近越表现出环节分布的相似性。而B类政府更接近政策执行层和基层工作，在政策实践层面较A类能够更快速地接收到用户反馈，并采取相应的行动，虽然政策工具的强制性和权威性有所减弱，但灵活性和快速反应能力更强。

综上，从X工具维度和Y环节维度可见，我国地方政府数据开放的工具分布特点与国家层面存在较多共性，为了发现更多差异性，下文从工具组合维度进行观察。

第二节　A类地方政府数据开放政策工具组合的共现分析

运用COOC9.9科学分析软件对各政策工具之间的关系进行共现分析，图中的横线代表工具之间有相关性，横线越粗表明相关性越大、横线所连接的两端政策工具同时出现的频率越高。圆点所在位置越居中表明离政策工具网络的核心节点越近，判断为核心工具/工具组合。由此，观察各个类组的工具组合特点。

一、A1类组的政策工具共现特征

(1) 指导指示—工作制度（组织）相配合，处于核心位置（见图4-2）。指导指示作为政府权威性、指示性的精神传导工具，在政府数据开放共享的各个发展

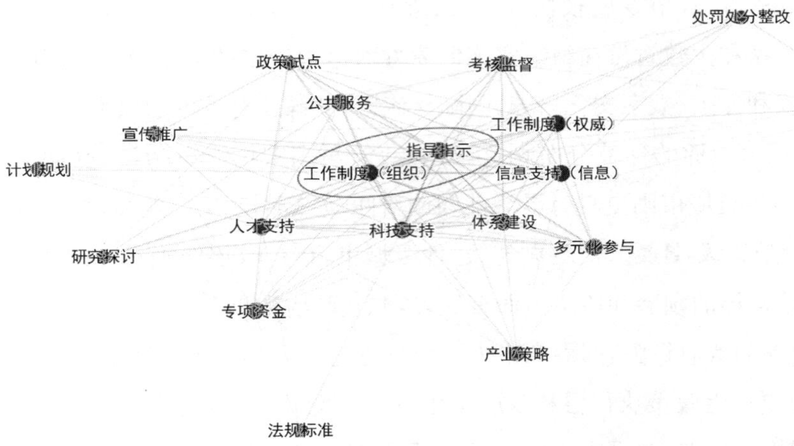

图 4－2　A1 类组的政策工具组合共现图

阶段发挥重要作用。在准备阶段，主要是对政府信息公开和公众回应提出要求，见于政府信息公开条例和政府网站体系建设的实施方案中，为政府数据开放共享打下基础。在探索阶段，指导指示重点对促进政府信息资源共享和外部利用提出指导意见，在信息化规划、“互联网＋”行动纲要、大数据行动计划中反复出现，对内重点针对政府信息资源/政务数据资源共享交换的资源、平台、工作机制、安全保护，进入大数据时代升级为对政务数据中心、公共应用平台、政务云的建设以及省、市、县（市、区）三级政务数据共享交换的要求；对外则强调政府数据统一开放平台的建设，以及数据市场环境的有序发展，尤其在大数据战略出台后，A1类组要求“制定出台配套政策，在安全保护和网络数据安全的基础上，围绕大数据发展环境所需的资产管理、交换、交易、个人隐私、数据资产权益等制度”进行探索制定。快速发展阶段，随着政务信息资源共享管理办法的正式出台和政务服务工作方案的通知，指导指示深入内部环节，比如政府部门数据资源的清查、采集和整合治理，部门之间数据资源共享的《共享目录》完善，与外部社会大数据的融合汇集和关联分析等新要求提出，将指导新一轮的政府数据开放共享的发展。

工作制度（组织）工具与之配合，信息公开相关的工作考核、社会评议、追责制度，数据共享相关的共享绩效评价制度、统筹协调管理制度，数据资源管理的分类分级管理制度，信息安全相关的等级保护制度、应急处理、风险防范，公共服务相关的数据共享交换机制、跨地市跨部门电子证照互认共享制度、处理反馈制度、效能评估和监督考核制度，以及保障大数据产业发展的部门间联席会议制度等紧随“指导指示”工具所作用的环节逐一建立。

（2）在与指导指示相关的众多关系中，体系建设、多元化参与、科技支持和人才支持四大政策工具与指导指示关系较为密切，表现为以政府数据开放共享为支撑的公共服务质量提升方面。体系建设为开放共享的制度和技术环境提供保障，多元化参与鼓励社会力量加入政府数据中心、云平台、应用端等基础设施建设和产品开发上，科技支持确保政府信息资源和公共服务在不同网站平台和应用端能够平稳获得和使用，人才支持则强调具有信息技术和精通政务服务的复合型人才的培养。

可见，A1 类组是较为重视数据开放共享的平台服务功能的城市（见图 4－3），这一点在《中国地方政府数据开放报告（2019 年下半年）》和《中国地方政府数据开放报告（2020 年上半年）》中也得以印证：广东和福建在 2019 年的平台

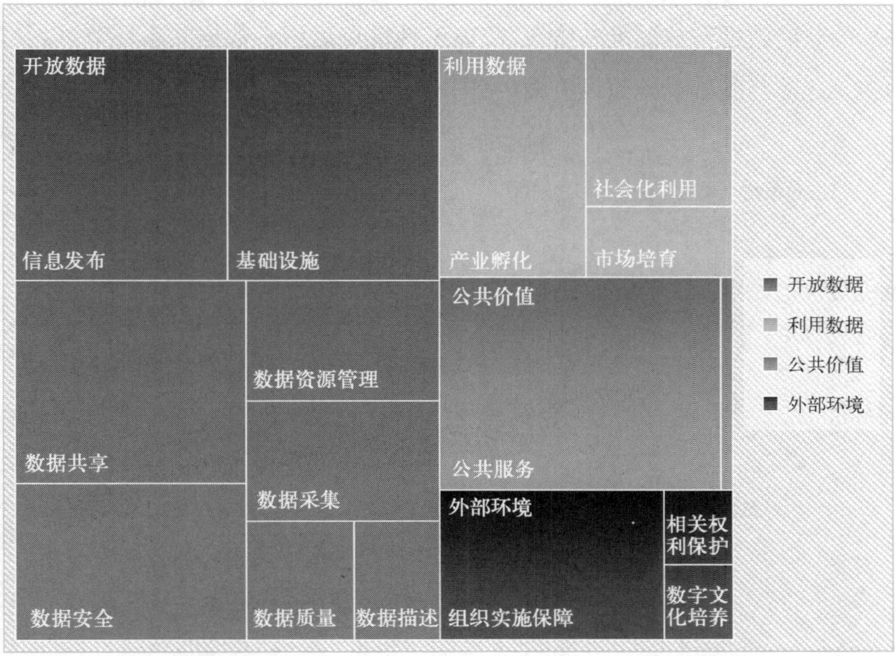

图 4－3　A1 类组政府数据开放生态环节政策工具分布

层排名中分获第三、第四名，广东省早在2016年上线平台，而福建省在2019年刚上线便表现出色，并且从2020年的综合排名看，保持在第五和第六名。相较于其他城市往往出现新上线时排名靠前，而后续维护和制度配套未能跟上导致排名下落较快的情况，A1类政府的平台发展较为稳健，这与体系建设、人才支持、科技支持等政策工具的组合运用大有关系。

二、A2类组的政策工具共现特征

A2类组是政府数据开放共享起步较晚的城市，从工具组合情况看（见图4－4），指导指示仍位于核心位置，而政策试点和计划规划与之距离相去较远，尚未形成政策合力。政府数据开放共享的地方性法律法规文件[①]和专门性管理办法尚未出台，与之相关的政策内容散见于电子政务发展实施意见、“互联网＋”行动计划、政务服务惠民试点、政务公开、信息化规划、数字城市规划等文件中。从发展阶段看，A2类政府仍处于政府信息系统整合共享和数据协同共享的政府数据开放的准备阶段，政策工具重点运用于数据共享环节，以及鼓励多元化参与基础设施建设方面（见图4－5）。

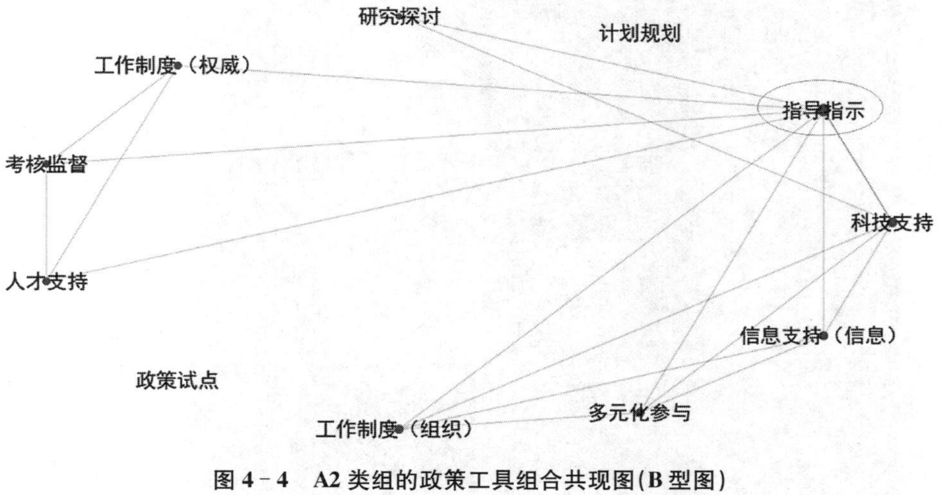

图4－4　A2类组的政策工具组合共现图(B型图)

① 苗地：《黑龙江省政府数据开放存在的问题与对策研究》，《商业经济》2018年第11期。

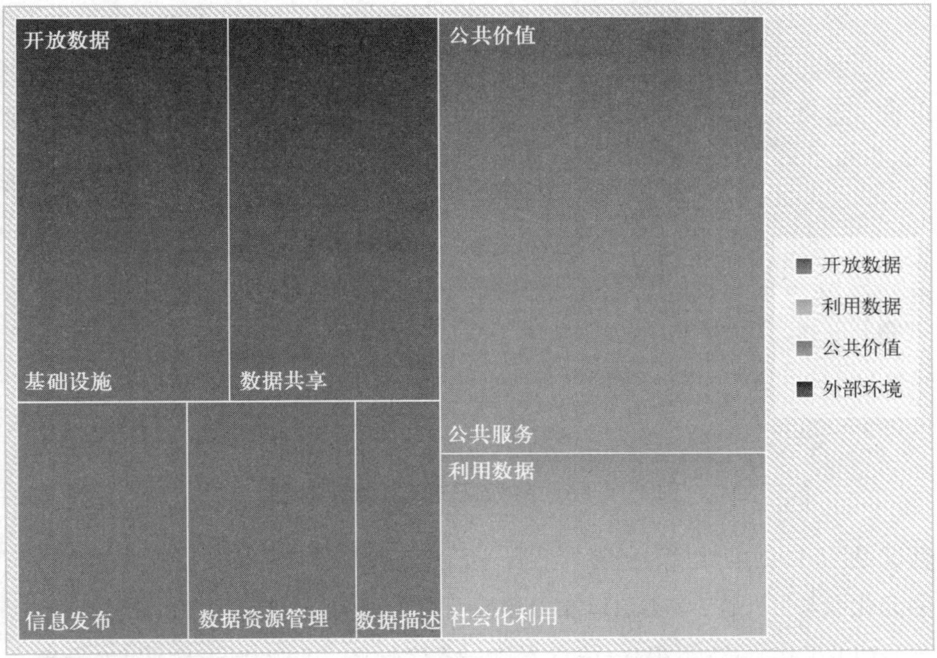

图 4-5　A2 类组政府数据开放生态环节政策工具分布

从 A2 类组的开放平台上线情况也能看出端倪，黑龙江省至 2020 年上半年仅哈尔滨市已开通数据开放平台，数据资源在省市两级分布不均，且尚未实现跨层级互联互通和数据资源共享，使得地方平台的建设经验和成功案例不能很快地传授复制。

三、A3 类组的政策工具共现特征

A3 类组是政府数据开放及与之关系密切的信息公开、政务公开、政务服务创新、大数据产业支撑等均衡发展的城市，观其政策工具共现网络分布呈现出：以能力建设型工具居核心位置，命令型和学习型工具处于中段圈层，外部由激励型和劝导型工具环绕的结构（见图 4-6）。从核心到边缘的工具相关力度表现，也呈现逐层递减的规律。能力建设型工具中工作制度（组织）、考核监督、科技支持、人才支持、信息支持等均可两两组合运用，其中最为普遍的组合

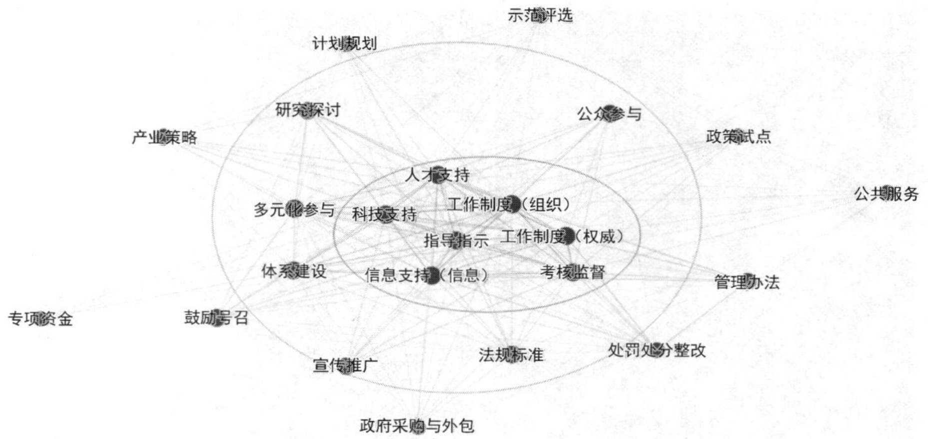

图4-6 A3类组的政策工具组合共现图

情况是“工作制度(组织)—考核监督—信息支持”[①]和“科技支持—人才支持—多元化参与”[②]，是A3类组以能力建设型为主，学习型工具为辅的常规组合。

(1) 工作制度(组织)—信息支持—考核监督：工作制度(组织)处于核心位置，与信息支持、考核监督形成“一体两翼”相关关系。“一体”指与政府数据开放共享相关的工作制度在组织层面的确立，“两翼”指提供开放共享的内容信息和确保实施的制度保障，即“信息”和“考核”。该工具组合的运用主要出现在信息公开为主的准备阶段和政务改革主导的快速发展阶段。如为推进信息公开，工作制度(组织)工具用以要求制定信息公开工作制度，实行信息发布保密审查机制，考核监督工具实行年度工作考评制度和责任追究制度，信息支持(信息)工具则给予政府各部门和公共事业单位在网站、报刊、广电等媒体上发布政府信息的权利。推进政务公开时运用了相似的工具组合，形成(“五公开”工作机制、信息公开联动机制、政务公开交流协作机制)+年度考核+(权力清单、责任清单、事项清单、公开目录)结构。政务服务创新中，主要利用该工具组合实现数据资源内部共享整合的摸底工作，是A3类政府在实现政府数

① 工作制度(组织)—考核监督—信息支持案例：TJ 2、10、13，CQ 16、20，HUB 13、21，SH 18、26，SD 24，HN 6、8、16，AH 16。

② 科技支持—人才支持—多元化参与案例：TJ 15、20，CQ 12，HUB 8、12，HEN 15、19，SD 11，HN 8、9，AH 7、17。

据内部共享的初期阶段较为常见的手段：(平台管理制度＋业务协同工作制度＋安全保障体系)＋(数据共享安全检查＋信息公开保密审查)＋政务信息资源共享责任清单。随着政府数字化转型实践的深入，对政务信息/数据资源的共享开放管理进一步细化，出现了单独的管理办法，工作制度(组织)工具制定开始对应于“开放数据”环节的各个阶段，如“一数一源、一源多用”原则的采集机制，“谁主管、谁提供、谁负责”的数据质量管理制度，保证数据质量的疑义和数据错误快速校核的质量监管机制，共享开放保密审查机制和网络安全管理及存储制度，以及推动开发应用的配套工作制度等陆续出现；监督考核涵盖的范围从共享工作向前后环节延伸，涵盖汇聚、共享、开放、应用、安全等环节，纳入部门年度考核和绩效评估工作中；信息支持(信息)工具主要为各类目录清单，如数据资源开放目录清单(正面或负面)、政务信息资源目录清单，通常由上级政务信息资源主管部门发布编制指南，由各部门按目录编制后逐级上报备案。

(2) 科技支持—人才支持—多元化参与①：能力建设型工具中科技支持和人才支持的组合反映出政府数据开放共享与新技术发展有很大关系，且仅凭政府部门一方提供信息资源和数据开放服务无法保证高质量和持续性发展。由此，多元化参与以公众反馈和企业、团队参与建设的形式来补强政府部门服务建设能力的不足。该组合主要出现在数据开放支持产业发展和以政务公开推动政务改革两个阶段，前者如促进大数据发展应用和大数据综合实验区建设，科技支持工具以政务云为载体，建设政务信息资源交换共享平台、数据库基础资源，建设数据中心和灾备中心，为吸引大数据企业和团队做好基础准备，人才支持工具表现为开展“产学研用”合作，鼓励高校设置大数据专业，培养数据科学和网络安全的储备人才，建设人才创新基地，对接国家、省级的人才计划等，多元化参与则鼓励企业参与“双创”平台建设，带动社会数据资源汇聚，鼓励科研院所、大数据企业等社会力量开展数据采集、加工、分析等研究；后者如为了促进政务公开，科技支持工具表现为建设跨部门跨层级联动、政务数据资源向基层延伸的统一服务平台，人才支持工具作用于公务员队伍，

---

① 科技支持—人才支持—多元化参与案例：TJ 15、20，CQ 12，HUB 8、12，HEN 15、19，SD 11，HN 8、9，AH 7、17。

开展政务公开的专项培训，并且纳入干部培训内容，实现全员覆盖，公众参与工具从参与渠道的广度和参与事项的深度两方面努力，即扩大公众参与政策制定、执行和监督，参与的渠道除了传统网站信箱、热线、访谈外，扩展到“两微一端”新媒体平台。

可见，A3类工具运用的均衡程度与其信息化基础发展水平和数据资源丰富程度相关（见图4-7），如发现其中包含三个直辖市，即天津、重庆、上海，以及所辖地级市数据开放水平较好或数量较多的省级城市，如山东省（地级市排名前15名中，山东省的地级市占半壁江山），安徽省（8个地级市已上线平台），另外，海南（2019）、河南（2019）、湖北（2020）虽然平台上线时间较晚，但平台上线后表现良好，分别位居第12、13、14名[①]。由此推断，政策工具丰富程度较高的情况下，工具选择与政府数据开放共享的平台和服务表现确有相关。

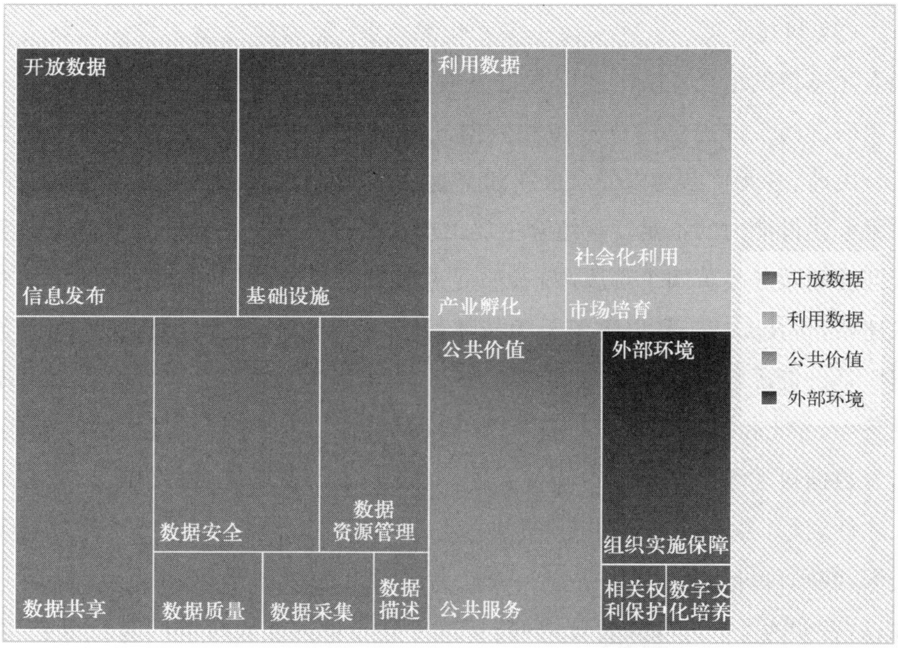

图4-7 A3类组政府数据开放生态环节政策工具分布

① 复旦大学DMG:《中国地方政府数据开放报告》系列报告，载中国开放树林指数官网 http://ifopendata.fudan.edu.cn/report。

四、A4 类组的政策工具共现特征

A4 类组从工具组合分布看，命令型和能力建设型的多种组合居于核心位置（见图 4-8），其中，命令型包括指导指示、工作制度（权威），能力建设型包括工作制度（组织）、科技支持、信息支持（信息）、考核监督。与 A3 类组略有不同，组合中强制性、权威性的传统工具组合形式占主导地位，以夯实数据资源共享开放的基础保障为主要任务。表现为“命令型—能力建设型”与激励型工具的搭配运用，两种典型工具组合形式为：

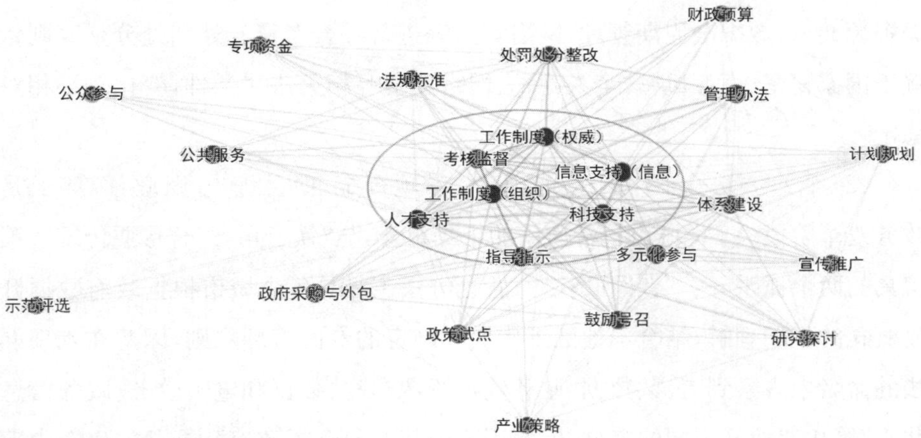

图 4-8　A4 类组的政策工具组合共现图

(1) 工作制度（权威）—考核监督—处罚处分整改[①]：行政管理工具铁三角，从信息公开阶段沿用至快速发展阶段。工作制度（权威）工具用以确立领导和主管部门责任，明确责任分工和范围；考核监督工具分为日常监管、全过程监测和年度工作考核，以确保政府工作人员按要求开放数据信息、提供公共服务。处罚处分整改工具涉及两方面：一是未按规定实行或考核不达标时启

① 铁三角案例：BJ 4、17，NMG 18，JX 11，LN 8、15，NX 21，SX 4，YN 13，S3X 12、13，HB 2，HUN 3、15，SC 7，XJ 4，GS 1。

动问责机制，责令整改、逾期不改则按规定处罚处分；二是公开、开放和提供服务的数据信息若涉及国家秘密、商业秘密、个人隐私保护问题的，将依法处置。该“铁三角”工具构成了信息公开、公共数据管理、政务信息资源共享等条例和管理办法的基本内容，有所不同的是：受政策议题专业性和复杂性的影响，领导责任和主管部门分工、考核内容更显专业性。如信息公开阶段由各级政府指导、协调、组织、实施，由政府部门及其指定机构负责日常工作；数据开放共享阶段涉及数据资源整合共享的内容，则成立“专项工作协调办公室/领导小组”或由省促进大数据发展联席会议、电子政务协调工作领导小组等负责协调重大事项，由发改委和经信部门负责云平台建设和运维。考核评估则由第三方或者主管部门会同发改委、网信、财政、政务服务等主管部门共同制定，对数据资源共享、数据全周期管理、网络安全等进行综合考量。处罚处分整改则依赖于国家秘密、商业机密、个人隐私、网络安全等相关法律条件，变化较小相对稳定。

(2) 管理办法—工作制度(组织)—专项资金/项目优先/财政预算[①]：是政务改革阶段 A3 类城市最常使用的工具组合，与“铁三角”组合形成传统政策工具的两个抓手——“钱”和“权”。管理办法工具是各个城市根据政府数据开放概念的不同理解，结合本地区工作实际制定的专门管理规则，因此在管理办法的命名中观察到“公共数据/政务数据资源/公共数据和电子政务/政务信息共享”等相似而又不同的名称，但作用范围基本包含了政府数据开放生态中数据共享、开放、安全、利用、服务等各个环节，具体如系统入云、安全审查、促进利用、安全保障、规范标准、整改罚则等相关规定。工作制度(组织)工具同样围绕生态各个环节提出要求，如“谁编制谁负责”的信息共享/数据资源目录制度，“一数一源”的采集制度，“谁主管、谁提供、谁负责”的数据质量管理制度，“谁管理、谁定级”的信息资源安全保密管理制度，以及风险评估、应急处理和灾难恢复等安全保障机制。激励型工具则灵活搭配专项资金、财政预算、优先项目等，通常包括为数据资源共享系统和平台建设提供专项资金，

① 特三角 2 号案例：BJ 18，JX 11，LN 8，JS 14，YN 13，GZ 7，ZJ 14。

日常工作费用纳入部门财政预算，在政府信息化建设项目中优先安排共享类项目等（见图 4-9）。

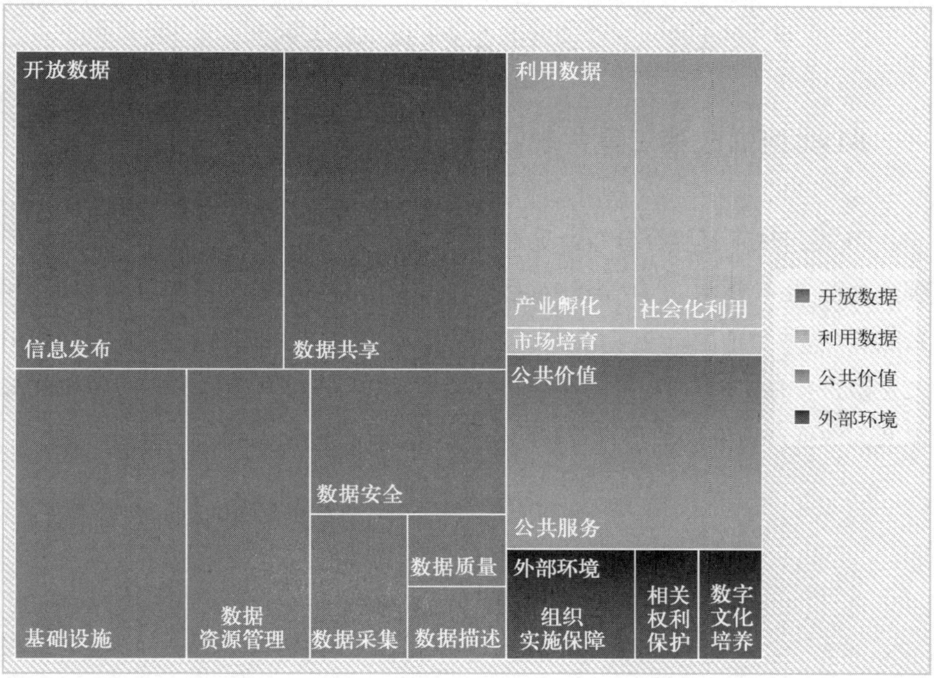

图 4-9　A4 类组政府数据开放生态环节政策工具分布

可见，A4 类组政府数据开放的政策工具运用较为中规中矩，集中运用了“命令型—能力建设型—激励型”的传统政策工具组合，并且作用环节有64.8%（699/1 078）在“开放”数据环节。分析认为，A4 类城市较为重视数据信息基础建设，如浙江、北京、贵州、江苏等，虽然发展 A4 类城市的数据开放发展程度有较大的区别，如既包括据《中国地方政府数据开放报告（2020 下半年）》平台评估排名全国前 10 位的浙江（1）、贵州（4）、北京（7）、四川（9）等省级代表，也包括平台未上线的内蒙古、辽宁、山西、甘肃、吉林等地，但由于同样经历了信息公开、大数据战略推动和政务改革的发展阶段，在政策工具运用上表现出的选择惯性和偏好较为相似，这也可成为城市之间相互学习借鉴的依据，即同类组城市之间政策工具移植嫁接的环境相近，借鉴成功的可能性更高。

第三节　B类地方政府数据开放政策工具组合的共现分析

一、B1类组的政策工具共现特征

B1类组从工具组合分布情况看(见图4-10),呈现出"多中心"特点,除传统命令型[指导指示、工作制度(权威)]工具核心外,新中心——"法规标准"和新组合——"激励型—学习型—劝导型"出现,政策工具运用的传统特点和多元化趋势并存,分析原因为省会城市的资源集中优势、信息化发展的后发优势以及大数据产业发展的契机等共同作用的结果。B1类的创新工具组合为:

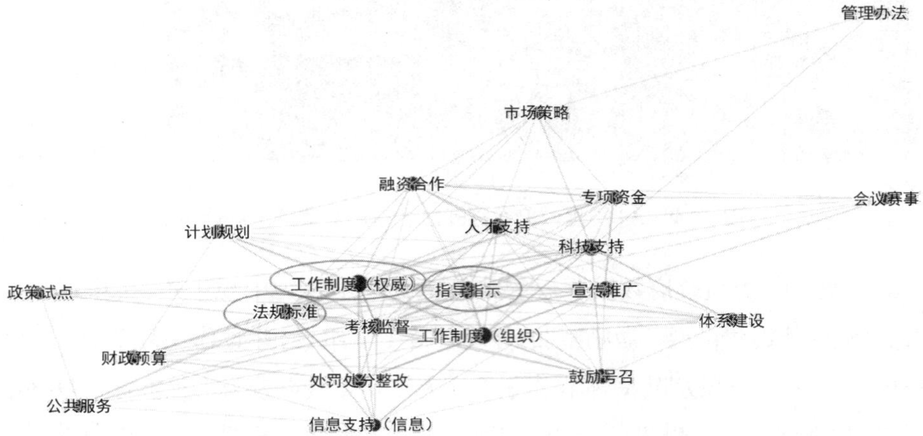

图4-10　B1类组的政策工具组合共现图

(1) 法规标准—工作制度(权威)—激励型①。法规标准是为信息公开和政府数据共享开放工作提供专门地方性法规,较其他省市的管理办法更具有权威性、政策力度更大。同时,工作制度(权威)体现专业性和跨部门合作性,为确保

① 法规标准—工作制度(权威)—激励型案例:GY 3、13、32。

跨层级跨部门的政府数据开放共享明确责任分工和责任主体，激励型则在传统的“处罚处分整改”负向给付工具向表彰奖励、财政支持等正向给付工具倾斜。如信息公开规定2015年修订后，在工作制度中提出“政府信息公开联席会议制度”，由政府办公厅（室）、工信、保密等相关部门组成，负责重大事项决策，行政机关应当建立“政府信息公开保密审查制度、受理登记制度和协调机制”，将工作经费纳入同级财政预算中。又如政府数据共享开放条例中，明确市政府发挥统一领导、统筹协调重大事项，区政府领导辖区工作，市大数据行政主管部门负责全市开放共享工作的监督和指导，区大数据行政主管部门负责本辖区内容的工作，业务上受市大数据行政主管部门监督指导，激励型工具除了同级财政预算支持外，还对突出贡献的单位和个人按规定给予表彰奖励。

（2）法规标准—市场策略—人才支持[①]：贵州省贵阳市提出大数据发展战略早于国家及其他各省市，2014年即提出“大数据全产业链”发展策略，经过规划布局（2014）、云基础设施服务平台建成（2015）、大数据资源集聚地形成（2017）等阶段，已具备向全国大数据企业提供基础服务的硬件条件。法规标准工具用以明确政府数据开放生态各个环节的标准规范，强调“开放优先、安全例外、分类分级”的规范原则，包括采集、管理、共享、交易，以及安全开放技术标准，通过积极参与地方和国家标准的研究制定，在大数据开放利用和促进大数据产业发展方面争得话语权。人才支持工具则以大数据研发和产业化项目为载体，引进和培养领军人才、龙头企业和高校科研院所，鼓励高校大数据学院开展专项培训，实施“大数据青年学子创业计划”吸引优秀学子运用大数据创业。该工具组合体现了B1类组城市将数据开放共享融入大数据产业链的支撑体系中，将数据利用和价值实现内化为大数据产品和服务组成部分的策略特点。

（3）激励型—学习型—劝导型[②]的多种组合：主要运用于信息基础设施建设和政府数据开放利用方面。在信息基础设施方面，激励型工具对大型数据中心建设提供财税优惠政策支持，在用地、供电和配套设施方面给予优惠；

---

① 法规标准—市场策略—人才支持案例：GY 7。
② 激励型—学习型—劝导型案例：GY 32、4。

学习型工具中"多元化参与"支持金融机构和民间资本参与信息基础设施投融资;劝导型工具中"宣传推广"要求政府部门普及安全运行知识。政府数据开放利用方面,激励型工具对内运用"表彰奖励",对外通过政府采购外包、专项资金和竞赛奖金等形式予以激励;学习型工具开展会议赛事,鼓励具有大数据技能的个人和团队参与大数据开发利用;劝导型工具运用宣传推广增强开放意识和全社会应用能力。

可见,B1类组的政府数据开放已经较好地内化于产业发展战略中,政府数据开放共享发展阶段已从基础建设为主进入提供服务产生社会经济价值的阶段,在政策工具运用环节也有所体现:"利用"和"公共价值"的占比达42.6%(66/155)(见图4-11)。从贵阳政府数据开放平台的《中国地方政府数据开放报告(2019下半年)》和《中国地方政府数据开放报告(2020上半年)》排名情况看表现突出,始终保持B类政府的第1或第2名,4年累计排名居首位。

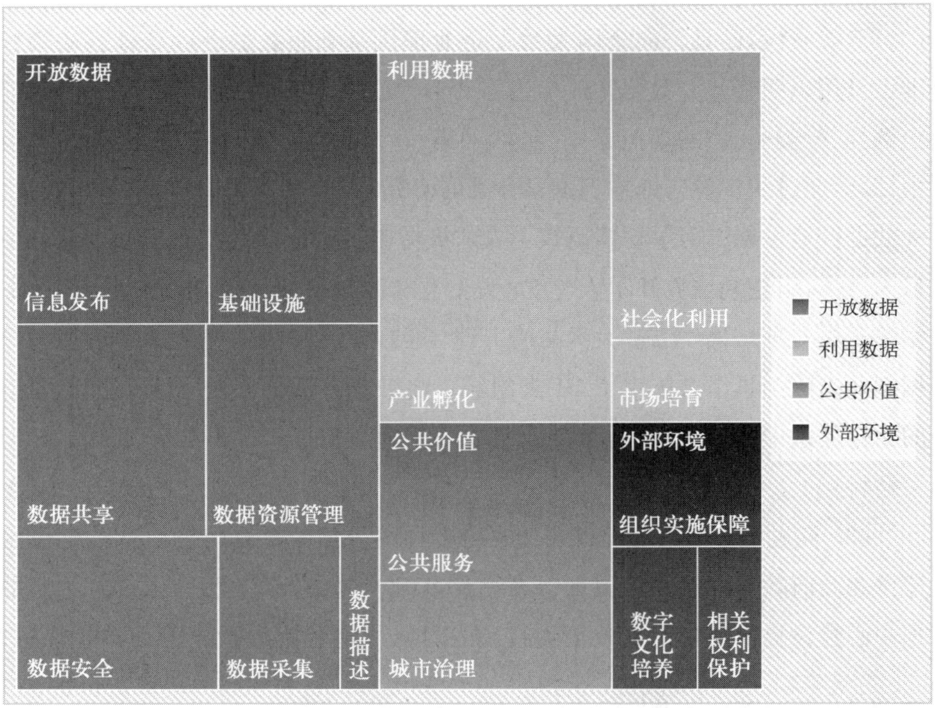

图4-11 B1类组政府数据开放生态环节政策工具分布

二、B2 类组的政策工具共现特征

B2 类组的政策工具核心组合有两个（见图 4－12），一是围绕工作制度（权威）形成的“行政管理工具铁三角”（同 A4 类组，不赘述），二是与“专家制度”和“研究探讨”等学习型、能力建设型工具形成“命令型—能力建设型—学习型”组合。分析原因为：B2 类组政府都是省会城市，自上而下的政策文件传递优势和数据资源集聚的地缘优势兼具，因此表现为权威性工具组合的一致性，以及学习型等非强制性工具组合的自主性特点。

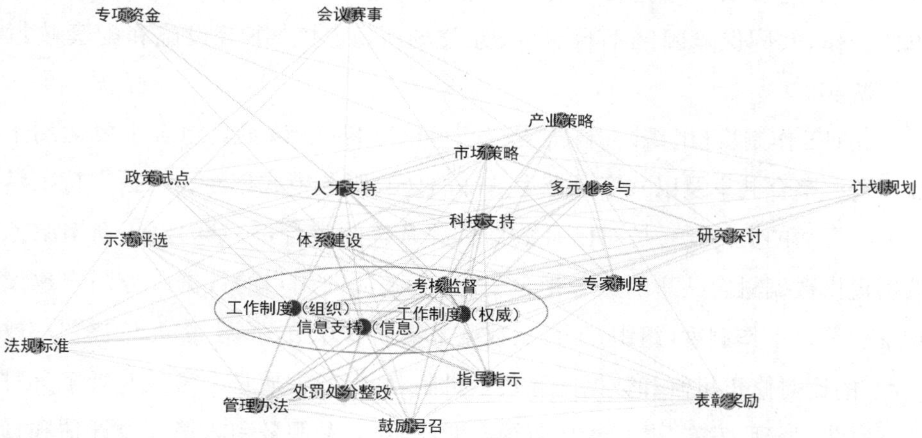

图 4－12　B2 类组的政策工具组合共现图

（1）管理办法—工作制度（权威）—专家制度/研究探讨[①]：管理办法是对政府数据开放各个环节的部门职责、安全职责、工作分工、安全和评估等进行规范，其中 B2 类组的工具亮点是对数据质量提出了数据质量管理制度，如成都要求政府部门在政务信息资源共享网站的“数据校核”栏目根据待办事项提醒处理数据质量问题[②]（成都，2019）；工作制度（权威）工具赋予市

① 管理办法—工作制度（权威）—专家制度/研究探讨案例：CD 21、25，FZ 22。
② 成都市：《成都市推进公共数据资源向社会开放工作实施方案》，载成都市政府网站 http://www.cddata.gov.cn/odweb/news/newsDetail.htm?news_id=24，2019 年。

公共数据主管部门统筹公共数据基础设施、制定管理制度和标准规范、组织目录编制、监督指导和协调推进工作的权力，并且创新推出“数长制”明确一把手在公共数据管理方面的职责，研究探讨工具则联合高校、教研机构、企事业单位等共同参与公共数据存储、清洗、分析、可视化、安全隐私等关键技术研究。

(2) 产业策略—专家制度—公共服务①：B2 类组的产业策略与 B1 类组略有不同，是基础建设和服务同步推进的过程，专家制度在其中发挥较大作用。产业策略工具以建设园区、配套政策吸引龙头企业入驻，发挥产业集群作用，专家制度工具则通过成立专家评审会/大数据专家咨询委员会对企业资质、平台建设项目等进行综合评审。公共服务工具支持政府部门与企业单位合作，共同保障园区平台服务、办公场所、人才公寓等设施和配套政策工作落实。

(3) 工作制度(组织)—科技支持—考核监督②：该工具组合主要运用于数据资源整合共享及以共享融合为基础的公共服务模式创新。科技支持工具分为三方面的支持：一是对已有数据资源系统的整合，二是为汇集新增政务数据提供数据融合共享的服务平台支撑，三是面向用户的数据服务门户建设和维护等。工作制度(组织)工具从数据采集环节开始，强调“多元校核”“一数一源”的比对修正机制和数据同源共享机制，确保数据质量。考核监督工具对数据采集、处理、发布、共享等环节综合考评，对政务服务引入第三方评估和日常检查监督相结合。

可见 B2 类组城市是信息化能力较强、数据资源较丰富(见图 4 - 13)，以数据能力建设为重点的城市。从《中国地方政府数据开放报告(2020 上半年)》综合排名看，成都和福州位列第 6、7 名，同年双双获得“数开丛生”奖，并在“存在数据质量问题较少”的单项指标评比中优胜出现。与(1)和(3)命令型—能力建设型—学习型的工具组合重视数据质量相关的制度建设和专家制度的提前干预有关。

① 产业策略—专家制度—公共服务案例：FZ 11、17、22，CD 24。
② 工作制度(组织)—科技支持—考核监督案例：CD 9、21、27，FZ 14、22。

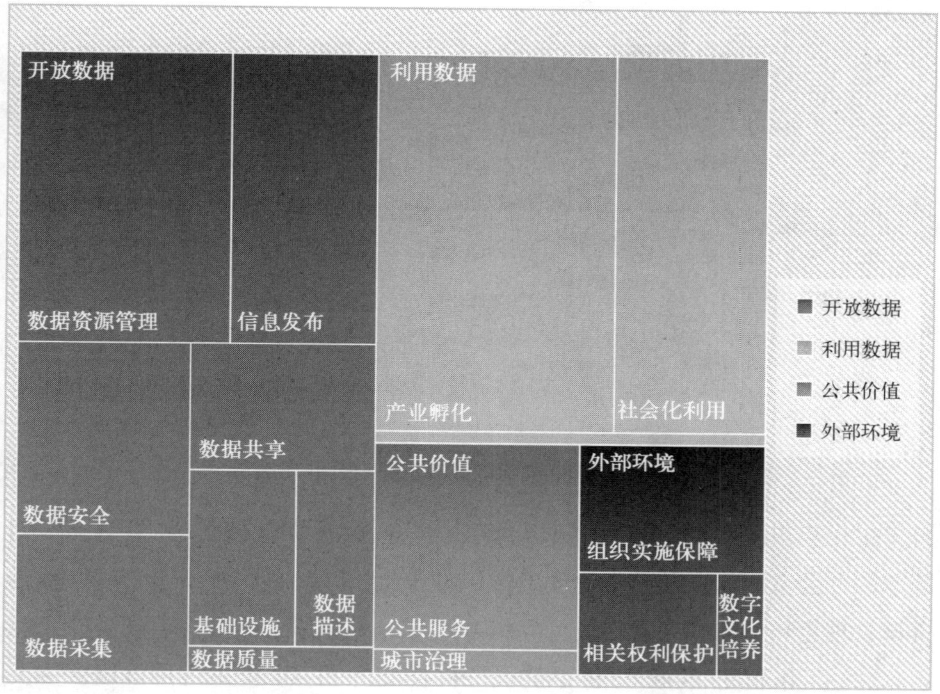

图 4－13　B2 类组政府数据开放生态环节政策工具分布

三、B3 类组的政策工具共现特征

B3 类组以命令型工具工作制度(权威)居于核心位置(见图 4－14),形成了"开放数据"的各个环节领导责任分工,并且与命令型工具体系建设、能力建设型工具中的考核监督等工具之间存在较强的组合关系,能力建设型—学习型—激励型的组合特点也较为明显,表现出政府部门与外部社会合作的趋势。

(1) 以工作制度(权威)为核心①,表现为在实施数据资源共享、推进大数据产业发展、数据共享支撑公共服务等具体工作时,B3 类由市政府组织或牵头成立领导小组、联席会议、专项小组、行动专班等统一领导、推进、协调和监

① 工作制度(权威)为核心案例:数据安全:XM 5,SZ 16,CS 9,数据共享:XM 6、9,SZ 1、2,CS 5、9,SGY 5、7,NB 5,QD 9、12,数据资源管理:CS 11,NB 14,公共服务:XM 20、21,CS 8,SGY 6。

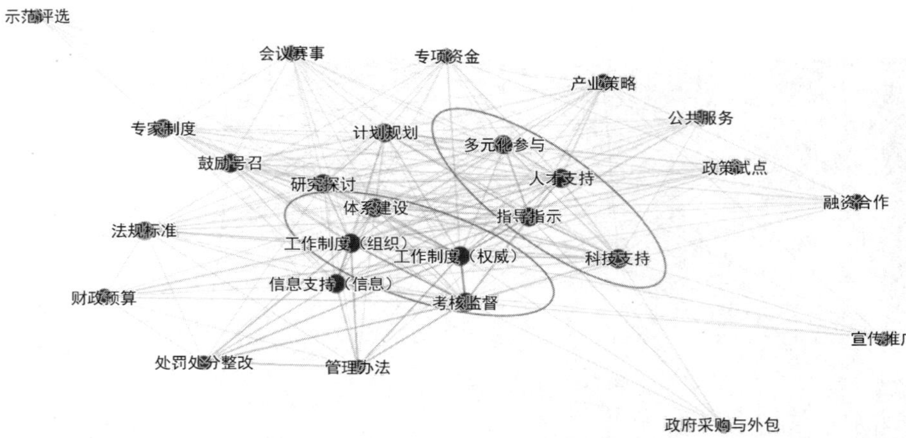

图 4－14　B3 类组的政策工具组合共现图

督等工作。市政府专业部门、领导小组办公室、大数据管理员会、信息化部门等承担办公室职能以及日常管理工作。对涉及“开放数据”中安全、共享、数据资源管理等环节的领导责任进行界定。

（2）工作制度（权威）—体系建设—科技支持①：B3 类组运用该组合主要运用于政务信息系统整合共享和提供政务服务方面，体现大数据环境下电子政务和政务服务的较大转变。工作制度（权威）工具表现为市促进大数据发展工作领导小组统筹全市大数据管理、开放和应用工作的职能；体系建设工具围绕政务信息资源共享、公共数据资源管理、政务服务数据体系等内容建立，通常涉及基础数据资源建设、政务数据资源目录体系、大数据采集和利用、数据共享交换平台和机制、政务数据开放平台建设等；科技支持工具主要服务于政务数据汇聚共享和数据存储，确保电子政务外网纵向延伸至社区，横向覆盖市县政务部门及其所属单位，在政务云资源承载能力上提供支持。另外，该组合还运用于大数据发展推进方面，形成“市推进大数据发展协调领导小组＋（数据采集、基础平台、元数据、数据共享、资源管理）体系＋部门间数据资源共享交换平台”的大数据服务保障基础，并且 B3 类组城市提出鼓励建立首席数据官（CDO）制度，在制度建设方面具有前瞻性。

① 工作制度（权威）—体系建设—科技支持案例：XM 9，SZ 13，SGY 2、7，CS 11，QD 8。

(3) 考核监督—处罚处分整改—信息支持(信息)[①]：该工具组合主要运用于信息资源共享的日常监管和公共数据管理方面，可观察到公共数据管理与数据共享日常管理的政策工具运用有较大相似之处。考核监督工具通过日常监督检查、年度评估通报、纳入年度考核和目标管理绩效考核等方式，促进政府部门内部的数据共享以及对公共数据开放、利用的顺利实施；处罚处分整改工具分别对不符合共享要求或管理要求的部门责令整改，对违反“三秘”涉嫌犯罪的行为移交司法机关；信息支持(信息)工具为政府部门内部提供资源目录并维护更新，对外则公布开放共享数据清单(正面或负面)促进社会化利用以及外部监督。

(4) 能力建设型—学习型—激励型[②]：该工具组合主要作用于“开放”数据的数据资源管理环节和“利用”数据的产业孵化和市场培育环节，体现外部合作的特点。其中能力建设型工具包括研究探讨、人才支持、会议赛事，学习型工具包括专家制度和多元化参与，激励型工具包括政策试点、融资合作、财税优惠。政策试点工具主要结合城市特点和大数据应用成熟度，开展大数据示范应用；财政金融工具引导社会资本设立大数据应用投资基金，解决大数据产业发展投融资问题；人才支持工具对外支持发挥产学研用集聚效应，鼓励高校、科研院所开设数据科学和工程相关专业，储备人才对内组织干部、人员培训；多元化参与工具搭配产业策略和市场策略，吸引国内外数据产品和技术服务提供商落户；专家制度工具建立大数据专家委员会，建立政府与企业首席数据官联席会议，促进产学研之间沟通交流；研究探讨工具促进地方性法规的研究出台，以及数据采集、分类分级、开放、存储、质量、脱敏等一系列标准规范和大数据市场交易标准体系、市场化运作机制、交易行为和边界等问题的研究；会议赛事工具举办大数据论坛和展会，促进成果展示推广和经验交流。

可见，B3 类组是政府数据开放共享与城市发展联系较紧密(见图 4 - 15)，促进数据开放价值释放和鼓励多元化合作的城市。其中有《中国地方政府数据开放报告(2020 上半年)》排名第一的黑马城市深圳，有累计四年排名第二且

---

① 考核监督—处罚处分整改—信息支持(信息)案例：XM 5、6，SZ 1，SZ 9，CS 9、11，NB 14。
② 能力建设型—学习型—激励型案例：XM 5，SZ 16，CS 9，SGY 4，SGY 8，QD 8。

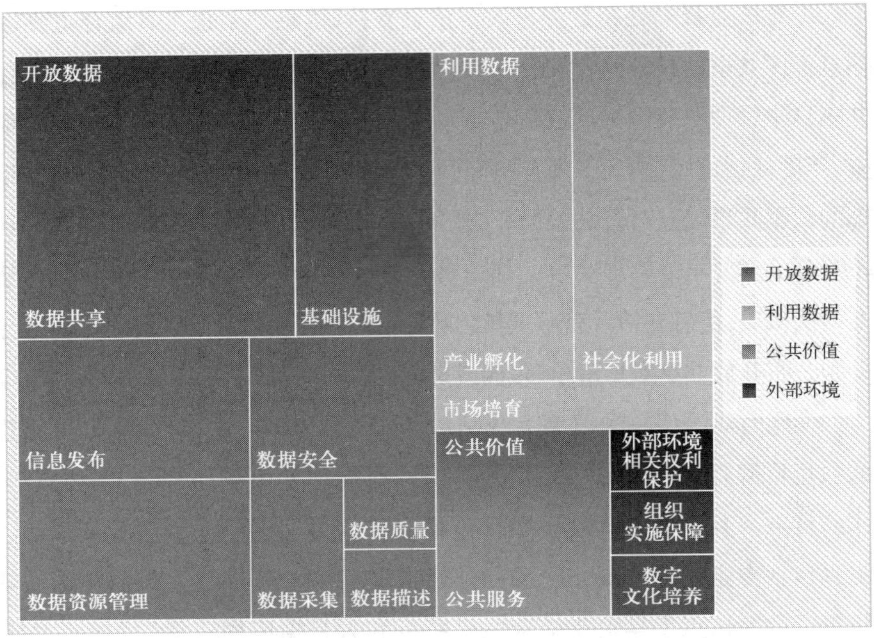

图 4-15　B3 类组政府数据开放生态环节政策工具分布

数据开放专项政策较丰富的青岛，也有近年出台较多政策的宁波、厦门、长沙，以及将数据开放共享和大数据产业推进融入智慧城市建设统筹管理的沈阳。

四、B4 类组的政策工具共现特征

B4 类组以政府数据开放实践起步较晚的地级市为主，它们大多数在第一阶段政策文件发布量极少甚至为零，到第二甚至第三阶段（2016 年前后）逐渐出台相关政策文件 11—12 项。该类组的工具组合特点为：传统组合"命令型—能力建设型"居于核心位置，劝导型和学习型处于中间圈层，激励型工具处于外部圈层（见图 4-16）。

（1）管理办法和工作制度（权威）—工作制度（组织）—考核监督[①]：在"命

① 管理办法和工作制度（权威）—工作制度（组织）—考核监督案例：LYG 3、4，XC 2，YC 4，QNZ 1、6，WH 5，JMS 10，YZ 2，ZH 5，DG 4，GNZ 2、4、5，TA 2、6，WF 2、4，ZB 10，BB 6，LA 3，SY 2，CZ 11，XZ 10，HGZ 5，NC 2、8，PJ 4，SQ 4，SAX 2，SP 5，WHU 4，XA 1、8，ZZ 2，CHZ 3，KM 3，DL 7。

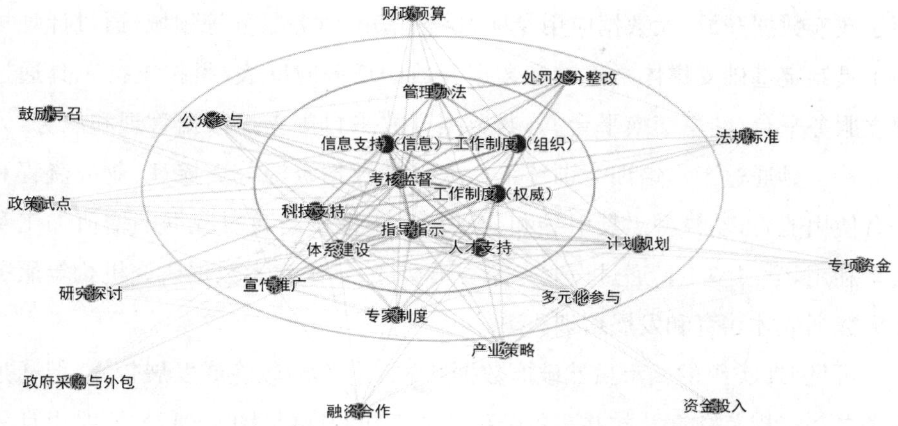

图 4－16　B4 类组的政策工具组合共现图

令型—能力建设型”传统组合上增加“管理办法”，达到新的组合平衡，以出台管理办法的形式跟进政府数据开放共享建设。管理办法工具是政务信息资源共享交换、公共信息资源开放、城市数据共享开放等专门的地方规范性文件，从信息资源共享交换到公共数据开放共享，保留了大体相似的框架结构，具体表现为确立权威工作制度、组织制度和考核监督方法等。工作制度（权威）用以明确领导责任，这与 B3 类组第（1）点相似，形成领导决策、统筹管理、工作执行、监督保障等较为完整的责任体系，与 B3 类组不同的是，目前 B4 类组的政府数据开放共享工作嵌入在电子政务、智慧城市、政府信息化建设等已有规划体系内，虽然多地成立了大数据管理局/部门/中心等名称相似的部门，但由于成立的主体包括政府办公厅、经信委、发改委等不同部门，职能范围不尽相同，未来可能造成数据资源作为生产要素管理后，国家垂直管理的地方大数据事务管理的实际部门的归口问题。工作制度（组织）工具则涉及数据采集、质量、安全保密审查、发布、更新和管理的工作机制，以及主管部门沟通协调、授权共享、灾难恢复等共享交换和安全保障机制。考核监督工具分为对工作的日常和年度考核以及对项目建设的验收审批，用以确保数据资源的共享开放。

（2）计划规划—科技支持和人才支持—劝导型/学习型[①]：该组合主要运

① 计划规划—科技支持和人才支持—劝导型/学习型案例：HRB 8，NJ 7，YZ 4，TR 4，TA 3，HG 1，CZ 1，HUN 5，LZ 6、7，SJZ 4，SP 4，XA 5，ZZ 6，NN 4，ES 3。

用于政府数据开放、大数据应用专项、政务公开、政务服务等领域，通过计划规划工具制定基础支撑体系建设和数据开放的任务时间表，科技支持工具通过建立服务平台、共享交换平台、公共数据开放平台等支撑数据管理和服务，人才支持工具通过工作培训会训练工作人员的数据资源分类梳理、业务流程和平台使用能力，劝导型工具引导和鼓励社会主体参与政府数据的增值加工和共享利用，学习型工具通过设立专家委员会、鼓励组建大数据研究机构等服务于大数据人才培育和发展培训。

可见 B4 类组的城市虽然政府数据开放工作起步较晚或发展较慢，但通过管理办法来规范数据开放共享各个环节的工作制度（见图 4－17），同时以计划规划的形式对数据开放共享及服务利用做任务分解和时间管理，是地方政府推进数据开放工作最为常规的路径。

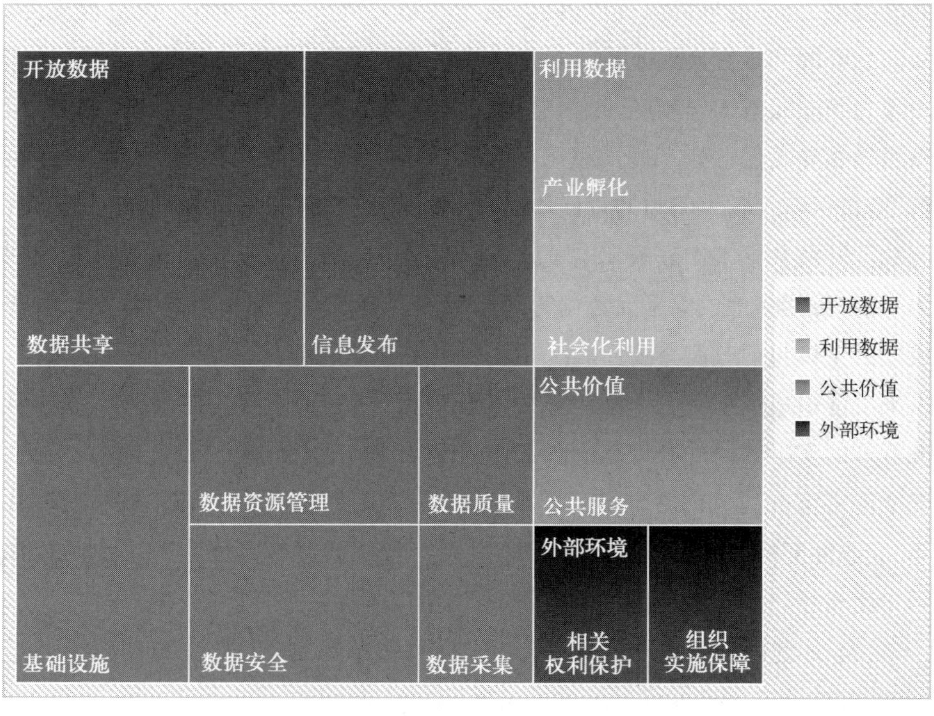

图 4－17　B4 类组政府数据开放生态环节政策工具分布

第四节　地方政府数据开放政策工具选择的三种策略类型

根据本章第二、第三节对A类、B类政府数据开放工具的组合性分析，结合工具组合作用的对象和政策议题，总结出基础建设型、产业推进型、服务应用型三种政府数据开放政策工具选择的典型模式。

一、基础建设型政策工具选择策略

基础建设型政策工具选择策略是指在政府数据开放的准备阶段、探索阶段、快速发展阶段，均以基础设施建设为实现阶段性目标的首要任务，在数据共享、数据安全、基础设施建设和组织实施保障方面投入大部分人、财、物资源的选择策略。从政策议题的相关内容看，通常包括政府网站建设、政务信息系统整合共享、政务数据资源共享交换、公共数据资源管理等。

各个类组几乎都曾经或正在采用该工具选择策略，该策略政策工具集合中通常包括5种类型的17种具体工具：命令型工具[指导指示、工作制度（权威）、计划规划、管理办法]，激励型工具（处罚处分整改、专项资金、财政预算、资金投入、政府采购与外包），能力建设型工具[工作制度（组织）、信息支持（信息）、考核监督、科技支持]，劝导型工具（宣传推广、鼓励号召），学习型工具（公众参与、多元化参与）。不同在于：由于信息资源条件和制度环境基础各异，各个类组重点选择该策略的发生阶段有所不同，A类组和B类组偏好运用的工具组合有所不同，具体表现为：

A类组普遍从第一阶段便开始采用基础建设型策略，常以“命令型—能力建设型”为基础，辅以激励型工具。如信息公开、政府网站建设—促进政府信息资源开发利用—国家大数据战略、“互联网＋”行动计划—政务信息资源共享和政务服务改革，省级政府通过信息公开条例、信息化规划、大数据及“互联网＋”行动纲要、政务信息资源整合共享的实施意见、“互联网＋政务服务”的实施方案等，一方面以“指导指示—工作制度(组织)”为核心工具，围绕数据资源管理全过程，推动政府信息资源建设、共享交换平台整合共建，配套的数据资源清查、采集、整合、安全、开放、利用等管理制度和政务数据共享协调、信息安全分类分级保护、效能评估和处理反馈的考评制度等工作制度得以建立，实现对“数据”的管理；另一方面，“工作制度(权威)—考核监督—处罚处分整改”的行政管理工具铁三角出现，实现对“人”的管理，通过明确责任主体和分工，配合考核机制和问责机制，确保信息公开、公共数据管理、政务数据资源共享等工作合法合规进行。此外，A类组和B2、B3类组部分政府，通常还运用专项资金、财政预算、优先项目等正向给付的激励型工具，对系统平台建设、工作日常费用、信息化项目评选等给予更丰富的“财力”支持。

B类组中，除了以直辖市、省会城市为主的B2、B3类组与A类组相似外，其他城市多数在大数据产业发展阶段开始进入数据系统整合共享交换、数据中心云平台和政务外网等信息基础设施建设，为了在第三阶段跟上甚至发挥后发优势实现“弯道超车”，B1和B4类组政府往往以“激励型—学习型—劝导型”等吸引多方合作的政策工具组合弥补财力和技术供给上的不足。如“财税优惠”为大型数据中心建设提供用地、供电、基础设施等方面优惠，“多元化参与”鼓励民间资本进入基础设施建设领域等，“宣传推广”提高公众对信息基础设施及其安全利用的认知。另外，B类组政府更偏好运用“计划规划”和“信息支持(信息)”工具，表现为数据开放共享计划和清单制度的运用。

若按五种基本的政策工具类型特性依据萨拉蒙的观点对“强制性”“直接性”“自主性”“可见性”等进行归纳(见表4-3)，发现同样是基础建设型策略，A类组政府更偏好运用强制性高、直接性强的命令型和能力建设型工具的工具组合，而B类组政府更偏好强制性中等、可见性和自主性较高的劝导型、学习型、激励型的工具组合。

表 4-3　　5 种政策工具类型的特性

维　度	程　度	基本类型政策工具
强制性	L	劝导型、学习型
	M	激励型、能力建设型
	H	命令型
直接性	L	劝导型
	M	学习型
	H	命令型、能力建设型、激励型
自主性	L	命令型
	M	能力建设型、激励型
	H	劝导型、学习型
可见性	L	命令型
	M	能力建设型、学习型
	H	激励型、劝导型

注：强制性：衡量政策工具施加奖惩手段对个人和群体行为的限制性程度。直接性：测量实体为执行集体行动任务而运用权威、投入资产或采取行动的程度。自主性：测量政策工具在何种程度上利用现有行政结构来运作。可见性：考察政策工具是否被人们所注意，公开性如何，受监督的难易程度如何。维度的等级强度为高(H)、中(M)与低(L)。

资料来源：作者整理。

二、产业推进型政策工具选择策略

产业推进型政策工具选择策略是指在政府数据开放的探索阶段、快速发展阶段，以产业策略、市场策略为主，政府数据开放共享建设作为大数据资源、公共服务的基础支撑，一方面受益于大数据产业发展带来的人、财、物资源集聚效应，得以在数据汇集、数据基础设施建设和数据资源管理方面发挥优势，另一方面受产业和市场需求的影响，倒逼政府数据开放在制度创新和资源建设方面投入更多政策资源的选择策略。从政策议题的相关内容看,通常包括大数据、云计算、人工智能等产业发展行动纲要、规划方案、工程建设项目、人才配套和其他制度配套政策等。

A3、B1、B2是采用该工具选择策略特征较明显的类组,该策略政策工具集合中通常涵盖4种政策工具类型中的15种具体工具,并且金钱给付型的激励型工具和学习型工具运用高于其他2种选择策略,包括:命令型工具(法规标准、体系建设、部门设置、市场策略、产业策略),激励型工具(优先项目、政策试点、财税优惠、融资合作),能力建设型工具(科技支持、人才支持、研究探讨),学习型工具(会议赛事、专家制度、多元化参与)。与基础建设型选择策略不同,在命令型工具中市场策略、产业策略集中出现,工具作用领域从政府—企业/公众扩展到企业之间、企业—公众的关系协调中;法规标准、体系建设、部门设置等更具约束力、专业性更强和体现精细化管理的工具被采纳;学习型工具以会议赛事、专家制度、多元化参与等方式,让具有数据科学和工程能力的专家、技术人员和团队有机会与政府部门建立联系,通过具体的项目和活动参与到政府数据加工、处理、分析、研发中,政府部门能够通过这种互动联系增进对开放数据价值的理解,并提升政府部门工作人员的数据能力和素养。

产业推进型策略往往出现在政府数据开放的探索发展阶段:一方面在经历过基础设施建设和政务数据清理汇聚的政府数据开放准备阶段,政府部门大数据管理意识增强,并认识到仅凭政府一方之力不足以满足部门需求和服务需求(如A3类组),尝试在数据资源建设、数据利用等领域主动与产业和市场合作;另一方面探索阶段正逢国家大数据战略提出之时,部分城市集中资源以大数据产业发展作为城市发展重要战略(如B1、B2类组),将政府数据开放作为重点任务纳入大数据战略中,客观上推动了政府数据开放共享发展。同样采用产业推进型策略的在四个类组之间工具组合略有不同:

A3类组偏向"科技支持—人才支持—多元化参与"组合,体现了政府提供政策和平台,企业、研究机构、高校等开展"产学研用"合作,培育和储备专业人才等促进产业发展的传统模式。B1、B2类组则分别在市场策略和产业策略的基础上增加了"法规标准"命令型工具和"专家制度"学习型工具,形成政府数据开放领域具特色的政策工具组合。如贵阳市的“法规标准—市场策略—人才支持”组合，产业布局为先（2014—2017），大数据人才政策同步配套，如2015年人才队伍建设实施意见、2016年“十百千万”培养计划和《大数据人才专业技能职务评审办法（试行）》，随后，2017年《贵阳市政府数据共享开放条例》和《大数据标准实施方案》分别对政府数据开放生态系统的数据采集汇聚、数据开放和共享、保障和监督，以及政府数据共享交换和开放安全等做出标准规范。专家制度工具则通过成立专家评审会、咨询委员会等形式，参与项目平台建设的评审，法规标准制定的研讨，数据开放共享效果评估等事务中发挥智囊作用，弥补政府部门在专业性上的不足。另外，综合利用能力较强的是B3类组，表现为“能力建设型—学习型—激励型”组合，能力建设型工具包括研究探讨、人才支持、会议赛事，学习型工具包括专家制度和多元化参与，激励型工具包括政策试点、融资合作、财税优惠。

按“强制性”“直接性”“自主性”和“可见性”程度看，A3类组政府偏好强度中等的能力建设型—学习型组合，B1、B2、B3类组政府则灵活运用命令型、能力建设型、学习型、激励型工具组合，偏好直接性较强的组合，对劝导型工具的运用较少。

三、服务应用型政策工具选择策略

服务应用型政策工具选择策略是指在信息开放为主的准备阶段和政府数据开放快速发展阶段，将建设重心放在/回归政府部门内部的资源建设和能力培养方面，并且强调用户参与的重要性，认为政府信息/数据资源通过开放利用才能更好地实现价值。与基础建设型策略不同，服务应用型策略中政府部门既是政务数据的管理者和提供者，也是应用服务的合作者和使用者，还是推进政府数据开放利用的倡导者和推广者。从政策议题的相关内容看，通常包括信息公开、“互联网＋政务服务”、政务公开，以及公共资源配置、重大建设项目审批、社会公益事业建设、利用大数据实施市场监管、信用信息采集利用等专门领域的信息资源利用和数据开放议题。

服务应用型政策工具选择策略出现在信息公开主导的准备阶段和政务改革主导的快速发展阶段，该策略政策工具集合中通常涵盖 5 种政策工具的 17 种具体工具，包括：命令型工具[指导指示、法规标准、体系建设、工作制度(权威)、权力下放]，激励型工具(示范评选、政府采购与外包、表彰奖励、许可)，能力建设型工具[公共服务、信息支持(信息)、人才支持、科技支持、工作制度(组织)、考核监督]，劝导型(宣传推广)和学习型工具(公众参与)。在不同阶段采用服务应用型策略所呈现的工具组合特点不同：

(1) 在信息公开主导的准备阶段，形成了最为普遍的“工作制度(组织)—信息支持(信息)—考核监督”组合，A 类组和 B 类组均有采用，并沿用至政务服务改革阶段。工作制度(组织)工具围绕信息公开、政务公开、政务数据开放共享等工作中数据/信息生命周期管理制度和工作机制等发挥作用，信息支持(信息)工具通过各类目录清单和年度计划，在政府部门之间、政府和公众之间产生作用，考核监督工具兼顾日常监测和年度考核，并随着第三方评估加入和公众反馈意见的实时分析，在政务改革阶段更具可见性和参与性。

(2) 在政务改革主导的快速发展阶段，在 B1、B2、B3 类组中出现更专业性和跨部门合作性的工具组合形式，即“法规标准—工作制度(权威)—激励型”和“工作制度(权威)—体系建设—科技支持”。专业性体现在命令型工具法规标准和体系建设的工具运用方面，即围绕政府数据开放生态系统中数据开放各个细节环节，如数据采集/汇集、数据开放、数据共享、数据安全等研究制定管理标准和技术标准，以及在基础数据资源建设、政务数据资源目录建设、大数据采集利用和数据共享交换以及开放共享平台建设方面以体系建设的方式探索“一体化”管理的可能。而工作制度(权威)工具作为最强的制度性保障，往往通过设立大数据发展工作领导小组、电子政务发展专项领导小组、大数据工作联席会议等制度发挥组织、协调作用。科技支持工具主要服务于政务数据汇聚共享和数据存储，确保电子政务外网纵向延伸至社区，横向覆盖市县政务部门及其所属单位，在政务云资源承载能力上提供支持。

按“强制性”“直接性”“自主性”和“可见性”程度看，大部分城市在第一阶段偏好强制性、自主性和可见性均中等、直接性较强的能力建设型组合，到第三阶段信息化基础较好、信息资源较丰富的A3、B1、B2、B3类组政府除了能力建设型之外，还偏好通过命令型工具建立新的工作制度(权威)，强制性和直接性程度较高，可见性和自主性程度较低。

第五节　本章小结

一、基于类组的政策工具二维分布特征

本章根据28个省级政府(A类)和61个副省级/地级政府(B类)，以13个政策工具特征指标为依据，利用SPSS22的Q聚类得出8个分组(见表4-4)：

表4-4　按政策工具选择聚类的类组

A1组	广东、福建
A2组	黑龙江
A3组	天津、重庆、湖北、河南、上海、山东、海南、安徽
A4组	北京、内蒙古、江西、辽宁、宁夏、江苏、山西、云南、贵州、浙江、陕西、河北、湖南、四川、新疆、甘肃、吉林
B1组	贵阳
B2组	成都、福州
B3组	厦门、深圳、长沙、沈阳、宁波、青岛
B4组	扬州、银川、郑州、南昌、铜陵、泰安、盘锦、武汉、滁州、淮北、常州、淮南、哈尔滨、蚌埠、佳木斯、济南等共52个城市

从X工具维度分析特征得出基本结论：

(1) 政策工具整体分布情况看，国家和地方具有较高的相似性，表现为命

令型和能力建设型工具种类丰富且运用比例相当，命令型工具中多运用具有强制性和建立调整规则的工具，而以社会力量参与的市场策略、产业策略、贸易管制等工具则运用较少。激励型工具中传统金钱给付类工具类型运用较多，并且开始鼓励社会力量参与资源前期建设和后期运维。劝导型和学习型工具运用普遍欠丰富，参与性工具中，以具备数据能力和素养的团队、专家、企业参与为主，而普通大众的文化普及和参与决策的公众参与工具运用较为落后。

(2) 单项政策工具运用较为突出的表现：国家层面，激励型工具中政策试点、项目优先，在推动政府数据开放共享中发挥积极作用，如以政策试点工具为例，信息消费试点（工信部，2013）、信息惠民试点（十部委，2016）、公共信息资源开放试点（三部委，2017），以及“大数据产业发展试点”（工信部，2019—2020）等给予地方政府数据开放支持，同时对试点城市在数据开放平台建设方面也有所助益。地方层面，A1 类组（广东、福建）命令型工具中，体系建设的重视程度较高，在数据共享交换、公共服务、数据安全保障、大数据产业发展等方面提供保障，建设成效在数据开放平台的实践排名得分较高得以印证。B1 类组（贵阳）法规标准的运用较多，在大数据管理规范和标准制定方面争得话语权。B2 类组（成都、福州）运用管理办法工具体现垂直管理和专业化特点，如企业信用信息的采集和使用、政务信息资源管理共享、公共数据资源应用、政务网站管理、健康医疗大数据资源、时空数据资源管理等方面出台管理办法和规定，为城市数据资源建设打下基础。

从 Y 环节维度分析特征得出结论：

(1) 从整体情况看，首先，“开放数据”环节的工具运用占比较大，尤其是发布、共享、安全和基础设施环节的建设方面；其次，“利用数据”环节的社会化利用和产业孵化；再次，公共价值环节的公共服务，以及外部环境环节的组织实施保障。待加强的环节是：数据质量、数据描述、数据采集、市场培育、城市治理、相关权利保护、数字文化培养、国际交流影响。

(2) 国家层面和地方层面相比，A 类政府与国家的分布情况更接近，B 类城市则更具灵活性和创新性，尤其 B1、B2 类组政府在数据资源管理、产业孵化、社会化利用、公共服务等环节运用的工具数量高于A类政府的平均水平。

二、基于工具共现的各类组工具组合偏好

对A类组和B类组共8个类组进行政策工具的共现分析，以确定各类组城市在政策工具组合运用方面的偏好，表4－5中归纳了各类组对应的城市、特点，以及它们在不同环节运用的工具核心组合：

表4－5　　按类组归纳的政策工具核心组合及其运用环节

<table>
<tr><th>类组</th><th>核心组合偏好</th><th>主要作用环节</th><th>阶　段</th><th>特　点</th><th>典型代表</th></tr>
<tr><td rowspan="3">A1</td><td>指导指示—工作制度（组织）</td><td>公开、共享、安全、利用、保障</td><td>Ⅰ，Ⅱ，Ⅲ</td><td rowspan="3">布局早，平台服务功能强</td><td rowspan="3">广东
福建</td></tr>
<tr><td>工作制度（组织）组合</td><td>数据资源管理</td><td>Ⅰ，Ⅲ</td></tr>
<tr><td>体系建设—多元化参与—科技/人才支持</td><td>公共服务</td><td>Ⅲ</td></tr>
<tr><td>A2</td><td>指导指示位于中心</td><td>公开、共享</td><td>Ⅰ</td><td>起步晚，专门政策未出台</td><td>黑龙江</td></tr>
<tr><td rowspan="2">A3</td><td>工作制度（组织）—信息支持—考核监督</td><td>公开、共享、安全，数据资源管理</td><td>Ⅰ、Ⅲ</td><td rowspan="2">基础好，均衡发展，以直辖市居多</td><td rowspan="2">上海
重庆
天津
山东等</td></tr>
<tr><td>科技支持—人才支持—多元化参与</td><td>基础设施建设、利用，公共服务</td><td>Ⅱ，Ⅲ</td></tr>
<tr><td rowspan="2">A4</td><td>工作制度（权威）—考核监督—处罚处分整改</td><td>公开、共享、数据资源管理</td><td>Ⅰ，Ⅱ，Ⅲ</td><td rowspan="2">中规中矩，开放水平有差异，但工具偏好相近</td><td rowspan="2">浙江
北京
贵州
江苏等</td></tr>
<tr><td>管理办法—工作制度（组织）—专项资金/项目优先/财政预算</td><td>政府数据开放生态系统</td><td>Ⅲ</td></tr>
</table>

续 表

类组	核心组合偏好	主要作用环节	阶 段	特 点	典型代表
B1	法规标准—工作制度(权威)—激励型	公开、共享、安全	Ⅲ	资源集中,后发优势,产业带动发展	贵阳
	法规标准—市场策略—人才支持	产业孵化、市场培育,政府数据开放生态系统	Ⅱ		
	激励型—学习型—劝导型	基础设施建设、开放、利用	Ⅱ		
B2	管理办法—工作制度(权威)—专家制度/研究探讨	质量、基础设施建设、数据资源管理	Ⅲ	数据资源丰富、质量管理能力较强的省会城市	成都 福州
	产业策略—专家制度—公共服务	产业孵化	Ⅱ		
	工作制度(组织)—科技支持—考核监督	共享、公共服务、保障	Ⅲ		
B3	工作制度(权威)为核心	共享、利用、公共服务	Ⅱ,Ⅲ	开放数据平台上线较早、发展较快、经济水平较高的城市	深圳 青岛 宁波等
	工作制度(权威)—体系建设—科技支持	公开、共享、数据资源管理、公共服务	Ⅲ		
	考核监督—处罚处分整改—信息支持(信息)	数据资源管理、利用、保障	Ⅲ		
	能力建设型—学习型—激励型	数据资源管理、产业孵化、市场培育	Ⅱ		
B4	管理办法和工作制度(权威)—工作制度(组织)—考核监督	共享、开放、数据资源管理	Ⅲ	数据开放起步晚或发展较慢城市	扬州 银川 郑州 南昌等
	计划规划—科技支持和人才支持—劝导型/学习型	公开、开放、保障	Ⅱ、Ⅲ		

注:Ⅰ信息公开为主的准备阶段,Ⅱ产业发展战略主导的探索阶段,Ⅲ政务改革主导的快速发展阶段。

三、政策工具选择的三种策略类型

将表 4-5 的 8 个类组进一步归类形成 3 个典型策略类型：基础建设型、产业推进型、服务应用型（见表 4-6），该表能够作为地方政府选择合适政策工具选择策略的参考依据，并根据"核心组合"中类组的编号（如 A1、B3 等）在本章其他小节中找到对应的运用案例。

表 4-6　　三种典型策略类型的政府数据开放政策工具选择比较

比较项	基础建设型	产业推进型	服务应用型
标志特征	政府网站建设、信息系统整合共享、政务数据资源共享交换、公共数据资源管理	"大云智联"行动计划制订，政府数据开放服务于产业发展	信息公开、"互联网＋政务服务"、政务公开、领域内专门信息资源公开利用，开放数据应用服务于智慧城市建设、城市治理和公共服务能力提升
进入阶段	三个阶段	第二阶段	第一、第三阶段
重点环节	开放数据（共享、安全、基础设施）＋外部环境（组织实施保障）	开放数据（安全、基础设施）＋利用数据（市场培育、产业孵化）＋外部环境（相关权利保护）	开放数据（公开、共享、安全、基础设施、数据描述和采集）＋公共价值＋外部环境（组织实施保障＋数字文化培养）
工具偏好	➢ 命令型： 指导指示 工作制度（权威） 计划规划 管理办法 ➢ 激励型： 处罚处分整改 专项资金 财政预算 资金投入 政府采购与外包	➢ 命令型： 法规标准 体系建设 部门设置 市场策略 产业策略 ➢ 激励型： 优先项目 政策试点 财税优惠 融资合作	➢ 命令型： 指导指示 法规标准 体系建设 工作制度（权威） 权力下放 ➢ 激励型： 示范评选 政府采购与外包 表彰奖励 许可

续 表

比较项	基础建设型	产业推进型	服务应用型
工具偏好	➢ 能力建设型： 工作制度(组织) 信息支持(信息) 考核监督 科技支持 ➢ 劝导型： 宣传推广 鼓励号召 ➢ 学习型： 公众参与 多元化参与	➢ 能力建设型： 科技支持 人才支持 研究探讨 ➢ 学习型： 会议赛事 专家制度 多元化参与	➢ 能力建设型： 公共服务 信息支持(信息) 人才支持 科技支持 工作制度(组织) 考核监督 ➢ 劝导型： 宣传推广 ➢ 学习型： 公众参与
作用对象	政府部门、企业、公众	政府部门、企业、高校、专家、人才	政府部门、企业、公众
核心组合	◇ 令—能： 指导指示—工作制度(组织)A1 ◇ 令—能—激： 工作制度(权威)—考核监督—处罚处分整改 A4 管理办法—工作制度(组织)—专项资金/项目优先/财政预算 A4 ◇ 令—能—学： 管理办法—工作制度(权威)—专家制度/研究探讨 B2 ◇ 激—劝—学 B1 ◇ 能—激： 考核监督—处罚处分整改—信息支持(信息) B3 ◇ 令—能—劝—学： 计划规划—科技支持和人才支持—劝导型/学习型 B4	◇ 能—学： 科技支持—人才支持—多元化参与 A3 ◇ 令—能： 法规标准—市场策略—人才支持 B1 ◇ 令—能—学： 产业策略—公共服务—专家制度 B2 ◇ 能—学—激 B3	◇ 能组合： 工作制度(组织)—信息支持/科技支持—考核监督 A3 B2 ◇ 令—激： 法规标准—工作制度(权威)—激励型 B1 ◇ 令—能： 工作制度(权威)—体系建设—科技支持 B3
城市类组	A 类组和 B 类组	A3、B1、B2、B3	A3、B1、B2、B3

注：表中简称：令——命令型、激——激励型、能——能力建设型、劝——劝导型、学——学习型。

综上，我国地方政府数据开放共享在政策工具运用方面已经形成了选择偏好，为城市在选择政策工具组合时，选择更易嫁接的政策工具提供历史参考和对照。但同时也进一步明确了有待加强的工具运用环节和工具类型，如数据质量、数据描述、数据采集等环节的专门工具运用较少，市场培育环节工具运用尚未形成规模，城市治理环节的工具运用也较少，大多已融入智慧城市和城市数字化转型建设中，其他环节如“相关权利保护、数字文化培养、国际交流影响”等还有较大的探索空间等，需要借鉴成功案例的经验。

第五章　基于三种政策工具策略类型的国内外地方政府经验借鉴

如第三、四章的地方政府数据开放政策工具现状分析所示，地方层面的政策工具运用仍存在历史遗留问题和薄弱环节。为此，本章综合考虑城市在《中国地方政府数据开放报告》、全球重要城市开放指数中的排名、政策准备度、前期调研以及政策检索的实际情况，选择城市案例，运用本研究二维分析框架，针对第三、四章中提到的问题，对其政府数据开放政策工具选择进行分析，探讨我国政府数据开放涉及不同策略的政策工具选择方案，为地方政府采取不同策略提供参考借鉴。

案例选择依据：第一，与第四章的策略类型相呼应，选择在政府数据开放基础建设、开放数据推动产业发展、促进政务服务应用等领域的国内外标杆地方政府，重点参考国际国内政府数据开放相关城市排名，选取排名前列的城市；第二，案例政府需在政策工具组合类型（如劝导型、学习型）或其他城市较为薄弱的环节（如数据质量、数据汇集、法规标准等）积累丰富的政策工具可供分析；第三，兼顾第三章提及的地方政府类组，使得每个类组（即属于不同行政层级或处于不同发展阶段）的地方政府能够找到合适的对标地方政府；第四，突出本研究前期研究的优势，以 2018—2019 年参与的会议交流、座谈访谈资料作为补充（时间表见附录 8），为准确描述案例政府的工具选择策略提供支持。

综合以上原则，确定以上海、贵州、广东、首尔、纽约、贵阳、亳州为案例省市（见表 5－1），在基础建设型、产业推进型、服务应用型的政策工具策略类型中分类分析。其中，首尔和纽约城市被选入案例中，主要从几方面考量：一是虽然我国已有如上海、浙江、广东、北京、贵州、贵阳、深圳、成都、福州等省市诸多案例，供其他省市地方政府推进政府数据开放工作借鉴，但仍存在数据质量、数据存储、社会化利用等细节方面的薄弱环节，以及法规标准、公众参与度、价值释放等共性问题，在国内尚未有成熟案例，需向国外先进城市学习；二是从政治学视角考虑政策工具的可移植性问题，认为选取在行政体制和历史文化背景较为接近的东方国家的先进城市更为适宜，而首尔城市较为符合以上条件；三是政府数据开放政策的法制化建设是大势所趋，也是各个国家和地区共同关注的内容，虽然体制不同会影响法律法规类政策工具的实施效果，但政府数据开放所面临的需要法律法规调整的权利、义务和各种法律关系却是大致相通的，而纽约城市在政府数据开放法制化建设方面经验丰富，能够为我国地方政府数据开放的法律法规类政策工具运用提供对策思路。

表 5－1　　　　三种策略类型的案例城市列表

案例省市	所属类组	政策工具策略类型
上海	A3	基础建设型、服务应用型
贵州	A4	服务应用型
广东	A1	服务应用型
首尔	国际	产业推进型
纽约	国际	基础建设型
贵阳	B1	产业推进型
亳州	B4	服务应用型

第一节 基础建设型策略政策工具选择

一、上海市政府数据开放的建设过程与基本内容

上海是政府数据开放起步较早的城市，2012 年全国首个地方政府开放平台上线，2015 年全国首个政府数据开放大赛在沪召开，2018 年成为五大公共信息资源开放试点城市之一，在 2017—2020 年《中国地方政府数据开放报告》，排名稳居前两位，在《全球重要城市开放数据指数(2019)》排名中居第五名，单项基础建设层排名第四。

上海市政府数据开放的基础建设过程与基本内容(详见附录 9)：

2012—2014 年是平台建设时期(见表 5-2)，上海市重点解决政府数据汇集和可机读率问题，运用“激励型—能力建设型—学习型”工具组合，即“政策试点＋科技支持＋考核监督＋政府采购与外包＋多元化参与”，由市政府统筹协调推进政府服务网的数据汇集和平台建设。表现为：第一，政策试点从条块两方面开展，横向条线由交通委、商务委、工商局、质监局等市 13 个部门参与，纵向块状以“1＋3”模式集合市级和浦东、静安、徐汇三区政府数据，统一汇集至政府数据服务网；第二，政府数据服务网(现名“上海市公共数据开放平台”)建设，运用政府采购与外包工具，通过采购第三方服务实现平台数据治理、平台优化、系统维护、应用推广等功能，科技支持工具通过 API 结构开放数据提高可机读率，由统一的技术标准和网站风格提升市区两级平台的公共印象和统一意识，同时平台为用户提供知识图谱工具、动态管理和 Web 用户认证等功能提高用户体验；第三，多元化参与工具表现为互动机制的介入，结合利用用户需求调研和网上用户需求调查表等形式了解数据需求，并通过政务外网直接推送给政府部门，在规定时限内给出开放与否的答复；第四，考核监督工具中强调“可机读率”，为了保证平台数据的可用性，“可机读率”被纳入工作任务和考核指标中，至 2021 年 2 月，通过 API 接口开放的数据已经达到 2 353 个，居全国前列。

表 5－2　　上海市 2012—2014 年基础建设型策略政策工具选择

时　期	2012—2014 年平台建设期		
重点解决的问题	数据汇集、可机读率		
工具组合类型	激励型	能力建设型	学习型
工具名称（作用对象）	政策试点（G） 政府采购外包（B）	考核监督（G） 科技支持（C）	多元化参与 （C、P）

注：G 表示已用于政府机构，B 表示已用于企业，C 表示已用于公众，P 表示已用于社会力量。

2014—2016 年是制度建设时期（见表 5－3），是从信息公开制度规范体系向政府数据开放共享体系制度性转变的承上启下阶段。2014 年之前，涉及政府信息/数据资源公开、利用、公民救济等内容主要参照信息公开条例执行，基于“命令型—能力建设型—激励型”工具组合，即“工作制度（权威）＋工作制度（组织）＋处罚处分整改”（见附录 9）的组合。其中，工作制度（组织）工具中的会商制度，被参照用于数据开放的公民权利救济环节，由专家针对具体开放事项给部门提供参考性建议，但不具有强制性。2014 年开始，上海将政府数据开放共享分为内部共享和外部开放两部分推进：对数据内部共享运用“信息支持（信息）＋考核监督＋资金投入”的“能力建设型—激励型”工具组合，表现为要求政府部门对政府数据信息资源进行编目梳理，通过信息化项目资金投入与共享开放工作成效挂钩促进内部共享，将月度检查和年度共享开放绩效考核纳入政府部门年度考核中等，通过理清家底和信息化项目审批与共享工作挂钩来推动部门共享制度的建立。由此，至 2018 年上海市基本完成所有政府部门信息资源编目，达 2.1 万多条目录、35 万个数据项，并对每个数据项进行了“共享 ”或“开放”标识。对数据外部开放运用“工作制度（组织）＋考核监督＋专家制度”的“能力建设型—学习型”工具组合，与信息公开阶段的工具运用相似，由于数据开放牵涉到政府、企业、个人、市场等多方面的复杂关系，上海在开放制度建设方面表现较为谨慎，其中，会商制度得以保留，由市政府联合保密局、法制办等单位聘请数据科学、数据安全专家共同参与，更凸显法制化和专业化的特点。

表 5－3　　上海市 2014—2016 年基础建设型策略政策工具选择

<table>
<tr><td>时　期</td><td colspan="4">2014—2016 年制度建设期</td></tr>
<tr><td rowspan="2">重点解决的问题</td><td colspan="4">规范体系从信息公开到数据开放的范式转变：内部共享、外部开放</td></tr>
<tr><td colspan="2">内部共享</td><td colspan="2">外部开放</td></tr>
<tr><td>工具组合类型</td><td>能力建设型</td><td>激励型</td><td>能力建设型</td><td>学习型</td></tr>
<tr><td rowspan="2">工具名称（作用对象）</td><td>信息支持（信息）(G)</td><td rowspan="2">资金投入(G)</td><td>工作制度（组织）(G、P)</td><td rowspan="2">专家制度(P)</td></tr>
<tr><td>考核监督(G)</td><td>考核监督(G)</td></tr>
</table>

注：G 表示已用于政府机构，B 表示已用于企业，C 表示已用于公众，P 表示已用于社会力量。

2017 年至今是上海市政府数据开放的工作合规性建设阶段，在国家政策试点——公共信息资源开放试点（2018）支持和前期制度建设积累的基础上，对公共数据共享和开放工作进行了规范管理。在组织实施保障层面形成了“政府信息资源开放工作领导协调机制、信息化建设与开放工作联动机制”工作制度（权威）和“信息共享管理规范，理顺共享机制，实现开放管理、授权使用”的工作制度（组织）。该阶段最为关键的工具组合为“管理办法＋法规标准＋专家制度”的“命令型—学习型”工具组合（见表 5－4），即出台了《上海市公共数据和一网通办管理办法（2018）》和《上海市公共数据开放暂行办法（2018）》两部地方政府规章制度，以及《上海市公共数据开放分级分类指南（试行）（2019）》。其中，分级分类指南根据用户需求调查和部门反馈，将公共数据分为 3 类 24 个开放级别，向特定用户以不同的开放类别、管理流程和利用方式，以协议方式开放数据，其开放数据特点是“非普遍性需求、样本体量较大、实时性要求较高、具有一定经济属性和价值”，面向的用户特点是“具有加工能力或具备相应资质水平”。分级分类根据以上内容制定标准，采用 API 接口形式通过协议开放给特定用户，目前开放的数据如交通实时流量数据、企业信用数据等。专家制度工具为组建的上海市公共数据开放专家委员会，首届专家委员会由 40 位大数据和各行业的专家组成，他们为市公共数据开放提出专业咨询。

表 5-4　上海市 2017 年以来基础建设型策略政策工具选择

时　期	2017 年至今开放工作合规性建设阶段	
重点解决的问题	开放方式、合规性	
工具组合类型	命令型	学习型
工具名称 (作用对象)	管理办法(G) 法规标准(G)	专家制度(P)

注：G 表示已用于政府机构，B 表示已用于企业，C 表示已用于公众，P 表示已用于社会力量。

二、纽约市政府数据开放的建设过程与基本内容

美国政府数据开放共享相关制度和法律建设起步较早，可以追溯到 1966 年的《信息自由法》、2000 年的《数据质量法》、2009 年联邦管理和预算局提出并获批的《开放政府令》，以及 2018 年底通过的《开放政府数据法》，以法案形式推进政府数据开放。纽约市作为开放数据实践的全球领先者，在全球重要城市开放数据指数(2019)排名第二，在基础准备层和价值释放层排名第二。根据纽约市 2012 年通过的《开放数据法案》以及纽约政府数据开放平台政策法律栏目的政策文本梳理(详见附录 10)，可归纳出以下政策工具运用情况：

(1) 2009—2012 年是纽约实践先行、行政法典修订和专门法案出台以适应公共数据开放新环境的阶段，在此期间，以“命令型—能力建设型—学习型”工具运用为主(见表 5-5)，具体包括法规标准、计划规划、科技支持、信息支持、工作制度(组织)、会议赛事、公众参与的工具运用。公共数据向公众开放利用从 2009 年纽约市应用程序大竞赛(NYC BigApps Competition)开始，由信息技术与电信部(DoITT)与纽约经济发展公司合作举办，以会议赛事工具吸引专业公众参与政府数据开放运动。在实践中发现公共数据获取、可访问性、合规性、开放数据标准等问题有待明确，则运用法规标准工具，先后在《纽约市行政法典(2010)》修订案和新颁布的《开放数据法案(2012)》(简称

《法案》)中明确公共数据集的可访问性要求，开放数据标准和出版技术标准，以及明确在2018年12月31日所有公共数据实现在一个门户网站上免费提供的总目标。在《法案》中还体现了“工作制度(组织)＋科技支持＋信息支持”的“命令型—能力建设型”工具组合运用，如专门人员负责数据协调、单一网站上提供并确保浏览器和移动端均可使用、允许DoITT以合法措施确保网站的宽带可用性、公共数据分类开放按5个优先级参考分类等。该阶段“命令型—能力建设型—学习型”的工具组合体现了纽约政府数据开放以公众的数据获取为着力点，注重数据内容的合规合法性和公众获取的技术可实现性。

表5-5　纽约市2009—2012年基础建设型策略政策工具选择

时　期	2009—2012年修订法典以适应开放数据新环境阶段		
重点解决的问题	数据获取、可访问性、合规性和标准		
工具组合类型	命令型	能力建设型	学习型
工具名称 (作用对象)	法规标准(G) 计划规划(G)	科技支持(G) 信息支持(G、P) 工作制度(组织)(G)	会议赛事(B、C、P) 公众参与(C)

注：G表示已用于政府机构，B表示已用于企业，C表示已用于公众，P表示已用于社会力量。

(2) 2013—2015年是年度计划制订实施和标准规范调整阶段，一方面，“命令型—能力建设型—学习型”工具组合继续发挥作用(见表5-6)，具体包括法规标准、计划规划、工作制度(权威)、信息支持、公众参与的工具运用。法规标准工具主要作用开放数据环节的数据存储、描述和发布等细节，提出数据保存的技术标准、数据集描述的元数据字典要求，同时为配合标准实施，制定了技术标准手册的审查制度，体现法规标准与工作制度(权威)的联动作用。另一个有特色的联动作用表现为公众参与的学习型工具与计划规划、法规标准的命令型工具产生关联，如公众对数据政策和公共数据可用性反馈成为开放数据年度计划的重要参考，政府部门除了在线回应外，还需在年度计划中以统计数据形式或数据集目录形式加以回应。在法规标准方面，公众能够通过邀请第三方专业团队（如开放数据团队）参与标准草案的制定对法规标准产生作用。此外，为体现政府公信力，在工作制度（权威）工具的运用中强调“时间”的重要性，做到“过程公开透明”，如政府机构部门需明确开放数据请求的回应时间表，以及每年 7 月 15 日通过纽约市开放数据计划公布尚未开放的公共数据集即将公布的预期日期。

表 5-6　　纽约市 2013—2015 年基础建设型策略政策工具选择

时　期	2013—2015 年年度计划制订实施和标准规范调整阶段		
重点解决的问题	数据保护、元数据描述、技术标准、用户需求回应		
工具组合类型	命令型	能力建设型	学习型
工具名称（作用对象）	法规标准（G） 计划规划（G） 工作制度（权威）（G）	信息支持（G、P）	公众参与（C）

注：G 表示已用于政府机构，B 表示已用于企业，C 表示已用于公众，P 表示已用于社会力量。

（3）2016 年至今是开放数据年度计划的常态化和公民数字文化建设的普及阶段，表现为工作制度（权威）、考核监督、多元化参与、会议赛事等工具的运用（见表 5-7）。首先是对机构审查制度和专人数据协调制度的进一步规范，前者要求明确为由 MODA 每年针对三个政府机构进行公共数据集披露情况核实，后者要求正式任命一名开放数据协调员确保专人负责成为正式制度。在标准规范巩固的同时，对开放数据的利用推广体现在多元化参与工具大量运用，如 MODA 与纽约大学、哥伦比亚大学、Vizalytics 公司等建立伙伴关系，致力于开放数据环境下的数据鸿沟、开放评估、社区建设等问题研究；在纽约公园举办开放数据周及其他经常性的公民研讨会和培训活动，邀请开放数据团队和数据公司进行数字文化科普、成果展示等；以社区为单位联合开放数据运动的志愿者共同研究和开发利于城市社区发展的应用项目等。

表 5-7　纽约市 2016 年至今基础建设型策略政策工具选择

时　期	2016 年至今公民数字文化建设普及阶段		
重点解决的问题	工作常态化、文化普及		
工具组合类型	命令型	能力建设型	学习型
工具名称（作用对象）	工作制度（权威）（G）	考核监督（G）	多元化参与（GCBP） 会议赛事（GCBP）

注：G 表示已用于政府机构，B 表示已用于企业，C 表示已用于公众，P 表示已用于社会力量。

三、基础建设型策略政策工具运用的借鉴

本节一、二部分分别对上海和纽约在政府数据开放运动中的政策工具运用做了阶段性梳理，从中了解到政府数据开放基础建设型策略普遍关注的问题、上海和纽约分别运用的政策工具，以及国内城市容易忽视或尚未完成的环节。本部分主要归纳总结基础建设型策略中需解决的关键共性问题，上海、纽约城市解决这类问题的特色工具运用，为我国地方政府提供参考。

基础建设型策略解决的关键共性问题之一是可机读性和可访问性问题，涉及政府“开放数据”环节中数据的描述、发布等数据资源管理细节。可机读性也是政府数据开放区别于政府信息公开的重要标志，上海通过“科技支持＋考核监督”的能力建设型工具加以推进，一方面运用 API 结构使开放数据提高可机读率，同时建立统一开放平台和提供用户工具来方便获取开放数据，另一方面将“可机读率”纳入工作任务和考核指标中，以可测量的形式监督部门开放真正意义上的“数据”，与传统的信息公开做出区分。而对于纽约而言，美国是开放数据运动的发源地且倡导政府数据开放的八大原则，“可机读性、可访问性”等已成为开放数据的公认属性，同时，开放数据运动作为透明政府自信息自由法赋予公民知情权、利用权的延续和发展，在法律法规层面建立规范体系具有可操作性和立法基础。因此，纽约关于数据资源管理相关的规范性问题通过运用“法规标准”命令型工具来实现，比如修改行政法典（2010）和颁布《开放数据法案（2012）》，对公共数据集的可访问性、开放标准和出版技术标准等均做出规定。

关键共性问题之二是开放数据计划的工作实施规范问题，涉及“开放数据”和“利用数据”环节。上海从平台建设和制度建设两方面入手，前者主要运用激励型工具，后者以“命令型—学习型”组合工具运用为主。激励型工具表现为2012年市级层面的一市三区13部门数据汇集政府数据服务网试点先行，2018年成为国家政策试点城市，政府采购与外包工具为平台建设、优化、维护和功能提升等提供支持。“命令型—学习型”工具组合是“管理办法＋法规标准＋专家制度”的组合，通过两部管理办法以及分级分类指南确定政府数据开放的形式、流程，以组建公共数据开放专家委员会为政府数据开放过程中遇到的管理、标准、法律、政策等问题提供专业咨询。纽约仍秉承以法规标准的命令型工具解决开放数据生命周期各环节问题为基础，配合工作制度（权威）和公众参与工具的运用，如关于数据存储、描述、保护和发布等问题多次修订《法案》和《行政法典》，并且通过审查制度跟踪相关标准的制定情况，通过开放数据团队邀请公众参与跟个人信息保护和隐私安全相关的问题讨论，使公众对标准制定产生影响，如地理信息数据标准的制定。另外，同样是命令型工具——计划规划的运用，纽约市的开放数据年度计划更体现公民的监督功能，如在数据集开放的“时间”方面有特别规定，《法案》明确要求政府部门需在开放数据列表中确定数据集提供的时间，并在每年7月15日通过开放计划公布于众。目前，我国多地的政府数据开放数据集开放列表，通常仅包括发布部门、数据集名称，以及预计年度公布的数据集总量和最终公布时间（通常为年底）。

关键共性问题之三是公众参与问题，涉及开放数据、利用数据、外部环境3个环节。上海的公众参与主要体现在数据的依申请开放和权利救济，以及用户需求调查方面，工具运用特色体现在救济环节，沿用信息公开时期的会商制度，由专家给部门提出参考性建议，体现学习型工具（公众参与＋专家制度）对能力建设型工具[工作制度（组织）]的影响。纽约的公众参与主要体现在参与法规标准草案制定、数字文化活动，以及开放数据用户反馈等方面，工具运用特色体现在学习型工具（公众参与）对命令型工具（法规标准、计划规划）的影响，尤其数字文化活动方面，学习型工具在利用公共资源、教育资源和社区资源方面表现突出，如纽约公园举办的开放数据周和公民研讨会等活动，MODA

与纽约大学、哥伦比亚大学等建立伙伴关系，以及社区的开放数据运动志愿者与政府部门共同开发城市社区发展应用项目等。

国内特有的关键问题是“一数多源”数据质量问题，从上海的实践看，运用信息支持（信息）、考核监督和资金投入工具加以解决，表现为编制政府数据资源目录、考核监督共享交换工作、前置审批新建信息化项目的共享交换条件并与经费挂钩。由上，编制目录的同时对数据项进行“共享”或“开放”标识，有利于政府存量数据的梳理，为分类分级开放共享做准备，在前置条件的制约下，新建信息化项目存续必须符合共享交换条件，考核监督使共享交换工作成为日常。

第二节　产业推进型策略政策工具选择

一、贵阳市政府数据开放与大数据战略融合推进过程

贵阳市于 2014 年提出“大数据产业发展行动计划”，将“实施‘政务大数据开放’项目”作为培育大数据产业发展的任务之一，提出“统一建设贵阳市政务数据云平台，……探索建立贵阳市信息服务公司，推动政府核心数据的开放和社会化服务……到 2016 年，带动贵阳市大数据相关产业实现产值 5 亿元以上”等目标任务。此后，通过成立大数据委员会、专家咨询委员会，成立块数据公司，颁布政府数据共享开放条例、大数据安全管理条例等一系列举措，在大数据产业服务领域和政府数据开放方面取得成就，地方开放平台于 2018 年一经上线便稳居地级市排名前两位（详见附录 11）。

2014—2015 年是平台建设、数据汇集的数据基础设施建设阶段，以“命令型—激励型”工具组合为主，辅以“能力建设型—学习型”工具的运用（见表 5－8），包括产业策略、部门设置、政府采购与外包、专项资金、科技支持、专家制度、多元化参与、会议赛事。命令型工具运用产业策略工具表现为将“政务大数据开放”作为保障大数据产业发展和培育市场的项目工程进行推进，制定出台《贵阳大数据产业行动计划（2014）》，并根据省行动计划要求以“开放优

先、安全例外、分类分级”的原则制定开放数据目录，为保障大数据开放利用促进产业发展运用部门设置工具，于 2015 年成立市大数据发展管理委员会，内设 5 个机构分别负责政务公开、大数据开发应用、大数据生命周期各环节标准规范研究拟定、政务信息资源共享开放和大数据平台建设等，基本覆盖了开放数据、利用数据的各个环节。激励型工具运用表现为：为了鼓励各区各部门政务系统上云，一方面将信息基础设施云服务纳入政府购买服务范畴，另一方面由省政府以专项资金的方式支持信息基础设施建设，市县财政参照配套支持，由此，在信息基础设施建设方面以政府采购与外包、专项资金工具引导各地通过“云上贵州”平台实现全省政府信息系统建设的统筹规划和共建共享。能力建设型工具主要运用科技支持工具，在省政府的统筹规划下建设“云上贵州”系统平台和数据中心为核心的云基础设施服务平台，为政府数据资源汇集和吸引大数据企业入驻贵州做基础建设。学习型工具运用体现在专家制度、多元化参与、会议赛事的工具运用，专家制度工具表现为大数据产业专家咨询会的建立，为后续大数据一系列法规标准的拟定提供智力支持，多元化参与工具表现为块数据公司的成立，服务于平台建设和政府数据开放增值服务等，会议赛事工具表现为 2015 年起每年一届的“数博会”召开，通过国际博览会形式促进国内外大数据产业技术产品交流，分论坛形式探讨大数据在政府部门、经济、社会、文化、生活中的管理治理和应用实践等问题。

表 5-8　　贵阳市 2014—2015 年产业推进型策略政策工具选择

时　期	2014—2015 年平台建设、数据汇集的数据基础设施建设阶段			
重点解决的问题	大数据采集、管理、共享、交易等规范问题			
工具组合类型	命令型（主）	激励型（主）	能力建设型（辅）	学习型（辅）
工具名称（作用对象）	产业策略（G） 部门设置（G）	政府采购与外包（B） 专项资金（G）	科技支持（G）	专家制度（C） 多元化参与（GB） 会议赛事（GBCP）

注：G 表示已用于政府机构，B 表示已用于企业，C 表示已用于公众，P 表示已用于社会力量。“主”表示主要政策工具，“辅”表示辅助政策工具。

2016—2017年是政府数据资源管理规范化阶段，以“命令型—能力建设型—激励型”工具组合为主(见表5-9)，集中解决资源摸底、数据汇集、共享开放的问题，包括法规标准、工作制度(权威)、指导指示、科技支持、信息支持、工作制度(组织)、考核监督、示范评选、表彰奖励等。法规标准工具主要作用于数据资源管理和开放利用环节，首先根据省级发布的《政府数据分类分级指南(试行)》和《政府数据资源目录》编制市级指南和目录，对政府数据资源进行梳理和共享开放数据分类，其次，在政府数据分类、开放、共享、安全管理等地方标准方面主导研制和积极参与，并期望通过参与国家标准的研制在大数据产业服务领域争得话语权，同时，成立了市政府分管领导为组长的大数据标准建设领导小组，以工作制度(权威)工具保障标准化工作的顺利实施。为巩固以上标准规范，2017年出台《贵阳市政府数据共享开放条例》，并在条例中确立了工作制度(权威)，如由市政府统筹管理、建立大数据标准建设工作联席会议制度和专家咨询制度，成立共享开放推进指挥部统筹共享开放工作等。指导指示工具则对下一阶段的工作重点做出指示，面向政府内部，提出区域“块数据”共享开放新模式的内部推广；面向企业服务，提出由市大数据委牵头建设大数据清洗加工基地；面向公众开放利用，提出建立政府数据开放网站，并以分级分类方式向社会公开数据，如普通开放、契约式开放、依申请开放、定向开放等多种形式。科技支持工具通过提供大数据平台(云上贵州)汇集、存储全省公共数据，通过建立存储备份、保密审查、异地灾备等机制支持多元异构数据的统一采集，通过区块链数据安全监管平台确保数据共享和获取利用过程中的数据安全和追责。信息支持工具则面向政府部门，通过建立政府基础数据库和业务专题库为政务数据内部共享和支持业务服务提供同源数据，面向公众，提供开放目录清单以及数据开放年度计划等提供公众查阅和关注数据更新。工作制度(组织)和考核监督工具配合，对数据安全、数据共享交换、政民互动等制定工作机制和纳入年度绩效考核与日常监督范畴。激励型工具主要运用示范评选和表彰奖励工具，分别作用或服务于大数据产业、政府公共服务、政府数据内部共享等方面，包括开展国家大数据交易服务和数据质量评价的标准试验和示范应用，基于共享交换平台开展业务场景示范应用，表彰奖励在共享开放工作中突出贡献的单位和个人。劝导型工具分别作用于外部环境和利用环节，主要鼓励社会数据资源向"云上贵州·贵阳平台"汇集，形成块数据资源池，以及鼓励政府部门宣传政府数据共享开放以及采取多样化推广方式促进公众参与政府数据开发应用。学习型工具则表现为以大数据产业联盟为载体，吸引产学研用各方力量，共同参与大数据标准建设和问题研究。

表 5-9　　贵阳市 2016—2017 年产业推进型策略政策工具选择

时　　期	2016—2017 年政府数据资源管理规范化阶段		
重点解决的问题	政府部门资源摸底、数据汇集、共享		
工具组合类型	命令型	能力建设型	激励型
工具名称（作用对象）	法规标准(G) 工作制度(权威)(G) 指导指示(G)	科技支持(G) 信息支持(GC) 工作制度(组织)(G) 考核监督(G)	示范评选(BP) 表彰奖励(G)

注：G 表示已用于政府机构，B 表示已用于企业，C 表示已用于公众，P 表示已用于社会力量。

2018 年以来是政府数据开放共享法制化建设阶段，主要运用管理办法工具（见表 5-10），在 2017 年《贵阳市政府数据资源管理办法》的基础上，配套出台市政府数据共享开放的《实施办法》和《考核暂行办法》，三部管理办法共涵盖了数据资源管理、数据采集、共享、开放、平台管理、监督考核、责任追究等方面，涉及了开放数据的数据资源管理、数据共享和数据基础设施等环节以及组织实施保障环节。

表 5-10　　贵阳市 2018 年以来产业推进型策略政策工具选择

时　　期	2018 年以来法制化建设阶段
重点解决的问题	巩固制度，合规性
工具组合类型	命令型
工具名称（作用对象）	管理办法(G)

注：G 表示已用于政府机构。

二、首尔市公共数据开放与大数据战略融合推进过程

韩国是全球领先的在线服务提供国，是亚洲 EGDI(2020 电子政务发展指数)表现最好的国家，在全球排名第二。首尔市在《全球重要城市开放数据指数(2019)》排名中居首位。

韩国中央政府的政策工具选择，为首尔市提供了指引和参考。国家层面，重点运用"命令型—能力建设型"工具组合(见表 5 - 11，详见附录 12)，在建章立制、组织调整、基础建设方面为地方政府做了示范。具体表现为：(1) 开放数据环节的"计划规划＋法规标准＋部门设置"命令型工具大量运用，将公共数据共享和开放利用作为"政府 3.0"构建"透明、能力、服务型政府"的重要战略任务提出实施计划；出台公共数据相关法律、实施、执行规则等一系列法律，对公共数据开放利用的计划安排、部门职责权限、运行评估、质量管理、标准化、基础建设、培训宣传、外部合作、数据提供和纠纷解决等事项进行规制；同时，通过建立公共数据战略委员会、纠纷调解委员会，设立援助中心，激活中心对政府内部数据共享意识能力提升，对外提供高质量数据资源，促进外部利用等提供组织实施保障。(2) 能力建设型工具的运用以"研究探讨＋人才培养"为主，依托国家信息化推进院，展开政府部门公共数据现状调查和大数据开放利用重点课题研究，摸清家底的同时，对扩大大数据开放利用、基础建设、产业生态构建和可持续性发展等展开前瞻性研究；同时，对地方政府部门工作人员提供培训，使地方层面了解《公共数据法》及其制度的使用。(3) 在与民众和企业互动方面，中央政府主要通过"会议赛事"和"政策试点"的工具运用实现，前者由公共数据利用援助中心负责"国家公共数据论坛"，在数字文化培养方面发挥作用，后者通过 15 个部门领域的试点开放，促进数据利用的初步市场形成。

遵循中央政府在政府数据开放领域的指引，首尔市率先开放公共数据，利用大数据推进项目，致力于提升全社会对数据的认知。为此，首尔市政府经历了 3 个发展阶段：

表 5-11　　韩国国家层面政策工具指引

时　　期	2013 年起 Gov3.0 战略推动下公共数据政策和大数据政策大量涌现			
重点解决的问题	公共数据开放利用服务大数据生态建设			
工具组合类型	命令型(主)	能力建设型(主)	学习型(辅)	激励型(辅)
工具名称(作用对象)	计划规划(G) 法规标准(GP) 部门设置(G)	研究探讨(GP) 人才支持(GP)	会议赛事(GBCP)	政策试点(G)

注：G 表示已用于政府机构，B 表示已用于企业，C 表示已用于公众，P 表示已用于社会力量。“主”表示主要政策工具，“辅”表示辅助政策工具。

(1) 2013—2015 年是组织变革和基础建设阶段，“计划规划＋部门设置＋科技支持”的“命令型—能力建设型”工具组合(见表 5-12)。计划规划工具是特色之一，从国家《公共数据法》中而来，分为公共数据激活利用基本计划(简称“三年基本计划”)和公共数据激活利用实行计划(简称“年度实行计划”)。首尔市在第一个三年基础计划(2013—2015)中，开展大数据解决城市问题的示范课题研究，重点推进大数据基础设施建设和组织机构改革，并在 2014 年度实行计划中提出，一改“基础设施建设为中心”的“促进信息化”发展理念，变为“信息利用”为中心的“信息规划”理念，相应改变“信息化规划组”为“信息规划组”，并新设大数据及统计专门部门。科技支持工具运用表现为 2012—2015 年，面向用户的首尔市开放数据广场(2012)、商圈商铺分析服务系统(2015)，以及面向政府部门的大数据利用系统(2013)和数据基础行政系统平台(2015)等大量上线，为政府部门提高数据分析能力、发掘公共数据价值、保障数据质量，为用户获取公共数据、利用公共数据促进创新创业等提供操作平台和工具。

表 5-12　　首尔市 2013—2015 年产业推进型策略政策工具选择

时　　期	2013—2015 年组织变革和基础建设阶段	
重点解决的问题	大数据环境下组织适应性、数据基础设施升级	
工具组合类型	命令型	能力建设型
工具名称(作用对象)	计划规划(G) 部门设置(G)	科技支持(GBC)

注：G 表示已用于政府机构，B 表示已用于企业，C 表示已用于公众。

(2) 2016—2017 年是大数据激活时期，公共数据开放与大数据政策融合发展，体现为在第 2 个三年基本计划(2016—2018)中提出“首尔数字基础计划2020”，以“形成大数据为基础的社会格局”和“建设共享利用大数据平台”为战略目标。在此期间，命令型工具运用以“计划规划、法规标准、工作制度(权威)、体系建设”为主(见表 5 - 13)，其中，法规标准工具体现在地方公共数据专门性法律法规的出台，规制内容与国家法律相对应，不同之处在于，地方层面设立“大数据审议委员会”负责相关政策审议、协调、管理等基本功能。体系建设工具是大数据基础数据存储管理体系(见图 5 - 1)，将政府用户和民众用户集中到统一平台，围绕数据存储中心构建数据生命周期一体化管理体系，将公共数据与社会数据融合，非结构化、半结构化的信息资源与结构化数据等作为提供利用的信息资源统一管理。实现了信息公开和数据开放利用的统一管理，以及政民主体间合作、社会数据与公共数据的融合。同时，运用人才支持的能力建设型工具和多元化参与的学习型工具，在培养公务员数据素养、普及大众大数据能力、培养创新人才、开展大数据基础研究等方面开展与大数据专业团队及高校的合作，如由首尔市与首尔大学签约(2017)成立“城市数据科学研究所”并开办“开浦数字创新园”，以普及大数据利用和开展教学研究为开办目标。

表 5 - 13　首尔市 2016—2017 年产业推进型策略政策工具选择

时　期	2016—2017 年 Gov3.0 战略推动下公共数据政策和大数据政策大量涌现		
重点解决的问题	公共数据开放利用服务大数据生态建设		
工具组合类型	命令型(主)	能力建设型(辅)	学习型(辅)
工具名称 (作用对象)	计划规划(G) 法规标准(GP) 工作制度(权威)(G) 体系建设(GBC)	人才支持(GP)	多元化参与(GP)

注：G 表示已用于政府机构，B 表示已用于企业，C 表示已用于公众，P 表示已用于社会力量。“主”表示主要政策工具，“辅”表示辅助政策工具。

资料来源：大数据存储中心 重点推进事业计划 首尔，2019

图 5-1 首尔大数据存储中心

(3) 2018 年以来是公共数据开放共享进入大数据时代的制度准备和转型时期，再一次出现“计划规划＋部门设置＋工作制度（权威）”的命令型组合（见表 5-14），具体为 2018 年首尔大数据实施计划，致力于构建大数据为基础的社会创新生态系统，围绕大数据、基础设施、教育、分析和服务等 5 个领域展开，首尔市政府为此投入百亿韩元预算，对负责部门提出预算、事项和成果的具体要求。部门设置表现为大数据中心的设立，负责激励市民参与利用大数据，支持行政科学决策，构建大数据基础设施服务，以及提供培训和调研工作等事项的安排。工作制度（权威）体现在《公共数据法》修订后设置的“大数据责任官”一职，他的主要职能是信息规划和公共数据提供，替代了以往首席信息官、首席数据官的职能，由市长任命，负责组织、协调、支持、制定与公共大数据相关的政策、计划、管理和评估等事项。此外，首尔还少量运用劝导型和激励型工具，主要体现在鼓励社会资本参与基础设施建设方面，以及鼓励个人、企业、团体参与公共大数据挖掘利用提升公共价值方面，由市长给予嘉奖。

表 5-14　首尔市 2018 年以来产业推进型策略政策工具选择

时　期	2018 年以来公共数据开放共享制度准备和转型发展阶段		
重点解决的问题	公共数据开放利用服务大数据生态建设		
工具组合类型	命令型（主）	劝导型（辅）	激励型（辅）
工具名称（作用对象）	计划规划（G） 部门设置（G） 工作制度（权威）（G）	鼓励号召（P）	表彰奖励（GBCP）

注：G 表示已用于政府机构，B 表示已用于企业，C 表示已用于公众，P 表示已用于社会力量。“主”表示主要政策工具，“辅”表示辅助政策工具。

三、产业推进型策略政策工具运用的借鉴

关键共性问题之一是数据汇集，涉及开放数据环节中的数据采集和数据基础设施细节，通过平台建设来解决。贵阳市重点运用“部门设置＋政府采购与外包＋多元化参与”的“命令型—激励型—学习型”工具组合，围绕地方系统统一上云平台（“云上贵州”）展开建设。部门设置工具表现为成立市大数据发展管理委员会并内设 5 个机构，将政务公开、数据开放共享、数据资源管理、大数据开发应用等纳入职责范围，与政府数据开放生态系统的开放和利用环节形成对应。政府采购与外包工具鼓励基础设施云服务纳入政采，并由省级政府和贵阳市政府通过专项资金等金钱类激励型工具进行引导，实现全省政府信息系统上云统筹规划和共建共享。多元化参与工具表现为块数据公司的成立，服务于平台建设和提供数据开放增值服务。首尔市的做法略有不同，重点运用“计划规划、法规标准、工作制度（权威）、体系建设”命令型工具组合推进具有汇集功能的平台体系建设实现公共数据和社会数据的汇集存储和开发利

用。这与韩国率先提出 Gov3.0 战略将公共数据开放作为基石，又出台《公共数据法》规定需制订三年基本计划和每年年度计划推进执行，而后将大数据发展战略及政策与公共数据政策相融合，形成“大数据融入全社会”的发展理念有关。首尔市作为地方政府遵循国家政府的政策指引，运用计划规划工具在第 2 个三年基本计划中提出“形成大数据为基础的社会格局”和“建设共享利用的大数据平台”战略目标，并同期出台《公共数据法》与国家法律产生呼应，在地方层面设立“大数据审议委员会”，负责政策审议、协调、管理等事务，体现法规标准和工作制度（权威）的运用。体系建设工具体现在大数据基础数据存储管理体系建设方面，将政府用户和民众用户集中在统一平台，围绕数据存储中心运作，通过大数据的融合采集、加工、提供利用等环节实现数据融合和统一管理。

关键共性问题之二是组织变革，涉及开放数据、利用数据环节以及外部环境的组织实施保障细节，通过设置部门和形成工作制度来解决。贵阳市运用“部门设置＋法规标准＋工作制度（权威）＋专家制度”的“命令型—学习型”工具组合，表现为 2015 年成立市大数据发展管理委员会（简称“大数据委”），将原先经信委下关于政务大数据开放和大数据产业推进部分的职能以及其下管理的事业单位划归给大数据委，通过部门设置及职能划分赋予新建组织以权力和资源；法规标准工具以《贵阳市政府数据共享开放条例（2017）》巩固工作制度（权威），如由市政府统筹管理、建立大数据标准建设工作联席会议制度、专家咨询制度等，使政务大数据开放利用更符合大数据产业发展的规律，并且在管理过程中得到专业指导。首尔市运用“计划规划＋部门设置＋科技支持”的“命令型—能力建设型”工具组合，表现为在 2014 年实行计划中提出“改‘信息化建设’理念为‘信息规划’理念”，相应将“信息化规划组”改为“信息规划组”，并新设大数据及统计专门部门，同时作为工作支撑，同期上线面向政府部门的大数据利用系统（2013）和数据基础行政系统平台（2015）等，体现科技支持工具的运用对组织和制度建设的推进作用。

国内特有的关键问题是数据共享的问题，涉及开放数据的数据资源管理细节，贵阳市以“命令型—能力建设型—激励型”工具组合为主集中解决数据资源摸底、数据汇集和共享开放问题。其中,“法规标准＋工作制度(权威)＋指导指示”命令型工具组合表现为2017年出台《贵阳市政府数据共享开放条例》,并在条例中确立工作制度(权威),即成立共享开放推进指挥部统筹共享开放工作,指导指示工具表现为向全市推广“块数据”共享开放新模式;“法规标准＋科技支持”的“命令型—能力建设型”工具组合,表现为法规和技术的支持使得部门间的数据共享利用既有“抓手”又有“牙齿”。出台《贵阳市大数据安全管理条例(2018)》,由条例确定大数据安全责任单位应包括数据的所有者、管理者、使用者和服务提供者,同时,在政府数据共享利用过程中运用区块链技术,根据数据流动情况确定安全问题和权责归属。“科技支持＋信息支持”能力建设型工具搭配通过大平台“云上贵州”汇集全省公共数据,建立政府基础数据库和业务专题库,包括人口、法人、自然资源和空间地理、宏观经济、电子证照等,其他数据通过调用接口满足部门共享数据的需求,如需其他原始数据,在与来源部门沟通后,仍在云上贵州平台存储共享,由此确保共享数据的“一数一源”。“工作制度(组织)＋考核监督＋表彰奖励”的“能力建设型—激励型”工具组合建立数据共享交换及其安全责任的工作机制和纳入年度绩效考核,并对表现突出的单位和个人予以表彰奖励。

贵阳市还在以下工具运用中表现突出:(1)管理办法＋工作制度(组织)＋考核监督:分别在政务数据资源、数据共享开放实施、共享开放考核方面出台管理(试行)办法,明确了政府数据开放共享服务于公众和企业,按照分类分级标准开放,通过工作制度(组织)和考核监督工具,对基础保障、数据质量、开放应用、组织实施和奖惩机制等做了全方位的管理。(2)政府采购与外包＋多元化参与:政府采购大数据服务的形式,在数据开放平台建设、大数据清洗加工方面与企业合作,如信息产业发展公司负责普惠式数据开放(即开放平台);块数据公司负责契约式开放的流程和技术支撑;大数据清洗加工则由优易合创(块数据公司占有股份)负责,并依托大数据交易中心为大数据企业提供服务,通过购买服务,解决了部门建设成本。除前期平台建设资金投入外,每年各部门运维费用从原先的1 000万元下降至300万元。

首尔市值得借鉴的还有学习型工具的大量运用:(1)专家制度工具表现

为由公务员、市议员、专家、教授组成的大数据审议委员会，通过地方公共数据专门性法律法规，负责政策审议、协调和管理，并通过法律规定确保制度的稳定性和权威性；(2) 多元化参与工具表现为首尔市与高校合作开设研究所和创新园，在数字文化培养和人才支持方面的作用，如成立城市数据科学研究所和开办“开浦数字创新园”。

第三节　服务应用型策略政策工具选择

一、上海市政企数据融合创新应用的建设过程

上海市的服务应用型策略实施体现在将政府数据开放共享嵌入“互联网＋政务服务”、智慧城市建设等行动计划中，是经过 2012—2016 年平台建设和制度建设阶段，在《上海市推进“互联网＋”行动实施意见(2016)》提出“提升政府公共服务能效”的任务后集中体现(详见附录 13)，政策工具选择情况见表 5－15：

表 5－15　上海市 2016—2019 年服务应用型策略政策工具选择

<table>
<tr><td>时　期</td><td colspan="6">2016 年以来政企数据融合创新应用阶段</td></tr>
<tr><td>问题一</td><td colspan="6">政府数据和社会数据融合的数据采集</td></tr>
<tr><td>工具组合类型</td><td colspan="3">能力建设型</td><td colspan="3">学习型</td></tr>
<tr><td>工具名称
(作用对象)</td><td colspan="3">工作制度(组织)(G)</td><td colspan="3">多元化参与(GP)</td></tr>
<tr><td>问题二</td><td colspan="6">公共服务履职过程中的数据共享交换</td></tr>
<tr><td>工具组合类型</td><td colspan="2">命令型</td><td colspan="2">能力建设型</td><td colspan="2">激励型</td></tr>
<tr><td>工具名称
(作用对象)</td><td colspan="2">体系建设(G)</td><td colspan="2">工作制度(组织)(G)
科技支持(G)</td><td colspan="2">资金投入(G)</td></tr>
</table>

续 表

问题三	公共服务效能提升和服务推广			
工具组合类型	命令型	能力建设型	激励型	劝导型
工具名称（作用对象）	法规标准（G） 管理办法（G） 工作制度（权威）（G）	考核监督（G） 工作制度（组织）（G） 人才支持（G）	政府采购与外包（B）	宣传推广（GBCP）
问题四	政企合作促进政务数据价值提升和创新应用			
工具组合类型	学习型		激励型	
工具名称（作用对象）	会议赛事（GBCP）		专项资金（BP）	

注：G表示已用于政府机构，B表示已用于企业，C表示已用于公众，P表示已用于社会力量。

（1）为提升政务数据资源开放的广度和深度，在数据采集方面提出“探索政务数据与社会数据融合机制”，包括经济、环境、教育、就业、交通、安全、文化、卫生、市场监管等重点领域，体现“工作制度（组织）＋多元化参与”的“能力建设型—学习型”工具组合特点，如履职过程中的公共数据应由市大数据中心按需统一集中管理，数据质量按“谁采集、谁负责、谁校核、谁负责”原则由公共管理和服务机构、市级负责部门承担责任，市大数据中心监管，公共数据归集完整度与信息系统的财政资金挂钩确保100％上云，对信息系统和数据整合共享进行审计，纳入资产管理范畴并落实责任制；多元化参与“探索政府和社会互动的数据挖掘采集机制，形成多元化多层次的数据资源应用服务体系”。

（2）促进履职所需政务数据共享方面，通过共享体系和机制建设、大数据资源数据库和平台建设等，由市大数据中心支持各部门在市区两级电子政务平台上完成数据共享交换以及履职数据的集中管理。在已有的跨部门信息共享交换平台的基础上，上海通过“信息化项目引导”推进跨部门“大系统”和跨层级“大平台”的建设中，进一步从纵向和横向整合信息资源，体现“体系建设＋工作制度（组织）＋科技支持＋资金投入”的“命令型—能力建设型—激励型”工具组合特点。

（3）在公共服务效能提升方面，体现“命令型—能力建设型—激励型—劝导型”工具运用的丰富性。命令型工具在法规标准、管理办法方面体现，一方面要求本地制度规范根据国家政务服务技术体系建设标准进行调整，另一方面出台公共数据共享和一网通办管理办法对政务服务过程中的数据共享、开放、利用、安全和责任等进行明确。此外，“互联网＋政务服务”领导小组负责统筹协调，并在领导班子绩效考核体系中纳入服务质量、数据质量、共享开放程度监督考核的指标内容，体现了“工作制度（权威）＋考核监督”的运用。“政府采购与外包＋工作制度（组织）”的“激励型工具—能力建设型”工具组合共同作用于数据基础设施方面，通过加快政务云建设，以及提供保密审查、应急响应处置机制等常规配套制度，满足部门之间数据共享和业务协同的需求。“人才支持＋宣传推广”的“能力建设型—劝导型”工具组合分别作用于政府部门工作人员和社会公众，通过内部培训和外部宣讲等提高服务能力和认知。

（4）政企数据融合创新应用，以“会议赛事＋专项资金”的“学习型—激励型”工具运用，作用于数据利用和外部保障环节，尤其在“数字文化培养”和“国际交流影响”方面有所体现。会议赛事工具即“上海开放数据创新应用大赛”（SODA 大赛），自 2015 年起一年一届，由市经信委主办，市大数据产业基地、创新基地、交易中心、大数据联盟、网络信息中心等协办的促进数据开放利用理念和技术交流，且兼具招商引资、企业孵化的后续效应。SODA 大赛先后围绕城市交通、城市安全、城市管理、SODA 走向长三角等主题开展比赛，2020 年吸引了 490 余个团队、近千人报名参加，其中 30 支获奖团队分别在奖金、云服务、SODA SPACE 落地孵化等方面获得资源支持，并通过入驻市北高新园区的 SODA SPACE 纳入项目培育计划。专项资金工具则由政府提供大数据联合实验室项目申报，由高校、企业等申请成立“金融、医疗、旅游、交通、能源、城市管理和开放数据等”七大领域的产学研结合的联合实验室。

二、广东省政务服务改革与数字政府建设过程

广东省开放数据起步较早，2016 年下半年上线，是第 4 个平台上线的省级

城市，也是下辖地级市开放平台数最多最全的省级城市。《中国地方政府数据开放报告(2020上半年)》显示，4年累计积分排名中居第二，仅次于上海。“互联网+政务服务”是政府数据资源共享开放实现公共价值的一种表现形式，其背后是数据资源、业务协同、平台系统、部门协调机制共同作用的成果。进入大数据和智能化时代，信息化先发优势逐渐消失，由于数据资源、平台系统改造或重建面临沉默成本和机会成本的选择困境，政务信息化发展的先发地区反而在此次政务改革中处处掣肘。以广东省为例，能够从先发城市如何利用政府数据开放促进政务改革，又如何在政务改革中利用政府数据提高公共服务效能方面有所了解。广东省的政府数据共享开放在政务服务方面的快速发展集中在2016—2018年，经历了一门式一网式政府服务模式改革、惠民试点、政务信息系统整合共享、一体化在线政务服务平台建设和“数字政府”总体规划实施的过程，在此期间，省政府重点运用“命令型—能力建设型—激励型”工具组合，以及创新运用学习型工具等(详见附录14)。政策工具选择情况见表5-16。

表5-16　广东省2016—2018年服务应用型策略政策工具选择

<table>
<tr><td>时　期</td><td colspan="5">2016年以来政务服务改革和数字政府建设阶段</td></tr>
<tr><td>问题一</td><td colspan="5">数据资源和服务事项梳理、数据共享交换平台建设</td></tr>
<tr><td>工具组合类型</td><td>命令型
(主)</td><td>能力建设型
(主)</td><td>激励型
(主)</td><td>劝导型
(辅)</td><td>学习型
(辅)</td></tr>
<tr><td>工具名称
(作用对象)</td><td>指导指示(主)(G)
体系建设(主)(G)
工作制度(权威)(G)</td><td>考核监督(主)(G)
信息支持(主)(G)
科技支持(主)(G)
人才支持(G)
工作制度(组织)(G)</td><td>财政预算(G)
政策试点(G)
专项资金(G)</td><td>宣传
推广
(GP)</td><td>公众
参与
(CP)</td></tr>
<tr><td>问题二</td><td colspan="5">数据采集和数据利用两端的制度规范、新建信息化项目管理</td></tr>
<tr><td>工具组合类型</td><td>命令型</td><td colspan="2">能力建设型</td><td colspan="2">学习型</td></tr>
<tr><td>工具名称
(作用对象)</td><td>指导指示(G)
体系建设(G)
工作制度(权威)(主)(G)</td><td colspan="2">工作制度(组织)(G)
科技支持(G)</td><td colspan="2">多元化参与
(主)(GB)</td></tr>
</table>

续　表

问题三	一体化平台完善和巩固制度		
工具组合类型	命令型	能力建设型	激励型
工具名称（作用对象）	指导指示(G) 体系建设(G) 工作制度(权威)(主)(G)	工作制度(组织)(主)(G) 考核监督(主)(G)	财政预算(G)

注：G 表示已用于政府机构，B 表示已用于企业，C 表示已用于公众，P 表示已用于社会力量。“主”表示主要政策工具。

2016 年，以统筹规划、体系建设、基础建设、试点宣传为主，工具运用较为丰富，涉及 5 种类型的政策工具，包括指导指示、体系建设、工作制度(权威)、监督考核、信息支持、科技支持、人才支持、工作制度(组织)、财政预算、政策试点、专项资金、宣传推广和公众参与。其中命令型工具重点运用指导指示和体系建设工具，指导指示工具对数据共享、数据资源管理、数据基础设施、组织实施保障等多环节给出全面指引，如要求梳理数据资源、建立政务数据资源目录、编制核心数据字典，完善三级政务数据交换共享平台、加快大数据基础设施建设，建立专责工作小组框架下的政务服务协调推进机制等，体现自上而下统筹规划的特点。体系建设工具重点运用于数据共享、数据安全和公共服务三大环节，建立电子交换共享体系和一体化网上政务服务平台，即在省市县三级电子政务网互联互通、数据共享交换的基础上，保障政务服务中的“三个统一”——“统一办事入口、统一身份认证、统一受理平台”，建立三级电子政务网络信息安全保障体系则从基础设施建设和安全管理制度方面全面确保网络和信息安全。能力建设型工具中考核监督、信息支持、科技支持三者并重，共同作用于公共服务环节，表现为对行政许可绩效等具体事项的工作评估，日常监督和定期通报检查、约谈、督办机制的配合，以及“互联网＋政务服务”整体的监督检查和效能评估等；信息支持工具，对内表现为部门和事业单位数据资源清单的编制、整合共享计划实施，对外表现为开放数据集在统一开放平台“开放广东”上的发布；为确保数据共享和政务服务，科技支持工具运用表现为建设省级统一的电子政务云平台、数据中心以及共享交换平台等，在数据存储、计算能力运力等方面为政务服务提供保障。此外，激励型工具运用较多，从财政预算、政策试点、资金投入等多方位确保全省各地区的“一门一网”“一号一窗一网”等政务服务创新项目顺利实施推广。

2017 年，以完善体系、制度调整、多元化合作为主，工具运用表现为“命令型＋能力建设型＋学习型”工具的组合，包括指导指示、体系建设、工作制度（权威）、工作制度（组织）、科技支持、多元化参与工具。指导指示工具运用重心从政府内部的基础设施建设和数据资源管理，向“采集”和“利用”的数据生命周期两端移动，强调政务大数据和社会大数据汇聚，以及通过建立“开放广东”全省政府数据统一开放平台对外提供数据获取通道，这为后续下辖地级市开放政府数据做了指引，至 2020 年上半年已有 21 个地市开放数据集汇集于统一开放平台。体系建设工具重点运用于公共服务环节，要求完善网上政务服务平台体系建设，在网上办事大厅、事项标准化、规范清单和办事指南、提升在线办事功能等方面着力。为平衡平台建设和系统运维的能力和安全性问题，省政府在制度建设方面做出了“管运分离”的创新尝试，运用工作制度（权威）工具撤去全省各区政府、各委办局的信息管理部门，打破原有信息管理部门负责本单位信息化建设和运维的“管运合一”模式，仅保留对接信息化需求和日常沟通协调功能，同时，多元化参与工具运用表现为由省政府牵头，以腾讯公司为主体、三大运营商加盟成立了“数字广东网络公司”，负责全省信息化建设的建设和运维。工作制度（权威）和多元化参与的工具配合运用，使得政府部门的新建系统平台共建共享及标准化等“增量”问题得以解决，此后，重点关注现有数据资源“存量”的对接和共享，通过运用工作制度（组织）的能力建设型工具，要求各级电子政务主管部门牵头负责保障数据共享对接过程中的技术保障和支撑，以及运用技术支持工具完善四大公共基础数据库与第三方社会数据融合丰富共享平台等方式解决。

2018 年以来，以完善平台、巩固制度为主。随着广东“数字政府”的提出，政务服务改革也被纳入其中，工具运用表现为“命令型—能力建设型—激励型”工具的组合，包括指导指示、体系建设、工作制度（权威）、工作制度（组织）、考核监督、财政预算等工具的运用。数据服务管理一体化建设要求、数据目录标准体系建设以及领导小组统筹协调机制组合的出现，为实现政务改革目标提供了抓手。其中，工作制度（权威）工具表现为构建“一办、一中心、一平台”

组织构架，即省信息中心为基础，组建省电子政务办统筹全省电子政府改革建设的协调任务。能力建设型工具中工作制度（组织）、人才支持和考核监督配合运用，要求各地各部门明确一名负责一体化在线政务服务平台统筹的分管领导和联络员，以季度召开工作协调会的形式实现省市部门的沟通协调；人才支持和考核监督工具，一方面对围绕业务应用等进行定期培训和日常交流，另一方面对平台建设管理进行督查和评估。为保障"数字政府"的建设资金支持力度，由省政府统筹政务信息化建设各类资金，按程序报批后纳入预算。

三、贵州省"互联网＋政务服务"体系建设过程

2015 年，贵州省在"互联网＋"行动计划中将"开放共享"作为首要原则，大数据、移动互联网等新一代信息技术作为支撑，在 12 个专项行动之一的"益民服务专项行动计划"中明确提出"2018 年建立健全数据资源管理体系，实现公共服务数据资源目录 100％开放"，并在保障措施中要求制定数据资源开放的"指导办法"和"安全标准规范"，为政府数据开放共享支撑公共服务指明方向。2016 年下半年上线开放平台，至 2020 年下半年 4 年累计指数排名第四；在《省级政府和重点城市网上政务服务能力调查评估（2020 上半年）》中，"办事指南准确度"指标排名全国第一（详见附录 15）。

2015—2016 年是政务数据共享服务应用的数据资源准备阶段，重点解决数据资源梳理、平台数据汇集、清单事项梳理等相关问题，以"命令型＋能力建设型＋激励型"工具组合为主（见表 5－17），包括指导指示、部门设置、法规标准、体系建设、管理办法、工作制度（权威）、科技支持、信息支持、工作制度（组织）、优先项目。指导指示工具分别作用于数据资源管理、社会化利用和公共服务环节，要求建立数据资源管理体系、安全的开放利用指导办法和标准、应用大数据提高公共服务水平等，同时，配合运用部门设置工具，成立大数据标准化委员会，确保数据标准的科学性和安全性。法规标准工具即出台《贵州省大数据发展应用促进条例》，从发展应用、共享开放、安全管理等大数据应用管理方面展开，并对数据采集、共享、权属、交易、安全以及平台管理（云上贵州）

等做出引导性、原则性规定。体系建设工具则表现为建立政府数据资源目录体系和依据政务数据分类定级标准确定的信息系统安全体系，在数据资源管理和数据安全环节发挥作用，为数据互通共享提供条件。管理办法和工作制度（权威）工具配合运用则作用于数据资源管理环节，出台《政务数据资源管理暂行办法》以及要求各地区、部门建立相应的工作制度和行政追责制度，保障数据资源管理的规范化和合法化。能力建设型工具重点作用于数据汇集、数据发布和公共服务环节，表现为运用科技支持工具实现网上办事大厅在云上贵州上线运行，并将各公共机构信息系统向云上迁移，使“云上贵州”成为数据汇集、共享交换的基础平台；运用工作制度（组织）要求各个部门依据公共数据资源管理办法的分级分类规定建立公共数据采集制度；运用信息支持工具实行清单制度，如公共数据开放负面清单以及 15 项公共服务事项相关清单，一方面帮助部门理清数据资源家底和行政权力边界，另一方面将清单公布于众赋予公众监督权。激励型工具运用于数据基础设施建设环节，对政务数据共享类项目予以财政优先安排，相反，不符合共享要求或自建新建的政府数据存储中心和云平台，省政府不予支持或不再提供后续经费。

表 5－17　　贵州省 2015—2016 年服务应用型策略政策工具选择

时　期	2015—2016 年，政务数据共享服务应用的数据资源准备阶段		
重点解决的问题	数据资源梳理、数据汇集、清单事项梳理		
工具组合类型	命令型	能力建设型	激励型
工具名称（作用对象）	指导指示（G） 部门设置（G） 法规标准（G） 体系建设（G） 管理办法（G） 工作制度（权威）（G）	科技支持（G） 信息支持（G） 工作制度（组织）（G）	优先项目（G）

注：G 表示已用于政府机构。

2017 年，跨部门、跨区域、跨领域的数据共享共用平台建设阶段，重点解决平台共建共用、丰富服务应用和提升数据质量等问题。综合运用命令型、能力建设型、激励型、劝导型4种工具类型(见表5-18),包括指导指示、管理办法、部门设置、工作制度(组织)、考核监督、研究探讨、政策试点、鼓励号召。指导指示工具要求省、市、县三级政府在"云上贵州"大数据平台实现数据共享公用,部门设置工具建立大数据发展管理局明确内设机构职责和人员编制,管理办法工具出台《贵州省政务信息数据采集应用暂行办法》,保障公共数据采集汇聚到统一平台。工作制度(组织)工具促进部门建立跨部门共享协调机制和信息更新机制,配合权力清单和责任清单制度共同执行,考核监督工具通过"网上办事大厅"电子检查系统和政务服务大数据平台数据统计,对政务服务进行实时事态分析、情况通报以及工作标准化年度考核,研究探讨工具提出将"信息公开、数据开放开发、基础设施、网络安全、个人隐私、电子商务"等地方法规和关于大数据的企业间共享、交易、确权、安全、定价、流通等标准规范纳入研究范围,体现贵州省以大数据产业发展带动政府数据共享开放和提高公共服务的整体思维模式。在此基础上,推进政府部门的大数据创新应用示范,以政策试点在政务服务、经济运行、市场监督等方面开展试点。另外,依托"云上贵州"大数据平台,向社会提供数据交换共享开放接口,鼓励社会化利用以及政府数据和社会数据融合创新。

表5-18　　贵州省2017年服务应用型策略政策工具选择

时　期	2017年,跨部门、跨区域、跨领域数据共享共用平台建设阶段			
重点解决的问题	平台共建共用、丰富服务应用、数据质量提升			
工具组合类型	命令型	能力建设型	激励型	劝导型
工具名称(作用对象)	指导指示(G) 管理办法(G) 部门设置(G)	工作制度(组织)(G) 考核监督(G) 研究探讨(G)	政策试点(G)	鼓励号召(GBCP)

注:G表示已用于政府机构,B表示已用于企业,C表示已用于公众,P表示已用于社会力量。

2018年以来,进入政务服务体系形成时期,重点解决政务服务体系建设、配套制度完善以及向公众普及推广阶段,以体系建设的命令型工具为基础保障,重点运用能力建设型工具(见表5-19),包括工作制度(组织)、科技支持、信息支持、人才支持,辅助运用政策试点工具。体系建设工具表现为民生三大服务体系建设，包括便民服务、数字民生、市场化融合三大体系。为确保便民服务，在工作制度（组织）工具中创新推出“块数据”共享模式，并建立块数据指挥调度中心工作制度，电子证照批文等证明材料的共享调用和互认机制；在科技支持和信息支持工具运用中，前者通过全省一体化政务服务平台建设打通各级政府部门自建审批业务系统，后者通过公布三级政府开放数据资源目录实现数据资源共享。另外，在数字文化培养方面运用人才支持和宣传推广工具，前者面向大数据人才培养，通过组建大数据教育联盟提供培训、评估和储备大数据人才，后者通过媒体宣传报道普及大数据知识，营造大数字文化氛围。

表 5－19　贵州省 2018 年以来服务应用型策略政策工具选择

时　期	2018 年以来政务服务体系形成阶段		
重点解决的问题	体系建设、制度配套、公众推广		
工具组合类型	命令型	能力建设型	劝导型
工具名称（作用对象）	体系建设（基）（G）	工作制度（组织）（G） 科技支持（G） 信息支持（G） 人才支持（GP）	宣传推广（GBCP）

注：G 表示已用于政府机构，B 表示已用于企业，C 表示已用于公众，P 表示已用于社会力量。“基”表示基础前提政策工具。

四、亳州市“互联网＋政务服务”创新应用的建设过程

亳州市是安徽省较为年轻的地级市，以 2014 年智慧城市新试点城市建设为契机，与安徽省本土科技企业科大讯飞合作，通过打造网上办事大厅，早于国家“互联网＋政务服务”政策出台，便率先探索实现了“数据跑腿”“指尖办事”的政务服务创新，凸显了政务数据共享开放在提升政府公共服务效能方面的重要作用，成为各大城市汲取经验的典型城市之一，同时为信息化发展起步较晚的城市如何发挥后发优势提供了思路。分析各个阶段的政策工具运用情况（详见附录 16）：

（1）2014—2015 年是服务平台建设阶段，重点解决组织机构适应性、资源

梳理摸底和平台建设等问题，"命令型—能力建设型—激励型"工具组合被运用(见表 5－20)，具体包括工作制度(权威)、部门设置、科技支持、信息支持(信息)、政府采购与外包。工作制度(权威)表现为，对政府部门内部，由市委书记和市长亲手抓政务服务工作，通过联席会议督促部门推进数据共享，并监督检查共享情况；对外部公众社会，通过建立 4 张清单制度，对政府行政审批事项相关的权力、责任、收费、公共服务等进行清单梳理，以目录形式向社会公开接受监督。部门设置工具运用表现为市直属信息局的成立，负责政务数据资源整合共享工作，打破部门壁垒，实现数据资源和系统平台的共建共享。科技支持和政府采购外包工具运用体现在与科大讯飞合作建设网上办事大厅和云信息中心方面，为了保障网络和数据安全，亳州市政府与本土起家的科技企业合作并优先考虑国产软硬件系统。在此基础上，2014、2015 年分别完成了网上办事大厅网站和移动端的建设，为"互联网＋政务服务"夯实了基础。

表 5－20　亳州市 2014—2015 年服务应用型策略政策工具选择

时　期	2014—2015 年服务平台建设阶段		
重点解决的问题	组织机构适应性、资源梳理、平台建设		
工具组合类型	命令型	能力建设型	激励型
工具名称(作用对象)	工作制度(权威)(G) 部门设置(G)	科技支持(GBC) 信息支持(GCP)	政府采购与外包(B)

注：G 表示已用于政府机构，B 表示已用于企业，C 表示已用于公众，P 表示已用于社会力量。

(2) 自 2016 年起，全国范围内的"互联网＋政务服务"方案启动，亳州市进入制度建设和平台升级阶段，重点运用"命令型—能力建设型"工具组合(见表 5－21)，具体包括体系建设、法规标准、指导指示、工作制度(权威)、管理办法，以及科技支持、信息支持、考核监督、工作制度(组织)。命令型工具主要作用于"开放数据"环节中数据资源的管理、基建、共享和安全等细节环节，围绕保障政府公共服务和数据服务的平台建设、云计算中心建设以及配套制度和标准规范建设展开。体系建设工具用于梳理政府数据资源，根据国家指南建立政务数据资源目录体系；指导指示工具督促加快数据基础设施建设和加强安全保障，包括云计算中心建设和网络安全监控等；法规标准和管理办法工具针对数据共享、采集提出共享交换的标准和向平台汇集的具体要求，在以智慧城市标准规范的指引下，共整合梳理了53个部门的25.1亿条数据，为保障电子政务和“互联网＋政务服务”中政府信息资源的共享交换顺利实施，建立电子政务协调发展领导小组以及“互联网＋”行动的联席会议等工作制度（权威）推进工作实施。在以上工作的基础上，2019年指导指示政府部门“以群众喜闻乐见的形式提供标准一致、数据同源的信息数据服务”，并“推动政务信息资源向‘两微一端’延伸，提供便利化‘掌上服务’”。能力建设型工具主要作用于公共服务和组织实施保障方面，运用科技支持和信息支持工具，为用户提供网上办事大厅和“我爱亳州”APP等一站式云服务通道，并在平台上公布政务数据资源开放年度计划，提供查阅和监督；运用考核监督和工作制度（组织）工具，将政务数据共享开放和业务协同纳入年度绩效考核范畴，对公共服务过程中的数据共享、数据质量、数据安全等做出原则性要求和机制制度性安排。最后，“激励型＋劝导型＋学习型”的工具组合体现在政企合作方面，从鼓励政府购买服务、支持互联网企业开展政务数据开发应用，到优先采购国产软硬件系统设施和与本土科技公司合作应用“互联网＋政务服务”解决方案。

表5－21　亳州市2016年以来服务应用型策略政策工具选择

时　期	2016年起“互联网＋政务服务”方案启动阶段				
重点解决的问题	制度建设、平台升级				
工具组合类型	命令型（主）	能力建设型（主）	激励型（辅）	劝导型（辅）	学习型（辅）
工具名称（作用对象）	体系建设（G） 法规标准（G） 指导指示（G） 工作制度（权威）（G） 管理办法（G）	科技支持（G） 信息支持（G） 考核监督（G） 工作制度（组织）（G）	政府采购与外包（GB）	鼓励号召（GB）	多元化参与（GB）

注：G表示已用于政府机构，B表示已用于企业，C表示已用于公众，P表示已用于社会力量。“主”表示主要政策工具，“辅”表示辅助政策工具。

五、服务应用型策略政策工具运用的借鉴

关键共性问题之一是服务事项梳理，4 个城市普遍运用了“工作制度（组织）+信息支持”的能力建设型工具组合，运用服务事项清单制度来梳理行政服务内容，并赋予公众行使公民监督权。其中以贵州省的清单最为翔实，包括 15 张清单，如包括权力清单、责任清单、公共服务事项清单、投资核准目录清单、跑腿次数清单、减证便民清单、行政审批中介服务清单、行政事业收费清单、行政审批中介服务收费清单等，摸清权力底数，告知公众政府权力边界。

关键共性问题之二是履职过程中的数据共享交换问题，普遍运用了“体系建设+科技支持+工作制度（组织）+考核监督+资金投入+政府采购与外包”的“命令型—能力建设型—激励型”工具组合，表现为建设政务数据共享交换体系，通常包括网上办事大厅、基础数据库、云计算数据中心及配套运行机制，通过电子政务统一平台汇集履职所需的基本数据，以统一云平台作为业务数据汇集和部门间共享数据沉淀的载体，通过基础数据库、业务专题库、场景应用等平台资源和功能为工作人员提供支持；共享交换工作考评与政府年度绩效考核挂钩，新建信息化项目的共享交换功能与经费审批挂钩，确保存量数据的共享利用和增量数据及平台的共建共享。此外，各个城市在数据共享工作进行中颁布《政府/公共数据共享/共享开放管理办法》，将工作制度以地方规章形式稳固下来。上海市出台《公共数据和一网通办管理办法》专门规章，对政务服务过程中的共享交换方式、分类、制度等做出规定。广东省运用“工作制度（权威）+多元化参与”工具组合，先撤去全省各区政府和委办局信息管理部门，后成立“数字广东网络公司”由第三方运营信息化项目，通过“管运分离”信息系统建设运维模式解决数据共享交换的标准化和重复建设问题。贵州省梳理整合各级各部门信息系统，耗时 3 年完成 129 个审批单位 353 个系统整合。亳州市发挥后发优势，与科大讯飞合作，将共享交换体系纳入一体化服务体系中，由专业团队提供“互联网+政务服务”解决方案。

关键共性问题之三是服务应用的推广，普遍围绕“能力建设型—学习型”

工具组合运用展开，包括开放数据平台服务和会议赛事促进公众参与和社会力量对政府开放数据的应用。前者表现为在开放平台以用户关注的民生视角安排开放数据主题和应用场景分类，后者表现为由政府部门牵头并提供政务数据，由大数据产业联盟、行业协会、第三方企业、高校等共同举办和参加会议，围绕城市治理、公共交通、公共安全等问题共同开发服务应用，通过“以赛促用”的方式改进和推广政府公共服务。

以上关键共性问题之外，各个城市有值得借鉴的经验如：

上海市在公共服务效能提升方面，成立“互联网＋政务服务”领导小组负责统筹协调，并在领导班子绩效考核体系中纳入服务质量、数据质量、共享开放程度监督考核的指标内容，体现了“工作制度（权威）＋考核监督”的运用。“政府采购与外包＋工作制度（组织）”的“激励型工具—能力建设型”工具组合共同作用于数据基础设施方面，通过加快政务云建设，以及提供保密审查、应急响应处置机制等常规配套制度，满足部门之间数据共享和业务协同的需求。“人才支持＋宣传推广”的“能力建设型—劝导型”工具组合分别作用于政府部门工作人员和社会公众，通过内部培训和外部宣讲等提高服务能力和认知。

广东省的工作制度（权威）、体系建设工具的运用：省长任组长的“数字政府”改革建设领导小组成立，构建“一办、一中心、一平台”组织构架，负责统筹协调电子政务和系统建设；面向政府内部数据共享交换的电子交换共享体系和数据目录标准体系，面向用户服务的一体化网上政务服务平台体系，以及保障网络和信息安全的三级电子政务网络信息安全保障体系。

贵州省的科技支持和“法规标准＋管理办法＋工作制度（权威）”工具组合运用：“云上贵州”作为业务系统平台、共享交换平台、数据开放平台、公共服务平台的数据基础设施，为“互联网＋政务服务”提供了硬件基础，通过制定《大数据发展应用促进条例》《政务数据资源管理办法》，以及配套政务大厅、网上办事标准和管理办法等政策文件，使政务数据共享和网上审批服务有法可依，并为进一步制定网上办事管理办法奠定基础。

亳州市的命令型工具运用：由市委书记、市长亲自负责政务服务中的共享交换工作，并建立电子政务协调发展领导小组以及“互联网＋”行动联席会议，标准规范方面，按智慧城市标准规范整合部门数据，部门设置方面，成立市信息局负责政务数据资源整合共享工作。

第四节　本 章 小 结

本章兼顾第三、第四章提及的政府数据开放薄弱环节和政策工具类型运用不足的问题，以及确保A、B两个类组的地方政府均有可对标的地方政府，选取了上海、纽约、贵阳、首尔、广东、贵州、亳州共7个地方政府，分为基础建设型、产业推进型、服务应用型3种策略进行政策工具选择研究，对每个地方政府数据开放政策工具在不同策略下的运用情况进行了阶段梳理和特点总结。

基础建设型：

上海市，2012—2014年平台建设期，重点解决数据汇集问题和提高可机读率，运用“激励型—能力建设型—学习型”工具组合，其中特色做法是将“可机读率”纳入工作任务和考核指标；2014—2016年制度建设期，重点衔接信息公开制度与政府数据开放共享制度，工作制度(组织)工具中的会商制度被继承保留，共享交换的考核监督与新建信息化项目建设资金挂钩，确保新建系统满足共享交换条件；2017年至今，合规性合法性建设阶段，“命令型—学习型”组合最为关键，公共数据和一网通办管理办法、公共数据开放暂行办法和公共数据开放分级分类指南为开放类别、流程和利用方式出台明确规定，成立公共数据开放专家委员会提供专业咨询。

纽约市，2009—2012年法典修订和法案出台以适应公共数据开放需求的环境建设阶段，重点解决公共数据获取、可访问性、合规性和开放标准等问题，以“命令型—能力建设型—学习型”工具运用为主，其中特色做法是法规标准工具运用，通过行政法典和法案的修订和颁布，对公共数据集的可访问性、开放标准、出版技术标准等做规范，通过专人协调、单一网站提供、DoITT网站可用性保障、按5个优先级标准分类分级开放公共数据；2013—2015年度计划实施和标准规范调整阶段，在第一阶段的基础工具组合上增加计划规划和公众参与工具，年度计划向公众公开政府数据开放清单和更新时间，公众除清单外依据 FOIL 法案申请的信息/数据，政府机构必须回应“开放与否”和“预计开放时间”等关键内容，有效衔接了信息公开和数据开放工作，另外，涉及个人隐私安全的标准拟定，公众能够通过专业团队邀请参与；2016 年以来，政府数据开放计划进入常态化和公众普及阶段，区别于我国地方政府的特色做法是多元化参与工具的大量运用，由政府部门与大学、公司等建立伙伴关系，利用公共服务场所开展数字文化科普和成果展示活动，以社区为单位与开放数据运动志愿者在基金会支持下共同研究城市发展应用项目等。

产业推进型：

贵阳市，2014—2015 年平台建设期，以“命令型—激励型”工具组合为主，辅以“能力建设型—学习型”工具，产业策略工具提出“大数据产业行动计划”将“政务大数据开放”列为大数据产业发展和市场培育的重要工程进行推进，部门设置工具成立市大数据发展委员会，职责中包括公开利用、共享开放和平台建设等，从组织层面体现统筹建设理念，同时运用激励型工具将信息基础设施云服务纳入政采范围，省政府专项资金和市县参照配套引导各区各部门政务系统上云（云上贵州）；同期，学习型工具中专家制度工具表现为大数据产业专家咨询会的建立，多元化参与工具表现为块数据公司的成立，会议赛事工具表现为 2015 年起每年一届的“数博会”，分别对开放数据、利用数据、公共服务、外部环境环节发挥作用。2016—2017 年政府数据资源管理规范化阶段，以“命令型—能力建设型—激励型”工具组合为主，解决数据摸底、汇聚、共享开放的标准规范问题，法规标准工具表现突出，参照《分类分级指南》《资源目录》梳理现有政务数据资源、研制大数据相关标准以及出台《贵阳市政府数据共享开放条例》等一系列政策措施，使贵阳争得大数据领域的话语权，配合运用的工作制度（权威）工具则通过建立大数据标准建设领导小组、共享开放推进指挥部以及相应的工作联席会议制度和专家咨询制度保障政府数据，以标准化的形式共享开放服务大数据产业发展。2018 年以来进入政府数据开放共享法制化建设阶段，出台《政府数据资源管理办法》《政府数据共享开放实施办法》

和《考核暂行办法》3部管理办法涵盖数据资源管理、数据采集、共享开放、平台管理、考核监督、责任追究等内容。

首尔市，2013—2015年组织变革和基础建设阶段，以“命令型—能力建设型”工具组合为主，特色之一是计划规划，通过国家《公共数据法》确立的两类计划：公共数据激活利用基本计划（简称“三年基本计划”）和公共数据激活利用实行计划（简称“年度实行计划”）。特色之二是部门设置工具改“信息化规划组”为“信息规划组”，新设大数据及统计专门部门。特色之三是科技支持工具，2012—2015年，分别面向用户、小商户、政府部门提供4种政府数据开放应用平台。2016—2017年是大数据激活时期，由第2个三年基本计划提出“首尔数字基础计划2020”，以命令型工具组合为主，其中体系建设工具是最大亮点，即建设大数据基础数据存储管理体系，实现多源数据融合、信息公开和数据开放利用统一管理、政民主体统一平台利用的大数据社会共享利用格局，同时人才支持和多元化参与工具利用本地教育资源，如与首尔大学签约成立“城市数据科学研究所”、开办“开浦数字创新园”等形式服务于公务员培训和大众数字文化普及；2018年正式进入大数据转型期，表现为“计划规划＋部门设置＋工作制度（权威）”的命令型工具组合，即依据2018年首尔大数据实施计划构建大数据基础的社会创新生态系统，设立大数据中心负责激励民众参与利用大数据和提供培训，设置“大数据责任官”替代首席信息官、首席数据官职能，负责公共大数据相关政策制定、管理和评估等。

服务应用型：

上海市，2016年以来围绕政企数据融合创新应用展开，集中解决数据采集、共享交换、服务提升、应用推广等问题。数据采集通过工作制度（组织）工具由市大数据中心监管，归集完整度与信息系统财政经费挂钩，并引入审计制度促进解决。共享交换围绕体系建设工具配合运用科技支持、工作制度（组织）和资金投入工具，通过市区两级跨部门大系统和跨层级大平台建设实现政务信息资源的纵横整合。服务提升在“国家政务服务技术体系建设标准”的法规标准和《公共数据共享和一网通办管理办法》工具运用的基础上，加入“互联网＋政务服务”领导小组统筹协调，并纳入领导班子考核体系，服务平台安全仍以政府采购与外包和工作制度（组织）配合的形式予以保障，即政务云建设服务外包和保密审查、应急响应处置工作机制的配套。应用推广方面，围绕会议赛事和激励型工具的配合运用展开，2015 年起 SODA 大赛围绕城市发展所需的大数据运用开发的不同主题每年召开，从最初的为优胜方颁发奖金等单一激励方式，逐渐丰富为提供云服务、入驻园区、纳入项目培育计划等落地孵化的资源支持。此外，鼓励高校企业多元化参与还运用专项资金工具体现在大数据联合实验室项目的申报中，其中涉及城市管理和开放数据等七大领域。

广东省，2016 年以来围绕政务服务改革和数字政府建设展开，集中解决数据资源管理、数据采集利用、平台一体化建设等问题，重点运用“命令型—能力建设型—激励型”工具组合，并创新运用学习型工具。广东省自上而下统筹规划的特点体现在命令型工具中指导指示和体系建设的配合运用上，前者要求省区县各级政府和部门梳理数据资源、建立资源目录和核心数据字典、完善共享交换平台和加快大数据基础设施建设，后者通过建立电子交换共享体系和一体化网上政务服务平台，实现省市县三级电子政务网的互联互通和数据共享，为一网通办、身份信息互认等提供保障。为平衡平台建设和系统运维的能力和安全性问题，做出“管运分离”的创新尝试，运用工作制度（权威）工具撤云全省各区政府、各委办局的信息管理部门，仅保留对接信息化需求和日常沟通协调功能，同时，多元化参与工具运用表现为由省政府牵头，以腾讯公司为主体、三大运营商加盟成立“数字广东网络公司”，负责全省信息化建设的建设和运维，由此解决数据共享标准化、数据质量、系统重复建设等问题。

贵州省，2015 年以来从数据资源准备、平台建设到服务体系形成，集中解决资源事项梳理、数据汇集、平台共建共用、服务体系完善等问题。“命令型—能力建设型—激励型”是基础工具组合，其中较有特色的工具运用为法规标准、部门设置、工作制度（组织）、科技支持。法规标准工具表现为出台《贵州省大数据发展应用促进条例》，包括发展应用、共享开放和安全管理等章节，对数据采集、共性、权属、交易、安全和平台管理等开放数据环节做出引导性、原则性规定，随后出台《分类分级指南》《资源目录（元数据、核心数据元素、编制指南）》《政务信息数据采集应用暂行办法》等规范标准作用于数据资源管理环节。部门设置和工作制度(组织)工具表现为建立大数据发展管理局,配合跨部门共享协调机制、信息更新机制、权力清单和责任清单等制度,作用于数据共享和公共服务环节,实现政务服务过程中的数据共享。科技支持工具表现为以上政务数据共享和公共服务均依托"云上贵州"云平台实现,为引导各级各部门机构系统上云,配合专项资金、资金投入等激励型工具共同作用于数据基础设施环节。此外,"15 张清单"和"块数据共享模式"是贵州省的两大工具运用特色,前者通过信息支持工具向公众公布 15 张政务服务清单,使贵州省成为"办事指南准确度"最高的城市,后者通过块数据指挥调度中心工作制度、证明文件共享调用和互认机制等工作制度(组织)工具实现了政务服务中的"减证便民"。

亳州市,是 B 类组城市中的信息化后发城市,但"互联网+政务服务"起步却早于国家,自 2014 年以来经历了平台建设、制度建设和平台升级的过程。工具运用较为丰富,以"命令型—能力建设型"为主,激励型、劝导型、学习型为辅。其中对 B 类城市较有借鉴意义的是工作制度(权威)、部门设置、科技支持、政府采购与外包的工具运用。"工作制度(权威)+部门设置"工具完成组织变革,由市委书记和市长通过联席会议促进部门之间数据共享,建立市直属信息局负责政务数据资源整合共享和平台建设。平台建设和安全保障等实际工作则运用政府采购与外包和科技支持工具,表现为政府部门通过采购科大讯飞的"互联网+政务服务"解决方案,建设网上办事大厅和云信息中心,并向"两微一端"延伸。

此外,对每种策略地方政府面临的关键共性问题及政策工具运用进行归纳(见表 5-22):

表 5-22　7 个案例的 3 种策略类型解决的核心问题及其工具组合

策略类型	对应环节	核心问题	核心工具组合	案　　例
基础建设型	数据描述	可机读率	能组合	SH:科技支持+考核监督
			令核心	NY:法规标准

续　表

策略类型	对应环节	核心问题	核心工具组合	案　　例
基础建设型	数据质量	“一数多源”	能—激	SH：信息支持＋考核监督＋资金投入
	开放数据&利用数据	合规性	令—学	SH：管理办法＋法规标准＋专家制度 NY：法规标准＋工作制度（权威）＋公众参与
		基础设施	激组合	SH：政策试点＋政府采购与外包
	外部环境	公众参与	能—学	SH：工作制度（组织）＋专家制度＋公众参与
			令—学	NY：法规标准＋计划规划＋公众参与
产业推进型	开放数据	数据汇集	令—激—学	GY：部门设置＋政府采购与外包＋多元化参与
			令组合	SL：计划规划＋法规标准＋工作制度（权威）＋体系建设
		数据共享	令—能—激	GY：法规标准＋工作制度（权威）＋指导指示； 法规标准＋科技支持； 科技支持＋信息支持； 工作制度（组织）＋考核监督＋表彰奖励
	组织实施保障	组织变革	令—学	GY：部门设置＋法规标准＋工作制度（权威）＋专家制度
			令—能	SL：计划规划＋部门设置＋科技支持
服务应用型	公共服务	事项梳理	能组合	工作制度（组织）＋信息支持
		共享交换	令—能—激	体系建设＋科技支持＋工作制度（组织）＋考核监督＋资金投入＋政府采购与外包 SH：＋管理办法 GD：＋工作制度（权威）＋多元化参与 BZ：＋多元化参与
		服务推广	能—学	科技支持＋会议赛事＋公众参与

注：表格中的简称令：命令型，能：能力建设型，激：激励型，劝：劝导型，学：学习型。

在第三章揭示发展规律，第四、第五章地方政府类组和策略类型的政策工具组合运用的分析和经验借鉴后，第六章对地方政府数据开放的政策工具选择做出对策建议。

第六章　研究结论与对策建议

第一节　研 究 结 论

一、演进脉络

综合而言，在政府数据开放领域，地方政府政策工具的运用处于动态变迁之中。根据地方政府对国家政策引文量变化指引、政策工具二维分析框架和选择模型的理论指导，在分析我国地方政府数据开放发展的信息公开为主导的政府数据开放准备阶段（2004 年至 2013 年初）、产业发展和国家战略导向的政府数据开放探索阶段（2013 年至 2016 年初）、政务改革内驱为主导的政府数据开放快速发展阶段（2016 年至今）的基础上，可以发现，我国地方政府数据开放发展中综合运用了命令型、能力建设型、激励型、劝导型、学习型 5 个大类，至今作用于开放数据、利用数据、公共价值、外部环境 4 个大环节的 14 个细节环节中，共 32 个小类工具。综合而言，我国地方政府数据开放政策工具的历史演进和未来发展呈现出命令型工具保持主导，能力建设型工具稳步增长，学习型工具得以拓展，激励型工具趋于灵活，劝导型工具阶段性运用的总体态势。

（一）命令型工具保持主导

从 2004 年提出政府信息资源开发利用的建议至今，从国家到地方政府数据开放政策工具的运用中，命令型工具在国家层面始终占据主导地位，反映出我国与国际社会的开放数据运动有较大差别，体现了我国政府数据开放更偏向政府行政服务行为，受强大的行政干预是基本前提。同时，命令型政策工具的应用种类、数量和运用环节都有大幅提升，从准备阶段的7小类工具［指导指示、工作制度（权威）、权力下放、管理办法、体系建设、计划规划、法规标准］扩展到快速发展的10小类工具［指导指示、工作制度（权威）、权力下放、管理办法、体系建设、计划规划、法规标准、部门设置、产业策略、市场策略］。

在准备阶段，命令型工具占绝对优势，国家和地方占比达到38%—50%之多，尽管绝对数量上不多，但较其他几种类型工具则更多样，重点运用了指导指示、工作制度（权威）、法规标准工具，旨在促进信息基础设施建设、信息资源内部共享，在此基础上推进信息公开，保障公民的知情权。同时，国家运用权力下放工具，将信息公开工作交由县级以上政府部门负责，地方政府增加运用计划规划、管理办法、体系建设工具，对基础设施建设和信息共享的具体工作落实进行整体性思考、步骤分解和规范管理。

到探索阶段，命令型工具种类国家新增计划规划和体系建设政策工具，作用于数据共享、数据安全、产业孵化/市场培育环节，旨在确保政府数据在安全共享的基础上，能够通过政府数据的开放利用促进产业发展，提升政府数据的社会经济价值。地方层面则新增部门设置、产业策略、市场策略，重点运用于数据资源管理、产业孵化/市场培育环节，顺应国家大数据战略发展趋势，该阶段大数据发展管理局/中心/部门等在地方纷纷建立、挂牌或更名，地方提出大数据发展行动计划并配套出台一系列人才、场地、资源等政策一定程度上倒逼政府数据的开放利用。因而，地方政府在基础设施建设、数据共享、数据安全方面与国家保持高度一致外，开始在数据资源管理、数据采集和促进社会化利用方面率先探索，表现为要求部门研究制定数据资源管理规范、制定信息采集规划等，在促进社会化利用方面，制订并向社会发布政府数据开放计划，满足公众知情权和数据利用权。

快速发展阶段，命令型工具种类趋于稳定，运用数量和环节仍有增加，除了贸易管制外几乎涵盖了命令型工具的共10个小类，作用于4个大环节的11

个细节环节，新增数据描述、数据质量、政务公开、公共服务、组织实施保障 5 个细节环节，旨在通过政府内部改革和调整适应数字化发展趋势，更好地利用政府数据服务公众和企业，表现为国家综合运用指导指示、计划规划、工作制度（权威）、体系建设等，对数据资源管理和基础设施建设，提出要建立与之匹配的组织构架、工作机制、资源体系、标准体系、安全体系等要求，可见该时期国家层面强调体系化建设，体现了自上而下数据资源、政务服务一体化建设的基调。地方运用法规标准、管理办法、体系建设工具予以落实，并优先数据描述、数据质量方面探索标准化建设，可见该时期地方层面首先需要解决的还是数据资源管理本身的标准化问题。此外，越来越多的地方政府运用管理办法、计划规划工具，将公共数据开放利用与电子政务/政务服务等相结合，探索利用政府数据开放创新政府公共服务模式。该阶段信息公开和数据开放工作逐渐被纳入政务公开范畴，表明政府数据开放将成为政府部门的常规工作。

（二）能力建设型工具稳步增长

能力建设型政策工具的运用稳步增长，是地方层面运用比国家层面运用更为活跃而常见的工具类型。从准备阶段的信息支持、人才支持、科技支持、工作制度（组织）、考核监督 5 种工具小类，运用于“开放数据”环节的信息共享和信息公开两个细节环节，发展至今增加运用公共服务、研究探讨等共计 7 种工具小类，运用于 4 个大环节的 10 个细节环节，新增数据资源管理、数据采集、数据安全、数据质量、产业孵化、社会化利用、公共服务、组织实施保障 8 个细节环节。主要表现为，当国家运用指导指示工具安排工作后，地方政府以效力等级较低但灵活性更强的工作方案、行动计划等贯彻落实，以及地方层面率先于国家层面探索建立细节环节的工作制度。

1. 准备阶段

能力建设型工具运用环节集中在信息共享和信息公开环节，旨在培养信息共享意识及形成政府信息共享和公开的工作制度，通过信息支持、人才支持、科技支持、工作制度（组织）和考核监督工具推进。表现为部门之间的信息共享目录编制、共享和公开工作的人员培训、电子政务系统的升级改造、信息共享机制和协同机制的制定以及信息共享和信息公开均纳入年度考核中。这种能力建设型工具组合也延续到了第二、第三发展阶段，是政府部门内部最常运用的用以督促政府部门人员工作的政策工具组合。

2. 探索阶段

能力建设型工具种类增加了研究探讨和公共服务政策工具，作用环节重点聚焦数据共享和数据安全，并新增数据资源管理、数据采集细节环节，旨在通过增强、细化内部数据资源管理制度和水平，突出数据管理的专业化特点，更好地提供公共服务，以此促进政务数据开放共享服务于大数据发展国家战略的实施，表现为地方层面能力建设型工具大幅增加（↑20%），重点运用于“开放数据”和“利用数据”环节，“数据治理”理念开始融入数据资源管理全过程，与之相关的采集规范、分类管理、目录编制、质量监督、安全防护、考核绩效等规范制度和工作机制大量出现，对数据共享的安全性进行监督检查、建立共享开放制度、对共享开放数据进行安全保密审查等，新增研究探讨工具由政府部门人员与大数据专业人士共同探讨数据开放共享促进措施，由此开始体现多元化合作的趋势。公共服务和信息支持的工具运用还体现在信息公开环节，通过增加信息获取的公开渠道和信息内容及形式，使信息公开工作更趋成熟。

3. 快速发展阶段

能力建设型工具的种类数量未有改变，但数量和环节有所增加。在保持第二阶段的运用环节上，新增公共服务和组织实施保障两个作用环节，体现了国家到地方将建设重点回归到政府部门的制度建设、工作机制等内在因素和环境准备的阶段特点。其中，国家层面要求数据资源管理和数据安全方面制度进一步完善，表现为数据资源分类分级管理制度、网络安全保障机制、用户信息保护制度等自上而下统一建立，“支持企业、高校、职业学校开展网络安全相关教育和培训”的人才支持政策工具也在国家层面出现。随之，地方层面在政务公开、政务服务、政府信息资源共享整合等相关工作方案、管理办法中纷纷对“数据资源管理、数据共享、数据质量、数据安全和信息发布”等提出具体规范，并配合运用科技支持和人才支持工具确保提供安全的系统环境和专业的能力培养。该阶段的能力建设型工具主要作用于政府部门内部，与第一阶段的能力建设型工具运用更为接近，证明了在确立了相似的政策目标时，政府部门更倾向于继承既有的政策工具运用。

（三）激励型工具趋于灵活

激励型工具的运用趋于灵活，体现在国家和地方三个阶段运用过的激励型政策工具小类达到 12 种之多，但不同层级的政府的偏好运用差异性较大，且每个阶段的运用种类也略有不同。就运用占比和数量上讲，通常保持在第二、第三位，仅次于命令型或能力建设型工具的运用，行政层级越高的政府部门倾向于金钱给付类的激励型工具运用，而地方层级较低的政府倾向于减免类和负向给付类激励型工具的运用。

1. 准备阶段

中央和地方保持一致，运用政策试点和资金投入工具分别作用于基础设施建设、信息共享、信息资源管理环节，表现为“创建政务信息共享示范”和“增加资金投入信息资源全生命周期管理”的国家要求及地方落实。表现出第一阶段的“硬件”准备仍以国家地方财政支持为主，社会资本参与极为有限。

2. 探索阶段

激励型工具最为丰富，国家层面运用比例达到 24%，超过了能力建设型工具的运用，这与国家将大数据发展上升为国家战略有关。该阶段，国家层面以政策试点工具辅以示范评选、融资合作，新增作用于公共服务、城市治理、社会化利用、市场培育、产业孵化等公共价值和利用数据环节，作用对象也从政府内部扩展到外部社会，地方层面运用形式更为丰富，还包括政府采购与外包、财税优惠和处罚处分整改，作用环节兼顾基础设施建设、数据共享、信息公开等“开放”环节和公共服务、产业孵化等“公共价值”和“利用”环节。具体表现如大数据建设项目的专项资金支持、大数据产品和服务由政府采购与外包工具运用于提升公共服务质量和社会治理水平（A 类）、融资合作和财税优惠工具吸引大数据云计算企业入园区形成产业集群（B 类）、国家和地方以优先项目工具资助或奖励政务大数据共享开放和城市治理应用方面的大数据项目等。该阶段，政府数据开放的发展一方面受益于大数据战略吸引了具有数据处理、加工、安全保护等专业能力的大数据企业集聚，另一方面也被此类企业发展对政府数据的需求所拉动。激励型工具的大量运用，为第一阶段开始倡导的“社会化利用”奠定了实现基础。

3. 快速发展阶段

激励型工具国家层面继续运用政策试点工具，新增了“政务公开”“基层政务公共标准化规范化”“公共数据开放利用”“公共信息资源开放”等试点内容，同时扩展运用优先项目、示范评选等工具，如优先支持“为数据共享开放提供基础支撑的平台类项目”，在大数据应用示范项目评选中，特别指出“利用政务大数据推动产业发展或社会治理”的主题方向，地方层面除以上工具参照国家运用外，处罚处分整改工具运用面最广，通常与管理办法的命令型工具配合运用，已普遍作用于数据共享、数据安全、数据公开、信息公开等各个环节，另外，新增表彰奖励和许可工具在B类城市探索运用，前者主要作用于公共价值环节奖励政府内部工作人员或组织，后者作用于社会化利用环节，促进政府数据开放和授权经营。

(四) 学习型工具得以拓展

学习型工具得以拓展，在种类上虽然仅公众参与、多元化参与、会议赛事和专家制度四种，但工具作用的对象能够明显丰富于其他工具类型。从第一阶段的仅公众参与工具运用于信息公开的政府工作评议环节，逐渐拓展到产业孵化/市场培育、社会化利用的“利用数据”各个细节环节，以及公共服务和组织实施保障两个细节环节。

1. 准备阶段

学习型工具在各级政府的运用都非常少，且集中于“公众参与”工具运用在公众对信息公开的申请请求和服务反馈方面，以单向发布和获取反馈为主要形式，互动性不强。

2. 探索阶段

国家层面新增多元化参与和专家制度，运用于产业孵化/市场培育环节。多元化参与表现为政务数据开放共享用以促进市场主体经营活动透明度，共同监督市场主体经营和服务的情况；专家制度的建立表现为通过成立大数据专家咨询委员会发挥决策咨询作用，也为具有专业能力的公众提供参与政府决策的机会。地方层面参考运用以上两种工具外，还运用会议赛事工具，作用于具有数据能力和专业素养的人群，“以赛促用”成为该阶段“利用数据”环节的特色手段。但也因为专业门槛高、受众偏窄，该阶段的学习型政策工具运用影响力较弱。

3. 快速发展阶段

学习型工具的比例进一步压缩，但在地方层面有所拓展，表现为社会化利用环节增加了多元化参与和专家制度政策工具的运用。即强调在市场监管、经济社会活动、惠民措施、网络安全等社会监督方面，要求加强公众参与和政府反馈；鼓励数据利用主体与政府部门开展合作，将利用开放公共数据价值形成的成果应用于社会服务、公共治理等领域；以及通过专家制度参与到政府数据开放政策法规的研究、论证、制定、立法听证、发布、解读等各个环节，提高政府部门工作的专业性和合法合规性，同时通过专家制度建立起数据提供者（政府部门）与数据利用者（公众、企业、社会各界）之间的沟通桥梁。

（五）劝导型工具阶段性运用

劝导型工具呈阶段性运用，与劝导型工具的特性相关，由于其可见性自主性强而直接性强制性弱，通常以向非特定群体传达信号和传播理念为主，工具小类也较为单一，仅宣传推广和鼓励号召两种。由国家层面运用在先，层层传导并转化。当出现命令型、激励型等直接性和强制性较强的工具时，劝导型工具则可能消失。待国家和地方有新的政策目标需要向外部社会发布政策信号或者试探外部反应时，会再度增加运用。

第一阶段，鼓励号召集中运用于社会化利用的“利用数据”细节环节。鼓励政务信息资源的“社会化利用”，国家到地方随着行政层级下降运用比例减少，原因上文已提，由于提供开放利用的基础设施、数据资源、开放方式、开放范围等尚未明确，因此仅作为“倡导”提出，并未有实质性政策工具的运用。

第二阶段，鼓励号召工具新增运用于产业孵化、市场培育环节。国家层面开始鼓励多主体参与到大数据应用领域中，首先围绕信用信息、市场监管领域鼓励市场利用和投资，地方层面也同步响应，并提出“通过应用创新开发竞赛、服务外包、社会众包、助推计划、补助奖励、应用培训等”方式鼓励多主体参与，这也为激励型工具和学习型工具的大量出台提供了参考。

第三阶段，新增宣传推广政策工具，重点运用于数据安全和数字文化培养两个细节环节。鼓励各界开发网络信息安全的新技术、鼓励各级政府开展经常性网络信息安全宣传教育，地方层面则以政府服务模式创新改革为契机，在推广“一号一窗一网”政务服务的同时，开展学术会议、发展论坛、沙龙讲座等宣传培训活动，培养公众数字文化素养。

至此，我国政府数据开放的政策工具种类基本稳定在 5 类 32 种政策小类，集中作用于 4 个大环节的 14 个细节环节中(见表 6 - 1)，但仍存在有待加强的工具运用环节和工具类型，如数据质量、数据描述、数据采集等环节的专门工具运用，市场培育环节工具运用尚未形成规模，其他环节如“相关权利保护、数字文化培养、国际交流影响”等还有较大的探索空间等。以及学习型和劝导型工具等自主性和可见性较强的政策工具运用有待发掘等。

二、工具特性

地方政府数据开放的政策工具特性表现为三方面：一是依据萨拉蒙的四维度界定 5 种基本类型政策工具所属的程度来确定工具特性；二是根据第三章的时间维度观察得出的政府数据开放领域五种基本类型的子类型政策工具特性；三是根据第四章类组分析观察得出的地方层面工具组合性特征。工具特性作为地方政府数据开放政策工具选择的重要依据，将在对策建议中有所呼应。

(一) 基于萨拉蒙观点的四维度政策工具特性

政策工具特性可以从强制性、直接性、自主性、可见性 4 个维度进行程度分布分类，以此为政策工具选择互补性提供依据。本书的五种基本类型政策工具的四维度程度分布情况(见表 6 - 2)。

表 6-1　各发展阶段重点建设环节及工具运用特点

发展阶段	重点环节	细节环节	国家政策工具	地方政策工具	阶段特点	阶段问题
准备阶段（2004 年—2013 年初）	开放数据	基础设施	指导指示＋工作制度（权威）＋资金投入	计划规划＋管理办法＋法规标准	硬件准备； 共享意识； 信息发布制度统一； 开发利用意愿强烈	共享阻碍； 信息公开≠数据开放； 法律法规滞后； 数字文化未形成
		信息共享	指导指示＋政策试点＋科技支持	指导指示＋管理办法＋体系建设＋工作制度（权威）＋工作制度（组织）＋政策试点		
		信息发布	指导指示＋工作制度（权威）＋权力下放＋法规标准＋（监督考核＋公众参与）			
	利用数据	社会化利用	鼓励号召			
探索阶段（2013 年上半年—2016 年初）	开放数据	基础设施	（无新增）	（A）：指导指示＋**政府采购与外包** （B）：计划规划＋**融资合作＋财税优惠**	数据治理理念； 激励型工具增加； 新增“产业/市场”和“公共服务”重点环节； A 类公共价值探索； B 类更重视能力建设	政府数据开放与相关概念在实践中的衔接； 社会参与影响面窄
		数据资源管理	N/A	（A）：**部门设置**＋信息支持（信息）＋**研究探讨**		
		数据采集	N/A	计划规划＋管理办法（B）＋工作制度（组织）（B）		
		数据共享	指导指示＋工作制度（权威）＋**体系建设**， 工作制度（组织）＋**研究探讨**	（A）：指导指示＋工作制度（组织） （B）：管理办法＋信息支持＋考核监督＋科技支持		

续 表

发展阶段	重点环节	细节环节	国家政策工具	地方政策工具	阶段特点	阶段问题
探索阶段（2013年上半年—2016年初）	开放数据	**数据安全（网络）**	指导指示＋工作制度（权威）＋**体系建设**	(A)：指导指示＋科技支持 (B)：工作制度（权威）＋工作制度（组织）		
		信息公开	**公共服务＋信息支持（信息）**			
	利用数据	**产业孵化/市场培育**	指导指示＋**计划规划**，融资合作，鼓励号召，多元化参与＋专家制度	**产业策略/市场策略＋部门设置**＋人才支持＋专项资金(A)/**财税优惠**(B)		
		社会化利用	政策试点、优先项目	指导指示＋**研究探讨**(A)/计划规划(B)，**会议赛事＋专家制度**		
	公共价值	**公共服务**	政策试点	(A)：**示范评选**＋信息支持＋工作制度（组织）＋科技支持		
快速发展阶段（2016年上半年至今）	开放数据	基础设施	计划规划	处罚处分整改＋财政预算＋科技支持	“数据治理”细节化法制化趋势；建设重心回归政府内部因素和环境条件；	政府数据开放相关概念区分和工作衔接；
		数据资源管理	体系建设	**法规标准＋管理办法**＋处罚处分整改		
		数据采集	N/A	**法规标准**		
		数据描述	指导指示	**法规标准**		
		数据质量	指导指示	**工作制度（组织）**(A)		

续 表

发展阶段	重点环节	细节环节	国家政策工具	地方政策工具	阶段特点	阶段问题
快速发展阶段(2016年上半年至今)	开放数据	数据安全	指导指示＋体系建设，工作制度（组织）＋人才支持＋研究探讨＋宣传推广	**法规标准＋体系建设**＋处罚处分整改＋科技支持	外部合作意愿增强；经济和公共价值进一步挖掘；地方工具运用差异性加大	劝导型和学习型工具运用深度待开发
		数据共享	指导指示＋工作制度（权威）优先项目	**法规标准**＋处罚处分整改＋表彰奖励(B)＋**工作制度(组织)**＋科技支持		
		信息公开/**政务公开**	指导指示＋政策试点	公众参与(B)		
	利用数据	社会化利用	计划规划＋政策试点	管理办法＋**多元化参与**＋专家制度(B)		
		产业孵化	（无新增）	**融资合作＋表彰奖励**(B)＋**许可**		
	公共价值	公共服务	体系建设	体系建设＋示范评选＋政策试点＋政府采购与外包＋表彰奖励(B)＋考核监督＋科技支持＋宣传推广(A)＋多元化参与(A)		
		城市治理	N/A	**示范评选**		
	外部环境	组织实施保障	工作制度（权威）	工作制度（组织）(A)专家制度		
		数字文化培养	N/A	宣传推广(B)		

注：加粗字体表示该阶段比上一阶段新增的工具运用环节和政策工具名称，“A”表示省级城市/A类组城市，“B”表示副省级地级/B类组城市。

表 6-2 5种基本类型政策工具特性强度分布表

维　度	程　度	基本类型政策工具
强制性	L	劝导型、学习型
	M	激励型、能力建设型
	H	命令型
直接性	L	劝导型
	M	学习型
	H	命令型、能力建设型、激励型
自主性	L	命令型
	M	能力建设型、激励型
	H	劝导型、学习型
可见性	L	命令型
	M	能力建设型、学习型
	H	激励型、劝导型

注：强制性：衡量政策工具施加奖惩手段对个人和群体行为的限制性程度。直接性：测量实体为执行集体行动任务而运用权威、投入资产或采取行动的程度。自主性：测量政策工具在何种程度上利用现有行政结构来运作。可见性：考察政策工具是否被人们所注意，公开性如何，受监督的难易程度如何。

按照强制性程度，命令型＞激励型、能力建设型＞劝导型、学习型，分别对应高、中、低3个程度，表明命令型工具对作用对象的行为限制性程度较高，在政府数据开放领域主要表现为对政府部门内部以及相关利益方的行为限制，比如命令型工具中的法规标准、管理办法、部门设置等通过建立法律法规、调整规制等确保政策目的准确达成；激励型、能力建设型工具的强制性其次，比如资金投入和工作制度（组织）针对具体工程事项和工作事项提出要求，并通过后续的评估验收确定政策目标是否达成，虽然达成与否也存在一定程度的奖惩机制，但一般未上升至法律、规制的程度；劝导型和学习型政策工具的强制性最弱，首先因为两类工具通常作用于非特定人群；其次因为奖惩机制的缺失，导致强制性程度最低。

按照直接性程度，命令型、能力建设型、激励型＞学习型＞劝导型，分别对应高、中、低三个程度，表明命令型、能力建设型、激励型在为达到政策目的而采取行动时所运用的权威、投入和采取行动的程度较高，表现为这三种类型政策工具需要调动较多的行政资源、科技资源、信息资源以及资金资源等。其次是学习型政策工具，比如会议赛事、专家制度等在人力和资金方面仍需要投入一定的成本。而劝导型工具则直接性最低，主要原因是作用对象的非特定性以及成本的可分担，比如在公共服务中宣传推广政府数据的开放利用，宣传成本已经被公共服务应用的资金投入和科技支持所分担，群众在使用公共服务过程中即受到了宣传推广。

按照自主性程度，劝导型、学习型＞能力建设型、激励型＞命令型，分别对应高、中、低三个程度，表明劝导型、学习型利用现行行政结构运作的程度更强，尤其是地方政府相对于中央政府，该两种工具依赖于当地政府的行政结构运行，如何调动社会参与、如何推广应用，地方具有自主权。其次是能力建设性和激励型，受到以往行政习惯、权力体系以及中央政府的行政引导影响较大。命令型工具的自主性最弱，通常地方政府需要请示上级政府或主管部门，或通过特定的合法合规流程才能够确立和实施。

按照可见性程度，激励型、劝导型＞能力建设型、学习型＞命令型，分别对应高、中、低三个程度，表明激励型、劝导型的公开程度和受监督可能性较高，因为该两类工具运用的前提条件就是让相关利益方和公众知晓，其次是能力建设型和学习型，该两类工具由于存在公众参与反馈的环节或机会，因而公开程度和受监督可能性居中，命令型政策工具并非都向公众公开且设置公众参与和反馈的机制并不完善，因此可见度相对较低。

（二）基于本研究时间维度分析的政策工具特性

时间维度分析得出的政策工具特性包括：命令型工具的传导性和转化性，激励型工具的继承性和创新性，能力建设型的切换性，劝导型工具的试探性，以及学习型工具的实用性。

命令型工具运用具有传导性和转化性，前者表现为指导指示和工作制度（权威）工具，从中央到地方之间的运用传导，体现自上而下的精神传递和制度统一，比如第一阶段和第三阶段，由于建设重心都在政府部门内部，在信息公开、信息资源开放利用、公共服务相适应的规范制度方面保持高度统一；后者表现为中央以命令型工具对信息资源管理、数据共享、信息发布和组织实施保障提出要求时，地方政府通常将其转化为信息支持、人才支持、科技支持、工作制度、考核监督等能力建设型工具配合命令型工具共同运用，并且各地反应时间和侧重点有所不同。

激励型工具运用中体现继承性和创新性，指激励型工具中最常使用的处罚处分整改工具，从信息公开发展时期延续到第三阶段的信息资源开放共享管理、政务公开和政务服务方面，主要作用于政府部门内部。创新性一方面体现在金钱类工具的类型较多但地方的组合选择多变，包括政府采购与外包、专项资金、资金投入、财税优惠、融资合作，在实力允许的情况下地方政府（A 类）更倾向于运用直接给付的政府采购与外包、专项资金、资金投入，相对地则借助外部力量（B 类）更愿意运用财税优惠和融资合作工具；另一方面体现在对已有工具的变化使用以及尝试更专业的工具，比如并行运用处罚处分整改和表彰奖励以及在市场培育环节运用许可工具。

能力建设型工具运用的切换性：一是与工作制度（权威）之间的切换，表现为中央和地方之间的制度安排是自上而下的引导，还是自下而上的影响，如自上而下表现为中央和上级政府部门发布规定、规划、指导意见、管理办法，对政府数据开放相关工作提出基础建设和制度安排的要求和指引，地方和下级政府部门同期制定工作方案、行动计划等效力等级低、但操作性更强的政策文件，通过工作制度（组织）和考核监督工具来实现。相反，则是先有地方在共享、安全方面探索，而后国家层面提出诸如“一把手”负责制、监督检查、考核通报、保密审查等权威性制度要求。二是与劝导型政策工具之间的切换，如公共服务和宣传推广、鼓励号召之间的关系，它们在实践中存在于同一个应用场景，如在公共图书馆、政务服务大厅等场所提供公共服务的同时也在进行宣传推广。

劝导型工具的试探性，从运用的背景和数量来看，中央运用数量高于地方，通常是中央政府或上级部门在准备推出某种行动战略或服务改革后，希望公众和社会力量共同参与，但未出台具体配套措施时运用。

学习型工具的实用性体现在运作成本相对较低而效用潜能较高，这与子类工具的作用对象已经具备数据素养和专业技能有一定关系，如会议赛事和专家制度工具的运用，会议赛事的"以赛促用"对公共服务、信息支持（信息）、科技支持、产业策略工具的专业性和质量提升有很大帮助；又如专家制度在法规标准、工作制度（权威/组织）、公共服务工具的运用中能够较好地融入和配合运用。目前学习型工具在触动非专业型公众参与方面还有较大的探索空间。

（三）基于本研究地方类组分析的政策工具组合性

基于本研究地方类组分析的政策工具特性表现为不同地方类组对政策工具组合运用的组合偏好及其对应运用的环节。

A1 类组：信息化布局较早、平台功能较强大的地方政府，政策工具偏好"命令型—能力建设型—学习型"工具组合运用，具体包括：指导指示、体系建设、工作制度（组织）、科技/人才支持等子类工具，在 4 个大环节共 7 个细节环节，典型代表是广东省、福建省。

A2 类组：信息化建设起步较晚，专门政策尚未出台的地方政府，仍以指导指示的命令型工具为中心，重点运用于信息公开和数据共享两个细节环节，发展阶段处于第一阶段向探索阶段发展的过程中，典型代表是黑龙江。

A3 类组：信息化基础较好，数据开放相关基础条件、产业发展、公共服务等发展较为均衡，以直辖市居多，政策工具偏好"能力建设型—学习型"工具组合，包括工作制度（组织）、信息支持、科技支持、人才支持、考核监督、多元化参与，运用环节包括公开利用、公共价值 3 个大环节 6 个细节环节，典型代表为上海、重庆、天津、山东等。

A4 类组：信息化建设中规中矩，省内地区开放水平差异性较大，但工具组合偏好较为一致的城市，政策工具偏好"命令型—能力建设型—激励型"工具组合，包括工作制度（权威）、管理办法、工作制度（组织）、考核监督、处罚处分整改、专项资金、项目优先、财政预算等，运用于政府数据开放生态系统，尤其重视公开、共享和数据资源管理 3 个细节环节。典型代表为浙江、北京、贵州、江苏等。

B1 类组：集中资源由产业带动发展的信息化建设后发城市，在第二、第三阶段集中运用政策工具，偏好工具组合为"命令型—激励型""命令型—能力建设型"以及"激励型—学习型—劝导型"工具组合，分别作用于共享安全、产业孵化/市场培育环节、基础设施建设等细节环节，具体包括法规标准、工作制度（权威）、市场策略、人才支持以及几乎所有的激励型和学习型劝导型工具。典型城市为贵阳。

B2 类组：数据资源丰富、质量管理能力较强的省会城市，在第二、第三阶段运用"命令型—学习型—能力建设型"政策工具组合，包括管理办法、工作制度（权威）、产业策略、专家制度、工作制度（组织）、研究探讨、公共服务、科技支持、监督考核，重点运用于开放、利用和外部环境等 7 个具体细节环节。典型城市是成都和福州。

B3 类组：开放数据平台上线较早、发展较快经济水平较高的城市，在第二、第三阶段运用"命令型—能力建设型—激励型"以及"能力建设型—学习型—激励型"政策工具组合，包括工作制度（权威）、体系建设、科技支持、信息支持、考核监督以及几乎所有学习型、激励型工具，作用环节涵盖 4 个大环节 9 个细节环节。典型城市是深圳、青岛、宁波等。

B4 类组：数据开放起步较晚或发展较慢的城市，以"命令型—能力建设型—劝导型/学习型"政策工具组合，包括管理办法、计划规划、工作制度（权威）、工作制度（组织）、考核监督、科技支持、人才支持以及劝导型、学习型工具，重点作用于开放、外部环境 2 个大环节 5 个细节环节。

三、策略类型

根据 8 个类组总结出 3 种典型策略类型：基础建设型、产业推进型和服务应用型。

基础建设型策略特征是以网站建设、信息系统整合共享、政务信息资源共享交换和公共数据资源管理等基础建设为主要目标，政策工具重点运用于开放数据和外部环境两大环节的数据共享、数据安全、数据基础设施、组织实施保障 4 个细节环节。常用政策工具为 5 类 17 种，包括指导指示、工作制度（权威）、计划规划、管理办法、处罚处分整改、专项资金、财政预算、资金投入、政府采购与外包、工作制度（组织）、信息支持（信息）、考核监督、科技支持、宣传推广、鼓励号召、公众参与、多元化参与。其中，命令型工具主要作用于政府部门、能力建设型主要作用于政府部门人员和公众，激励型工具作用于政府和企业、学习型和劝导型工具作用于公众。该策略的运用出现在第一、第二、第三阶段，是地方政府最常采取的策略类型。核心组合有 6 种，对应于 A 类组和 B 类组地方政府。

产业推进型策略特征是发布“大云智联”行动计划或产业发展战略，强调政府数据开放服务于产业发展，并配套出台一系列与大数据相关的法规政策，政策工具重点运用于开放数据、利用数据和外部环境 3 个大环节的数据安全、数据基础设施、市场培育、产业孵化、相关权利保护 5 个细节环节。常用政策工具为 4 类 15 种，包括法规标准、体系建设、部门设置、产业策略、市场策略、优先项目、政策试点、财税优惠、融资合作、科技支持、人才支持、研究探讨、会议赛事、专家制度、多元化参与。其中，命令型工具作用于政府部门和外部环境，能力建设型作用于政府部门和企业、专业人才，激励型工具作用于企业，学习型工具作用于企业、高校、专家及其他专业人才。该策略的运用出现在第二阶段，率先或同步于国家大数据行动计划发布期间，核心组合有 4 种，在 8 个类组中 A3、B1、B2、B3 地方政府运用该策略的特征明显。

服务应用型策略特征是以信息公开、政务公开、“互联网＋政务服务”为主要任务，专注于通过政府数据开放共享服务于智慧城市建设、城市治理和公共服务能力提升方面。政策工具重点运用于开放数据、公共价值、外部环境 3 个大环节的信息公开、数据共享、数据安全、基础设施建设、数据描述和采集、公共服务、组织实施保障、数字文化培养 8 个细节环节。常用政策工具为 5 类 17

种,包括指导指示、法规标准、体系建设、工作制度(权威)、权力下放、示范评选、政府采购与外包、表彰奖励、许可、公共服务、信息支持(信息)、人才支持、科技支持、工作制度(组织)、考核监督、宣传推广、公众参与。其中,命令型工具作用于政府部门及其工作人员,能力建设型工具作用于政府工作人员、公众,激励型工具作用于政府部门、企业、公众,劝导型和学习型工具主要作用于公众。该策略的运用分别出现于第一和第三阶段,核心组合有 3 种,在 8 个类组中,A3、B1、B2、B3 地方政府运用该策略的特征明显。

中国地方政府数据开放共享在政策工具运用方面已经形成了选择偏好,为地方政府在选择政策工具组合时,选择更易嫁接的政策工具时提供历史参考和对照,但同时也进一步明确了有待加强的工具运用环节和工具类型,如开放数据环节的政策工具类型和数量较多,针对数据质量、数据描述、数据采集的专门工具仅在部分城市展开,利用数据环节的市场培育细节的政策工具运用仅在采用产业推进型策略的城市中有所体现,公共价值环节的城市治理细节环节的政策工具运用,目前大多已融入智慧城市和数字城市建设中,外部环境的"相关权利保护、数字文化培养、国际交流影响"环节的政策工具运用有待加强。

第二节 对策建议

一、遵循政策工具的选择逻辑

政府数据开放政策工具的选择是地方政府数字化转型、推动大数据产业发展和挖掘政府数据公共价值的一系列政策活动和行为,在政策目标确定的情况下,地方政府是否能够在政策工具箱中优化选择合适的政策工具则成为政策活动过程中的首要问题。政策工具优化选择的基本前提,即标准、尺度或依据是什么,就是地方政府政府数据开放政策工具的选择逻辑。

政府数据开放政策工具的选择是一个复杂的过程,影响因素众多。但从新制度主义的视角看，任何一种政策工具都不是单一的抽象项目，在实践过程中，受到制度环境和制度主体的双重影响，被称为政策工具的“制度嵌入性”或“政策工具的嵌入性”。制度嵌入性决定了政策工具的实施效果由“政策主体—工具特性—制度环境”3个要素共同决定，即“政策主体—工具特性—制度环境”既是政府数据开放政策工具有效性的影响因素，也是地方政府选择政策工具的标准尺度。其中，政策主体的影响因素包括了政府数据开放政策关联主体的利益取向和资源禀赋，利益取向涉及目标选择的倾向，资源禀赋决定了主体实施的能力。政府数据开放政策工具设计的影响因素主要是指政府数据开放政策工具本身的制度设计是否合理科学，这也将影响工具的实施效果。制度环境主要是指影响政府数据开放政策工具实施效果的由党和国家制定的高层级制度和规范，以及现行体制下已经形成的路径依赖和行政习惯。

政府数据开放政策工具的制度嵌入性特征已经在上文按时序分析政策工具选择偏好和规律中得到验证，同时表明任何一个或一类政策工具，甚至是几种工具的组合都只能达到有限的目标，因为任何一个结果的出现都不是独立性的，而是嵌入性的，影响行为和结果的变量很多，且并不是所有变量都能够控制。因此，地方政府在选择和实践政府数据开放政策工具时要视情景而定，需采用权变主义的视角。即从“政策主体—工具特性—制度环境”的基本逻辑出发，选择所在地方政府数据开放政策关联主体、政策设计特性、制度环境等因素，以及与政府数据开放现状问题及变化趋势相适应的政府数据开放政策工具。

二、关联主体考量下的政策工具实施

各个政策工具的关联主体利益取向和资源禀赋各不相同，决定了它们在各类政策工具实施过程中所处的地位和发挥的作用不同。就本书而言，命令型政策工具的核心主体是地方政府及其职能部门，能力建设型政策工具的核心主体是地方政府的公职人员，激励型政策工具的核心主体既包括政府部门也包括市场中的企业，劝导型和学习型政策工具的核心主体则较为分散，包括政府、企业、公众及其他社会力量。不同类型的政策工具在不同关联主体之间产生作用、相互博弈，正因此，政策主体之间的作用关系将影响政策工具的有效性，是政策工具优化选择的重要依据。

第一，命令型工具的实施主体——政府。命令型工具的强制性和直接性特性最强，实施主体的价值取向对政策选择及其结果产生最大影响。从行政规范的意义上讲，各级政府在政府数据开放政策工具的实施中应当最大限度地保证政策的顺利运行。但事实表明，地方政府在政府数据开放方面经历了较长时间的犹豫期和观望期，主要受利益取向和责任取向的影响。利益取向指各地政府有着自身的利益诉求和资源禀赋，政府作为“经济人”，更倾向于将人、财、物等资源禀赋投入符合其利益诉求方面；责任取向指政府部门有着各自明确的权责范围，在履行公共职责时必须对其行为和结果负责，政府作为“公共人”，更倾向于履行责权明晰、利益最大化而风险最小化的公共职责。政府数据开放对于地方政府而言，“具有经济价值和社会价值”这一意识已经较为普及，但该价值的衡量无法简单以投入产出计算。另外，政府数据开放本身存在的个人隐私和信息安全可能触发的风险及社会影响很难预知。因此，政府数据开放对当地经济发展的影响、上级政府部门和领导对政府数据开放的支持程度、政府数据开放共享的实施范围、风险防范和应急响应能力等因素，是地方政府在政府数据开放和选择命令型工具时需要重点考虑的因素。

第二，能力建设型工具的作用对象——政府部门及人员。能力建设型工具具有较强的直接性，以及一定的自主性和强制性，是地方政府运用比例高于国家层面的重要工具。目前能力建设型工具在政府数据开放发展中发挥作用，并不直接通过作用于公众、企业等用户群体产生，而较多通过政府部门提供的平台和服务等发挥作用。因此，能力建设型工具作用对象的服务功能和水平素养是影响能力建设型工具发挥效用的重要因素。目前大部分地方政府从部门系统整合、平台共建共享、工作制度规范、工作人员培训等方面入手，并与财政经费、资金奖励等挂钩。因此，政府部门的行政理念和电子政务基础、既有制度和行政习惯、部门经费支持力度等都将影响能力建设型工具的有效执行。其中，行政理念和既有制度很大程度受到命令型工具的影响，经费支持则与激励型工具产生关联，因此，往往在实践过程中发现，通过命令型—能力建设型—激励型工具的组合运用实现能力建设型工具的执行效果，并且制度和服务创新也在其具体工具组合运用时体现。

第三，激励型工具的被引导对象——政府、企业。激励型工具以直接性和可见性特性表现最突出，即工具将以金钱、行为、资源等给付形式直接作用于客体，并且实施主体和对象能够明确获知政策工具实施的预期目标，通常以可监督、可验收、可交付的形式存在。激励型工具是一种给付型工具，由实施主体提供必要的资源，被引导对象采取相应的行动，当达到某种结果时，给予相应的奖励或处罚。因此，实施主体提供的资源条件、被引导对象的意愿、能力和行为导向是制约激励型工具有效实施的主要因素。在政府数据开放运动中，上级政府通常运用政策试点、示范评选、专项资金、处罚处分整改等传统手段激励下级政府和部门进行系统整合、平台建设、服务创新等，与该级政府相对下级政府掌握更多的财政资源和政策资源相关，作为被引导对象的下级政府和部门通常是被动接受，此时意愿和能力对起因产生不了大的影响，但对结果却产生很大影响。因此，更多的上级政府应该从意愿和能力方面探索更多的积极引导方式，比如与能力建设型工具的搭配运用，使政府部门人员更有能力和信心实现政策目标。相比之下，行政级别较低的地方政府则更愿意运用财税优惠、政府采购与外包、许可、融资合作等手段，激励企业参与到以上政府部门活动中，一方面减轻本级政府财政资源方面的压力，另一方面企业的介入倒逼政府部门工具运用创新。另一类被引导对象——企业，谋求经济利益最大化是“天性”驱使，对政府数据开放的价值认知和处理能力高于政府部门，企业有能力且有意愿参与到政府数据开放项目中，但“逐利”的理念同时也会使企业经受诱惑，比如数据灰色交易市场，因此除了专业资质以外，企业的开创理念和行业口碑等因素也应当是激励型工具运用需要重点考虑的因素。

第四，劝导型工具的实施载体——新媒体和应用场景融合。劝导型工具是自主性和可见性强，但直接性和强制性弱的工具，是较好的释放信号和潜移默化的工具，但由于作用效果显现的周期性较长且难以衡量，因此该类工具的运用种类和数量普遍较少。在地方政府数据开放中，劝导型工具的实施主体是上级政府，客体是下级政府部门和其他非特定群体，目前仍以宣传推广和鼓励号召传统手段为主。劝导型工具有效实施的主要影响因素是传播效率和关注度，地方政府较多以公共场所、官方网站平台、两微一端等方式向非特定群体宣传推广政府数据开放及相关服务，传播效率已有较大提升，但仍无法引起没有开放数据相关专业背景和需求的普通公众的关注。因此，劝导型工具的实践运用还有很大的探索空间，如何使数据开放与普通民众产生联结，将新媒体与应用场景融合，给民众以更直观和易获得的形式呈现，是政府部门值得考虑的部分。

第五，学习型工具的参与群体——公众、专家、高校、其他社会力量。学习型工具是自主性强、强制性较弱的工具，与能力建设型工具有一定的相似性，最大的不同是作用对象更加广泛，且具有一定的灵活性，政府数据开放过程中的政策工具创新运用往往出现在此类工具运用中。学习型工具的参与群体有公众、专家、高校及其他社会力量，其工具效用并不直接由实施主体或参与群体单方面决定，而是由实施主体提供的环境以及参与群体的能力素养等因素共同决定，即学习型工具执行的效果受到当地教育资源、人才政策和人才素养等因素影响。目前政府数据开放学习型工具运用以专家制度和会议赛事最为热门，前者邀请公共数据和大数据专家参与政策制定、项目评审评估，已形成长效机制，对规范和改进政府部门政府数据开放相关的服务制度和效果有较大作用；后者则吸引全球各地的企业和人才参与到政府数据价值挖掘和服务利用中，但后续的市场策略、企业孵化和人才配套政策尚未衔接，使得工具效用没有得到最大发挥。因此，在学习型工具运用中需要更多考虑的是可持续性发展问题，以及与其他类型工具的配合运用。

三、注重差异化和组合化的政策工具

政策工具的特性是政府在选择政策工具和对工具进行优化时必须考虑的重要变量，从地方政府数据开放政策工具选择来看，各类政策工具的特性存在差异，并且不存在所谓的“万能政策工具”，因此，地方政府需要通过科学的政策工具组合来克服每类工具的劣势，最大可能性发挥其优势。在我国，地方政府在对政府数据开放政策工具进行组织时需要注意以下几点：

第一，充分了解各类政府数据开放政策工具的特性。一方面，不同类型的政府数据开放政策工具各自存在一定的优越性和局限性，参考强制性、直接性、自主性和可见性等政策工具特性，由此可知：命令型工具最具强制性、直接性，注重执行的结果，以行政成本为主要成本，多运用于政府部门内部，而体现地方自主性和群众监督的可见性较弱，相对僵硬缺乏灵活性；能力建设型工具最具直接性，其他特性强度居中，比命令型工具更具灵活性，但成本构成较为复杂多元，除了行政成本外，往往需要借助第三方机构和企业的专业力量加以维持；激励型工具最具可见性和直接性，多以经济激励形式出现，成本主要考虑经济成本和市场调节作用；劝导型工具自主性和可见性最强，但强制性和直接性弱，注重执行的过程，对结果较难衡量，成本体现在公共服务和宣传工作中；学习型工具的自主性特性强，但直接性和强制性程度较低，注重长期影响和环境氛围营造，成本表现为组织成本。

另一方面，同一类型下每一种具体的政策工具也存在一定的优越性和局限性。比如法规标准和计划规划两者都属于命令型政策工具，但仍存在较多方面的差异，法规标准工具实施较多依赖于单一领域的专业知识背景，注重的是法制化、合规性，往往执行周期更长、影响更深远，计划规划工具则更依赖于对现实紧迫问题的判断和短期效果的实现，执行周期相对较短，同一类计划规划之间注重前后衔接。又如资金投入和财税优惠，同样是金钱类激励型工具，但前者是资金向外支付而后者是费用的减免，因此财政水平相对较低的地方政府更倾向采用后者。总之，只有对各类政府数据开放政策工具有了深刻准确的认识后，地方政府才能够做出合理的政策组合，实现预期的政策目标。

第二，兼顾地方发展战略和政府数据开放。地方政府的政府数据开放政策工具选择和实施不是形式主义的数据开放和共享，也不是单单以建成开放数据平台作为目标，而是应将政府数据开放共享融入城市发展战略中，实现数据开放的行政价值、经济价值和社会价值。在这种目标导向下，我国地方政府应当综合考虑城市经济社会发展战略目标及地方优势，将政府数据开放计划融入城市发展战略中，找到相适应的政府数据开放基本策略类型，如上文总结的基础建设型、产业推进型和服务应用型三种基本类型，既制定政府数据开放专门的法规政策，也结合相关产业、服务应用领域等制定政府数据开放共享具体应用领域的法规政策。如贵阳市将政府数据开放纳入大数据行动计划中，上海市出台《公共数据与一网通办管理办法》等。

第三，重视政策工具的互补性。政策工具特性强弱程度不同决定了各种政策工具之间存在互补性，这也是政策工具能够优化组合运用的基本前提。命令型工具强制性、直接性很强，但自主性、可见性弱，具体可表现为政策执行部门的自主性较低和监督可能性较低，应当配合运用两者特性较强的政策工具，比如能力建设型和激励型工具的配合使用，共同作用于政府部门内部用以建立和保障政府数据开放的相关工作制度等。同理，学习型、劝导型工具自主性和可见性较强但强制性较弱，具体可表现为对非特定对象的宣传推广，传播形式虽丰富多样，但对受众没有强制性，达到的最终效果往往不佳，因此，地方政府应更多尝试与命令型、激励型工具等特性互补的工具配合运用。总之，地方政府在运用政策工具时，必须重视政策工具之间的互补性、协调性和统一性，充分发挥工具组合的“1＋1＞2”整体效应。

第四，充分考虑地方差异和时间差异。首先，地方差异，我国西北和东北地区相比华东、华南、华北以及部分中西部地区，对政府数据开放政策及相关大数据管理标准规制等的反应较不敏感，而华东、华北以及西南部分地区则往往反应灵敏，甚至先于国家层面探索政府数据开放相关法规政策和地方标准研制，因此，国家或地方选择相应的政策工具时要因地制宜，根据不同的信息化建设基础、地方资源禀赋采取和运用实际可行的政策行为和手段，可以借鉴案例城市的政策工具选择，但不能生搬硬套或照搬照抄。其次，考虑到时间差异，即地方政府数据开放发展正处于的阶段，如仍是准备阶段、探索阶段或是已进入快速发展阶段，以及当前国家和地方经济社会活动正处于不断变化的形势中，如大数据战略的持续作用、“数据要素市场”正式写入国家政策文件、“数字化转型”概念的再次兴起等，因此，地方政府应当准确把握时机，根据不同时期的地方经济发展状况和客观规律要求来选择合适的政策工具。

第五,政策特性与实际情况相结合。政策工具的选择与政策制定,应以本地实际情况和需求为起点,是稳扎稳打基础建设为先,还是产业带动政府数据开放应用,是数据开放与大数据政策融合推进,还是与数字化转型、智慧城市融合推进,都不能一概而论、盲目制定。而应当将政策工具的特点与实际情况相结合,并在政策制定后随实际情况变化不断调整和更新,以适应不同环境条件和满足城市发展策略的需求。

四、从体制、法律、市场与文化等多角度营造良好制度环境

地方政府选择和实施政府数据开放政策工具的制度环境主要体现在:体制、法律、市场和社会文化方面,因此如何完善体制、确立法治、发挥市场作用和形成社会文化氛围,是各类政策工具面临的共同问题。本书认为,可以从以下几个方面来构建我国地方政府数据开放政策工具选择和实施的制度环境:

第一,数据治理体制的现代化。政府数据开放的政策工具实施受到不同阶段管理体制的制约,如从信息化时代到大数据时代,政府数据开放共享首要解决的信息系统重复建设、信息烟囱林立、"一数多源"等问题,无不与条块分割体制、财政分权体制等管理体制相关。如今进入大数据快速发展阶段,地方政府从不同程度开始尝试改变这种传统体制,从国内外先进经验看,应当建立符合数据治理理念的现代化管理体制。首先,构建大数据管理创新体制,以数据治理理念为中心,有两种方式可供地方政府选择确立:一是新成立大数据管理局,直属市政府办公厅,对市长负责,设立首席数据官制度,将政府数据开放共享彻底纳入大数据管理范畴,统一由大数据管理局负责政策制定和工作推进实施;二是在原有领导小组机制下成立新的委员会,诸如在政务公开、"互联网+"政务服务、政府信息资源共享开放、电子政府改革等领导小组体制下成立大数据治理委员会,由分管副市长任主任,相关单位主要负责人为成员,统筹协调和监督落实大数据工作,将政府数据开放共享工作纳入大数据管理体系中。第一种在组织架构上更适应大数据发展的新环境,但机构改革成本较高;第二种在组织架构上是对传统体制的局部调整,可操作性较强、成本相

对较低,但需要配套相应的制度和专项经费来确保其长期稳定运作。地方政府应当根据自身的信息化发展基础、财政水平和当地经济社会发展需求做出合适的选择。其次,开展政府部门信息化机构的整合改革,与信息系统整合共享和数据共享开放的资源梳理同步进行,对各政府部门涉及改革的内设机构和事业单位所承担的信息化建设职能、机构设置、人员编制等进行梳理,并形成机构分类改革方案,与大数据管理局/委员会的管理职能和范畴形成对应。再次,完善专家制度的数据治理体制。成立大数据专家委员会,充分利用当地学术、科研、教育、行业单位等大数据理论和应用实践方面的智力资源,通过聘请专家学者为大数据工作和政府数据开放利用提供咨询论证、评估指导和对策建议。最后,完善公众参与机制,在原有的问卷调查、数据反馈分析、政民互动频道等"后评估"思维的公众参与形式基础上,探索更具包容性和决策影响力的参与机制,比如增加与隐私利益相关的数据开放法规政策及标准的公众参与途径,除传统的草案征求意见外,可考虑邀请专家公众和普通公众共同参与草案拟定(如纽约市的地理数据标准草案拟定)等。

第二,政府数据开放政策工具的法制化建设。政府数据开放政策工具的合法性是其政策有效实施的基本前提,目前大多数地方政府的政策工具仍以政府部门规章、工作性文件等确立工作制度的形式,确保政策工具实施的"合规性",但随着数据要素渗入社会各个发展领域,政府开放数据作为大数据时代运行的基石,政府数据/公共数据权属、个人隐私、数据安全、数据流通、数据交易等问题亟待明确和解决。国家和地方政府要加强相关法律建设,首先必须对已有法律法规进行"废、改、立","废"即废除不适应大数据时代发展的、重复性的法律,如地方在制定公共数据管理、政府数据开放共享等条例时,应将已有的管理办法、暂行/试行办法等及时废除;"改"即修改相互抵触、难以执法和可操作性差的法律,如地方政府应依据 2019 年国家新修订的《信息公开条例》内容,相应修订地方条例以及数据开放共享管理办法,确保开放原则、范围和内容与国家立法保持一致;"立"即在政府数据开放专门立法中明确公共数据基本概念、数据权属、政府责权、公民权利救济途径等,确保数据管理者、提供者、利用者等都有法可依。

第三，数据要素市场机制的完善。政府数据开放命令型工具中的部分小类工具运用，如市场策略、产业策略、贸易管制等的实施有效性受市场机制影响。目前我国的数据要素市场机制尚未成熟，表现为：虽然从2015年贵阳大数据交易所正式挂牌运营以来，已有北京、上海、江苏、武汉、安徽、浙江、哈尔滨等地陆续成立政府类交易所/中心，但通过走访调研获知大数据交易中至少包括“数据供给不足、定价模式尚未被市场普遍采纳、内部合作大于市场化交易”等问题。背后的成因与数据权属、数据供给、数据需求、交易中介、交易监管和数据安全等内容尚未明确有关，而仅凭政府之力无法构建完善的数据要素市场，因此多元合作的要素市场建设势在必行。政府应当明确权力边界，将政府的归政府，市场的归市场，比如数据权属、数据供给、交易和安全监管的部分由政府通过法律法规和制度建设加以完善和保障，而数据需求、中介服务、数据安全等供需调节和服务提供的部分应当由市场调节。

第四，数字文化的推广普及。政府数据开放劝导型和学习型工具的运用在不同城市之间产生的效果也不同，受当地数字文化氛围影响。数字文化氛围具体表现为民众对数据开放利用的认知度、获取利用数据信息的水平，以及所能获得的数字文化设施和资源数量和质量等。要将数字基因写入城市文化，必须发展多元化主体合作伙伴关系。比如结合各地方智慧城市、数字城市建设需求，调动组织、企业、公众、社区、大众媒体等主体参与到政府数据开放活动中，发挥政府部门整合各方资源的协调力、企业开发数据产品和应用的创新力、公众对数据利用的朴素感知力、社区基层的活动号召力和大众媒体的文化传播力，探索诸如公益讲座、成果推广、合作项目、社区体验等多元合作形式，使政府数据开放和大数字文化逐渐融入普通公众群体。

总体来看，随着大数据与智能化的推进，政府数据开放领域的特性问题会比信息时代更为复杂，伴随而来的是新需求和新问题的出现，促使地方政府需在一定程度上拓展政策工具的适用对象，以满足更多细分群体的政策需求。同时，在我国地方政府数据开放的政策工具演进过程中，运用的数量不断增加，运用的种类趋于饱和。随着国家数据要素市场培养的逐步推进，未来扩展政策工具的应用种类有其必要性，也兼具可行性，这些都需要地方政府综合考虑。

第三节　研究创新、不足与展望

一、本书创新点

第一，构建了基于政府数据开放生态系统的政策工具二维分析框架。本书在前人研究的政府数据开放生态系统和大数据政策工具分类模型的基础上，根据我国地方政府数据开放政策的现状，将政府数据开放生态系统进行了细化和丰富，将原本的开放数据、利用数据、公共价值和外部环境 4 个环节进一步分为 17 个细节环节，形成了符合我国实际发展的政府数据开放生态系统解释框架，而后，依据政府数据开放在我国行政行为特点显著大于市场行为特点，不再运用“需求型—供给型—环境型”最常见模型，而是结合政府数据开放的政策执行主体仍以政府部门为主、企业和公众部分参与的实际情况，试图测量和分析工具作用环节和对象范围，选择了“命令型—能力建设型—激励型—劝导型—学习型”模型，最终形成 4 环节 5 类 36 种工具的政府数据开放政策二维分析框架。该框架能够较好地解释我国政府数据开放的政策选择逻辑，并且 5 种类型的特性强度存在递进关系，比如强制性的递进关系有所体现。

第二，发现了政策工具在政府数据开放领域的三类特性规律。其一，根据萨拉蒙的观点，归纳出该领域政策工具在强制性、直接性、自主性、可见性等特性的强度变化规律；其二，基于时间分析归纳出我国政府数据开放领域的政策工具特性，如命令型工具的传导性、转化性，激励型工具的继承性、创新性，能力建设型工具的切换性，劝导型工具的阶段性和试探性，以及学习型工具的实用性等规律；其三，在 8 个类组分析中发现 20 种典型的政策工具组合，对应于信息公开、数据共享、数据安全、数据质量、数据资源管理、基础设施建设、产业孵化、市场培育、社会化利用、公共服务、组织实施保障等 11 个细节环节，为政策工具选择提供更多维度的参考依据。

第三，形成了理论和实践结合的政府数据开放政策研究新路径。首先，根据时序分析的三阶段政策工具在国家和地方层面的分布特点，地方政府能够参照政策工具运用的种类、数量和作用环节、对象等，了解本地城市在全国地方层面上处于什么发展阶段；其次，根据地区类组分析归纳出基础建设型、产业推进型和服务应用型三种典型的政策工具选择策略，地方政府可参考类组分组的情况和根据标志性特点，了解本地大致属于哪一类，结合地方政府发展战略确定优先考虑的策略类型；最后，在明确选择策略的基础上，可借鉴参考本书案例研究中提到的三种典型策略的关键问题及其政策工具运用，找到适合本地政府数据开放发展的政策工具组合。由此，本书不仅是实证研究，也是地方政府开展数据开放实践的政策工具参考书，形成了理论和实践结合的研究新路径。

二、本书不足

本书虽然对地方政府数据开放的政策工具选择做了一个较为系统的研究，并得出了一些研究结论，但仍然存在一些不足之处：

第一，研究客体的局限。政府数据开放的专门性法规政策制定在地方层面至2020年底仅有9个城市，政策文本量仅10余条，与政府数据开放相关的法规政策则可扩展到信息公开、信息资源开放利用、政务公开、政府信息资源共享开放、大数据行动、“互联网＋政务服务”等政策文件，从国家到地方层面政策数量可达上千条。本书以“制度嵌入性”观点认为我国的政府数据开放必然经历信息时代向大数据时代过渡的重要阶段，在专门法规政策出台之前，上文提及的政策文本是地方政府的重要行政依据，并且从2020年底国家层面重提“数字化政府”概念，证明了目前仍有较多地方政府正在经历该重要阶段。因此，本书以北大法宝搜索政策文本为主，以地方政府官网、地方数据开放平台政策文件为补充，将搜集到的政策文本作为政策工具研究客体的编码来源，通过信度效度检验证明其有效性。在未来的研究中，当地方政府出台更多的专门性政策法规时，可以进行大数据时代政府数据开放的专门政策工具研究与本研究做比对，将可能验证或发现更多的规律。

第二,研究方法的局限。本书的研究方法体现于政策文本和访谈资料的计量分析和内容分析,计量方法尽可能使政策工具以结构化的形式直观呈现,内容分析主要通过政策文本阅读和手动编码归类加以解读,不可避免受到主观因素的影响,但同时编码准确性更高且也能较好地反映研究者的理论与实践结合水平。考虑到前期工作量的浩大且试错成本较高,未来可以采用机器学习等更智能化的处理手段,对政策文本进行自动化预处理。

第三,研究时空的局限。政府数据开放政策工具研究是一个动态发展的过程,也是一个因地而异的研究。本书仅收集了我国 2004—2020 年不足 20 年的政策文本,选择 7 个地方政府作为案例,放置国际环境下只能称得上政府数据开放历史上的一个“片段”和零星小点。如果采用更多国家地方政府数据开放政策进行分析和比较,可以进一步丰富政府数据开放政策工具研究的内容和探索更多选择策略。

三、未来展望

我国地方政府数据开放的政策工具选择是一个复杂的系统工程,在未来研究中还可考虑:第一,政策工具和政府数据开放生态系统的分析框架可以根据时代的变化进行调整,密切关注国际国内形势,考虑增加数据流动、数据权等与国际话语体系接轨的细节环节,以及丰富首席数据官制度、大数据/数据官联盟、数据社区沙龙等与时俱进的工具小类,提高分析框架的国际应用可能性和国别可比性;第二,对更多的政策工具分类方法进行比对、匹配、调整,使得政策工具分类对政府数据开放政策更具解释性和可扩展性;第三,本书中产业推进型策略的城市案例研究还有较大的拓宽空间,未来扩大调研范围,如深圳、青岛等重要城市,会取得更具参考价值的研究结果;第四,未来的研究中可以不断验证本研究所总结出的政府数据开放政策工具特性和规律,在政策工具理论研究多应用于教育、科技、产业等领域政策分析的基础上,增添一个应用领域,为跨学科研究贡献绵薄之力。

附　　录

附录1　本研究检索策略及基本结论

一、确定检索式的步骤

步骤一：2020年1月21日通过在北大法宝中搜集出台的“数据”相关法律法规政策的中央法规和地方规范性文件共计2 883条数据看，共涉及31个省、自治区、直辖市和152个地级市出台与数据相关的政策文件，作为初检中“地方”对应的检索词集合，在CNKI中检索获得128篇文献。检索式一如下：

SU＝（“政府数据开放”＋“开放政府数据”＋“数据公开”＋“公共数据”＋“政府数据管理”＋“数据监管”＋“数据保存”＋“数据重用”）AND SU＝（“地方”＋“省”＋“市”＋“安徽”＋“福建”＋“甘肃”＋“广东”＋“广西”＋“贵州”＋“海南”＋“河北”＋“河南”＋“黑龙江”＋“湖北”＋“湖南”＋“江苏”＋“江西”＋“吉林”＋“辽宁”＋“内蒙古”＋“宁夏”＋“青海”＋“山东”＋“陕西”＋“山西”＋“四川”＋“新疆”＋“西藏”＋“云南”＋“浙江”＋“北京”＋“上海”＋“天津”＋“重庆”＋“阿拉善”＋“安庆”＋“安阳”＋“鞍山”＋“包头”＋“宝鸡”＋“保定”＋“保山”＋“北海”＋“毕节”＋“察布查尔锡伯”＋“吉昌”＋“常德”＋“常州”＋“朝阳市”＋“成都”＋“承德”＋“滁州”＋“楚雄”＋“大连”＋“大通”＋“大同”＋“东营”＋“杜尔伯特”＋“鄂尔多斯”＋“鄂伦春”＋“鄂州”＋“防城港”＋“佛山”＋“福

州”+“抚州”+“阜阳”+“甘南”+“固原”+“广安”+“广州”+“贵阳”+“桂林”+“哈尔滨”+“海北”+“海口”+“海西”+“邯郸”+“杭州”+“合肥”+“鹤壁”+“黑河”+“衡水”+“呼和浩特”+“淮北”+“淮南”+“黄南”+“惠州”+“鸡西”+“吉安”+“济南”+“嘉兴”+“晋城”+“荆州”+“景德镇”+“九江”+“开封”+“克拉玛依”+“昆明”+“拉萨”+“兰州”+“廊坊”+“乐东”+“丽江”+“连云港”+“凉山”+“临沂”+“六盘水”+“陇南”+“洛阳”+“漯河”+“马鞍山”+“眉山”+“南昌”+“南京”+“南宁”+“南平”+“南通”+“南阳”+“宁波”+“宁德”+“盘锦”+“平顶山”+“莆田”+“濮阳”+“齐齐哈尔”+“前郭尔罗斯”+“黔西南”+“秦皇岛”+“青岛”+“三门峡”+“三明”+“三亚”+“厦门”+“汕头”+“汕尾”+“上饶”+“深圳”+“沈阳”+“石家庄”+“石柱”+“朔州”+“四平”+“苏州”+“台州”+“太原”+“铜仁”+“吐鲁番”+“万宁”+“威海”+“潍坊”+“温州”+“乌海”+“乌鲁木齐”+“无锡”+“芜湖”+“五峰土家”+“武汉”+“西安”+“西宁”+“咸宁”+“襄阳”+“忻州”+“新乡”+“新余”+“兴安”+“徐州”+“许昌”+“雅安”+“烟台”+“沿河土家”+“盐城”+“扬州”+“伊犁”+“宜宾”+“宜春”+“银川”+“玉林”+“运城”+“长春”+“长沙”+“镇江”+“郑州”+“中山”+“周口”+“珠海”+“遵义”) AND SU=(“政策”+“工具”+“推进”)

步骤二：根据开放数林的补充检索。

以《中国开放数林指数 2019(上半年)》中提及的已经建有地方数据开放平台的城市与上文中的城市做比对，挑出 36 个城市做补充检索。检索式二为：

SU=(“政府数据开放”+“开放政府数据”+“数据公开”+“公共数据”+“政府数据管理”+“数据监管”+“数据保存”+“数据重用”) AND SU=(“蚌埠”+“滨洲”+“常德”+“潮州”+“河源”+“揭阳”+“梅州”+“清远”+“汕头”+“汕尾”+“韶关”+“云浮”+“湖州”+“淮安”+“黄山”+“济宁”+“佳木斯”+“荆门”+“江门”+“聊城”+“六安”+“马鞍山”+“茂名”+“日照”+“石嘴山”+“东莞”+“泰安”+“泰州”+“乌海”+“宣城”+“雅安”+“阳江”+“银川”+“枣庄”+“湛江”+“肇庆”) AND SU=(“政策”+“工具”+“推进”)

结果仅一篇：以茂名市为分析案例的东北大学 2017 年博士论文《转型期我国地方政府信任的流失与重塑——以 PX 事件为例》，作者唐荣呈。且该篇已被收录在检索式一中，分析原因为篇名中已经包含“地方”。因此，补充检索的城市集合对CNKI中的本研究相关文献检索没有影响。

步骤三：检索式调整。

由于检索式一中的城市数超过文章篇数将近半数，所以考虑精简城市集合，主要参考开放数林最新指数统计中涉及的省份和城市进行筛选。筛选原则是：未开通数据开放平台的省份，保留省份但不保留其下的城市。精简后的检索式三为：

SU＝(“政府数据开放”＋“开放政府数据”＋“数据公开”＋“公共数据”＋“政府数据管理”＋“数据监管”＋“数据保存”＋“数据重用”) AND SU＝(“地方”＋“省”＋“市”＋“安徽”＋“福建”＋“广西”＋“广东”＋“贵州”＋“海南”＋“黑龙江”＋“湖北”＋“湖南”＋“江苏”＋“江西”＋吉林＋“辽宁”＋“宁夏”＋“山东”＋“陕西”＋“山西”＋“四川”＋“新疆”＋“浙江”＋“北京”＋“成都”＋“佛山”＋“福州”＋“广州”＋“贵阳”＋“哈尔滨”＋“海口”＋“杭州”＋“昆明”＋“南京”＋“宁波”＋“青岛”＋“厦门”＋“上海”＋“深圳”＋“沈阳”＋“苏州”＋“天津”＋“乌鲁木齐”＋“无锡”＋“武汉”＋“西安”＋“长沙”＋“重庆”＋“珠海”)AND SU＝(“政策”＋“工具”＋“推进”)

二、其他数据库检索式及命中结果

表附1-1　　国内外相关选题的检索式及命中数

数据库	检索式	命中数
CNKI	SU＝(“政府数据开放”＋“开放政府数据”＋“数据公开”＋“公共数据”＋“政府数据管理”＋“数据监管”＋“数据保存”＋“数据重用”) AND SU＝(“地方”＋“省”＋“市”＋“安徽”＋“福建”＋“广西”＋“广东”＋“贵州”＋“海南”＋“黑龙江”＋“湖北”＋“湖南”＋“江苏”＋“江西”＋吉林＋“辽宁”＋“宁夏”＋“山东”＋“陕西”＋“山西”＋“四川”＋“新疆”＋“浙江”＋“北京”＋“成都”＋“佛山”＋“福州”＋“广州”＋“贵阳”＋“哈尔滨”＋“海口”＋“杭州”＋“昆明”＋“南京”＋“宁波”＋“青岛”＋“厦门”＋“上海”＋“深圳”＋“沈阳”＋“苏州”＋“天津”＋“乌鲁木齐”＋“无锡”＋“武汉”＋“西安”＋“长沙”＋“重庆”＋“珠海”)AND SU＝(“政策”＋“工具”＋“推进”)	128

续 表

数据库	检 索 式	命中数
万方	题名或关键词：("政府数据开放"+"开放政府数据"+"数据公开"+"公共数据"+"政府数据管理"+"数据监管"+"数据保存"+"数据重用")AND("地方"+"省"+"市"+"安徽"+"福建"+"广西"+"广东"+"贵州"+"海南"+"黑龙江"+"湖北"+"湖南"+"江苏"+"江西"+"吉林"+"辽宁"+"宁夏"+"山东"+"陕西"+"山西"+"四川"+"新疆"+"浙江"+"北京"+"成都"+"佛山"+"福州"+"广州"+"贵阳"+"哈尔滨"+"海口"+"杭州"+"昆明"+"南京"+"宁波"+"青岛"+"厦门"+"上海"+"深圳"+"沈阳"+"苏州"+"天津"+"乌鲁木齐"+"无锡"+"武汉"+"西安"+"长沙"+"重庆"+"珠海")AND("政策"+"工具"+"推进")	322
维普	R=(政府数据开放+开放政府数据+政府数据公开+公共数据+政府数据管理+数据监管+数据保存+数据重用)*R=(地方+省+市+安徽+福建+广西+广东+贵州+海南+黑龙江+湖北+湖南+江苏+江西+吉林+辽宁+宁夏+山东+陕西+山西+四川+新疆+浙江+北京+成都+佛山+福州+广州+贵阳+哈尔滨+海口+杭州+昆明+南京+宁波+青岛+厦门+上海+深圳+沈阳+苏州+天津+乌鲁木齐+无锡+武汉+西安+长沙+重庆+珠海)*R=(政策+落地+推进)	131
WoS	TS=("open data" OR "Open Government Data" OR "OGD" OR "opening government data") AND TS=(policy analys* OR policy Model* OR policy approach OR policy implementation OR policy process* OR policy tool* OR policy instrument) AND TS=(local OR municipal OR city OR urban)	161
EBSCO	(open government data)AND (polic*)完成了前 50 而已，+9(筛)	377
Elsevier Science Direct	("open data" OR "Open Government Data" OR "OGD" OR "opening government data") AND (policy analys* OR policy Model* OR policy approach OR policy implementation OR policy process* OR policy tool* OR policy instrument) AND (local OR municipal OR city OR urban)	80
Emerald	abstract："open government data" AND (abstract： local OR municipal OR city OR urban)	199
Wiley	"open data" OR "Open Government Data" OR "OGD" OR "opening government data" in Abstract and "local OR municipal OR city OR urban"in Abstract	98

续 表

数据库	检 索 式	命中数
Springer	(“open government data” OR “OGD”) AND (“policy analys* ” OR “policy Model* ” OR “policy approach” OR “policy implementation” OR “policy process* ” OR “policy tool* ” OR “policy instrument”) AND (local OR municipal OR city OR urban)	99
Taylor & Francis 期刊库	[Keywords: open government data] AND [[All: local] OR [All: municipal] OR [All: city] OR [All: urban]]	47
Taylor & Francis 电子书	Title: (open government data) AND (polic*) AND (local OR municipal OR city OR urban)	书2本 章节 92篇
SAGE	[All open data OR Open Government Data OR OGD OR opening government data] And [All local OR municipal OR city OR urban]	30
JSTOR	(Abstract: open data OR Open Government Data OR OGD OR opening government data) AND (All: polic*) AND (All: local OR municipal OR city OR urban)	93
PQDT	ti(open government data OR OGD OR opening government data) AND (ab(local OR municipal OR city OR urban) OR ab(polic*))	6

附录2 二维分析框架的类目信度检验：利用LDA模型做主题聚类

借鉴綦然基于LDA模型做主题聚类分析的方法①，对本研究的我国地方

① 綦然：《基于LDA模型的国内人工智能政策对比研究》，上海社会科学院硕士学位论文，2020年。

政府数据开放政策文本做主题聚类分析，用以验证本研究二维分析框架的类目信度。

步骤一：确定分析样本。与本研究的政策工具分类样本保持一致，涵盖全国、省、市、自治区、地级市的政府数据开放相关政策，包括法律、规章、指导意见、产业规划等专项性政策文本，也包括信息化建设的综合性政策文本中与政府数据开放密切相关的政策条款，如信息公开、政府网站管理、电子政务、“互联网＋政务服务”、数字惠民、大数据政策等主题的政策文本中涉及信息数据资源开放利用的条款。截至2020年2月28日，共采集1 364篇4 486条、约95万字的政策文本。

步骤二：文件预处理。由于样本已经删除了页码、日期、标题及其他解释的附录等信息，只选取直接相关的政策内容和条款，并且考虑到同一政策文本中，指导思想、基本原则的内容与具体工作安排具有高度重叠性，将影响最终的分词，因此选取文本片段时，按优先级“具体工作安排＞基本原则＞指导思想”进行。

步骤三：jieba分词，是基于Trie树结构的算法，利用词图扫描将得到句子中汉字所有的成词可能，构成有向无环图（DAG）。Jieba分词本身自带词典，包含2万多词条，通过Trie结构扫描，快速查找词条中与Tire结构中词条前缀相符的词条，从而实现词频统计。jieba分词中的动态规划查找功能可以找出根据词频的最大切分组合。本研究的分词模式采用了jieba分词的“精确模式”，是对句子的精确切分，适用于文本分析。对于在jieba分词自带词典中未出现的词，采用Viterbi算法，并将HMM模型应用其中实现汉字成词。

步骤四：停用词表和分词词表。为了在使用jieba分词的精确模式时，能够得出更有意义的高频词汇，列出了相应的停用词表（见表附2－1），包括常用助词、虚词、标点符号和政策中出现的高频无意义词汇，以及空格、空行等数据冗余，同时，政府数据开放政策包含的专业词汇和固定用法（如数据开放、信息资源等），为优化分词结果，本研究同时建立了分词词表（见表附2－2）：

表附 2-1　　停用词表

是	直接	会战	贵阳市	第二款	办公室	组	或者	其他	产业
政府	必须	应用	制定	办事	三大	应当	进行	负责	工作
由	达到	层	《	》	0	0	:	:	（
（	）	、	“	”	"	,	。	1	2
3	4	5	6	7	8	9	10		与
的	在	和	以	—	!	%	-	/	＝
;	（	）	{	}	[	]	【	】	.
.	年	月	日	等	深入	发展	贯彻落实	加快	推动
布局	贵州	贵阳	大力	建设	推进	鼓励	引导	加强	引领
重点	集聚	把握	总体	布局	总体布局	社会主义	建设	中国	模式
完成	通过	国家	战略	高度	党中央	国务院	高度重视	提出	坚持
习近平	党	特色	思想	指导	按照	实施	强化	相关	全省
更	对	日臻完善	及	或	拥有	也	要	也要	壮大
＞	＜	可	大	小	全	开展	规划	年度	中期
各项	任务	已	积极争取	方式	省	市	有关	它	高
强	为	新	不	从	地	报	做到	应该	不同
调整	安排	大力发展	增长	构筑	迫切需要	精神	学习	贯彻	总书记
系列	重要讲话	重要	指示精神	强国	紧紧抓住	牢固	树立	重大	个
若干	视察	时代	一系列	理念	牢牢	提升	努力	打造	积极
构建	助力	全球	紧抓	迅猛发展	发挥	着力	显现	家	以上
以下	超过	良好	优秀	合格	营造	建议	措施	不断	增强

续　表

较	好	有	全面	代表团	落实	坚定不移	要求	把	到
一	二	三	四	五	六	七	八	九	十
十一	十二	十三	十四	十五	十六	十七	十八	十九	二十
环卫	环卫处	玉林	玉米	环	环保	环境保护部	环保型	率	环境工程
猪肉	环境卫生	中	号	基于	车	开放	创新	体系	创新
改造	典型	其	并	经	万元	省市	制度	企业	池
下一代	加大	高端	一批	水平	支持	条件	促进	方面	开拓
业务	/	/	建立	开发	攻克	市场	蓝海	具备	复杂
供给	立足	优势	依托	有效	优化	超前	高级	新型	保护
意见	作用	协调	绿色	开放	共享	经济社会	局部	领先	领域
关于	行动	意见	专题	地位	作用	包括	参与	供给	保障
改善	国	发	各	特	本	实施方案	目标	思路	初步
形成	规模	球	海量	训练	完善	资源	主要	文献	服务
级	周期	提供	进一步	处理	委	丰富	多元	快速	工程
办	组织	科技部	中央	数据	大数据				

表附 2-2　　分词词表

数据开放	数据资产	数据中心	数据共享	数据采集	数据归集
数据交易	元数据	信息公开	信息安全	网络安全	数据安全
电子政务	政务服务	政务信息	政务公开	简政放权	一站式
一数一源	一网通办	共享交换平台	关键信息基础设施	互联网＋	人工智能
大数据	云计算	物联网	移动互联网	5G	标准体系
目录体系	一体化	分类分级	电子证照	电子签章	电子公文

步骤五：利用 LDA 模型中常用的 Gibbs 采样算法，实现快速有效地从文本研究档集中提取主题，利用 Python gensim 的 ldamodel，对经过数据清洗和规范化的文本数据进行聚类，分别按 20 类、15 类、5 类，以及 5 个关键词、10 个关键词、8 个关键词等进行类别设定，最终调试到 5 类、8 个关键词时，发现关键词权重较为集中，并且具有较强解释力。输出结果为：

[(0，'0.012 * "平台" +0.010 * "社会" +0.009 * "政务" +0.009 * "采集" +0.007 * "行政" +0.006 * "数据采集" +0.006 * "机制" +0.006 * "责任"')，(1，'0.018 * "政务" +0.011 * "平台" +0.010 * "目录" +0.009 * "社会" +0.009 * "政务信息" +0.007 * "安全" +0.006 * "项目" +0.006 * "责任"')，(2，'0.024 * "政务信息" +0.015 * "资源共享" +0.012 * "政务" +0.009 * "政务服务" +0.008 * "平台" +0.008 * "目录" +0.008 * "安全" +0.007 * "交换"')，(3，'0.010 * "网站" +0.009 * "目录" +0.007 * "社会" +0.007 * "办法" +0.007 * "政务信息" +0.006 * "平台" +0.006 * "技术" +0.006 * "实现"')，(4，'0.012 * "平台" +0.010 * "政务" +0.007 * "云" +0.007 * "安全" +0.007 * "考核" +0.006 * "机制" +0.005 * "电子政务" +0.005 * "人才"')]

附录 3　工具类型对照样例(部分)

政策文本内容片段	工具名称	细节环节
提供与公众生活和工作密切相关的便民提示类信息、社会关注的热点信息……	信息支持(信息)	信息发布
应当建立健全本机构的政府信息公开工作制度，并指定机构负责日常工作	工作制度(权威)	信息发布
政府信息公开条例	法规标准	信息发布
县级以上地方人民政府办公厅或其确定的其他政府信息公开工作主管部门负责推进、指导、协调本行政区域政府信息公开工作	权力下放	信息发布

续　表

政策文本内容片段	工具名称	细节环节
对在政务信息资源共享工作中有突出贡献的个人和单位,县级以上政府可给予适当奖励	表彰奖励	数据共享
遵循"谁采集、谁负责""谁校核、谁负责"的原则	工作制度(组织)	数据质量
政务信息数据采集应用暂行办法	管理办法	数据采集
建立健全信息安全防范、监测、通报、响应和处置机制	工作制度(组织)	数据安全
建立健全政务数据资源安全管理制度和工作规范	工作制度(组织)	数据安全
成立政务数据资源统一开放平台专门管理机构	部门设置	数据资源管理
开展政府信息资源梳理、目录编制和注册工作	指导指示	数据资源管理
建立政务数据资源目录体系	体系建设	数据资源管理
经济社会发展综合数据平台建设工作方案	计划规划	数据基础设施
加大资金投入力度,将政府信息资源开放涉及的信息系统建设改造、汇集、加工、处理等费用纳入机关年度预算	资金投入	数据基础设施
通过政府采购,依托市场化专业团队,高效搭建电子政务云平台,为全市提供统一云服务	政府采购与外包	数据基础设施
行政事业单位开展公共数据开放所涉及信息系统建设、改造、运维考评等费用纳入市区两级政府财政资金预算	财政预算	数据基础设施
加强信息化项目资金引导,推进跨层级大系统跨部门大平台建设	专项资金	数据基础设施
优先支持为数据共享开放提供基础支撑、解决重点行业领域共性问题的基础性公共平台类项目	优先项目	数据基础设施
公共数据和一网通办管理办法	管理办法	数据资源管理、公共服务

续 表

政策文本内容片段	工具名称	细节环节
监督考核政务服务质量、数据质量、开放共享程度	考核监督	公共服务、数据质量、数据共享
制定本部门政府数据资源向社会开放年度工作计划	工作制度（组织）	社会化利用
推动地理位置、道路交通、资格资质、统计分析、市场监管等公共服务资源向社会开放	指导指示	社会化利用
引导有条件的区县逐步开放相关数据资源，鼓励各类社会主体深度开发和增值利用	鼓励号召	社会化利用
通过特许经营等方式推动市场力量开发利用政府数据资源，提升政府信息服务能力	许可	社会化利用
各部门以 API 接口方式开放实时动态数据资源，比例不得低于当年总数 50%	公共服务	社会化利用
市政府办公厅会同市经信委牵头成立专家委员会，对开放中存疑义的公共信息资源进行评估论证	专家制度	社会化利用
运用“千人计划”“海聚工程”等支持政策，吸引信息化高端人才集聚，加强云计算、大数据等领域的人才培养	人才支持	产业孵化
大数据产业发展行动计划	产业策略	产业孵化
拓宽大数据产业发展的融资渠道，发挥省信息产业发展引导基金作用，吸引社会资本参与	融资合作	产业孵化
新设立从事大数据创新应用项目的独立法人，在 2022 年前从获利年度起计算优惠期，5 年内免征企业所得税地方分享部分（内蒙古）	财税优惠	产业孵化
财政部门要加强政务信息化建设和运维资金的统筹，加大资金投入……支持大数据产业发展	资金投入	产业孵化
建设数据交易市场。发展数据要素市场，建立数据资产元数据标准、交易规则和定价机制	市场策略	市场培育
建立本市政府数据服务网，由第三方专业服务机构负责运维	科技支持	公共服务

续　表

政策文本内容片段	工具名称	细节环节
试点推动公共事业数据开放，优先开放高价值、优质公共事业数据	政策试点	公共服务
构建“领导小组全面统筹、市政府办公厅牵头、部门负责、市区联动”的工作机制，加强“互联网＋政务服务”顶层设计和统筹协调	工作制度（权威）	公共服务
推进大数据在基层社会治理工作中的应用，综合分析人口档案、地理信息等数据，提高社会管理服务预见性和精细化	信息支持	城市治理
建立政府信息资源开放工作领导协调机制	工作制度（权威）	组织实施保障
建立信息化建设与政府信息资源开放工作联动机制	工作制度（组织）	组织实施保障
建立分级培训方式，定期组织开展全市综合培训和业务交流，提高政务数据资源共享开放工作整体认知和水平	人才支持	组织实施保障
强化评价考核，开展政务数据资源共享开放绩效评估工作	考核监督	组织实施保障
关于公共新信用信息归集和适用管理办法（草案）召开立法听证会	公众参与	相关权利保护
信息化主管部门及其工作人员存在滥用职权等行为的，给予行政处分；构成犯罪的依法追究刑责	处罚处分整改	相关权利保护
举办开放数据创新应用大会，加强国际、港澳地区交流合作，提升国际影响力	会议赛事	多元化参与、国际交流影响
为打造公共数据开放生态，开展大数据联合创新实验室申报和建设	示范评选	多元化参与
充分发挥微信、微博、客户端等各类新媒体作用，组织多种形式宣传报道，提高“数字山东”知名度和影响力，强化大数据科普宣传，提高全民数字素养	宣传推广	数字文化培养

附录4 基于政策文本分析的政策工具二维分析框架(征求意见)

专家您好:

本研究针对我国地方政府数据开放的政策工具研究建立二维分析框架,以X维为政策工具维度,以Y维为环节维度进行构建。以下是X维、Y维各个指标的选择依据,以及二维分析框架的构成,恳请专家给予宝贵意见和建议!

一、X维—政策工具维度

理论依据,麦克唐纳和艾莫尔1994年的工具分析框架(5种)(见表附4-1)。

表附4-1 麦克唐纳和艾莫尔的政策工具分类模型(1994)

政策工具类型	组成部分	案例
命令	规则	监管、禁止歧视
激励	金钱(采购)	对政府的援助、对个人的补贴
能力建设	金钱(投资)	基础研究、培训
权威重组	权威(公共服务体系重构)	新服务提供系统获得权威
劝告	宣传、信息	讲座、公民提升认知、政府获得认同

结合我国两位学者在促进大数据产业发展的政策工具分类(见表附4-2)。

表附 4-2　　国内学者对大数据产业发展的政策工具分类

政策工具类型	工具名称
命令型	法规标准、顶层规划、工作制度(权威)、市场发展策略、产业发展策略、创新创业策略、贸易管制
激励型	处罚、资金投入、财政金融、税收优惠、政府采购、外包
能力建设型	信息支持(信息)、国有企业、公共服务、人才支持、信息支持(组织)、科技支持、工作制度(组织)
劝导型	宣传推广、指导思想
学习型	公民参与

根据以上内容的参考,以及试编了10多个政策文本近百条政策工具编码后,得出以下我国政府数据开放的政策工具编码表(见表附4-3)。

表附 4-3　　我国政府数据开放政策工具编码表

政策工具类型	工具名称
命令型	法规标准、专项规划、体系建设、管理办法、工作制度(权威)、处分、部门设置、权力下放、市场策略、产业策略、贸易管制
激励型	处罚、资金投入、专项资金、税收优惠、政策试点、示范评选、许可、政府采购、外包
能力建设型	信息支持(信息)、公共服务、人才支持、科技支持、工作制度(组织)
劝导型	宣传推广、指导思想、鼓励号召
学习型	公众参与、会议赛事、专家制度

二、Y维—数据开放生态系统

参考郑磊的政府数据开放生态系统的价值产生过程(见图附4-1),将数据开放的过程环节分为:开放数据、利用数据、公共价值、外部环境作为Y-环节维度。并对它们进行细化后得出环节维度(见表附4-4)。

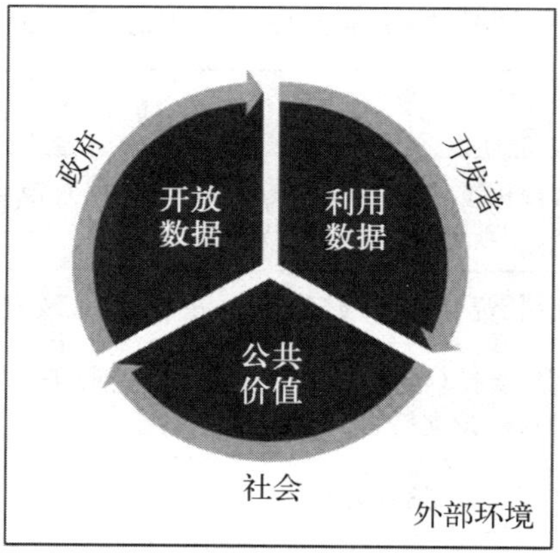

图附 4-1　基于价值生产过程的政府数据开放生态系统图

表附 4-4　我国政府数据开放生态系统的组成环节

主要方面	具体环节	描　述
开放数据	数据生命周期管理	一般包括数据的采集、描述、存储、共享、发布和再利用
	数据质量管理	确保政府各部门提供数据的准确性、及时性和一致性
	数据安全管理	包括数据内容安全、网络安全、网站安全、信息基础设施安全
	数据基础设施	政务数据开放利用相关的服务平台、信息系统、政府网站，以及确保服务正常运行的政府部门之间共享协同的平台、系统、网络及其他关键信息基础设施等
	组织实施管理	对提供政务数据开放的机构、人及其责权的具体管理，包括工作制度、经费管理、项目管理、监督考核等
	个人权利保护	个人隐私、知识产权、著作权等涉及“人”的权利的保护
利用数据	社会化利用	自政务数据在公共领域开放时起，公民、非公民用户对公共数据的利用
	市场培育	将数据/信息作为资源要素看待，培育数据资源/信息资源市场，促进政府之外的第三方加入资源的开发利用
	产业/企业孵化	数据相关产业的发展及企业孵化，领域如大数据、云计算、物联网、人工智能等

续 表

主要方面	具体环节	描　述
公共价值	公共服务（合作）	面向公民或企业与数据信息相关的公共服务，通过公共数据的部门协同共享，改善公民/企业办事体验，如“一网一门一次”的“互联网＋政务服务”
	城市治理	与第三方企业合作利用大数据，改善城市交通运行、食品安全、社区治安等
外部环境	数据文化	培养大众的数据使用习惯，如鼓励大数据教育，如与媒体合作促进数据新闻的发展，培养人们对数据使用的习惯等
	国际交流	鼓励参加国际经验交流，参与制定国际标准

三、二维分析框架

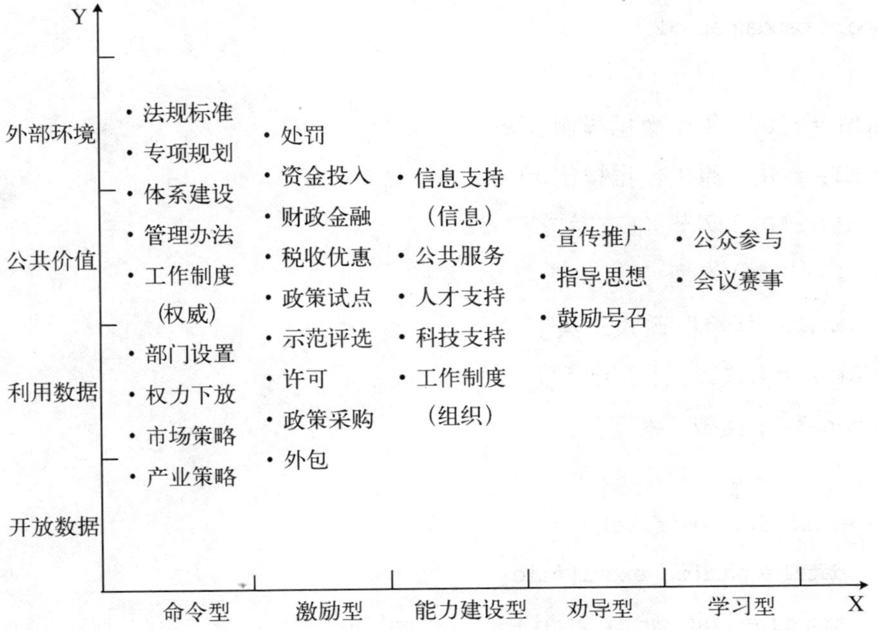

四、征求意见

请专家根据您在政府数据开放研究上的经验，对政策工具二维分析框架的科学性、系统性、完整性等提出意见建议，具体对应的内容可在“一、X维—政策工具维度”的“政策工具类型”、“工具名称”栏目，以及在“二、Y维—数据开放生态系统”的“主要方面”、“具体环节”栏目中查看。感谢您的帮助和支持。

附录5 Python编程转换政策工具统计结果的数据输出形式(以国家层面的政策工具编码列表为例)

```
import pandas as pd

path1 = r'D: \原始数据样例.xlsx'
path2 = r'D: \原始数据样例.xlsx'
path3 = r'D: \环节-细节对应表.xlsx'
path4 = r'D: \类型-工具对应表.xlsx'
columns1 = ['环节','政策工具']
columns2 = ['政策工具','细节']
columns3 = ['类型','环节']

def excel_flatten(file):
    data1 = pd.read_excel(file)
    order1 = list(data1.T.values.flatten())
    order1 = [x for x in order1 if not pd.isnull(x)]
```

```
    return order1
def df_order_chg(df,column,seq):
    df[column] = df[column].astype('category')
    df[column].cat.set_categories(seq, inplace = True)
    df = df.sort_values(column, ascending = True)
    return df
def excel_change(file,columns):
    list1 = pd.read_excel(file).astype("str")
    list1 = df_order_chg(list1,'政策工具',seq2)
    list1 = df_order_chg(list1,'细节',seq1)
    list1 = df_order_chg(list1,'类型',seq3)
    list1 = df_order_chg(list1,'环节',seq4)
    a = list1.groupby(columns).agg(lambda x: x.str.cat(sep = ','))
a.reset_index().pivot(columns[0],columns[1],'编码').to_excel(columns
[0] + '-' + columns[1] + '编码列表.xlsx')

def excel_change2(file,columns):
    list1 = pd.read_excel(file).astype("str")
    list1 = df_order_chg(list1,'政策工具',seq2)
    list1 = df_order_chg(list1,'细节',seq1)
    list1 = df_order_chg(list1,'类型',seq3)
    list1 = df_order_chg(list1,'环节',seq4)
    a = list1.groupby(columns).count()
a.reset_index().pivot(columns[0],columns[1],'编码').to_excel(columns
[0] + '-' + columns[1] + '统计表.xlsx')


seq1 = excel_flatten(path3)
seq2 = excel_flatten(path4)
```

```
seq3 = ['命令型','激励型','能力建设型','劝导型','学习型']
seq4 = ['开放数据','利用数据','公共价值','外部环境']
excel_change(path1,columns1)
excel_change2(path1,columns1)
excel_change(path1,columns2)
excel_change(path1,columns3)
excel_change2(path1,columns2)
excel_change2(path1,columns3)
```

附录 6　第三章详细图表汇集(部分)

准备阶段(2004 年至 2013 年初):国家层面政策工具运用类型—环节对照分析表

	时间	政策措施	政策工具	生态环节
命令型(50%)	2004 年 12 月	合理规划政府信息采集;建立健全政府信息公开制度;完善信息共享制度;加强政务信息资源管理,制定分类分级管理办法	指导指示	开放数据—采集、发布、共享、信息资源管理
	2004 年 12 月	制定政策措施和管理办法授权申请者使用,规范社会化利用	指导指示	利用数据—社会化利用
	2004 年 12 月	促进信息资源公益性开发利用有序发展,形成合理定价机制	市场策略	利用数据—社会化利用
	2004 年 12 月	依法保护信息资源产品的知识产权	指导指示	外部环境—相关权利保护
	2004 年 12 月	各级党委和政府要加强领导,理顺信息资源管理体制	工作制度(权威)	外部环境—组织实施保障
	2004 年 12 月	在信息资源开发利用标准化工作中,建立和制定:统一协调机制,以及资源、服务和技术等专项标准	法规标准	外部环境—组织实施保障

续　表

	时间	政策措施	政策工具	生态环节
命令型(50%)	2007年4月	各级政府部门应当建立健全本行政机关的政府信息公开制度、工作考核制度、社会评议制度和责任追究制度	指导指示	外部环境—组织实施保障
	2007年4月	县级以上地方政府办公厅(室)或其确定的其他信息公开工作主管部门负责推进、指导、协调、监督本行政区域的政府信息公开工作	权力下放	开放数据—信息发布
	2012年12月	加强网络信息保护,保护公民个人身份和涉及公民个人隐私的电子信息	法规标准	外部环境—相关权利保护
	2013年4月	制定完善信息共享标准规范,结合国家电子政务工程建设,进一步建立健全公共基础信息和重要共享信息的关键技术标准	指导指示	开放数据—数据共享
	2013年4月	政务部门"一把手"要加强对信息共享工作的领导,确定部门信息共享工作的责任单位,明确基本内容,协调落实部门间信息共享的长效机制	工作制度(权威)	开放数据—数据共享
激励型(12.5%)	2004年12月	采用外包、政府采购等方式从市场获取高质量、低成本的信息产品和服务	政府采购与外包	公共价值—公共服务(合作)
	2004年12月	增加资金投入,保障政务信息资源建设的管理、采集更新、运营维护、保存和利用	资金投入	开放数据—数据基础设施
	2007年4月	规范政府信息发布保密审查机制,对未建立或未完善的责令改正,对情节严重的依法处分	处罚处分整改	外部环境—组织实施保障
	2013年4月	通过创建政务信息共享国家示范省市,实施跨部门跨区域信息共享和信息共享基础设施服务等专项,开展政务信息共享的试点示范	政策试点	开放数据—数据共享

续 表

	时间	政 策 措 施	政策工具	生态环节
能力建设型(21.9%)	2004年12月	为公众、企业、公益机构提供公益性信息服务和必要信息资源	信息支持(信息)	公共价值—公共服务(合作)
	2006年12月	要编制公开目录,信息分级分类管理办法,建立健全信息采集、编辑、审核、发布、共享等方面的规章制度	工作制度(组织)	开放数据—数据资源管理
	2008年4月	完善政府信息公开目录及网上查询功能,为公众提供优质服务	公共服务	开放数据—信息发布
	2008年4月	地方各级政府要抓紧制定完善政府公开工作考核办法,明确原则、内容、标准、程序和方式	考核监督	外部环境—组织实施保障
	2013年4月	政务部门应在本部门的工程项目中落实信息统一管理、统一查询、访问控制等支持信息共享技术条件的建设,为有效支撑本部门的业务应用和实现跨部门跨区域的信息共享奠定基础	科技支持	开放数据—数据共享
劝导型(12.5%)	2004.12	应鼓励社会力量进行增值开发利用,鼓励企业和公众投资	鼓励号召	利用数据—社会化利用
	2004年12月	积极发展信息资源市场,发挥市场对信息资源配置的基础性作用	鼓励号召	利用数据—市场培育
	2004年12月	促进信息资源产业快速发展	鼓励号召	利用数据—产业孵化
学习型(3.1%)	2008年4月	要建立社会评议制度,把政府信息公开工作纳入社会评议政风行风范围	公众参与	外部环境—组织实施保障

准备阶段(2004年至2013年初):地方政府政策工具运用的类型统计表(略)。

探索阶段(2013年上半年至2016年初)：国家层面政策工具运用类型—环节对照分析表

	时间	政 策 措 施	政策工具	生态环节
命令型(36%)	2014年11月	促进地方层面可开放的信息资源有序开放，实现国家电子政务内网和外网平台的普遍共享	指导指示	开放数据—数据共享
	2015年6月	积极推进政府内部信息交换共享，信息系统实现互联互通和信息交换共享	指导指示	开放数据—数据共享
	2015年7月	支持小微企业和公众对政府和公共信息资源的商业价值开发利用，促进互联网应用创新	指导指示	利用数据—产业孵化
	2015年8月	制定共享管理办法，整合公共数据资源，促进互联互通和资源共享	指导指示	开放数据—数据共享
	2015年8月	建立公共机构数据资源清单，制定政府数据开放共享标准和开放计划	指导指示	开放数据—数据资源管理
	2015年8月	建立网络安全信息共享机制	工作制度(权威)	开放数据—数据安全
	2015年12月	进一步完善国家保密标准体系，加强涉密信息紫铜分级保护、保密检查监管、安全保密产品等标准化工作	体系建设	开放数据—数据安全
激励型(24%)	2015年1月	改革试点：公共数据开放利用，促进部门间共享，提升社会治理和公共服务能力	政策试点	公共价值—公共服务
	2015年8月	到2018年，开展政府和社会合作开发利用大数据试点	政策试点	利用数据—社会化利用
	2015年8月	健全市场发展机制，建立市场化的数据应用机制，支持社会资本参与公共服务建设	指导指示	利用数据—市场培育
	2016年1月	重点支持大数据示范应用。其中包括，优先开放民生保障相关的政府数据集	政策试点	利用数据—社会化利用

续 表

	时间	政 策 措 施	政策工具	生态环节
激励型（24%）	2016年1月	建立统一的公共数据共享开放平台体系	体系建设	开放数据—数据基础设施
	2016年1月	民间资本参与工程建设，鼓励多种融资组合，推动大数据发展的社会投资	融资合作	利用数据—产业孵化
	2016年1月	工信部征集促进大数据发展重大工程项目，其中之一包括提升社会治理和城市管理能力的大数据应用	示范评选	公共价值—城市治理
能力建设型（20%）	2013年8月	整合政府公共服务云平台，开展公共服务需求数据的跨部门融合分析，探索政企合作运营模式	研究探讨	开放数据—数据基础设施
	2014年11月	实现部门间信息资源按需共享，逐步建立考核通报、监督检查、保密和安全审查等制度	工作制度（组织）	开放数据—数据共享
	2016年1月	建立完善公共数据共享开放制度：建立评估、考核、安全审查制度，建立数据资源目录体系、向社会公开清单和计划	工作制度（组织）	外部环境—组织实施保障
	2016年1月	开展数据资源管理相关标准研究，包括数据采集、质量、开放、共享，以及分类目录、各类接口等	研究探讨	开放数据—数据资源管理
劝导型（12%）	2015年6月	支持征信机构依法采集市场交易和社会交往中的信用信息，引导各类社会机构整合和开放数据	鼓励号召	利用数据—市场培育
学习型（8%）	2015年6月	通过政府信息资源、政务信息、社会信息资源的公开和开放共享，提高市场主体的生产经营活动透明度，将媒体、行业组织、消费者等利益相关者纳入市场主体监督群体	多元化参与	利用数据—市场培育
	2015年8月	为大数据产业发展设立专家咨询委员会，在大数据服务应用和相关工程实施中提供决策咨询	专家制度	利用数据—产业孵化

探索阶段：(2013 年上半年至 2016 年初)地方政府政策工具运用的类型统计表(略)。

快速发展阶段(2016 年上半年至今)：国家层面政策工具运用类型—环节对照分析表

	时间	政策措施	政策工具	生态环节
命令型(47.73%)	2016 年 3 月	加快建设国家政府数据统一开放平台，统筹布局国家大数据平台、数据中心等基础设施	计划规划	开放数据—数据基础设施
	2016 年 3 月	制定政府数据共享开放目录	指导指示	开放数据—数据描述
	2016 年 6 月	医疗大数据共享开放发展指导意见	计划规划	公共价值—公共服务
	2016 年 8 月	交通运输行业数据资源开放共享	计划规划	利用数据—社会化利用
	2016 年 9 月	政务信息资源共享管理暂行办法	管理办法	开放数据—数据共享
	2016 年 9 月	地市级以上人民政府，负责组织本级政务信息资源共享平台建设	工作制度(权威)	开放数据—数据基础设施
	2016 年 9 月	按照“谁主管、谁提供、谁负责”的原则，保障数据完整、准确、时效、可用、一致	指导指示	开放数据—数据质量
	2016 年 9 月	联席会议负责共享协调，每年 2 月底向联席会议报告共享情况，联席会议向国务院提交共享年度报告	工作制度(权威)	外部环境—组织实施保障
	2016 年 9 月	加强共享平台安全防护，落实本部门对接系统的网络安全防护措施	指导指示	开放数据—数据安全
	2016 年 9 月	国务院各部门尽快向各省(区、市)网上政务服务平台按需开放业务系统实时数据接口，实现跨地区、跨层级、跨部门的政务信息资源互认共享	工作制度(权威)	开放数据—数据共享

续 表

	时间	政 策 措 施	政策工具	生态环节
命令型（47.73%）	2016年11月	调整全国政府公开领导小组，各地区各部门建立健全政务公开协调机制	工作机制（权威）	外部环境—组织实施保障
	2016年11月	网络安全法颁布	法规标准	开放数据—数据安全
	2016年11月	国家建立和完善网络安全标准体系，组织制定并适时修订与网络安全管理、网络产品、网络服务和运行安全相关的国家标准、行业标准	体系建设	开放数据—数据安全
	2016年11月	建立健全数据资源交易机制和定价机制，保护数据资源权益	工作制度（权威）	利用数据—市场培育
	2016年12月	建立统一开放的大数据体系	体系建设	开放数据—数据资源管理
	2016年12月	大数据产业发展规划	产业策略	利用数据—产业孵化
	2016年12月	“互联网＋政务服务”的重点任务：业务支撑体系建设、基础平台体系建设、关键保障技术体系建设	体系建设	开放数据—数据基础设施
	2016年12月	“互联网＋政务服务”重点任务：评价考核体系建设	体系建设	外部环境—组织实施保障
	2017年1月	“十三五”市场监管规划，推动市场监管数据向社会开放	计划规划	利用数据—社会化利用
	2017年5月	统筹规划和落实国家政务信息化工程，建立“大平台、大数据、大系统”，统一接入数据共享大平台，构建协同治理大系统	计划规划	开放数据—数据基础设施
	2017年5月	加快构建政务信息共享标准体系	指导指示	开放数据—数据共享
	2017年5月	政府网站发展指引	指导指示	开放数据—信息发布

续　表

	时间	政　策　措　施	政策工具	生态环节
命令型(47.73%)	2017年6月	政务信息资源目录编制指南(试行),目录编制工作包括:资源分类、元数据描述、代码规划和目录编制,以及相关工作的组织、流程要求等	指导指示	开放数据—数据描述
	2017年12月	推进公共资源配置信息公开,细化公开事项,主动公开目录清单	指导指示	利用数据—社会化利用
	2017年12月	政务信息系统政府采购管理暂行办法,要求采购必须符合政务信息共享标准体系,能够接入国家共享数据交换平台	管理办法	开放数据—数据基础设施
	2018年6月	遵循"一数一源、多源校核、动态更新"原则,建立政务数据资源体系,完善数据共享责任清单机制	体系建设	开放数据—数据资源管理
	2019年4月	实行垂直领导的部门的办公厅(室)主管本系统的政府信息公开工作	工作制度(权威)	外部环境—组织实施保障
	2019年8—12月	交通运输大数据、国家知识产权局专利数据开放等计划规划	计划规划	利用数据—社会化利用
激励型(15.91%)	2016年5月	政务公开试点,抓紧制定试点单位权力清单、责任清单	政策试点	开放数据—数据描述
	2016年6月	优先支持为数据共享开放提供基础支撑的平台类项目;优先支持提高公共服务攻击效率的公益性综合类项目;优先支持构建大数据产业生态的创新创业类项目;优先支持建立数据要素市场流通机制模式等的政策性支持保障类项目	优先项目	开放数据—数据基础设施 公共价值—公共服务 利用数据—产业、市场
	2016年8月	申报大数据专项,其中之一:建立大数据流通交易的技术创新平台,支持促进政企数据共享交换、公共数据开放流通等技术的研发和工程化	专项资金	开放数据—数据基础设施

续 表

	时间	政策措施	政策工具	生态环节
激励型（15.91%）	2016年9月	未编制更新资源目录、未及时共享、信息不一致、不规范、不可用、未按目的使用、违反规定等行为发改委通知整改，未在期限内整改上报国务院	处罚处分整改	外部环境—组织实施保障
	2016年11月	推进基层政务公开标准化规范化。选取全国100个县（市、区）作为试点单位	政策试点	外部环境—组织实施保障
	2017年5月	对不落实、违反《政务信息资源共享管理暂行办法》规定的地方和部门，予以通报并责令整改	处罚处分整改	外部环境—组织实施保障
	2017年7月	公共数据开放利用领域的改革试点，支持企业和个人挖掘公共数据商业价值，促进人工智能技术应用创新	政策试点	利用数据—社会化利用
	2018年1月	公共信息资源开放试点	政策试点	利用数据—社会化利用
	2019年11月	大数据产业发展试点示范项目申报：鼓励大数据产业平台提供数据开放等公共服务	示范评选	公共价值—公共服务（合作）
能力建设型（30.68%）	2016年3月	研究制定数据开放、保护等法律法规，制定政府信息资源管理办法	研究探讨	开放数据—数据资源管理
	2016年3月	建立和实行大数据安全管理制度、数据资源分类分级管理制度	工作制度（组织）	开放数据—数据安全
	2016年4月	建立居民电子证照目录、建立电子证照库，支撑各部门政务服务事项	信息支持（信息）	公共价值—公共服务
	2016年4月	整合构建统一的数据共享交换平台和政务服务信息系统	科技支持	开放数据—数据基础设施
	2016年4月	建立跨区域电子证照互认共享机制	工作制度（组织）	公共价值—公共服务

续　表

	时间	政策措施	政策工具	生态环节
能力建设型(30.68%)	2016年6月	建立信息资源基本制度体系：探索建立信息资产权益保护、分类分级管理、重点过程管理，加强采集管理和标准制定，保护个人隐私、企业商业秘密，确保国家安全，研究跨境流动管理办法	研究探讨	开放数据—数据资源管理
	2016年6月	完善人才激励机制。建立适应网信特点的人事制度、薪酬制度、人才评估机制，打破人才流动的体制界限	人才支持	利用数据—社会化利用
	2016年7月	在大数据应用方面，突破关键共性技术难关，建成全国范围的数据开放共享标准体系和数据交换平台，促进形成具有全球竞争优势的大数据产业集群	科技支持	利用数据—市场培育
	2016年11月	完善政务公开工作机制。建立效果评估机制，强化考核问责机制	考核监督	开放数据—信息发布
	2016年11月	国家支持企业、高校、职业学校等开展网络安全相关教育与培训	人才支持	开放数据—数据安全
	2016年11月	国家实行网络安全等级保护制度	工作制度(组织)	开放数据—数据安全
	2017年5月	加强政务信息资源采集、共享、使用的安全保障工作，加强共享交换平台的安全防护	工作制度(组织)	开放数据—数据安全
	2018年4月	完善政府网站安全保障机制，建立健全政府网站用户信息保护制度	工作制度(组织)	开放数据—数据安全，外部环境—相关权利保护
	2018年6月	研究制定政务信息资源的分类分级制度和安全管理办法	研究探讨	开放数据—数据安全

续 表

	时间	政 策 措 施	政策工具	生态环节
能力建设型(30.68%)	2018年7月	国家政务服务平台统一受理各省(自治区、直辖市)和国务院有关部门提出的政务服务数据共享需求,并在国家数据共享交换统一平台上进行数据交换	信息支持(信息)	开放数据—数据共享
	2019年4月	新修订的政府信息公开条例实施后,加强对政府工作人员的培训	人才支持	开放数据—信息发布
劝导型(2.27%)	2016年11月	鼓励网络信息安全的保护和利用技术开发,促进公共数据资源的开放利用,推动经济社会发展	鼓励号召	开放数据—数据安全
	2016年11月	各级政府应当组织开展经常性网络安全宣传教育	宣传推广	开放数据—数据安全
学习型(3.41%)	2016年11月	市县级政府加强各利益相关方和社会公众参与市场主体监管和惠民政策落地执行	公众参与	利用数据—社会化利用
	2016年11月	及时受理并处理有关网络信息安全的投诉和举报	公众参与	开放数据—数据安全

快速发展阶段(2016年上半年至今):地方政府政策工具运用的类型统计表(略)。

附录7 地方政府政策工具聚类分析图

好的聚类结果通常要求类与类之间距离数值尽可能大,以树状图做可视化,当聚类为2类时,距离在25水平为宜;聚类为3类时,以逼近10距离为宜;聚类为4类时,在5—10之间为宜。以此类推,聚类越多距离越近,特征区分越模糊。

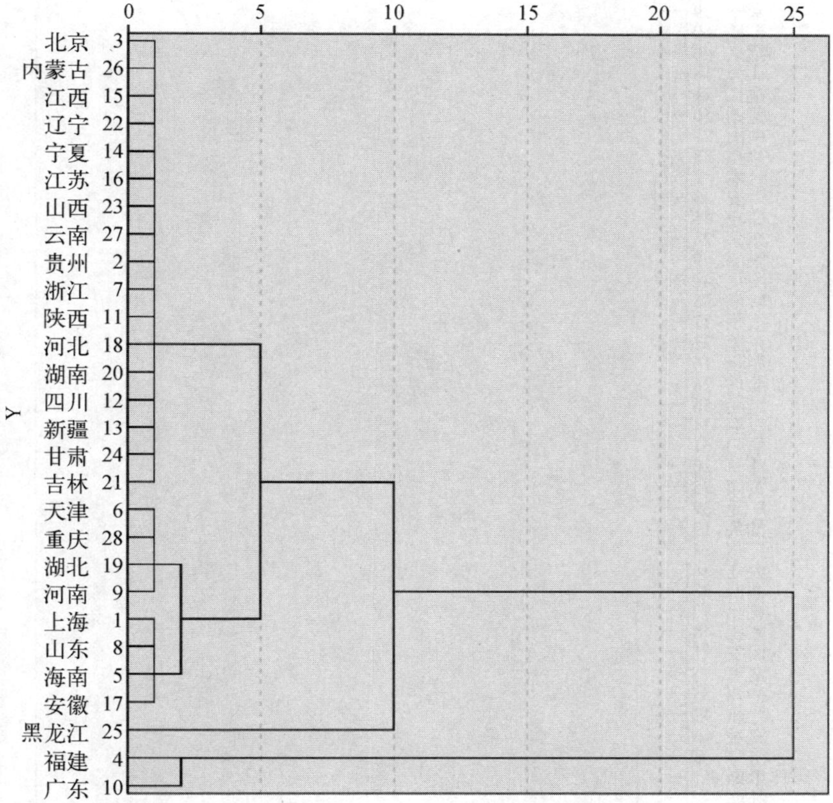

使用重心联结的树状图
重新调整的距离丛集结合

综合考虑聚类城市分布及其特征描述的可解释性，将聚类划分于“5—10”距离之间，形成本研究的A类28个城市共4个类组。

同理，对61个地级市（含副省级）进行系统聚类，从聚类情况看，地级市之间的区分度相对省级城市之间的要小，但仍有少部分地区（如贵阳、成都、福州）在聚类为2类和3类时，表现出较大的差异性。综合考虑城市代表性和特征描述可解释性等，将聚类划分于“0—5”距离之间，形成本研究的B类62个城市共4个类组。

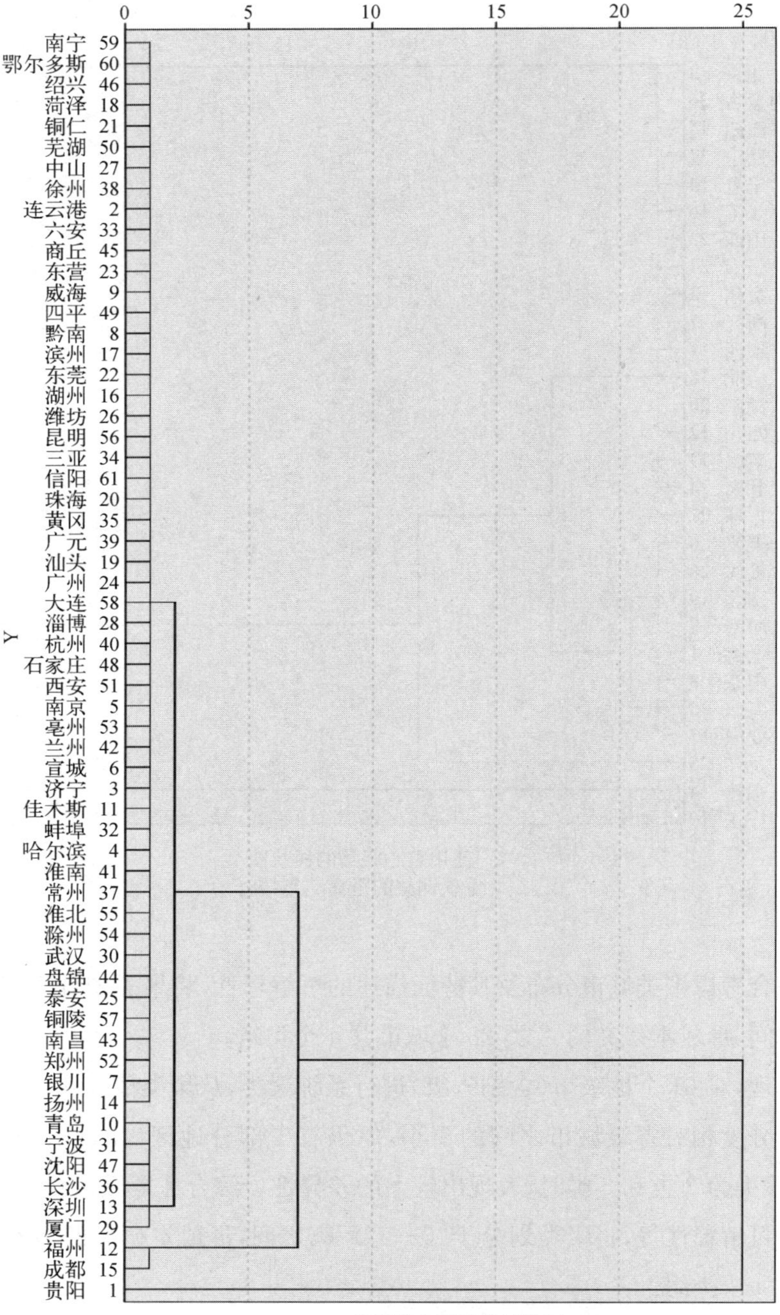

使用重心联结的树状图
重新调整的距离丛集结合

附录8　座谈访谈会议列表

时　间	会议主题/访谈对象	议　题	相关省市案例
2018 年 7 月 17 日	智慧城市＋数据智能平行论坛：让城市生活更智能美好	智慧城市中的数据智能，长三角区域智慧社会发展现状与展望	上海市、浙江省、江苏省、安徽省
2018 年 8 月 12—14 日	贵州省政务服务中心	“互联网＋政务服务”	贵州省
2018 年 8 月 15—16 日	广东省大数据管理局	“互联网＋政务服务” 数据共享协调	广东省
2018 年 8 月 21—22 日	安徽亳州市政务服务中心	“互联网＋政务服务”指尖办事	安徽省亳州市
2018 年 9 月 26 日	智能时代的政府数据共享与开放——高端智库研讨会	数据开放利用、大数据产业、城市治理、数据共享和治理等	上海市、 贵州省
2018 年 9 月 14 日	智能时代的政府数据共享与开放——高端智库研讨会预备会	数据开放的国际引入和传播，上海经验和问题	上海市
2018 年 12 月 13 日	贵阳大数据委开放数据调研记录	贵阳政府数据共享开放的工作实践	贵阳市
2019 年 11 月 19 日	上海市公共数据开放工作推进会	上海经验，制度设计、开放制度、创新应用、产业生态方面，以及下阶段的工作安排	上海市

附录9 上海市基础建设型策略下的政策工具运用类型—环节对照分析表

类型	时间（年）	政策措施	政策工具	生态环节
命令型	2008	应当建立健全政府信息公开工作制度，并指定机构负责日常工作	工作制度（权威）	开放数据—信息发布
	2014	推动地理位置、道路交通、资格资质、统计分析、市场监管等公共服务资源向社会开放	指导指示	开放数据—信息发布
	2014	在政府信息资源开放工作方面，建立领导协调机制、信息化与开放工作联动机制	工作制度（权威）	外部环境—组织实施保障
	2014	2014年政府数据资源向社会开放工作计划	计划规划	开放数据
	2015	建立政务数据资源目录体系	体系建设	开放数据—数据共享
	2016	加强源数据质量管理，建立数据采集、存储、共享、交换、利用和维护等各个环节的规范和标准	计划规划	开放数据—数据质量
	2016	上海市政务数据资源共享管理办法	管理办法	开放数据—数据共享
	2017	促进政务信息资源对内共享，逐步整合构建数据共享交换体系	体系建设	开放数据—数据共享
	2017	推动政务信息资源对外开放，提高开放共享标准化程度，鼓励社会各方深度开发和增值利用	指导指示	利用数据—社会化利用
	2017	强化支撑保障体系，推动电子效能监督系统建设、加强数据安全管理	体系建设	外部环境—组织实施保障

续 表

类型	时间（年）	政策措施	政策工具	生态环节
命令型	2018	建立公共数据资源开放工作标准规范体系	体系建设	开放数据
	2019	上海市公共数据开放暂行办法	管理办法	开放数据、利用数据
	2019	建立数据开放的专人专岗管理制度，明确数据开放工作的牵头部门	工作制度（权威）	外部环境—组织实施保障
	2019	2019 年 7 月底前制定公共数据开放的数据质量标准、平台行为规范手册等	法规标准	开放数据—数据质量
	2019	上海市公共数据开放分级分类指南（试行）	法规标准	开放数据
能力建设型	2008	保密审查机制、发布协调机制、公开指南和目录、会商制度等	工作制度（组织）	开放数据—信息发布
	2008	依申请公开赋予公民、法人或其他组织申请获取政府信息的权利	公共服务	利用数据—社会化利用
	2014	完善开放渠道，建立上海市政务数据服务网，由第三方专业服务机构负责运维	科技支持	利用数据—社会化利用
	2014	信息资源梳理、目录编制和注册	信息支持（信息）	开放数据—数据描述
	2014	各部门制定政府数据资源向社会开放年度工作计划	信息支持（信息）	利用数据—社会化利用
	2015	出台信息共享管理规范，理顺共享机制，实现开放管理、授权使用	工作制度（组织）	开放数据—数据共享
	2015	加大开放服务力度，力争提供累计可下载使用的数据产品 1 000 项	公共服务	利用数据—社会化利用
	2015	推进一批跨部门重大信息平台建设	科技支持	开放数据—数据基础设施
	2016	建立部门资源目录管理制度	工作制度（组织）	开放数据—数据资源管理

续 表

类型	时间（年）	政策措施	政策工具	生态环节
能力建设型	2016	市经信委应当建立健全安全管理制度和工作规范，以及安全应急处理和灾难恢复机制	工作制度（组织）	开放数据—信息安全
	2016	行政机构应当按“谁建设、谁维护、谁使用、谁负责”的原则，做好安全和保密的监管工作	工作制度（组织）	开放数据—信息安全
	2016	探索研究政务数据质量控制、数据交换、共享开放监督评估机制和数据开放利用反馈的政民互动良性循环机制	研究探讨	外部环境—组织实施保障
	2016	将共享开放绩效评估结果与信息化项目经费审批挂钩	考核监督	开放数据—数据共享
	2017	建立数据资源共享目录，统筹跨部门共享协同	信息支持（信息）	开放数据—数据共享
	2017	重点推进 1500 项数据资源开放，聚焦金融、科技、民生、城建等领域	公共服务	开放数据—信息发布
	2017	各部门重点以 API 结构开放实时、动态数据，比例不低于当年总数 50％	公共服务	利用数据—社会化利用
	2017	开放风险评估，加强平台防护，实行网络实名注册登记管理	工作制度（组织）	开放数据—数据安全
	2017	强化评价考核，根据政务公开工作要求，强化信息化项目和数据资源共享开放工作联动	考核监督	外部环境—组织实施保障
	2017	市经信委定期组织全市综合培训和业务交流，提高共享开放工作认知和应用水平	人才支持	外部环境—组织实施保障
	2018	建立应急管理和容灾备份机制，制定安全处置应急方案，定期组织演练	工作制度（组织）	开放数据—数据安全
	2019	市经信部门会同市大数据中心制订培训计划，定期开展开放工作培训，纳入公务员培训工作体系	人才支持	外部环境—组织实施保障

续　表

类型	时间（年）	政策措施	政策工具	生态环节
能力建设型	2019	可委托第三方专业机构对开放利用成效进行考评，纳入公共数据和一网同伴管理考核；市大数据中心提供数据质量和平台运行的监测统计结果和运行报告，做考评依据	考核监督	开放数据
	2019	建立健全分级分类开放机制和清单管理机制，各部门开展数据资源编目	工作制度（组织）	开放数据—数据资源管理
	2019	整合市区两级开放平台，建设市级统一的公共数据开放平台，向各部门提供数据资源管理、开放请求处理、数据安全管理等功能，向社会公众提供检索、开放申请、资源获取、反馈和举报等功能	公共服务	开放数据—数据基础设施
	2019	制定公共数据预处理、申请受理、申请评估、开放协议、数据纠错、日志管理、投诉举报、需求收集、违规行为处理等配套管理制度，明确专人专岗负责各环节	工作制度（组织）	公共价值—公共服务（合作）
	2019	建立公共数据开放绩效和应用成效评估体系，包括工作月评估、绩效年度评估，并纳入市公共数据和一网通办管理考核中	考核监督	外部环境—组织实施保障
	2019	建立安全管理机制、应急管理制度和日志监管机制	工作制度（组织）	开放数据—数据安全
学习型	2018	提升平台运营服务能力，采用政府购买服务模式引入第三方机构的市场化力量	多元化参与	公共价值—公共服务（合作）
	2018	长三角共同举办第四届 SODA 大赛，主题聚焦乐行、乐游、乐居等	会议赛事	利用数据—社会化利用
	2019	鼓励利用主体、市经信部门、市大数据中心和开放主体合作，形成提升行政监管和公共服务的应用成果	多元化参与	公共价值—公共服务（合作）

续 表

类型	时间（年）	政策措施	政策工具	生态环节
学习型	2019	引导企业、行业协会、具备能力的企业等依法开放自有数据，促进融合应用，以及通过开放平台提供数据服务	多元化参与	公共价值—公共服务（合作）
	2019	鼓励企业、学界、社会团体参与研究和制定数据开放利用和数据安全保护等国家、行业、地方标准以及技术规范	多元化参与	开放数据—数据资源管理 利用数据
	2019	鼓励在公共数据开放领域开展国际合作交流，提升社会整体应用能力和认知水平	多元化参与	外部环境—国际交流影响
	2019	建立公共数据开放专家委员会机制，7月底前组建，评估环节风险，提供专业建议	专家制度	外部环境—组织实施保障
	2019	举办“上海开放数据创新应用大赛”（SODA），为优胜参赛团队和案例提供宣传和孵化服务	会议赛事	利用数据 外部环境—国际交流影响
激励型	2008	未健全保密审查机制，责令整改，严重者处分	处罚 处分整改	开放数据—信息发布
	2014	加大专项资金支持力度，运用竞赛、培训、计划等形式鼓励各方参与政府信息资源增值利用	专项资金	利用数据—社会化利用
	2014	相关工作和系统建设、资源管理等费用纳入年度预算	财政预算	开放数据—数据基础设施
	2017	试点公共事业数据开放，优先开放高价值数据资源，能源、交通、气象、通信等	政策试点	公共价值—公共服务（合作）
	2017	公共信息资源开放试点	政策试点	开放数据—数据基础设施

续　表

类型	时间（年）	政　策　措　施	政策工具	生态环节
激励型	2018	按国家和市公共信息资源开放试点要求，促进公共数据和社会数据融合，支持企事业单位牵头试点建设实验室，经信委组织开展申报工作	政策试点	开放数据—数据基础设施
	2019	行政事业单位开展开放工作涉及信息系统及考核评估相关费用，纳入市、区两级财政经费预算	财政预算	开放数据—数据基础设施
	2019	重点开展普惠金融、交通出行、医疗健康、文化旅游领域开放试点	政策试点	利用数据—社会化利用
	2019	大数据联合创新实验室申报和建设	示范评选	开放数据—数据基础设施
劝导型	2015	鼓励各类社会主体参与政务大数据的深度开发和增值利用	鼓励号召	利用数据—社会化利用
	2016	鼓励社会数据共享共用，开拓数据采集渠道，支持公益性数据服务机构发展	鼓励号召	利用数据—社会化利用
	2019	鼓励数据利用主体利用公共数据开展科研、咨询、产品开发、数据加工等活动	鼓励号召	利用数据—社会化利用
	2019	市经信部门应会同市大数据中心和开放主体，通过开放平台展示价值显著的案例	宣传推广	利用数据—社会化利用

注：根据《上海市公共数据和一网通办管理办法（2018）》和《上海市公共数据开放暂行办法（2018）》两部地方政府规章制度，以及《上海市公共数据开放分级分类指南（试行）（2019）》等政策文本整理制作。

附录10 纽约市基础建设型策略下的政策工具运用类型—环节对照分析表

类型	时间（年）	政 策 措 施	政策工具	生态环节
命令型	2010	修订《纽约市行政法典》第23篇第3章，公共数据集的可访问性，要求提供制定互联网数据集的政策和技术标准	法规标准	开放数据—数据发布
	2010	要求制订机构合规计划，并向市长和委员会提交	计划规划	开放数据—数据发布
	2012	《开放数据法案》确保2018年12月31日前实现公共数据在一个门户网站上免费提供	法规标准	开放数据
	2012	修订《纽约市行政法典》第23篇第5章，要求按照信息技术和电信部的开放数据标准，发布和更新公共数据集	法规标准	公开数据—数据发布
	2012	18个月内，部门应向市长和委员会提交合规计划，并在门户网站上向公众公布。由各机构和DoITT负责	计划规划	开放数据—数据发布
	2015	保留代表市政历史的官方数据，不得永久删除，将数据保存和归档标准更新至《技术标准手册》	法规标准	开放数据—数据存储
	2015	要求每个开放数据集都附有简单的元数据字典，解释数据集中的信息值在上下文中的含义	法规标准	开放数据—数据描述
	2015	技术标准手册的审查制度，要求每两年，由政府部门和开放数据团队负责审查，并向市长和议会议长提交审查报告	工作制度（权威）	开放数据—数据描述
	2015	地理空间标准草案（2016年9月发布）	法规标准	开放数据—数据描述

续表

类型	时间（年）	政策措施	政策工具	生态环节
命令型	2015	要求机构对公众关于开放数据新数据集的请求给予全面回应，并公开回应时间表	工作制度（权威）	开放数据—数据发布
	2015	公共数据集的更新时间需特别指定	工作制度（权威）	开放数据—数据发布
	2016	信息公开的依申请公开与数据公开的联动衔接，通过机构审查制度来保证。依申请公开的数据能否作为开放数据的新增数据发布至网站，须在年度合规计划中披露，同时将情况以数据统计形式在报告中披露①	工作制度（权威）	开放数据—数据发布
	2017	任命一名正式的开放数据协调员	工作制度（权威）	开放数据—数据发布
能力建设型	2010	确保数据可访问性，在单一网络门户提供公共数据集，并确保浏览器和移动端的使用，实施网络应用编程结构，允许第三方程序实时获取和传递	科技支持	开放数据—数据发布 利用数据—社会化利用
	2012	允许 DoITT 采取合理措施确保门户网站的宽带可用性	科技支持	开放数据—数据发布
	2012	DoITT 出版技术标准手册，促进公共数据集以原始未加工形式提供利用	信息支持	利用数据—社会化利用
	2012	数据分类为“立即”、“优先”和“保留”三种开放类型，开放优先级参考：(1) 可用于提高机构间责制和反应；(2) 提高公众对该机构及其运作的了解；(3) 推进机构的使命；(4) 创造经济机会；或 (5) 对公众咨询确定的需求或要求做出回应	信息支持	开放数据—数据描述

① 开放数据团队与开放数据协调员、机构数据记录员和总顾问共同合作。MODA 负责联系机构开放数据协调员。（依据 LL 109/2015 要求）

续 表

类型	时间（年）	政策措施	政策工具	生态环节
能力建设型	2012	要求各机构负责人应指定一名专门人员负责数据协调，并确保数据开放符合要求，负责接受和回应公众反馈	工作制度（组织）	开放数据—数据资源管理
	2012	部门对用户互动数据的收集、分析和发布，不应指任何用户的互联网协议地址，也不应包括用户的个人识别信息	工作制度（组织）	外部环境—相关权利保护
	2013至今	合规计划每年7月中旬向公众发布，称为“纽约公约”，内容包括公布时间表、数据集名称、未按要求开放的需公布原因	信息支持	开放数据 外部环境—数字文化
	2016	要求纽约市市长数据分析办公室（MODA）每年检查3个政府机构，核实公共数据集的披露情况	考核监督	开放数据—数据发布
学习型	2009	纽约市应用程序大竞赛（NYC BigApps Competition）由纽约经济发展公司和信息技术与电信部合作	会议赛事	利用数据—社会化利用
	2012	征求公众对开放数据政策和公共数据集可用性的反馈，建立在线反馈机制	公众参与	开放数据—数据发布
	2015	开放数据团队邀请公众参与反馈的地理空间标准草案制定	公众参与	开放数据—数据描述
	2016	美国首席分析官参加西班牙马德里第4届国际开放数据会议，提出开放数据六大价值：面向用户、鼓励参与活动、提供有用数据、授权机构、嵌入城市计划、形成“学习—测试—标准化—再学习”的良性循环系统	会议赛事	外部环境—国家交流
	2016	MODA与纽约大学城市科学与促进中心（CUSP）、哥伦比亚大学国际与公共事务学院（SIPA）、Vizalytics公司在研究数据鸿沟、评估开放程度、网络社区建设等方面建立合作伙伴关系	多元化参与	利用数据—社会化利用

续　表

类型	时间（年）	政　策　措　施	政策工具	生态环节
学习型	2016	宽带数据挖掘活动，邀请专家和官员共同参与讨论基础设施建设相关数据的利用	多元化参与	利用数据—社会化利用
	2017	首个开放数据周，12 个活动，900 多人参加。由纽约公园的计算机资源中心主办	多元化参与	外部环境—数字文化培养
	2017	纽约公园全民开放数据研讨会及培训活动，开放数据团队和 Reboot 向公众展示最新成果，50 人参与“吸引新用户的方法”研究项目	会议赛事	公共价值
	2017	社区为单位的公众参与开放数据利用项目，如“纽约市市民创新奖励金”、无家可归者就业等	公众参与	公共价值—城市治理

注：根据纽约开放数据官网法律政策栏目归纳整理。

附录 11　贵阳市产业推进型策略下的政策工具运用类型—环节对照分析表

类型	时间（年）	政　策　措　施	政策工具	生态环节
命令型	2014	实施“政务大数据开放”项目。统一建设贵阳市政务数据云平台，……探索建立市信息服务公司，促进政府核心数据向社会开放和提供服务……到 2016 年，带动贵阳市大数据相关产业实现产值 5 亿元以上	指导指示	利用数据—市场培育
	2014	贵阳大数据产业行动计划	产业策略	利用数据—产业孵化

续 表

类型	时间（年）	政 策 措 施	政策工具	生态环节
命令型	2014	制定大数据采集、管理、共享、交易等规范和标准，制定出台数据资源开放指导办法和数据资源安全开放标准规范，按照“开放优先、安全例外、分类分级”的原则，对数据资源进行梳理和开放风险评估，制定数据开放目录并及时更新	法规标准	开放数据—数据资源管理
	2015	市大数据发展管理委员会成立，设5个内设机构：综合处、产业发展处、应用推进处、数据安全标准处、基础设施与数据资源处	部门设置	外部环境—组织实施保障
	2016	省大数据发展领导小组办公室组织专业机构编制贵州省政府数据相关的《分类分级指南（试行）》《资源目录（试行）》1、2、3部分共4个工作规范文件	法规标准	开放数据—数据描述
	2017	贵阳市大数据标准建设实施方案：到2020年，参与大数据安全和交换共享的国家标准研制2项以上，参与示范应用7项以上……主导和参与编制相关地方标准10项以上	法规标准	利用数据—产业孵化
	2017	成立以市政府分管领导为组长的贵阳市大数据标准建设领导小组	工作制度（权威）	利用数据—产业孵化
	2017	建设政府数据共享开放管理体系，包括数据资源统筹管理机制、部门共享合作机制、数据标准和法规规范、数据资源目录建设、运营主体（块数据公司）建立、工程技术研发（运用大数据应用技术促进政府治理的国家工程实验室）推进	体系建设	开放数据—数据资源管理
	2017	在市县两级政府部门和委办局中，落实“一把手责任制”，由一把手亲自安排部署本部门的数据共享开放工作，并设立首席数据官，负责日常工作	工作制度（权威）	开放数据—数据资源管理

续　表

类型	时间（年）	政策措施	政策工具	生态环节
命令型	2017	市大数据委牵头，市直各部门、贵阳块数据公司、各区人民政府等负责建立数据清洗、加工、脱敏体系，形成市大数据清洗加工基地，鼓励和引入企业参与	指导指示	开放数据—数据加工
	2017	推进政府数据开放与增值应用：建立政府数据开放网站与管理机制。按契约式开放、依申请开放、接口定向开放，以及引入合法机构开展政府数据市场化开发利用等多样化、分级分类的方式向社会开放	指导指示	利用数据—社会化利用
	2017	将区域“块数据”共享开放新模式写入省级文件，在全省推广	指导指示	开放数据—数据资源管理
	2017	贵阳市政府数据共享开放条例	法规标准	开放数据—数据资源管理
	2017	市人民政府统一领导、统筹协调，区（市、县）人民政府领导本辖区工作，市大数据行政主管部门负责监督指导，区（市、县）大数据行政主管部门负责辖区监督指导	工作制度（权威）	开放数据—数据资源管理
	2017	建立贵阳市大数据标准建设工作联席会议制度，贵阳市大数据标准专家咨询制度	工作制度（权威）	利用数据—产业孵化
	2017	成立市政府数据共享开放工作推进指挥部，下设办公室在市大数据委负责总体协调和日常指挥。指挥部负责相关政策、规划和意见的研究制定	工作制度（权威）	开放数据—数据共享
	2017	贵阳市政府数据资源管理办法，含数据目录管理、数据采集汇聚、监督保障与责任追究等章节	管理办法	开放数据—数据资源管理
	2018	贵阳市政府数据共享开放实施办法，内容包括数据共享、数据开放、平台管理、监督保障与责任追究等章节	管理办法	开放数据—数据共享

续 表

类型	时间（年）	政策措施	政策工具	生态环节
命令型	2018	贵阳市政府数据共享开放考核暂行办法，含考核内容和标准、考核程序、考核结果运用等章节	管理办法	外部环境—组织实施保障
	2018	《贵阳市大数据安全管理条例(2018)》	法规标准	开放数据—数据安全
能力建设型	2014	2014年，完成大数据产业链布局，初步建成“云上贵州”系统平台，“7＋N”云向社会提供服务；2015年，基本建成云基础设施服务平台；2017年，成为全国领先的大数据资源聚集地	科技支持	利用数据—产业孵化
	2016	制定公共数据资源分级分类管理办法，依法建立健全公共数据采集制度	工作制度（组织）	开放数据—数据采集
	2016	“云上贵州”作为统一平台，汇集、存储、共享、开放全省公共数据；除另有规定外，公共机构信息系统应当迁移至“云上贵州”	科技支持	开放数据—数据存储
	2016	实行公共数据共享开放风险评估制度。确保提供公共数据的单位依法保密和实施安全管理	工作制度（组织）	开放数据—数据安全
	2017	政府数据采集与汇聚：构建政府部门多元异构数据的统一采集系统，建立基于“云上贵州”平台的数据存储、备份、保密审查、异地灾备等机制	科技支持	开放数据—数据采集
	2017	建立数据采集和更新机制，制定数据库备案、运行、更新、注销管理制度，遵循“一数一源，一源多用”原则	工作制度（组织）	开放数据—数据采集
	2017	依托“云上贵州·贵阳平台”，构建跨部门、跨区(市、县)、跨层级的数据共享交换平台，实现按需共享	科技支持	开放数据—数据共享
	2017	建立政府数据共享机制。明确数据提供方和数据使用方在数据提供、数据共享和使用等方面的权责分配	工作制度（组织）	开放数据—数据共享

续 表

类型	时间（年）	政策措施	政策工具	生态环节
能力建设型	2017	建立人口、法人、资源的三大基础数据库，以及地理空间、宏观经济、电子证照等政府业务专题库	信息支持	开放数据—数据共享
	2017	贵阳块数据公司提出不少于100个的主题关联数据包，通过数据开放服务网向社会开放	信息支持	利用数据—社会化利用
	2017	通过建立省大数据综合试验区实验基地和政府数据增值服务平台，鼓励和支持各类社会主体深度开发和利用政府数据资源，促进新业态以及模式和产品创新，并孵化相关增值服务企业	公共服务	利用数据—产业孵化
	2017	依托“云上贵州”，统筹构建“贵阳平台”，形成从物理层到数据层的整体安全防护体系和认证体系	科技支持	开放数据—数据安全
	2017	建立数据提供和使用方的责任追责体系。依据省《分类分级指南（试行）》确定数据的安全等级，按照“谁建设，谁维护；谁使用，谁负责”的原则，加强采集、共享、使用等环节的安全保障	工作制度（组织）	开放数据—数据安全
	2017	建立基于区块链的数据安全监管平台	科技支持	开放数据—数据安全
	2017	由市大数据委组建专班负责组织共享开放系列专题培训，培训对象包括部门领导、分管领导以及专业技术人员	人才支持	开放数据—数据共享
	2017	建立考核机制：从开放共享的范围、数据质量、时效性、可用性等角度评估，并纳入年度绩效考核	考核监督	开放数据—数据共享
	2017	分级分类目录管理，包括政府数据的资源目录、共享目录以及开放目录	信息支持	开放数据—数据描述

续 表

类型	时间（年）	政策措施	政策工具	生态环节
能力建设型	2017	政府数据开放工作方面，县级以上人民政府应当制订行动计划、年度计划，并依照开放目录在开放平台主动向社会开放	信息支持	利用数据—社会化利用
	2017	在提升政府数据开放服务方面，县级以上人民政府应当建立政民互动工作机制，通过开放平台、政府官网及移动端等渠道，收集公众意见并定期分析和改进数据开放工作	工作制度（组织）	公共价值—公共服务（合作）
	2017	建立健全政府数据安全管理制度和共享开放保密审查机制，保障数据安全	工作制度（组织）	开放数据—数据安全
	2017	制定考核办法，将政府数据共享开放工作纳入年度目标绩效考核，结果应向社会公布	考核监督	利用数据—社会化利用
	2017	2018 年 2 月底前实现本市政府部门的数据资源目录统一存储、管理，各级政府在统一平台共享开放数据。促进部门间政务业务协同和市区两级联动	科技支持	开放数据—数据基础设施
激励型	2014	加快推进信息基础设施共建共享，避免重复建设，提高使用效率。将购买信息基础设施云服务纳入政府购买服务范围，通过“云上贵州”平台逐步统筹全省政府信息系统	政府采购与外包	开放数据—数据基础设施
	2014	2015—2017 年，省级每年从工业和信息化发展专项资金和信息产业发展资金中安排不低于 2 亿元资金用于支持信息基础设施建设	专项资金	开放数据—数据基础设施
	2017	依托贵阳大数据交易所，开展大数据交易和数据质量评价相关 2 项国家级标准的试验验证，以及政务数据资源 4 项地方标准的示范应用	示范评选	利用数据—产业孵化
	2017	促进跨部门数据资源共享和业务协同应用示范，提出不少于 50 个应用示范项目	示范评选	公共价值—公共服务（合作）

续　表

类型	时间（年）	政策措施	政策工具	生态环节
激励型	2017	将政府数据共享开放相关的信息系统改造、数据汇集、加工和处理等费用纳入政府预算，市发展改革委、财政局和大数据委建立协商机制，对部门相关项目进行联合审批，审批结果与运营经费挂钩	资金投入	开放数据—数据资源管理
	2017	县级以上政府将政府数据共享开放工作纳入辖区国民计划，共享开放经费纳入同级财政预算	财政预算	开放数据—数据资源管理
	2017	促进政府数据共享开放，县级以上政府可给予突出贡献的个人和单位以表彰或奖励	表彰奖励	利用数据—社会化利用
	2017	违反公共数据管理条例规定，按情节严重程度和程序先后，给出责令限期整改、通报批评、予以处分等不同程度的处罚	处罚 处分整改	开放数据—数据资源管理
	2017	在政府数据共享开放过程中，涉及“三秘”问题，依据相关法律法规处分	处罚 处分整改	外部环境—相关权利保护
	2017	授权许可的贵阳块数据城市建设有限公司，负责政务云平台运营和数据服务	许可	开放数据—数据基础设施
劝导型	2016	鼓励单位和个人利用政府开放共享数据，开展创新应用	鼓励号召	利用数据—社会化利用
	2017	构建跨领域、跨部门、跨层级的块数据资源池，同时鼓励其他企业和社会数据资源汇聚“云上贵州 · 贵阳平台”	鼓励号召	开放数据—数据采集
	2017	加强政府数据共享开放的宣传教育、引导推广，增强政府数据开放共享和社会化利用的政民共识和社会应用能力	宣传推广	外部环境—数字文化培养
	2017	通过政府采购、专项资金、应用竞赛等多样化形式，鼓励个人、团体和其他组织利用政府数据，促进产品创新、技术创新和服务创新	鼓励号召	利用数据—社会化利用

续 表

类型	时间（年）	政 策 措 施	政策工具	生态环节
学习型	2014	成立贵阳市大数据产业专家咨询委员会，负责拟定或协助拟定大数据相关技术标准、产业发展政策，并为本市大数据产业发展提供咨询	专家制度	利用数据—产业孵化
	2014	成立贵阳块数据城市建设有限公司，全资子公司。承担“贵阳分平台”、共享交换平台和增值服务等工作，是发展大数据产业及运营政务数据的平台和载体	多元化参与	开放数据—数据基础设施
	2015	为期四天的数博会中与政府数据开放共享相关的分论坛包括：“城市全域免费无线网络与块数据下的产业创新发展论坛”“中国大数据交易高峰论坛”，及数据安全与发展、技术与产业、国际合作与交流等分论坛	会议赛事	外部环境—国际交流影响
	2017	建立贵阳市大数据标准化技术工作组。以贵阳市大数据产业联盟为载体，广泛吸纳大数据产、学、研、用各方力量，参与标准化建设工作	多元化参与	利用数据—产业孵化

注：根据贵阳市的《大数据产业行动计划（2014）》《政府数据共享开放的实施意见（2017）》《推广“块数据”促进数据共享开放（2017）》《政务信息系统整合共享工作方案（2017）》，以及市政府数据共享开放的《条例（2017）》《实施办法（2018）》《考核暂行办法（2018）》等，结合 2018 年 12 月 13 日贵阳大数据委开放数据调研记录综合编制而成。

附录12　首尔市产业推进型策略下的政策工具运用类型—环节对照分析表

类型	时间（年）	政策措施	政策工具	生态环节
命令型	2013	【国】政府3.0战略，建设透明、能力、服务型政府，以信息共享和数据开放为基石	计划规划	开放数据
	2013	【国】《公共数据法》：公共数据的提供及激活利用相关法律、法律实施、执行规则等	法规标准	开放数据、利用数据
	2013	【国】公共数据战略委员会（国务总理所属）、公共数据供给纠纷调解委员会（安全行政部所属）、公共数据利用援助中心、公共数据利用激活中心（信息化推进院）	部门设置	开放数据 外部环境—组织实施保障
	2013	公共数据激活利用基本计划（2013—2015）：大数据示范课题研究、大数据基础设施和组织构建。公共数据激活利用实行计划（2014）：组织变革和机构新设	计划规划	利用数据
	2014	机构改革，信息化规划部门改为数据规划部门，新设大数据及统计专业部门	部门设置	开放数据
	2016	公共数据激活利用基本计划（2016—2018）："首尔数据基础计划2020"，形成大数据基础的社会格局，提供共享开放利用大数据平台	计划规划	开放数据—数据基础设施
	2016	《首尔公共数据提供及激活利用的相关条例》	法规标准	开放数据、利用数据
	2016	大数据审议委员会，15名成员，由公务员、市议员、专家、教授组成，具有政策审议、协调、管理等基本功能	工作制度（权威）	外部环境—组织实施保障

续 表

类型	时间（年）	政策措施	政策工具	生态环节
命令型	2016	大数据基础数据存储管理体系构建：存储中心、权限体系、服务体系	体系建设	开放数据
	2018	首尔大数据实施计划，致力于建立以DETOR为基础的社会创新生态系统，涉及大数据、基础设施、教育、分析、服务等5个领域，对负责部门、预算、事项和成果等提出要求，预计此次计划在大数据年度预算中达到百亿韩元水平（根据2017—2018年度计算）	计划规划	政府数据开放生态系统
	2018	《条例》修订后，大数据责任官制度确立，负责信息规划、公共数据提供，由市长任命，负责组织、协调、支持、制定与公共大数据相关的政策、计划、管理、评估等事项	工作制度（权威）	外部环境—组织实施保障
	2018	设立大数据中心，负责激励市民参与、利用大数据，支持科学决策、构建大数据基础设施服务、专业人员培训、大数据运行调研等事项	部门设置	利用数据
能力建设型	2013	【国】8地区工作人员培训（含首尔等），公共数据相关制度培训	人才支持	外部环境—组织实施保障
	2013	【国】全面调查公共数据现状和开放计划研究，1 567个机构、21 087种公共数据	研究探讨	开放数据—数据质量
	2013	【国】重点推进课题：以用户为中心扩大开放领域（阶段、领域、机构）、开放利用的数据基础（体系、质量、基建、标准化）、数据产业生态系统构建（支撑、创新、支援、基建）、可持续发展（法制、宣传、合作）	研究探讨	政府数据开放生态系统
	2012—2015	大系统建设：首尔开放数据广场（2012—）、大数据利用系统（2013—）、商圈商铺分析服务系统（2015—）、数据基础行政系统平台建设（2015—）	科技支持	开放数据—数据基础设施

续　表

类型	时间（年）	政　策　措　施	政策工具	生态环节
能力建设型	2016	开设大数据校园，2016 年上岩校园投入使用，提供线上线下服务	人才支持	外部环境—数字文化培养
	2018	在批准为必要时，可要求教育机构开设大数据相关的公务员课程	人才支持	开放数据
学习型	2013	【国】国家公共数据论坛（公共数据利用援助中心负责）	会议赛事	外部环境—数字文化培养
	2017	首尔市与首尔大学签约成立城市数据科学研究所，并开办“开浦数字创新园”，以提高普通民众数据能力、培养数据人才和开展大数据研究解决城市问题为主要任务	多元化参与	外部环境—数字文化培养
激励型	2013	【国】开拓公共数据初期市场，15 个战略领域的试点，如个人定制、健康管理、农作预测、增强现实、旅游引导等	政策试点	利用数据—市场培育
	2018	个人、企业、团体及公务员在大数据运用及政策支持方面有突出贡献，市长予以嘉奖	表彰奖励	公共价值
劝导型	2018	《条例》修订后，鼓励民间投资大数据库建设，以提高大数据质量	鼓励号召	开放数据—数据基础设施

注：根据韩国开放数据官网（www.odsc.go.kr）、韩国开放数据服务网（www.data.go.kr）内容、韩国及首尔市的《公共数据法》以及激活公共数据利用方案等资料制作。【国】：表示韩国国家层面赋予地方政府的政策工具或政策指引。

附录 13　上海市服务应用型策略下的政策工具运用类型—环节对照分析表

类型	时间(年)	政策措施	政策工具	生态环节
命令型	2016	完善上海市政府数据服务网，形成政务数据资源对外开放的统一门户	命令型—指导指示	公共价值—公共服务(合作)
	2017	促进公共数据资源融合创新应用，围绕提升政府服务能力形成一批典型应用案例	命令型—指导指示	利用数据—社会化利用
	2017	促进政务信息资源对内共享，依托已有跨部门信息共享平台，整合构建数据共享交换体系	命令型—体系建设	开放数据—数据共享
	2017	加快清理不适应"互联网＋政务服务"的地方性法规、政府规章，根据国务院技术体系建设指南，完善本地制度规范	命令型—法规标准	公共价值—公共服务(合作)
	2017	制定上海市电子证照、电子公文、电子签章、身份认证的使用和管理办法，保障跨部门、跨区域、跨行业的互认共享	命令型—管理办法	公共价值—公共服务(合作)
	2017	构建"领导小组全面统筹、市政府办公厅牵头、职能部门共同负责、市与区各部门联动配合"的工作机制，	命令型—工作制度(权威)	外部环境—组织实施保障
	2018	公共数据和一网通办管理办法	命令型—管理办法	开放数据—数据资源管理
	2018	办公厅应当会同相关部门编制本市公共数据和电子政务发展规划	命令型—计划规划	外部环境—组织实施保障
	2018	加强市区两级电子政务基础设施的统筹规划和统一管理，实现共建共享、保证安全可靠	命令型—指导指示	开放数据—数据基础设施
	2018	通过政策引导、引入社会资本等方式，推动社会主体创新应用和价值挖掘	命令型—产业策略	利用数据—社会化利用
	2019	政务信息系统整合实施方案，保障大平台、大系统的统一接入	命令型—计划规划	开放数据—数据基础设施

续 表

类型	时间（年）	政策措施	政策工具	生态环节
能力建设型	2016	探索大数据在智慧政务、智慧城市应用的方式方法，实现精细化管理、科学化决策、智能化服务	能力建设型—研究探讨	公共价值—城市治理
	2016	建立分级培训方式，提高政务数据资源共享开放工作认知和应用水平	能力建设型—人才支持	外部环境—组织实施保障
	2017	强化政务数据资源绩效考核，目录资源编制规范、数据质量、数据更新等情况纳入检查范围	能力建设型—考核监督	开放数据—数据资源管理
	2017	建立政府和社会互动的大数据采集形成机制，重点推进经济、市场监管、安全、教育、就业、环境、卫生、交通、文化等领域的开放和增值利用	能力建设型—工作制度（组织）	开放数据—数据采集
	2017	加强网络和信息安全保护，数据安全和保密审查管理	能力建设型—工作制度（组织）	开放数据—数据安全
	2017	将“互联网＋政务服务”工作列入市政府年度重点工作和重点督查事项，并纳入领导班子绩效考核体系，明确分值权重	能力建设型—考核监督	外部环境—组织实施保障
	2017	将“互联网＋政务服务”纳入干部教育培训体系，开展分层分类培训	能力建设型—人才支持	公共价值—公共服务（合作）
	2018	履职过程中获取的公共数据由市大数据中心按应用需求，统一集中管理	能力建设型—工作制度（组织）	开放数据—数据资源管理
	2018	在公共数据资源目录的范围内采集公共数据，确保准确性、完整性、时效性	能力建设型—信息支持（信息）	开放数据—数据采集

续 表

类型	时间（年）	政 策 措 施	政策工具	生态环节
能力建设型	2018	依据“谁采集、谁负责”、“谁校核、谁负责”原则，由责任部门承担质量责任，市大数据中心负责监管	能力建设型—工作制度（组织）	开放数据—数据质量
	2018	市信息化部门对全市公共数据开放工作和应用成效进行定期评估	能力建设型—考核监督	利用数据—社会化利用
	2019	实现公共数据完整归集，财政资金保障的信息系统，在符合相关部门规定的前提下，100%迁移上云	能力建设型—工作制度（组织）	开放数据—数据汇集
	2019	建立完善数据共享交换机制，开展应用场景授权，优化共享审核流程，实现数据按需共享	能力建设型—工作制度（组织）	开放数据—数据共享
	2019	建设大数据资源平台，建设若干主题数据库，为典型应用场景提供大数据支撑	能力建设型—信息支持（信息）	公共价值—公共服务（合作）
	2019	加强信息系统和数据整合共享的审计，促进存量系统清理整合，加强数据资产管理、共享责任落实和数据质量提升	能力建设型—工作制度（组织）	开放数据—数据资源管理、数据基础设施
学习型	2016	探索政府和社会互动的数据挖掘采集机制，形成多元化多层次的数据资源应用服务体系	学习型—多元化参与	开放数据—数据采集
	2016	“城市安全”主题的“上海开放数据创新应用大赛”（SODA）	学习型—会议赛事	利用数据—社会化利用 公共价值—城市治理
	2017	围绕“城市治理”举办SODA大赛，举办国际论坛，加强国际及港澳地区交流合作，提升国际影响力	学习型—会议赛事	公共价值—城市治理 外部环境—国际交流影响

续　表

类型	时间（年）	政　策　措　施	政策工具	生态环节
激励型	2016	通过政府采购，高校搭建电子政务云，为全市提供统一云服务	激励型—政府采购与外包	开放数据—数据基础设施
	2016	提供专项资金项目申请，支持政府数据服务网运营管理之用	激励型—专项资金	开放数据—数据基础设施
	2017	以政府购买服务方式，加快电子政务云建设，在云平台上实现数据共享和深层次业务协同	激励型—政府采购与外包	开放数据—数据基础设施
	2019	加强信息化项目资金引导，推进一批跨层级"大系统"和跨部门"大平台"建设	激励型—专项资金	开放数据—数据基础设施
劝导型	2017	加大"互联网＋政务服务"宣传推广力度，提高社会认知度	劝导型—宣传推广	公共价值—公共服务（合作）

注：根据《上海市推进"互联网＋"行动实施意见（2016）》《上海市政务数据资源共享和开放2016/2017/2018年度工作计划》《本市落实〈"互联网＋政务服务"工作〉的指导意见（2017）》《上海市公共数据和一网通办管理办法（2018）》《上海市公共数据开放暂行办法（2019）》《2019年上海市推进"一网通办"工作要点》等政策文本整理制作。

附录14　广东省服务应用型策略下的政策工具运用类型—环节对照分析表

类型	时间（年）	政　策　措　施	政策工具	生态环节
命令型	2016	建设上下左右无缝对接、数字贯通的电子交换共享体系：推动省、市、县（市、区）三级共享交换体系建设，整合、打通网上统一申办受理平台与各部门审批、事项目录管理、电子证照等系统，梳理和编制居民个人证照目录，推进身份证号统一标识号码，实现群众办事的一号申办，实现群众网上办事多种渠道、一次认证、无缝切换	体系建设	开放数据—数据共享

续 表

类型	时间(年)	政策措施	政策工具	生态环节
命令型	2016	领导协调机制,纳入各级推进职能转变协调小组的重点任务统筹部署推进	工作制度(权威)	公共价值—公共服务(合作)
	2016	在省一门式政务服务改革专责工作小组框架下,省编办负责专责小组日常工作;省发展改革委负责统筹推进一门一网式政府服务模式改革;省经信委、省信息中心负责信息系统建设;省民政厅会同公安、财政、人力、卫计委等,负责统筹服务事项	指导指示	外部环境—组织实施保障
	2016	加快大数据基础设施建设,推动资源整合和政府数据开放共享。包括政务大数据基础平台、社会大数据公共服务平台	指导指示	开放数据—数据基础设施
	2016	推动政府数据共享。完善省政务信息资源共享平台,实现三级联动和按需共享	指导指示	开放数据—数据共享
	2016	推动政务信息资源整合与共享应用。2018年底前实施整合计划	指导指示	开放数据—数据资源管理
	2016	到2017年底,推动全省建成开放共享一体化网上政务服务平台,实现各试点城市间政务服务跨区域、跨层级、跨部门的"一号、一窗、一网"政务服务,实现90%以上基本公共服务事项可线上办理,全流程办理率力争达50%以上	体系建设	公共价值—公共服务(合作)
	2016	加强网络和信息安全的三级电子政务网络安全体系建设。完善信息安全的基础设施建设和制度建设	体系建设	开放数据—数据安全
	2016	健全制度标准规范。参照国家体系建设指南,制定全省统一的"互联网+政务服务"技术、编码、格式、接口等规范体系	标准规范	公共价值—公共服务(合作)
	2016	加强组织领导。主要负责同志亲自部署"互联网+政务服务",明确一位分管同志协调和督促相关工作	工作制度(权威)	公共价值—公共服务(合作)

续　表

类型	时间（年）	政策措施	政策工具	生态环节
命令型	2017	完善"开放广东"数据开放平台，制定省行动计划和开放目录	指导指示	利用数据—社会化利用
	2017	推进数据资源采集利用。2020年底前，基本确立政务大数据与社会大数据的融汇机制	指导指示	开放数据—数据汇集
	2017	完善网上政务服务平台体系建设。依据国家技术体系建设指南，继续推进本省网上办事大厅升级改造，强化办理事项标准化、责权清单化、办事指南要素化，从而提升服务能力和平台功能	体系建设	公共价值—公共服务（合作）
	2017	统筹建立政务信息资源系统整合和共享开放管理制度，强化主要负责人负责制度	工作制度（权威）	外部环境—组织实施保障
	2017	以行政规章的形式，撤去全省各区政府、各委办局的信息管理部门，仅保留对接信息化需求和日常沟通的协调功能	工作制度（权威）	开放数据—数据安全
	2017	按国办发〔2016〕51号文和国办秘函〔2017〕21号文要求，统筹推动政务信息资源系统整合共享工作，制定时间表、路线图，强化台账和清单管理	指导指示	开放数据—数据共享
	2018	统筹协调机制，成立省长任组长的"数字政府"改革建设领导小组；构建"一办、一中心、一平台"组织构架，即省信息中心为基础，组建省电子政务办承担全省数字政府改革建设的统筹协调任务	工作制度（权威）	外部环境—组织实施保障
	2018	完善全省统一的数据目录标准体系	体系建设	开放数据—数据共享
	2018	推动全省数据服务管理一体化应用。将自建数据服务统一接入省数据服务平台，实现数据服务的统一管理、调度和监控	指导指示	开放数据—数据基础设施

续 表

类型	时间（年）	政策措施	政策工具	生态环节
能力建设型	2016	建立行政许可绩效评估机制，即时评估一门一网服务	考核监督	公共价值—公共服务（合作）
	2016	督查保障机制。由省府办公厅牵头督促检查，并定期通报进展情况，约谈、督办工作不落实情况	考核监督	公共价值—公共服务（合作）
	2016	整合公共数据资源。开展公共机构数据资源清查工作，建立资源清单并编制目录。加快基础数据库建设，实施整合计划	信息支持	开放数据—数据资源管理
	2016	完善考核评价。省发展改革委要会同省编办、经信委等单位，对“互联网＋政务服务”加强督促检查，建立健全效能评估和监督考核制度	考核监督	公共价值—公共服务（合作）
	2016	强化信息安全。落实国家信息安全等级制度要求，健全基于自主可控密码技术的安全保护措施，完善信息共享、业务协同的身份认证和授权管理机制，强化数据安全和运行安全保障系统建设	工作制度（组织）	开放数据—数据安全
	2016	完善政务信息资源共享机制。2018 年底前，修订完善本省政务信息资源共享管理办法及实施细则，建立省级绩效评价制度和全省统一、跨业务领域的共享目录	工作制度（组织）	开放数据—数据共享
	2016	推进政府数据开放。依托“开放广东”统一平台，在 2018 年底前，实现 350 个以上民生服务等重点领域数据开放，30 个以上开放数据应用提供；2020 年底前则分别更新至 500 个以上和 50 个以上	信息支持	利用数据—社会化利用
	2016	建设全省统一云平台和数据中心。云平台扩容工程需满足省直部门未来 5 年的政务信息化资源需求，2020 年底前建成相关业务大楼，满足未来 20 年大数据库建设需求	科技支持	公共价值—公共服务（合作）

续　表

类型	时间(年)	政策措施	政策工具	生态环节
能力建设型	2016	推进省电子政务畅通工程，支撑三级政府跨地域、跨部门政务信息资源共享交换	科技支持	开放数据—数据共享
	2016	建设政务服务大数据库	信息支持	公共价值—公共服务(合作)
	2016	加强考核监督。建立“互联网＋政务服务”工作绩效考核制度	考核监督	公共价值—公共服务(合作)
	2016	加强培训推广。把“互联网＋政务服务”作为公职人员培训内容	人才支持	公共价值—公共服务(合作)
	2017	建立资源清单，拓展共享目录。建立共享绩效评价制度	工作制度(组织)	开放数据—数据共享
	2017	强化评价考核。建立共享工作评价常态化机制	考核监督	开放数据—数据资源管理
	2017	加强安全保障。保障政务信息资源使用过程中的个人隐私(省委网信办牵头)	工作制度(组织)	开放数据—数据安全
	2017	完善全省政务数据资源体系。按国家统一标准规范建设本省标准规范	科技支持	开放数据—数据共享
	2018	各地各部门自建数据服务按统一规范接入省数据服务平台	科技支持	公共价值—公共服务(合作)
	2018	加强培训交流。建立常态化培训机制，建立日常沟通交流机制	人才支持	公共价值—公共服务(合作)
	2018	各地各部门要明确一位分管领导、一名联络员具体负责一体化在线政务服务平台日常工作	工作制度(组织)	公共价值—公共服务(合作)
	2018	建立一体化在线政务服务的管理督查评估机制，定期通报工作进展和突出问题。平台管理情况纳入政府绩效考核	考核监督	开放数据—数据基础设施

续 表

类型	时间（年）	政 策 措 施	政策工具	生态环节
能力建设型	2018	制定全省统一的数据目录、数据管理和服务规范，明确共享开放的责权范围、分类、流程和方式等，保障各地各部门一定的数据业务管理自主权	工作制度（组织）	开放数据—数据资源管理
激励型	2016	对一门一网政务信息系统建设的资金保障机制。由省统一负责，省信息中心负责统一申请和开发，省财政保障建设资金到位，由省发展改革委统一立项	财政预算	开放数据—数据基础设施
	2016	分步推进“一号一窗一网”建设。2016年重点推进国家试点城市先行先试，2017年在全省范围内推广	政策试点	公共价值—公共服务（合作）
	2016	加强资金支持。省有关部门要对信息惠民国家试点城市建设和省网上办事大厅、“一号一窗一网”相关重点工程建设给予必要财政资金支持	资金投入	公共价值—公共服务（合作）
	2016	统筹省工信发展专项资金，支持“互联网＋政务服务”建设和运营	专项资金	公共价值—公共服务（合作）
	2017	以《推进“互联网＋政务服务”开展信息惠民试点实施方案》为指导，广州市、深圳市、佛山市、东莞市，2017年12月底前，初步实现跨地区、跨部门、跨层级的政务服务	政策试点	公共价值—公共服务（合作）
	2018	统筹省级政务信息化建设各类资金，对“数字政府”建设加大资金支持力度	财政预算	开放数据—数据基础设施
劝导型	2016	加强宣传引导。充分利用各类新闻媒体，加大对“互联网＋政务服务”的宣传力度，提高“一号一窗一网”工作的社会认知度、认可度	宣传推广	公共价值—公共服务（合作）
学习型	2016	建立一门一网式政府服务信息公开机制和投诉举报机制	公众参与	开放数据—信息发布

续 表

类型	时间(年)	政 策 措 施	政策工具	生态环节
学习型	2017	推动政务信息化建设投资、运维和项目建设模式改革,鼓励多元化参与	多元化参与	开放数据—数据基础设施
	2017	以腾讯公司为主体、三大运营商加盟,成立“数字广东网络公司”,负责信息化项目运营	多元化参与	开放数据—数据基础设施

注:根据《关于在全省推广一门式一网式政府服务模式改革的实施方案(2016)》《促进大数据发展行动计划(2016—2020年)(2016)》《推进“互联网+政务服务”开展信息惠民试点的实施意见(2016)》《加快推进“互联网+政务服务”工作方案(2016)》《广东省政务信息系统整合共享工作方案(2017)》《广东省“数字政府”建设总体规划(2018—2020年)(2018)》等政策文件以及2018年8月16日与广东省信息中心调研内容整理获得。

附录15 贵州省服务应用型策略下的政策工具运用类型—环节对照分析表

类型	时间(年)	政 策 措 施	政策工具	生态环节
命令型	2015	到2018年,建立健全数据资源管理体系,100%开放公共服务数据资源目录	指导指示	开放数据—数据资源管理
	2015	制定出台数据资源开放指导办法和安全开放标准规范,提升数据资源开放利用效率	指导指示	利用数据—社会化利用
	2016	贵州省大数据发展应用促进条例,共6章39条	法规标准	利用数据—社会化利用
	2016	县级以上人民政府应当在社会保障、公共安全、人居环境、劳动就业、文化教育、交通运输、综合治税、消费维权等领域开展大数据应用,优化公共资源配置,提高公共服务水平	指导指示	公共价值—公共服务(合作)

续 表

类型	时间（年）	政策措施	政策工具	生态环节
命令型	2016	建立完善政府数据资源目录体系，推进政府数据互通、共享和开放	体系建设	开放数据—数据描述
	2016	成立大数据标准化委员会	部门设置	开放数据—数据资源管理
	2016	贵州省政务数据资源管理暂行办法，含数据目录、采集、存储、共享、开放等数据生命周期各环节的管理规范	管理办法	开放数据—数据资源管理
	2016	按照“谁管理、谁定级”原则，依据省政务数据分类定级标准确定安全等级，并据此建立信息系统安全体系	体系建设	开放数据—数据安全
	2016	应当建立健全本地区和部门的数据资源管理工作制度及相应追责制度	工作制度（权威）	外部环境—组织实施保障
	2016	加快推进人口、法人、自然资源、空间地理、公共信用信息等基础信息资源库与贵州省网上办事大厅行政审批服务系统的互联互通、充分共享	指导指示	开放数据—数据共享
	2017	建设完善“云上贵州”大数据平台，整合省内政务、公共服务数据资源，促进三级政府跨部门、跨区域、跨领域的数据共享共用	指导指示	开放数据—数据基础设施
	2017	贵州省大数据发展管理局主要职责内设机构和人员编制规定	部门设置	外部环境—组织实施保障
	2017	贵州省大数据发展管理局关于印发《贵州省政务信息数据采集应用暂行办法》	管理办法	开放数据—数据采集
	2018	推进数字民生三大服务体系建设，便民服务平台体系建设、数字民生应用创新体系建设、市场化融合服务体系建设	体系建设	公共价值—公共服务（合作）

续　表

类型	时间(年)	政策措施	政策工具	生态环节
命令型	2019	深化大数据领域改革，健全完善省级政务信息化建设投入新机制，开展大数据安全保障、政府数据共享开放相关立法工作。贯彻实施《贵州省大数据战略行动问责暂行办法》	指导指示	外部环境—组织实施保障
能力建设型	2015	省政府办公厅牵头建设贵州省网上办事大厅，于2015年5月23日正式运行	科技支持	公共价值—公共服务(合作)
	2016	省人民政府信息化行政主管部门会同相关部门制定公共数据资源分级分类管理办法，依法建立健全公共数据采集制度	工作制度(组织)	开放数据—数据采集
	2016	全省统一的大数据平台(以下简称"云上贵州")汇集、存储、共享、开放全省公共数据及其他数据。除法律法规另有规定外，公共机构信息系统应当向"云上贵州"迁移，公共数据应当汇集、存储在"云上贵州"并与其他公共机构共享	科技支持	开放数据—数据汇集
	2016	实行公共数据开放负面清单制度。除法律法规另有规定外，公共数据应当向社会开放；依法不能向社会开放的公共数据，目录应当向社会公布。依法不能向社会开放的公共数据，涉及特定公民、法人和其他组织重大利益关系的，经申请可以向该特定对象开放	信息支持	开放数据—信息发布
	2017	建立促进信息共享的跨部门协调机制，完善政务信息更新机制，建立共享信息使用部门权力清单和责任清单制度	工作制度(组织)	开放数据—数据共享
	2017	探索研究和出台信息公开、数据开放开发、信息基础设施、网络安全、个人隐私保护、电子商务等方面地方法规	研究探讨	外部环境—相关权利保护

续 表

类型	时间（年）	政策措施	政策工具	生态环节
能力建设型	2018	建成块数据指挥调度体系。完成块数据指挥调度中心建设，建立健全全省块数据指挥调度中心工作机制，制定全省统一的数据共享交换及应用相关规范	工作制度（组织）	外部环境—组织实施保障
	2018	推进“减证便民”数据共享共用。推进电子证照批文的跨层级、跨领域、跨部门共享调用和核验互认	工作制度（组织）	公共价值—公共服务（合作）
	2018	年内实现省市县三级政府开放数据资源目录100%上架；完善目录体系，新增3个主题库，上架3 000个共享数据资源	信息支持	开放数据—信息发布
	2019	建设“一云一网一平台”，形成云上贵州“一云统揽”新体系，政务服务“一网通办”新格局，政务“一平台服务”新赋能，实现与国家政务服务平台互联互通	科技支持	公共价值—公共服务（合作）
	2019	健全政务数据调度机制，运行好省数据调度中心	工作制度（组织）	外部环境—组织实施保障
	2019	发挥三级“云长制”作用，提升政务数据共享开放水平	工作制度（组织）	开放数据—数据资源管理
	2019	构建大数据人才培训体系，组建大数据教育联盟，探索制定大数据人才评价标准，打造“智力收割机”	人才支持	外部环境—数字文化培养
激励型	2016	政务部门应当将已建、在建的政务应用系统及原有跨部门数据共享交换系统迁入“云上贵州”系统平台，新建政务信息系统必须依托“云上贵州”系统平台建设，不得再规划建设以服务政务数据存储和政务应用为目的的数据中心和云计算平台，不得再规划建设独立的政务数据共享交换系统	处罚处分整改	开放数据—数据基础设施
	2016	政务数据资源共享相关项目建设资金纳入政府固定资产投资，相关工作经费纳入部门财政预算，优先安排	优先项目	开放数据—数据共享

续　表

类型	时间(年)	政策措施	政策工具	生态环节
激励型	2017	推进政府治理大数据应用创新，加强在政务服务、权力监督、综合治税、综合决策、经济运行、市场监管等领域大数据试点示范应用	政策试点	公共价值—城市治理
	2018	推进一体化政府数据中心体系建设。建设国家政务政务信息系统整合共享试点省	政策试点	开放数据—数据基础设施
	2019	推进政府网站集约化试点工作。建设完善贵州省数据共享交换平台，实现集约化平台、一体化服务的融合融通	政策试点	开放数据—数据基础设施
劝导型	2017	建设完善“云上贵州”数据开放平台，鼓励社会组织和企业依法有序开发政府开放数据，探索政府数据和社会数据融合创新	鼓励号召	开放数据—数据基础设施
	2017	建设贵州省大数据平台，推进数据共享，建立政府数据开放门户，开放社会政府数据开放、交换与共享平台的应用接口，鼓励社会组织和企业开发政府开放数据，提供各类社会化和商业化的增值应用服务	鼓励号召	公共价值—公共服务(合作)
	2019	加强大数据宣传力度，用好媒体融合，立体宣传，讲好贵州故事，普及大数据知识，营造良好社会氛围	宣传推广	外部环境—数字文化培养

注：根据《推进“互联网＋”行动的实施意见(2015)》《省政务数据资源管理暂行办法(2016)》《深入推进“互联网＋政务服务”工作的实施意见(2016)》、“十三五”信息化规划(2017)、《政务信息数据采集应用暂行办法(2017)》《2018年全省大数据发展工作要点(2018)》《贵州省大数据战略行动2019年工作重点》、2018年8月13日赴贵州省政府政务服务中心调研、访谈、实地考察内容整理。

附录16 亳州市服务应用型策略下的政策工具运用类型—环节对照分析表

类型	时间（年）	政策措施	政策工具	生态环节
命令型	2014	市委书记和市长亲自抓“互联网＋政务创新”工作，工作联席会议中向各部门提出“给不给、给多少、怎么给、何时给”的问题。市行政机关四张清单：权力清单、责任清单、收费清单、公共服务清单，梳理家底，形成目录清单向社会公布	工作制度（权威）	外部环境—组织实施保障 公共价值—公共服务（合作）
	2015	市信息局成立，直属亳州市政府，负责政务数据整合共享，网上办事大厅、云计算中心建设	部门设置	外部环境—组织实施保障
	2016	政务数据资源目录体系，按国家指南编制，确保资源梳理、属性认定、资源编制“三同步”	体系建设	开放数据—数据资源管理
	2016	建立完善共享交换平台管理制度、共享开放标准规范	法规标准	开放数据—数据共享
	2016	加快云计算中心建设，统筹市虚拟化项目建设布局	指导指示	开放数据—数据基础设施
	2016	建立网络安全监控预警、应急响应联动机制，推动信息安全风险评估、等级保护和安全保密检查的制度化、规范化、常态化	指导指示	开放数据—数据安全
	2016	建立由市政府负责同志为召集人的联席会议制度，统筹协调“互联网＋”行动重大问题，联席会议办公室设在市信息局	工作制度（权威）	外部环境—组织实施保障
	2017	政务信息资源共享管理暂行办法，确保信息系统互联互通、公共数据共建共享，提高行政效能和服务水平	管理办法	开放数据—数据共享

续　表

类型	时间（年）	政策措施	政策工具	生态环节
命令型	2017	电子政务协调发展领导小组负责组织、指导、协调和监督，领导小组办公室设在市信息局	工作制度（权威）	开放数据—数据共享
	2017	政务信息采集规范和标准，列入目录的信息各部门通过共享平台向云计算数据中心汇集，并附数据字典	法规标准	开放数据—数据采集
	2019	提供标准一致、数据同源的信息数据服务。积极推进政府网站集约化平台与政务服务、政务公开、统一政府热线服务等平台互联互通、互认共享。提供多渠道、便利化的“掌上服务”	指导指示	公共价值—公共服务（合作）
	2019	建立市政府分管领导为召集人，各县区政府、市直有关部门分管负责人为成员的全市政府网站集约化试点工作联席会议机制	工作制度（权威）	开放数据—数据基础设施
能力建设型	2014—2015	2014 年 12 月 1 日上线“网上办事大厅”，2015 年手机版上线	科技支持	公共价值—公共服务（合作）
	2016	网上办事大厅功能完善，“我家亳州”APP 和公共法律服务平台建设，为市民提供一站式云服务通道，实现政务信息系统整合部署、共建共享	科技支持	公共价值—公共服务（合作）
	2016	建立数据资源清单，通过政府和公共事业领域数据资源普查工作推进；编制政务数据资源开放年度工作计划	信息支持	开放数据—数据资源管理
	2016	建立政务数据资源共享开放平台，强化应用、汇聚、管理等功能，提供各类数据服务	科技支持	利用数据—社会化利用
	2016	共享开放平台在电子政务外网部署，平台与部门之间部署前置系统，确保共享交换安全可控可追踪	科技支持	开放数据—数据共享、数据安全
	2016	政务数据共享开放和业务协同工作纳入年度绩效考评范畴	考核监督	开放数据—数据共享

续 表

类型	时间（年）	政策措施	政策工具	生态环节
能力建设型	2016	“互联网＋公共服务”中的政府基础数据信息化与开放共享专项：完善人口库、法人库、电子证照库、地理空间信息库等，简称政府基础数据信息化平台，实现业务信息共享交换	科技支持	公共价值—公共服务（合作）
	2017	按照“谁主管，谁提供，谁负责”的原则，提供部门应及时维护和更新信息，保障共享数据的质量。按照“谁经手，谁使用，谁管理，谁负责”的原则，促进部门依法依规履职，并加强共享使用的全过程管理	工作制度（组织）	开放数据—数据共享
	2017	办理申请事项时，应当接受以电子方式申请，并公告程序要求，不得附加双重义务，证明文件凡属政务信息资源范畴，应当通过共享平台或发放单位提供，不再要求当事人提供	工作制度（组织）	公共价值—公共服务（合作）
	2017	日常管理和信息安全：制定政务信息资源安全管理制度，建立政务信息资源安全管理的应急处理和数据的灾难恢复机制，建立平台身份认证机制、存取访问控制机制和信息审计跟踪、容灾备份等机制	工作制度（组织）	开放数据—数据安全
	2017	监督与考核：领导小组办公室负责建立共享工作考核评价机制，每年评估，并公布评估报告和改进意见；各政务部门应当制定本部门工作程序、管理制度以及责任追究制度，指定专人负责，每年1月底前向领导小组报告；市信息局会同市网信办负责组织建立政务信息资源共享网络安全管理制度，并指导评估和审查；由市信息局牵头，相关部门参加，建立市政务信息化项目投资建设和运维协商机制，共享情况与经费挂钩	考核监督	外部环境—组织实施保障
	2017	2020年底建成市级（含市级以下）标准统一、资源共享、业务协同的政府权力清单网上运行平台	科技支持	公共价值—公共服务（合作）

续　表

类型	时间（年）	政　策　措　施	政策工具	生态环节
激励型	2014	科大讯飞基于大数据、人工智能和信息安全技术，为亳州市制定“互联网＋政务服务”解决方案	政府采购与外包	公共价值—公共服务（合作）
	2016	加大信息化发展专项资金支持力度，鼓励社会主体充分利用和深度开发政务数据资源	专项资金	利用数据—社会化利用
	2019	加强网络安全等级保护，优先采购国产设备。明确运营者安全责任和环境支撑条件，政府部门建立常态化联系协调机制	政府采购与外包	开放数据—数据安全
劝导型	2016	鼓励政府部门通过购买服务方式开放、获取信息产品，实现应用服务提供主体多样化	鼓励号召	公共价值—公共服务（合作）
学习型	2016	支持互联网企业开展政务数据开发应用和增值服务，提升政府综合决策服务能力	多元化参与	公共价值—公共服务（合作）

注：根据《亳州市推进政务数据资源共享开放和业务协同工作方案（2016）》《政务信息资源共享管理暂行办法（2017）》《加快推进“互联网＋”行动实施方案（2016）》《政府网站集约化工作实施方案（2019）》以及2018年8月20日调研访谈内容整理制作。

参 考 文 献

[1] 蔡城城、刘新萍、郑磊：《开放政府数据准备度评估：法律法规与政策》，《电子政务》2017年第9期。

[2] 曾军荣：《政策工具选择与我国公共管理社会化》，《理论与改革》2008年第2期。

[3] 查先进：《信息政策与法规》，科学出版社2004年版，第233页。

[4] 陈美、江易华：《韩国开放政府数据分析及其借鉴》，《现代情报》2017年第11期。

[5] 陈美：《澳大利亚地方政府开放数据的保障机制研究——基于多元公共行政观的视角》，《情报理论与实践》2017年第12期。

[6] 陈美：《美国开放政府数据的保障机制研究》，《情报杂志》2013年第7期。

[7] 陈庆云：《公共政策分析》，中国经济出版社2000年版。

[8] 陈涛、李明阳：《数据开放平台建设策略研究——以武汉市政府数据开放平台建设为例》，《电子政务》2015年第7期。

[9] 陈骁：《常州市政府数据开放对策研究》，大连海事大学硕士学位论文，2017年。

[10] 陈振明：《政策科学——公共政策分析导论》（第2版），中国人民大学出版社2004年版。

[11] 丛楷力：《从"碎片化"到"整体性"：地方政府数据开放治理研究——以山东省为例》，山东师范大学硕士学位论文，2019年。

[12] 邓念国：《"放管服"改革中政务大数据共享的壁垒及其破解——以"最多跑一次"改革为考察对象》，《天津行政学院学报》2018年第20卷第1期。

[13] 杜倩博：《政府部门内部机构设置的组织逻辑与整合策略——基于中美差异性的比较分析》，《中国行政管理》2018年第9期。

[14] 范柏乃、蓝志勇：《公共管理研究与定量分析方法》，科学出版社2008年版。

[15] 范丽莉、唐珂：《基于政策工具的我国政府数据开放政策内容分析》，《情报杂志》2019

年第 1 期。
[16] 范梓腾、谭海波:《地方政府大数据发展政策的文献量化研究——基于政策“目标—工具”匹配的视角》,《中国行政管理》2017 年第 12 期。
[17] 符嵘:《参与主体视角下的政府数据开放研究——以上海市为例》,《科技促进发展》2017 年第 13 期。
[18] 复旦大学数字与移动治理实验室:《2017 中国地方政府数据开放平台报告》,载中国开放数林指数网 http://ifopendata.fudan.edu.cn/report,2017 年。
[19] 复旦大学数字与移动治理实验室:《2018 下半年中国开放数林指数》,载中国开放数林指数网 http://ifopendata.fudan.edu.cn/report,2018 年。
[20] 复旦大学数字与移动治理实验室:《2018 中国地方政府数据开放报告》,载中国开放数林指数网 http://ifopendata.fudan.edu.cn/report,2018 年。
[21] 复旦大学数字与移动治理实验室:《2019 下半年中国开放数据指数报告》,载中国开放数林指数网 http://ifopendata.fudan.edu.cn/report,2019 年。
[22] 复旦大学数字与移动治理实验室:《2020 上半年中国地方政府数据开放报告》,载中国开放数林指数网 http://ifopendata.fudan.edu.cn/report,2020 年。
[23] 复旦大学数字与移动治理实验室:《2020 下半年中国地方政府数据开放报告》,载中国开放数林指数网 http://ifopendata.fudan.edu.cn/report,2020 年。
[24] 顾建光、吴明华:《公共政策工具论视角述论》,《科学学研究》2007 年第 25 卷第 1 期。
[25] 国务院:《国务院关于印发促进大数据发展行动纲要的通知》,载中华人民共和国中央人民政府网 http://www.gov.cn/zhengce/content/2015-09/05/content_10137.htm,2015 年 9 月 5 日。
[26] 国务院办公厅:《国务院办公厅关于印发政务信息系统整合共享实施方案的通知》,载中华人民共和国中央人民政府网 http://www.gov.cn/zhengce/content/2017-05/18/content_5194971.htm,2017 年 5 月 18 日。
[27] 黄萃、苏竣、施丽萍、程啸天:《政策工具视角的中国风能政策文本量化研究》,《科学学研究》2011 年第 29 卷第 6 期。
[28] 黄萃:《政策文献量化研究》,科学出版社 2016 年版,第 80、81 页。
[29] 黄璜:《对“数据流动”的治理——论政府数据治理的理论嬗变与框架》,《南京社会科学》2018 年第 2 期。
[30] 黄明峰、刘军、靖剑波:《贵阳市政府数据开放平台设计与实现》,《电信科学》2017 年第 33 卷第 9 期。
[31] 黄如花、李白杨、周力虹:《2005—2015 年国内外政府数据开放共享研究述评》,《情报学报》2016 年第 12 期。

[32] 黄如花、王春迎：《我国政府数据开放平台现状调查与分析》，《情报理论与实践》2016年第39卷第7期。

[33] 黄如花、温芳芳：《开放政府数据生命周期视角的我国政府数据资源管理政策文本内容分析——国家各部门的政策实践》，《图书馆》2018年第6期。

[34] 黄扬：《智库在地方政府数据开放政策制定中的作用机制研究——基于多源流理论的跨案例分析》，《图书馆》2019年第6期。

[35] 姜思佳：《开放政府数据的政策扩散路径及内在机理研究——基于我国地方政府开放数据平台的分析》，《政治研究》2019年第2期。

[36] 蒋绚：《制度、政策与创新体系建构：韩国政府主导型发展模式与启示》，《公共行政评论》2017年第6期。

[37] 焦海洋：《中国政府数据开放应遵循的原则探析》，《图书情报工作》2017年第61卷第15期。

[38] 李白杨：《我国政府数据开放的用户需求及其保障策略研究》，武汉大学硕士学位论文，2017年。

[39] 李闯、张晓黎：《大数据时代下的地方政府数据开放建设探析——以广东南海区为例》，《公共行政》2018年第4期。

[40] 李国正：《公共政策分析》，首都师范大学出版社2019年版。

[41] 李健、高杨、李祥飞：《政策工具视域下中国低碳政策分析框架研究》，《科技进步与对策》2013年第30卷第21期。

[42] 李梅、张毅、杨奕：《政府数据开放影响因素的关系结构分析》，《情报科学》2018年第36卷第4期。

[43] 李樵：《我国促进大数据发展政策工具选择体系结构及其优化策略研究》，《图书情报工作》2018年第62卷第11期。

[44] 李重照、黄璜：《中国地方政府数据共享的影响因素研究》，《中国行政管理》2019年第8期。

[45] 刘畅、刘璇：《天津政府数据开放：现状、问题与政策建议》，《图书馆学研究》2018年第11期。

[46] 刘天骄：《基于史密斯模型的贵州省政府数据开放政策执行研究》，华中科技大学硕士学位论文，2019年。

[47] 刘新萍、袁佳蕾、郑磊：《地方政府数据开放准备度研究：框架与发现》，《电子政务》2019年第9期。

[48] 龙健：《政府基础信息资源跨部门共享机制研究》，北京大学硕士学位论文，2013年。

[49] 陆健英、郑磊、Dawes S S：《美国的政府数据开放：历史、进展与启示》，《电子政务》

2013年第6期。

[50] 吕红、马海群:《国内政府信息公开研究现状与展望———迈向政府数据开放》,《现代情报》2016年第36卷第5期。

[51] 马丽杰、马海群:《基于PEST分析的发达国家开放政府数据政策特点及启示》,《图书馆理论与实践》2018年第5期。

[52] 马伍翠、刘文云、苏庆收、刘莉:《我国地方政府数据开放现状分析及发展对策研究》,《数字图书馆论坛》2019年第3期。

[53] 毛子骏、郑方、黄膺旭:《政策协同视阈下的政府数据开放研究》,《电子政务》2018年第9期。

[54] 孟溦、王勰祎:《基于二维分析视角的长三角城市群政府数据开放共享政策分析》,《电子政务》2020年第3期。

[55] 苗地:《黑龙江省政府数据开放存在的问题与对策研究》,《商业经济》2018年第11期。

[56] 钱丽:《全国首部政府数据共享开放地方性法规贵阳诞生》,《贵阳日报》2017年4月12日。

[57] 曲洁:《义务教育改革与发展: 政策工具选择与优化》,上海人民出版社2015年版。

[58] 苏飞、刘红:《中国省级政府数据开放政策量化研究》,《科技促进发展》2019年第15卷第2期。

[59] 孙建军、裴雷、周兆韬:《中国智慧城市建设政策工具的选择结构分析》,《图书与情报》2016年第6期。

[60] 谭必勇、刘芮:《我国地方政府开放数据政策研究——以15个副省级城市为例》,《情报理论与实践》2018年第11期。

[61] 谭春辉、谢荣、刘倩:《政策工具视角下的我国政府信息公开政策文本量化研究》,《电子政务》2020年第2期。

[62] 汤志伟、龚泽鹏、郭雨晖:《基于二维分析框架的中美开放政府数据政策比较研究》,《中国行政管理》2017年第7期。

[63] 汤志伟、郭雨晖、顾金周、龚泽鹏:《创新扩散视角下政府数据开放平台发展水平研究: 基于全国18个地方政府的实证分析》,《图书馆理论与实践》2018年第6期。

[64] 王法硕:《我国地方政府数据开放绩效的影响因素——基于定性比较分析的研究》,《情报理论与实践》2019年第8期。

[65] 王枫云:《美国地方政府首席数据官制度及其功能》,载中国社会科学网 http://news.cssn.cn/zx/bwyc/201905/t20190513_4882446.shtml,2019年5月13日。

[66] 王见敏、赵飞:《大数据背景下地方政府数据开放路径研究——基于协同治理理论视

角》,《改革与开放》2019 年第 19 期。
[67] 王满船:《公共政策制定:择优过程与机制》,中国经济出版社 2004 年版。
[68] 王翔、郑磊:《面向数据开放的地方政府数据治理:问题与路径》,《电子政务》2019 年第 2 期。
[69] 卫军朝、蔚海燕:《上海推进政府开放数据建设的路径及对策》,《科学发展》2014 年第 11 期。
[70] 魏吉华、王新才:《我国政府信息资源开发利用策略探讨》,《电子政务》2007 年增刊第 1 期。
[71] 温芳芳:《我国政府数据开放的政策体系构建研究》,武汉大学博士学位论文,2019 年。
[72] 吴昊:《大数据时代中国政府信息共享机制研究》,吉林大学硕士学位论文,2017 年。
[73] 吴金鹏、韩啸:《制度环境、府际竞争与开放政府数据政策扩散研究》,《现代情报》2019 年第 39 卷第 3 期。
[74] 夏义堃:《企业开放数据再利用的困境与对策分析》,《电子政务》2018 年第 8 期。
[75] 相丽玲、陈梦婕:《中外政府数据开放的运行机制比较》,《情报科学》2017 年第 35 卷第 4 期。
[76] 相丽玲、李彦如、陈梦婕:《中外政府数据开放运行机制的实证分析》,《现代情报》2020 年第 40 卷第 1 期。
[77] 肖卫兵:《论我国政府数据开放的立法模式》,《当代法学》2017 年第 3 期。
[78] 谢青、田志龙:《创新政策如何推动我国新能源汽车产业的发展——基于政策工具与创新价值链的政策文本分析》,《科学学与科学技术管理》2015 年第 6 期。
[79] 徐程:《政府工具视角:一种审视政府治理的新途径》,《天水行政学院学报(哲学社会科学版)》2005 年第 6 期。
[80] 徐拥军、张臻、任琼辉:《国家大数据战略背景下档案部门与数据管理部门的职能关系》,《图书情报工作》2019 年第 18 期。
[81] 徐勇、高秉雄:《地方政府学》,高等教育出版社 2005 年版。
[82] 杨孟辉:《开放政府数据:概念实践和评价》,清华大学出版社 2017 年版。
[83] 杨正、田进:《政府数据开放利用的政策文献计量研究——一个三维分析视角》,《情报杂志》2018 年第 37 卷第 12 期。
[84] 杨志军、田学浪:《治理现代化目标下地方政府政策学习成败分析——基于政策工具与社会冲突两种类型比较》,《上海行政学院学报》2019 年第 20 卷第 1 期。
[85] 远婧:《基于史密斯模型的上海市开放数据政策执行研究》,《管理观察》2019 年第 3 期。

[86] 张成福:《论政府治理工具及其选择》,《公共行政》2003 年第 4 期。
[87] 张春景、曹磊、曲蕴:《公共文化服务大数据应用模式与趋势研究》,《图书馆杂志》2015 年第 34 卷第 12 期。
[88] 张涛:《开放政府数据法制化的地方实践与制度完善——以浙江等 9 个省市为分析样本》,《贵州大学学报(社会科学版)》2019 年第 10 期。
[89] 张雅娴、苏竣:《技术创新政策工具及其在我国软件产业中的应用》,《科研管理》2001 年第 22 卷第 4 期。
[90] 张勇进:《我国地方政府数据开放现状研究》,《中国行政管理》2016 年第 11 期。
[91] 张勇进:《智慧政务与政府治理转型》,《传媒》2015 年第 5 期。
[92] 章文光、闫蓉:《基于三维量化视角的中国创新政策计量分析》,《上海行政学院学报》2019 年第 9 卷第 5 期。
[93] 赵润娣:《国外开放政府数据政策:一个先导性研究》,《情报理论与实践》2016 年第 1 期。
[94] 赵润娣:《政府信息公开领域新发展:开放政府数据》,《情报理论与实践》2015 年第 38 卷第 10 期。
[95] 赵筱媛、苏竣:《基于政策工具的公共科技政策分析框架研究》,《科学学研究》2007 年第 25 卷第 1 期。
[96] 赵需要:《政府信息公开到政府数据开放的嬗变》,《情报理论与实践》2017 年第 4 期。
[97] 郑磊、熊久阳:《中国地方政府开放数据研究:技术与法律特性》,《公共行政评论》2017 年第 1 期。
[98] 郑磊:《开放不等于公开、共享和交易:政府数据开放与相近概念的界定与辨析》,《南京社会科学》2018 年第 9 期。
[99] 郑磊:《开放政府数据的价值创造机理:生态系统的视角》,《电子政务》2015 年第 7 期。
[100] 钟源:《美国地方政府数据开放政策研究》,《国家图书馆学刊》2016 年第 2 期。
[101] 周京艳、张惠娜、黄裕荣:《政策工具视角下我国大数据政策的文本量化分析》,《情报探索》2016 年第 12 期。
[102] 周文泓、夏俊英、谢玉雪:《我国地方政府开放数据的进展、问题与对策》,《图书馆论坛》2018 年第 7 期。
[103] 周众:《数据生态理论研究综述》,《吕梁学院学报》2017 年第 7 卷第 5 期。
[104] [美] John Carlo Bertot:《大数据与开放数据的政策框架:问题、政策与建议》,郑磊、徐慧娜、包琳达译,《电子政务》2014 年第 1 期。
[105] [美] 盖伊·彼德斯、[美] 弗兰斯·冯尼斯潘:《公共政策工具——对公共管理工具

的评价》,顾建光译,中国人民大学出版社 2007 年版,第 25、40 页。

[106] Akemi Takeoka Chatfield, Christopher G Reddick, "A Longitudinal Cross-sector Analysis of Open Data Portal Service Capability: The Case of Australian Local Governments", *Government Information Quarterly*, Vol.34, No.2, Mar.2017.

[107] Anne Schneider and Helen Ingram, "Behavioral Assumptions of Policy Tools", *The Journal of Politics*, Vol.52, No.2, May.1990.

[108] Anne Schneider and Helen Ingram, "Social Construction of Target Populations: Implications for Politics and Policy", *The American Political Science Revies*, Vol.87, No.2, Jun.1993.

[109] Anneke Zuiderwijk, Marijn Janssen and Chris Davis, "Innovation with Open Data: Essential Elements of Open Data Ecosystems", *Information Polity*, Vol.19, Oct.2014.

[110] Anneke Zuiderwijk, Marijn Janssen, Geerten van de Kaa and Kostas Poulis, "The Wicked Problem of Commercial Value Creation in Open Data Ecosystems: Policy Guidelines for Governments", *Information Polity: The International Journal Government & Democracy in the Information Age*, Vol.21, No.3, Oct.2016.

[111] Anneke Zuiderwijk and Marijn Janssen, "Open Data Policies, Their Implementation and Impact: A Framework for Comparison", *Government Information Quarterly*, Vol.31, No.1, Jan.2014.

[112] AntonioVetrò, Lorenzo Canova, Marco Torchiano, Camilo Orozco Minotas, Raimondo Iemma and Federico Morando, "Open Data Quality Measurement Framework: Definition and Application to Open Government Data", *Government Information Quarterly*, Vol.33, No.1, Feb.2016.

[113] Barber, Kathryn, MacLellan and Duncan, "Examining Open Data at the Urban Level: An Exploration of 'Wellbeing Toronto'", *Journal of Urban Technology*, Vol.26, No.1, Jan.2019.

[114] Bogdanović -Dinić S., Veljković N. and Stoimenov L, "How Open Are Public Government Data? An Assessment of Seven Open Data Portals", In: Rodríguez-Bolívar M. (eds) *Measuring E-government Efficiency. Public Administration and Information Technology*, Vol.5, New York: Springer, Feb.2014.

[115] Bong Choi, Jongjin Yun and Taehyee Um, "A Study on Policies to Revitalize the Public Big Data in Seoul", *지식경영연구*, Vol.20, No.3, Mar.2019.

[116] Charles O. Jones, *An Introduction to the Study of Public Policy*, Pacific Grove:

Brooks/Cole Pub Co, 1984, p.138.

[117] Christopher C. Hood and Helen Z. Margetts, *The Tools of Government in the Digital Age*, New York: Palgrave Macmillan, 2007, p.236.

[118] Christopher C. Hood, *The Tools of Government*, London: Macmillian, 1983, p.187.

[119] Clark E E, "Reflecting Inward and Looking Outward: Future Trends Impacting Corporate Governance Research and Practice", *Global Journal of Comparative Law*, Vol.2, No.2, Feb.2013.

[120] Dae-Jin An and Hae-young Rieh, "A Study on the Services of Data-sets in the Local Government: Based on the Cases of Seoul Open Data Portal Services," *한국기록관리학회지*, Vol.13, No.2, Feb.2013.

[121] Di Wang, Chuanfu Chen and Deborah Richards, "A Prioritization-based Analysis of Local Open Government Data Portals: A Case Study of Chinese Province-level Governments", *Government Information Quarterly*, Vol.35, No.4, Oct.2018.

[122] Diego Ponte, "Enabling an Open Data Ecosystem. 2015", http://aisel.aisnet.org/ecis2015_rip/55.

[123] Djoko Sigit Sayogo and Sri Budi Cantika Yuli, "Critical Success Factors of Open Government and Open Data at Local Government Level in Indonesia", *International Journal of Electronic Government Research*, Vol.14, No.2, Apr.2018.

[124] Djoko Sigit Sayogo, Theresa A. Pardo and Meghan Cook, "A Framework for Benchmarking Open Government Data Efforts", *2014 47th Hawaii International Conference on System Sciences*, Location: Waikoloa, HI, USA, (2014.1.6—2014.1.9) 2014, p.1896.

[125] Fernando Benitez-Paez, Alexis Comber, Sergio Trilles, Sergio Trilles and Joaquin Huerta, "Creating a Conceptual Framework to Improve the Re-usability of Open Geographic Data in Cities", *Transactions in GIS*, Vol.22, No.3, Jun.2018.

[126] G. David Garson, *Public Information Technology: Policy and Management Issues*, London: Idea Group Publishing, 2003, p.165.

[127] Garry Brewer and Peter DeLeon, *Foundations of Policy Analysis*, Pacific Grove: Brooks/Cole, 1983, p.276.

[128] Gianluigi Viscusi, Blerina Spahiu, Andrea Maurino and Carlo Batini, "Compliance with Open Government Data Policies: An Empirical Assessment of Italian Local Public Administrations", *Information Polity: The International Journal of*

Government & Democracy in the Information Age，Vol.19，No.3－4，Jul.2014.

[129] GlennVancauwenberghe and Joep Crompvoets. "Chapter 5 Governance of Open Data Initiatives"，*Open Data Exposed. Information Technology and Law Series*，Vol.30，2020.

[130] Grazia Concilio，Francesco Molinari and Nicola Morelli，"Empowering Citizens with Open Data by Urban Hackathons"，*7th International Conference for E-Democracy and Open Government*（*CeDEM*），Location：Krems，Austria（2017.5.17—2017.5.19）2017，p.125.

[131] Harold H. Kassarjian，"Content Analysis in Consumer Research"，*Journal of Consumer Research*，Vol.4，No.1，Jun.1977.

[132] Helen Wallace，Mark A. Pollack and Alasdair R. Young，*Policy-Making in the European Union*（*New European Union Series*），Toronto：Oxford University Press，2010，p.214.

[133] Igbal Safarov，"Institutional Dimensions of Open Government Data Implementation：Evidence from the Netherlands，Sweden，and the UK"，*Public Performance & Management Review*，Vol.42，No.2，Apr.2019.

[134] Ignasi Capdevila and Matias Zarlenga，"Smart City or Smart Citizens? The Barcelona Case"，*Journal of Strategy and management*，Vol. 8，No.3，Aug.2015.

[135] Ines Mergel，Alexander Kleibrink，Jens Sorvik，"Open Data Outcomes：US Cities between Product and Process Innovation"，*Government Information Quarterly*，Vol.35，No.4，Oct.2018.

[136] Jane Hunter，"An Ontological Framework to support Evidence-based Policy Making using Global City Indicators"，*2015 IEEE First International Smart Cities Conference*（*ISC2*）*2015*，Location：Guadalajara，MEXICO，（2015.10.25—2015.10.28）.

[137] Judie Attard，Fabrizio Orlandi，Simon Scerri and Sören Auer，"A systematic review of open government data initiatives"，*Government Information Quarterly*，Vol.32，No.4，Aug.2015.

[138] Jun Houng Kim and Seok-Jin Eom，"The Managerial Dimension of Open Data Success：Focusing on the Open Data Initiatives in Korean Local Governments"，*Sustainability*，Vol.11，No.23，Nov.2019.

[139] Juyeon Ham，Yunmo Koo and Jae-Nam Lee，"Provision and Usage of Open Government Data：Strategic Transformation Paths"，*Industrial Management &*

Data Systems, Vol.119, No.8 - 9, Sep.2019.

[140] Kyujin Jung and HanWoo Park, "A Semantic (TRIZ) Network Analysis of South Korea's 'Open Public Data' Policy", *Government Information Quarterly*, Vol.32, No.3, Jul.2015.

[141] Larissa Galdino de Magalhães Santos, "Toward the Open Government Ecosystem: Connecting e-Participation Models and Open Government to Analyze Public Policies", In: Rodríguez Bolívar M., Bwalya K. and Reddick C. (eds), *Governance Models for Creating Public Value in Open Data Initiatives- Public Administration and Information Technology*, Springer, Cham, Vol. 31. May.2019.

[142] Lester M. Salamon, The Tools of Government: A Guide to the New Governance, New York: Oxford University Press, 2002, p.669.

[143] Lluis Medir Tejado and Esther Pano, "Modelling Local Autonomy and Dependence through Cooperative Relations", *International Journal of Public Sector Management*, Vol.31, No.4, May.2018.

[144] Luis F. Luna-Reyes, Mahdi M. Najafabadi, Anneke Zuiderwijk and Charles C. Hinnant, "The US open data initiative: The road ahead", *Information Polity: The International Journal of Government & Democracy in the Information Age*, Vol.24, No.2, May.2019.

[145] M. Ramesh and Michael Howlett, *Studying Public Policy, Policy Cycles and Policy Subsystems*, Toronto: Oxford University Press, 2009, p.320.

[146] Manuel DeTuya, Meghan Cook, Megan K. Sutherland and Luis Felipe Luna-Reyes, "Information Requirements to Create Public Value: Sharing and Opening Data to Address Urban Blight," *Transforming Government-People Process and Policy*, Vol.11, No.1, Mar.2017.

[147] Marijn Janssen, Maria A. Wimmer and Ameneh Deljoo (eds.), *Policy Practice and Digital Science: Integrating Complex Systems, Social Simulation and Public Administration in Policy Research*, Springer International Publishing, 2015, p.431.

[148] Mark Gill Jon Corbett, "Downscaling: Understanding the Influence of Open Data Initiatives in Smaller and Mid - sized Cities in British Columbia, Canada", *The Canadian Geographer / Le Géographecanadien*, Vol.61, No.3, May.2017.

[149] Maxat Kassen, "Adopting and Managing Open Data: Stakeholder Perspectives, Challenges and Policy Recommendations", *Aslib Journal of Information Management*, Vol.70, No.5, Sep.2018.

[150] Maxat Kassen, *Open Data Politics: A Case Study on Estonia and Kazakhstan*, Springer International Publishing, 2019, p.124.

[151] Michael Howlett and M. Ramesh, "Patters of Policy Instrument Choice: Policy Styles, Policy Learning and the Privatization Experience", *Policy Studies Review*, Vol.12, No.1 - 2, Mar.1993.

[152] Miguel de Castro Neto, Joao Sousa Rego, Fatima Trindade Neves and Tiago Melo Cartaxo, "Smart & Open Cities Portuguese Municipalities Open Data Policies Evaluation", *2017 12th Iberian Conference on Information Systems and Technologies (CISTI)*, Location: Lisbon, Portugal (2017.6.21—2017.6.24).

[153] Muhammad Mahboob Khurshid, Nor Hidayati Zakaria, Ammar Rashid, Rafaqat Kazmi and Mohammad Nazir Ahmad. "Analyzing Diffusion Patterns of Big Open Data As Policy Innovation in Public Sector", *Computers & Electrical Engineering*, Vol.78, Sep.2019.

[154] OECD, "Better Skills, Better Jobs, Better Lives: A Strategic Approach to Skills Policies", http://www.oecd.org/countries/unitedarabemirates/A-Strategic-Approach-to-Education-and%20Skills-Policies-for-the-United-Arab-Emirates.pdf.

[155] OECD, "Recommendation of the Council for Enhanced Access and More Effective Use of Public Sector Information", http://www.oecd.org/internet/ieconomy/40826024.pdf.

[156] Open Data Charter, "International Open Data Charter", https://opendatacharter.net/principles/.

[157] Open Government Working Group(2007), "The Annotated 8 Principles of Open Government Data", http://opengovdata.org/.

[158] Open Knowledge Foundation(OKF), Open Data Handbook version 1.0.0 (revised November 14, 2012). http://opendatahandbook.org/.

[159] Owen E. Hughes, *Public Management and Administration: An Introduction*, Beijing: China Renmin University Press, 2001, p.178.

[160] Richard Kemp, "Legal Aspects of Managing Big Data", *Computer Law & Security Report*, Vol.30, No.5, Oct.2014.

[161] Rininta Putri Nugroho, Anneke Zuiderwijk and Marijn Janssen, "A Comparison of National Open Data Policies: Lessons Learned", *Transforming Government: People, Process and Policy*, Vol.3, No.9, Aug.2015.

[162] Rothwell R, "Government Innovation Policy: Some Past Problems and Recent

Trends", *Technological Forecasting & Social Change*, Vol.22, No.1, Jan.1982.

[163] Ruiq Ma and Patrick T. I. Lam, "Investigating the Barriers Faced by Stakeholders in Open Data Development: A Study on Hong Kong As A 'Smart City'", *CITIES*, Vol.92, Sep.2019.

[164] Ruppert E, "Rethinking Empirical Social Sciences", *Dialogues in Human Geography*, Vol.3, No.3, Nov.2013.

[165] Sataporn Roengtam, Achmad Nurmandi, David N. Almarez and Anwar Kholid, "Does Social Media Transform City Government? A Case Study of Three ASEAN Cities: Bandung, Indonesia, Iligan, Philippines and Pukhet, Thailand", *Trans forming Government People Process & Policy*, Vol.11, No.3, Aug.2017.

[166] Sisto R., García López J., Paéz J.M. and Múgica E.M., "Open Data Assessment in Italian and Spanish Cities", In: Bisello A., Vettorato D., Laconte P. and Costa S. (eds) *Smart and Sustainable Planning for Cities and Regions 2017-Green Energy and Technology*, Springer, Cham. 2018.

[167] Sonia Parekhh, "Six Critical Success Factors for Data Governance", http://viewpoints.io/entry/six-critical-success-factors-for-data-governance.

[168] Stephen H. Linder and B. Guy Peters, "Instrument of Government: Perceptions and Contexts", *Journal of Public Policy*, Vol.9, No. 1, Apr.1989.

[169] Steven Linder and B. Guy Peters, "The Logic of Public Policy Design: Linking Policy Actors and Plausible Instruments", *Knowledge and Policy*, Vol.4, No.1－2, Jan.1990.

[170] T. Nam, "Challenges and Concerns of Open Government: A Case of Government 3.0 in Korea", *Social Science Computer Review*, Vol.33, No.5, Oct.2015.

[171] Teresa M. Harrison, Theresa A. Pardo and Meghan Cook, "Creating Open Government Ecosystems: A Research and Development Agenda", *Future Internet*, Vol.4, No.4, Oct.2012.

[172] The Seoul Institute, "A Study on Policies to Revitalize the Public Big Data in Seoul", http://data.seoul.go.kr.

[173] Thomas H. Davenport, "How Strategists Use 'Big Data' to Support Internal Business Decisions, Discovery and Production", *Strategy & leadership*, Vol. 42, No.4, Jul.2014.

[174] Thomas H. Davenport, *Information Ecology: Mastering the Information and Knowledge Environment*, New York: Oxford University Press, 1997, p.106.

[175] Tim Davies, "Open Data Policies and Practice: An International Comparison", http://ecpr.eu/Filestore/paperproposal/d591e267-cbee-4d5d-b699-7d0bda633e2e.pdf.

[176] U. Sivarajah, V. Weerakkody, P. Waller, H. Lee, Z. Irani, Y. Choi, R. Morgan and Y. Glikman, "The Role of E-Participation and Open Data in Evidence-based Policy Decision Making in Local Government", *Journal of Organizational Computing and Electronic Commerce*, Vol.26, No.1, Dec.2016.

[177] United Nations, "Guidelines on Open Government Data for Citizen Engagement", http://www.gaportal.org/resources/detail/guidelines-on-open-government-data-for-citizen-engagement.

[178] Vedung E, "Policy Instruments: Typologies and Theories", In: Marie-Louise Bemelmans-Videc, Ray C. Rist and Evert Vedung (eds.) *Carrots, Sticks and Sermons: Policy Instruments & Their Evaluation*, New Brunswick: Transaction Publishers, 1998, p.280.

[179] Victoria Wang, Mark Button and David Shepherd, "The Barriers to the Opening of Government Data in the UK: A View from the Bottom", *Information Policy*, Vol.24, No.1, May.2019.

[180] Wiseman J M, "Data-Driven Government: The Role of Chief Data officers", http://www.businessofgovernment.org/sites/default/files/Data-Driven%20Government_0.pdf.

[181] World Bank, "How to Note: Towards Open Government for Enhanced to Social Accountability 2012", https://www.opendta.org/Documents/How%20To%20-%20Open%20Government%20DRAFT.pdf.

[182] Yannis Charalabidis, Anneke Zuiderwijk, Charalampos Alexopoulos, Marijn Janssen, Thomas Lampoltshammer and Enrico Ferro, "Open Data Directives and Policies", *The World of Open Data: Concepts, Methods, Tools and Experiences*, Vol.28, 2018.

图书在版编目(CIP)数据

中国地方政府数据开放的政策工具选择研究 / 夏蓓丽著 .— 上海 ：上海社会科学院出版社，2023
ISBN 978-7-5520-4106-4

Ⅰ.①中… Ⅱ.①夏… Ⅲ.①电子政务—数据管理—研究—中国 Ⅳ.①D63-39

中国国家版本馆 CIP 数据核字(2023)第 058951 号

中国地方政府数据开放的政策工具选择研究

著　　者：夏蓓丽
责任编辑：熊　艳
封面设计：周清华
出版发行：上海社会科学院出版社
上海顺昌路 622 号　邮编 200025
电话总机 021-63315947　销售热线 021-53063735
http://www.sassp.cn　E-mail:sassp@sassp.cn
排　　版：南京展望文化发展有限公司
印　　刷：镇江文苑制版印刷有限责任公司
开　　本：710 毫米×1010 毫米　1/16
印　　张：23.25
字　　数：350 千
版　　次：2023 年 7 月第 1 版　　2023 年 7 月第 1 次印刷

ISBN 978-7-5520-4106-4/D·681　　定价：128.00 元